DA PROTECÇÃO PENAL DO CONSUMIDOR

O problema da (des)criminalização
no incitamento ao consumo

MÁRIO FERREIRA MONTE

Mestre em Direito pela Faculdade de Direito da Universidade de Coimbra
Assistente no Departamento Autónomo de Direito da Universidade do Minho

DA PROTECÇÃO PENAL DO CONSUMIDOR

O problema da (des)criminalização no incitamento ao consumo

Dissertação de Mestrado em Ciências Jurídico-criminais pela Faculdade de Direito da Universidade de Coimbra.

LIVRARIA ALMEDINA
COIMBRA – 1996

TÍTULO:	DA PROTECÇÃO PENAL DO CONSUMIDOR O PROBLEMA DA (DES)CRIMINALIZAÇÃO NO INCITAMENTO AO CONSUMO
AUTOR:	MÁRIO FERREIRA MONTE
EDITOR:	LIVRARIA ALMEDINA – COIMBRA
DISTRIBUIDORES:	LIVRARIA ALMEDINA ARCO DE ALMEDINA, 15 TELEF. (039) 26980 FAX (039) 22507 3000 COIMBRA – PORTUGAL LIVRARIA ALMEDINA – PORTO R. DE CEUTA, 79 TELEF. (02) 319783 4050 PORTO – PORTUGAL EDIÇÕES GLOBO, LDA. R. S. FILIPE NERY, 37-A (AO RATO) TELEF. (01) 3857619 1250 LISBOA – PORTUGAL
EXECUÇÃO GRÁFICA:	G.C. – GRÁFICA DE COIMBRA, LDA.
TIRAGEM:	1100 EX.
DEPÓSITO LEGAL:	98323/96

Toda a reprodução desta obra, seja por fotocópia ou outro qualquer processo, sem prévia autorização escrita do Editor, é ilícita e passível de procedimento judicial contra o infractor

Aos meus Pais,
à Maria Cecília, à Mariana Beatriz e ao Miguel Angelo.

SIGLAS E ABREVIATURAS

ACTES — *Actes du Colloque International sur Conception et Princips du Droit Penal Economique et des Affaires y Compris la Protection du Consommateur*

ANNALI — *Annali della Facoltá di Giurisprudenza*

ANNUARIO — *Annuario de Derecho Penal y Ciencias Penales*

B.F.D.U.C. — *Boletim da Faculdade de Direito da Universidade de Coimbra*

B.M.J. — *Boletim do Ministério da Justiça*

C.P. — *Código Penal (sem qualquer outra indicação tratar-se-á do Código Penal português)*

C.R.P. — *Constituição da República Portuguesa*

E.S.C. — *Estudios Sobre Consumo*

G.A. — *Goltdammer's archiv für Strafrecht*

I.N.D.C. — *Instituto Nacional de Defesa do Consumidor*

J.Z. — *Juristen Zeitung*

R.D.E. — *Revista de Direito e Economia*

R.E.D.A. — *Revista Española de Derecho Administrativo*

R.E.D.C. — *Revue Européenne de Droit de la Consommation*

R.I.D.E. — *Revue Internationale de Droit Economique*

R.I.D.P. — *Revue International de Droit Pénal*

R.L.J. — *Revista de Legislação e Jurisprudência*

R.M.P. — *Revista do Ministério Público*

R.O.A. — *Revista da Ordem dos Advogados*

R.P.C.C. — *Revista Portuguesa de Ciência Criminal*

R.T.D.P. — *Rivista Trimestrale di Diritto Pubblico*

PREFÁCIO

Falar-se da protecção jurídica do consumidor, em Portugal — como, de resto, em muitos outros países —, é falar-se de algo praticamente inexistente. Não nos espanta, por isso, a falta de um direito do consumo.

Mas tal carência não corresponde à situção em que o consumidor se encontra. Apontado, não raras vezes, como o agente económico mais fraco, débil economicamente e profano nas suas decisões, o consumidor age, muitas vezes, erradamente, desconhecendo os meios eficazes para a sua protecção ou, simplesmente, sem a existência de tais meios.

Contrariamente, os profissionais lançam mão de todo um arsenal com vista a seduzir o consumidor — são os processos de incitamento ao consumo.

Ultimamente tais processos têm-se revelado extremamente agressivos e a essa agressividade o consumidor responde com uma não menos agressiva e inconsciente forma de consumir.

São assim afectados ou expostos ao perigo de lesão vários bens jurídicos, desde logo individuais mas, e acima de tudo, supra-individuais, que numa palavra se reconduzem à relação jurídica lato sensu.

Vários meios têm sido experimentados na defesa do consumidor. Um, contudo, por nunca ter sido questionado ou por constituir a ultima ratio *do Direito e por ser entendido como tal, nesta matéria, quiça, de forma irredutível, tem sido praticamente ignorado em Portugal: o direito penal.*

O móbil da minha investigação incidiu na análise do direito penal como um dos meios possíveis na protecção do consumidor. É certo que tal análise compreende também a análise de outros meios: só dessa forma comparativa se pode pôr à prova o ius puniendi.

O trabalho que agora se publica corresponde, assim, com algumas alterações, mais de natureza formal do que substancial, à dissertação de Mestrado apresentada e defendida na Faculdade de Direito da Universidade de Coimbra em 1994. Certo é que se procurou levar em linha de conta as alterações legislativas, entretanto ocorridas, desde aquela defesa até à publicação do presente texto. É, sobretudo, de destacar a aprovação do novo Código Penal, as alterações ao Código da Publicidade e, mesmo muito recentemente, obrigando-nos a uma adenda, a Lei que regulamenta o direito de participação procedimental e de acção popular. Procurei, assim, adaptar o texto inicial a estas inovações.

Todo o meu trabalho não teria sido possível, contudo, sem a orientação, o apoio e a compreensão do Senhor Prof. Doutor FIGUEIREDO DIAS que sempre me recebeu pacientemente e a quem aqui agradeço profundamente. Certo é que as insuficiências deste modesto trabalho a ele são alheias e apenas a mim se ficam a dever. Importante também foi o contributo dado pelo Senhor Prof. Doutor COSTA ANDRADE, principalmente pelas críticas justíssimas e as sugestões valiosíssimas que fez durante e após a defesa do presente trabalho, tanto mais importantes quanto é certo que estes são os primeiros passos que dou nesta caminhada. Como igualmente importantes foram os ensinamentos que me transmitiu o Senhor Prof. Doutor FARIA COSTA, já desde o tempo em que tive a honra de o ter como professor na licenciatura em Direito, e que muito me ajudaram na realização do presente trabalho. Assim como não menos enriquecedora foi a contribuição que a Senhora Prof. Doutora TERESA BELEZA acabou por dar, durante e após a defesa da dissertação, com a apreciação que fez e que anotei com subido agrado.

Se a tudo isto juntarmos o facto, que constituiu para mim um privilégio, de terem estes Professores composto o Júri da minha dissertação, facilmente se compreenderá a razão do meu reconhecimento a todos.

É também com indisfarçável emoção que vai o meu sentido agradecimento aos meus Pais que, sempre, incondicionalmente, me apoiaram, e à Cila, à Mariana e ao Miguel cujo entusiasmo jamais me negaram, mesmo nos momentos de alguma renúncia.

Finalmente, um agradecimento profundo aos colegas que me ajudaram e às Instituições que me facultaram a investigação necessária, sendo aqui de destacar o Departamento de Direito Penal *da* Universidad Autónoma de Madrid *e a Biblioteca da Faculdade de Direito da Universidade de Coimbra, cujos funcionários sempre me receberam com desvelo e carinho.*

Coimbra, Agosto de 1995.

"Quem em direito reflectir sobre a defesa dos mais fracos, depara imediatamente com o tema da Defesa do Consumidor"

EIKE VON HIPPEL

O THEMA DECIDENDUM

Consumir(¹) é, cada vez mais, uma atitude permanente e emergente de necessidades do Homem, sem a satisfação das quais não vive, pelo menos, plenamente.

(¹) A noção de consumo, aqui, deve ser entendida não só no sentido da (mera) aquisição, mas no da aquisição e efectiva consumação de um processo económico em que o consumidor se situa no último elo desse processo. Tal é a ideia defendida, entre outros, por CALVÃO SILVA, *A Responsabilidade Civil do Produtor,* Coimbra: Almedina, 1990, p. 58, n. 6, ao dizer: "O consumo é a última fase do processo económico, em que os bens servem para satisfazer necessidades, pondo termo ao mesmo processo".

Se assim não fosse, isto é, se admitíssemos como consumo a simples aquisição de bens e serviços estaríamos a considerar, também, no consumo, os *actos de comércio* no sentido proposto por FERRER CORREIA, *Lições de Direito Comercial,* vol. I, Coimbra, 1973, p. 60, como sendo os que "devem a sua comercialidade ao facto de se ajustarem em concreto a um dos tipos de actividade descritos na lei mercantil" (actos objectivamente comerciais) ou aqueles que "devem a sua comercialidade, essencialmente, à qualidade de comerciante do sujeito que os pratica (actos subjectivamente comerciais) e previstos no art. 2.º do Código Comercial português" ou os actos que, não sendo de comércio, se distinguem, todavia, dos actos de consumo, na medida em que não se destinam a satisfazer necessidades últimas do adquirente — que põe termo ao processo económico — mas, antes e eventualmente, a consistir na revenda e que, portanto, serão meramente civis.

Tal distinção é importante, porque o facto de se tratar de um acto de comércio poderá importar numa regulamentação própria que é a conferida pelo direito mercantil e quanto aos actos de compra e venda que não se enquadram nos actos de comércio poderão ter como disciplina a do direito civil, mais propriamente o Código Civil, no Livro do direito das obrigações, diferente, portanto, do direito do consumo.

Esta visão tripartida de actos (comerciais, civis e de consumo) permite-nos chegar a outras conclusões: a de que o consumidor não se confunde com um profis-

14 — Da protecção penal do consumidor

Porque os bens e serviços(²) oferecem uma certa satisfação ou utilidade(³) e porque dessa forma respondem às necessidades do

sional, nem com um simples adquirente; a de que as relações de consumo têm uma singularidade diferente das outras, a impôr uma disciplina diferente; a de que tal disciplina deverá ser constituída por um acervo de normas jurídicas com autonomia; e, ainda, a de que o consumidor carecerá de uma protecção, quiçá diferente e onde poderá mesmo ter que intervir um direito sancionatório.

(²) Pensamos que a expressão *bens e serviços* traduz convenientemente o objecto possível da aquisição, utilização ou desfrute por parte do consumidor — é, de resto, a opção feita pelo legislador português (na Lei de Defesa do Consumidor — Lei n.º 29/81, de 22 de Agosto) ao definir o consumidor como sendo "todo aquele a quem sejam fornecidos *bens ou serviços*"— (o *itálico* é nosso).

É, no entanto, possível surpreender-se outras expressões não isentas, todavia, de algumas críticas, provavelmente por pretenderem ser demasiado específicas e extensas e com isso criarem algumas dúvidas na sua aplicação — é o caso da *Ley general para la defensa de los consumidores y usuários* (Lei espanhola 26/1948, de 19 de Julho), que define consumidor e usuário como sendo os que "adquiren, utilizan o disfrutan como destinatarios finales, *bienes muebles o inmuebles, productos, servicios, actividades o funciones*"— (o *itálico* é nosso).

Ora, cremos que, por um lado, o termo *bem* já engloba em si tanto os móveis como os imóveis, assim como os produtos, que mais não são, afinal, do que o efeito da produção, a coisa produzida ou o resultado, isto é, o bem produzido. Disso nos dá conta Alberto Bercovitz, "Âmbito de Aplicación y Derecho de los Consumidores en la Ley General para la Defensa de los Consumidores y Usuários", in *Estudios jurídicos sobre proteccion de los consumidores,* Tecnos: Madrid, 1987, p. 133, ao referir que "en efecto, los productos son bienes (...)". Também, no sentido da subsunção dos produtos aos bens e dentro destes os móveis vai Calvão da Silva, *op. cit.*, (n. 1), p. 3, n.3, ao dizer que "Produtos são bens móveis", concordando com Kuton. De resto, como ensina Orlando de Carvalho, *Direito das Coisas (do Direito das Coisas em Geral),* Coimbra, 1977, p. 11 e ss, o termo "bem," se tomado numa acepção mais ampla, abrange "tudo o que serve ou interessa ao homem — incluindo os bens pessoais e culturais — ou tudo aquilo por que o homem disputa numa sociedade (...)", e, "se tomado numa acepção mais restrita, excluindo do bem o que carece de personalidade, aquele identificar-se-á com as «coisas»". O que significa que, utilizando o termo bem, nunca se corre o risco da incompletude, bastando para tal que o legislador determine que tipo de bem é susceptível de integrar a categoria de bem de consumo, para efeitos de tutela dos interesses do consumidor, como aliás, o faz a lei portuguesa já citada, no art. 2.º, ao dizer que tais bens são os fornecidos ao consumidor para "*seu uso privado* por pessoa singular ou colectiva que exerça, com carácter profissional, uma actividade económica"— (o *itálico* é nosso).

Assim, é na destinação dos bens ao uso privado (ao consumo) que se determina a sua apetência para serem considerados bens de consumo, sejam eles bens imóveis, móveis ou produtos.

Introdução 15

Homem, dá-se o fenómeno do consumo que se materializa e se concretiza nas chamadas relações de consumo[4].

Já quanto ao termo *serviço,* pensamos ser indispensável a sua utilização, na medida em que o termo bem não abarca determinados serviços que, no entanto, são susceptíveis de utilização ou desfrute por parte do consumidor. A prestação de serviços sempre exige regras próprias, diferentes e até demarcáveis da aquisição de bens.

O que não merece o nosso aplauso é distinguir serviços de actividades e de funções, como o faz a Lei espanhola 26/1984 de 19 de Julho, já que, em nosso entender, o termo serviço de *per si* já abarca tanto as actividades como as funções. Aliás, parece-nos mesmo difícil imaginar a existência de funções distintas de serviços. E, aqui, concordamos inteiramente com ALBERTO BERCOVITZ, *op. cit.,* p. 133, ao dizer: "En cuanto a las *funciones* es difícilmente imaginable lo que se haya querido expresar con la inclusión de ese término. ¿Cómo se pueden adquirir, utilizar o disfrutar funciones? Tal vez se haya pretendido hacer referencia a servicios prestados por funcionários publicos, pero hay que reconocer que la utilización de la palabra *funciones* es enigmatica y desafortunada". A isto acrescentaremos, apenas, que a prestação feita por funcionários, para efeitos de tutela dos interesses dos consumidores, sempre será de serviços. Nesta linha de pensamento, veja-se Fundação Europeia Para a Melhoria das Condições de Vida e de Trabalho, *Serviços Públicos: Ao serviço do Consumidor,* Luxemburgo, 1991, especialmente, p. 11 e 12.

(³) O conceito de *utilidade* é de grande importância para a compreensão do fenómeno do consumo. SAMMUELSON e NORDHAUS, *Economia,* 12ª ed., Mc Graw-Hill, Brasil, 1982, p. 508, entendem que "a utilidade é um conceito abstracto utilizado em economia que representa o prazer subjectivo, o proveito ou a satisfação derivada de consumir bens. Este conceito não corresponde a qualquer fluxo de electrões que os psicólogos possam medir. Pelo contrário, a utilidade é apenas um conceito analítico que serve para explicar como é que os consumidores racionais dividem o seu rendimento limitado entre bens que lhes proporcionam satisfação ou utilidade". Diremos assim, que quanto maior for a utilidade de um produto, maior será a sua procura, maior será o seu consumo e maior será a satisfação dos consumidores, sendo o inverso também verdadeiro. É certo, que a apregoação de *utilidades,* quando inexistentes ou não correspondentes às necessidades dos consumidores, levará ao consumo desmesurado, o que muitas vezes redunda em prejuízo dos consumidores. É este, desde logo, um dos problemas a ter em conta quando se dá o incitamento ao consumo, como se verá adiante no texto.

(⁴) O conceito de *relações de consumo* referido no texto não se confunde com o de relações contratuais. Se assim fosse, estariam de fora os problemas suscitados no incitamento ao consumo, que não se subsumindo às relações contratuais suscitam problemas de difícil e delicada resolução jurídica.

MOTA PINTO, *Teoria Geral do Direito Civil,* 3ª ed., actualizada, 6ª reimpressão, Coimbra Editora, 1992, p. 167, refere que o conceito de relações jurídicas pode ser tomado num sentido amplo como sendo "toda a relação da vida social relevante para o

É certo que tais necessidades não têm todas a mesma intensidade, nem surgem todas da mesma forma. Umas são inerentes à própria condição humana, na medida em que existem simplesmente porque o Homem existe e enquanto existe([5]); outras são criadas pelo próprio Homem, como *Ser sociável* que é e que as vai interiorizando

---

Direito, isto é, produtiva de efeitos jurídicos e, portanto, disciplinada pelo Direito" e, num sentido restrito ou técnico, como sendo "a relação da vida social disciplinada pelo Direito, mediante atribuição a uma pessoa de um direito subjectivo e a imposição a outra pessoa de um dever jurídico ou de uma sujeição".

Ora, se é certo que esta última acepção não se restringe apenas às relações contratuais, não menos certo é que as relações entretecidas por profissionais e consumidores, a propósito do consumo, verificam-se não só em sede de consumo *tout court,* mas, antes, como relação da vida social que é produtiva de efeitos jurídicos e, portanto, disciplinada pelo Direito — referimo-nos, concretamente, à fase do incitamento (p. ex. a publicidade), cuja *mensagem* é produtora de efeitos jurídicos, não sendo, portanto, indiferente ao Direito.

O que significa que a relação de consumo tanto pode ser contratual como não contratual e tanto pode manifestar-se na fase do consumo *tout court* como na fase anterior a este, devendo, portanto, a protecção ao consumidor estender-se a estas fases ou relações.

Sobre a complexidade da relação de consumo, mas ao mesmo tempo referindo a sua peculiaridade, nos fala Luiz Amaral, *Relações de Consumo,* vol. 8, Tomo I, Brasília, 1983, p. VII, nomeadamente ao *sublinhar*: "A expressão «Relações de Consumo» envolve variadíssima gama de enfoques (económicos, sanitários, jurídicos, etc.). Por isso mesmo, o termo, em que para sua relevância, é altamente tortuoso".

Nesse sentido, vai, ainda, claramente Calvão da Silva, *op. cit.,* (n. 1), principalmente na p. 60 e 61, n. 5, ao admitir que as relações entre consumidor e empresa de publicidade se integram nos actos de consumo e ao dizer que "a relação jurídica de consumo revestirá frequentemente a natureza do contrato; mas nem sempre, como no ilícito aquiliano do produtor de produtos defeituosos e perigosos ou de uma empresa publicitária", e, também, Thierry Bourgoignie, "O Conceito Jurídico de Consumidor", in *Direito do Consumidor,* 2, s/d, p. 27, ao afirmar que "nada justifica excluir os adquirentes não-compradores de um bem ou serviço", sendo certo que "uma pessoa pode ter tomado contacto com um bem ou serviço por múltiplas outras vias que a assinatura de um contrato de compra-venda individual ou empresarial, sem perder por isso a qualidade de consumidor" e, ainda, no seu "Deslealtad y Control Abstracto de los Abusos en las Relaciones Comerciante-Consumidor, in E.S.C., n.º 24, Agosto de 1992, p. 23, ao definir o acto de consumo como jurídico ou material (cfr. *infra* n.º 37) considera, para tais efeitos, o critério do "contrato de consumo", como "demasiado restrito ao reservar a qualidade de consumidor somente à pessoa que compra ou, mais geralmente, que contrata".

([5]) É exemplo desse tipo de necessidades, a necessidade mais premente de comer.

Introdução   17

como sendo praticamente essenciais ou, pelo menos, habituais[6]; outras, ainda, são criadas e promovidas artificialmente por meios técnicos, em virtude do realce que é conferido à utilidade de certos bens e serviços[7].

Seja como for, quer na própria estimulação, com vista à *criação de necessidades artificiais*[8], quer no momento da escolha de bens e

[6] Exemplo de uma necessidade quase essencial ou habitual é a de fumar, sem a satisfação da qual o fumador tem dificuldades em *viver* plenamente. É certo que tal necessidade, como outras tantas, nasce apenas porque o Homem a *conhece,* a *vê,* a *aprende* e a *interioriza:* é o resultado da convivência em sociedade, mas uma vez existente torna-se praticamente essencial.

[7] Suponha-se que alguém é visitado em sua casa, inesperadamente, para uma demonstração sobre um produto em relação ao qual não tinha necessidade, mas que em virtude de tal demonstração até o adquire, o que não significa mesmo que o venha a utilizar. Exemplos de tais necessidades são-nos dados todos os dias pela publicidade ou por outros meios promocionais de bens e serviços.

[8] Pensamos não exagerar ao falarmos na *criação artificial de necessidades.* A expressão é já utilizada por outros autores (v.d. p. ex. CALVÃO DA SILVA, *op. cit.,* (n. 1), p. 35) e cremos ser a que melhor explica muitos "exageros" que os consumidores cometem quando, perante determinados *aliciamentos* tão apodícticos, não resistem à tentação. O Homem encontra-se hoje numa sociedade de consumo tal em que deixa de consumir apenas porque tem necessidade vital, mas antes consome porque precisa de consumir. A este propósito é expressiva a declaração de JOÃO PAULO II, citada por ANTONIO A. TAIPA DE CARVALHO, *Pessoa Humana - Direito - Estado- e Desenvolvimento Económico (Estado-de-Direito Social e Doutrina Social da Igreja),* Coimbra Editora, 1991, p. 25, ao dizer que "Tudo isto se pode resumir, afirmando, mais uma vez, que a liberdade económica é apenas uma dimensão da liberdade humana. Quando aquela se torna autónoma, isto é, quando o homem é visto mais como produtor ou consumidor de bens do que como sujeito que produz e consome para viver, então ele perde a sua necessária relação com a pessoa humana e acaba por alienar e oprimir".

É interessante, a este respeito, o estudo de FERNANDO CEMBRANOS DIAZ, "Consumo, Publicidad y Defensas", in E.S.C., n.º 5, Septiembre, 1985, p. 97 e ss, sobretudo ao colocar em relevo "La Imposibilidad de la Decision y La Ilusion de Objectividad", citando vários exemplos em que, efectivamente, há uma certa aparência de liberdade na escolha mas, no entanto, ilusória; nomeadamente porque o "consumidor elige la marca del desodorante, pero no la necesidad de usarlo; se elige la clase de abrillantador, pero no si los muebles han de estar brillantes o no; se elige el regalo el Día de la Madre, pero no si hay que regalar o no, o al menos si es preferible hacerlo otro día, estos aspectos quedan fuera de la decisión".

É evidente, no entanto, que o consumidor não é objecto de manipulação do profissional. Se é certo que, há mais de trinta anos atrás, o profissional produzia para satisfazer e o consumidor procurava igualmente para satisfazer as suas necessidades, hoje, o profissional, em virtude da concorrência cada vez mais exacerbada , tem que

serviços adequados às necessidades (sejam estas vitais ou não), fácil é de ver que sempre intervêm os chamados processos de incitamento ao consumo[9] ou meios de promoção de bens e serviços.

Ora, se tais processos fossem desenvolvidos *correctamente,* isto é, de molde a cumprirem uma função informativa ou pedagógica em relação ao consumidor, no sentido, mesmo, de o ajudar a escolher de entre os bens e serviços os que ofereçam utilidades que melhor se adequem às suas necessidades, nada haveria a opôr.

Só que a realidade é diferente.

Desde logo, há quem entenda, peremptoriamente, que os processos de incitamento ao consumo não servem para informar, mas tão somente para incitar ou, pelo menos, que a informação, a existir, não será desinteressada[10].

---

se antecipar aos outros concorrentes e tem que "adivinhar" ou pressentir os desejos do consumidor, explorando-os ou "inflaccionando-os" com vista a alcançar grandes volumes de vendas. Daí que, hoje, como muito bem faz notar Javier Alonso Rivas, *El Comportamiento del Consumidor. Una Aproximacion Teorica con Estudios Empiricos,* Instituto Nacional del Consumo, Madrid, 1983, p. 16 e ss, "o homem do marketing concebe o consumo como fim de todas as actividades económicas e a miúdo necessita de situar-se na perspectiva do consumidor ao tomar as suas decisões comerciais". Na verdade, ainda segundo este autor, "já não se trata de satisfazer uma demanda insaciável, como há alguns anos, mas de pressentir, em pouco tempo, que produtos vão satisfazer o indivíduo e desenvolvê-los. Por isso, se compreende que a análise do consumo tenha adquirido importância". Nesse sentido se poderá, pois, dizer que, também, o.profissional corre ao encontro do consumidor.

[9] Sobre o que se entenda por processos de incitamento ao consumo *vide infra,* II parte, Cap. I, p. 56 e ss. .

[10] Cfr. J. Lendrevie e Outros, *Mercator. Teoria e Prática do Marketing,* Publicações Dom Quixote, Lisboa, 1992, p. 337; em sentido contrário, no entanto, E. Vilaça Lopes, "O Consumidor e a Publicidade", in *Direito do Consumidor, 1, s/d,* p. 151, ao concordar que a publicidade é o "conjunto de meios destinados a *informar* o público e a convencê-lo a adquirir um bem ou um serviço"— (o *itálico* é nosso); e, ainda, Rosario Sapienza, "Publicità Commerciale e Libertà d'Espressione Nella Convenzione Europea dei Diritti dell'Uomo: il Caso Barthold", *in* RTDP, n.° 3, 1987, p. 738. Porém, em sentido com o qual concordamos está Nguyen-Thanh, *Techniques Juridiques de Protection des Consommateurs,* in Collection des Études Juridiques et Économiques de l'I.N.C., supplément au n.° 23, s/d, p. 138, ao afirmar: "La publicité fait donc nécessairement la synthèse de ces deux éléments: le caractère objectif d'une information pure et le caractère affectif de la persuasion".

O problema, agora em foco, é inerente à sociedade de massas da qual fazemos parte e onde a publicidade anda inevitavelmente ligada ao consumo, confundindo-se,

Introdução   19

Por outro lado, é sabido que, em situação de concorrência, muitos dos profissionais([11]) tentam suplantar os seus concorrentes, nem sempre através do aumento da qualidade da sua oferta ou da redução dos preços — factores importantes para o aumento do consumo, embora nem sempre ao dispôr dos profissionais ou, ainda que ao dispôr, nem sempre utilizados —, mas através de meios e de técnicas promocionais dos bens e serviços, fazendo variar a tão falada *lei da utilidade marginal decrescente*([12]) e obtendo com isso um aumento da procura([13]).

---

por vezes, o sentido da mesma entre a intenção de informar e a de tão somente incitar. E mesmo em tal sociedade aquilo que é notícia pode não ser exactamente esclarecimento, sobretudo atendendo à sociedade de consumo em que vivemos. A esse propósito, são expressivas as palavras de ROGÉRIO SOARES, *Direito Público e Sociedade Técnica*, Atlântida Editora, Coimbra, 1969, p. 80, ao referir: "Desaparece a *publicidade-esclarecimento*, que supõe livres opções conseguidas nas intimidades dos homens como pessoas racionais, para surgir a *publicidade-notícia* assente na uniformidade da informação e supondo o consumo passivo".

([11]) O termo "profissionais" abrange uma dimensão de sujeitos que colocam ao dispor dos consumidores bens e serviços de vária natureza, com vista a serem por estes consumidos, mas com uma nota em comum: a de que tais bens e serviços são oferecidos e prestados no âmbito de uma *actividade profissional* desenvolvida enquanto tal; é claro, que podem sê-lo na qualidade de produtores, comerciantes, distribuidores, instituições de crédito, empresas de publicidade, etc., e, quando o empregamos, é evidente que o reportamos a estes profissionais.

E daqui decorre uma ilação: quando a relação é estabelecida entre dois indivíduos, sem que o façam no âmbito de uma actividade profissional, será uma relação civil (ou comercial), mas poderá não ser de consumo, na medida em que o ofertante ou o prestador de serviços, nesse caso, não é um profissional.

Esta é, de resto, a ideia que reflecte CARLOS FERREIRA DE ALMEIDA, *Os Direitos dos Consumidores*, Almedina: Coimbra, 1982, p. 215, ao referir que "os negócios de consumo são negócios com empresas".

([12]) Segundo P. WONNACOTT e OUTROS, *Economia*, Mc Graw-Hill, Brasil, 1982, p. 435, a "utilidade Marginal é a satisfação que um indivíduo recebe pelo consumo de uma unidade adicional de um bem ou serviço", consistindo, segundo os mesmos, a lei da Utilidade Marginal decrescente na regra segundo a qual a "utilidade marginal decresce à medida que mais unidades são consumidas".

É claro que a esta regra se opõem excepções, sendo mesmo admitidas por aqueles autores no sentido de que a utilidade marginal de um bem, embora tenda a decrescer à medida que mais unidades sejam consumidas, também pode crescer, após o consumo de algumas unidades.

E, ao referirmos que os profissionais podem, através de meios técnicos promocionais, fazer variar a lei da utilidade marginal decrescente, estamos a pensar na possibilidade de, através de processos de incitamento ao consumo, se alterar o sentido nor-

Tais processos, assim, colidem muitas vezes com os interesses dos consumidores. Estes, na verdade, não raras vezes, constituindo a "parte fraca, leiga, profana, a parte débil economicamente ou a menos preparada tecnicamente de uma relação de consumo" — nas palavras de Calvão da Silva[14] —, deixam-se seduzir por propostas aparentemente aliciantes e vantajosas, mas que logo se vêm a transformar em verdadeiros *pesadelos*.

Entramos, assim, no domínio das infracções[15].Infracções essas, que provocando a *lesão* ou o *perigo de lesão* de determinados bens

---

mal do curso da utilidade marginal; isto é, um produto pode ir diminuindo a sua utilidade à medida que vai sendo consumido, mas os processos de incitamento servem, precisamente, para despertar, no consumidor, o desejo de voltar a consumir mais uma e outra unidades desse produto.

E, então, entramos no domínio das técnicas aperfeiçoadas, v.g. dos audiovisuais, que ao serviço do mercado (dos profissionais), fazem elevar ao máximo a capacidade de venda de determinados bens ou serviços.

[13] No sentido de que os processos de incitamento ao consumo aumentam a procura, está claramente Avelãs Nunes, *Apontamentos de Economia Política,* SSUC – Serviço de Textos, Coimbra, 1984, p. 292-A e ss, ao referir-se à publicidade como sendo um dos factores de aumento da procura, dizendo: "Ora, é precisamente à publicidade que, neste tipo de mercados, cabe uma importante função no que respeita à *determinação da procura e,* portanto, à constituição da clientela própria de cada empresa".

[14] Calvão da Silva, *op. cit.,* (n. 1), p. 60.

[15] Ao falarmos aqui em infracção, não podemos ter em vista, apenas, uma concepção puramente formal da mesma, no sentido da "desobediência à lei criminal" — cfr. Eduardo Correia, *Direito Criminal* I, com a colaboração de Figueiredo Dias, (reimpressão), Almedina, Coimbra, 1971, p. 198.

Na verdade, a tal ideia corresponderá, *grosso modo,* o ilícito criminal, sendo certo, no entanto, que outros ilícitos existem (como infracções — diga-se) e que não se conformam exactamente à ideia de ilícito criminal *tout court.* O problema coloca-se logo pela existência de um ilícito administrativo ao lado do ilícito criminal, onde infracções de certos interesses, "cuja prossecução cabe à chamada actividade administrativa — no dizer de Eduardo Correia, *op. cit.,* p. 21 —, desencadeiam a aplicação de «sanções específicas»".

Mas com maior acuidade, ainda, se levanta o problema se tentarmos passar a determinados ilícitos cujos contornos, roçando o ilícito criminal, deste se distinguem e em que, no entanto, são certas e determinadas infracções que levam a que se apliquem sanções, também, específicas. Lembremo-nos, por exemplo, do ilícito de mera ordenação social que, situando-se num direito também sancionatório — o direito de mera ordenação social — é de difícil distinção com o ilícito criminal (para uns, a distinção é material, para outros, formal, podendo ser quantitativa ou qualitativa), mas não se

Introdução 21

jurídicos, poderão assumir a natureza de verdadeiros crimes ou, até somente, de ilícitos de mera ordenação social (ou, ainda, de contravenções, a existirem([16])) e que poderão suscitar, nesse caso, a inter-

confunde com este, e em que, no entanto, na base está, também, a *infracção*. Ora, se optássemos por classificar a infracção como desobediência *apenas* à lei criminal e se não fizéssemos uma interpretação extensiva no sentido de abranger, também, outros ilícitos como o que acabámos de ver — outros poderíamos citar como a contravenção, o ilícito disciplinar, o "illecito despenalizato-aministrativo", etc. — ficariam de fora do contexto do nosso trabalho justamente as infracções ao direito de mera ordenação social — dada a diferença que existe entre este e o direito penal.

E se reduzirmos as infracções apenas ao leque das acções que desobedecem à lei criminal, estaríamos a partir dum pressuposto errado: o de que só nos interessariam as infracções criminais *de per si,* considerando que estas já estariam definidas, esquecendo, portanto, outras, e de que seria o processo da (des)criminalização apenas num sentido, justamente no da descriminalização e já não no da neocriminalização (sobre tal distinção voltaremos adiante II Parte, Cap. III, n.° 1 e 2).

Ora, esta parcialidade não nos interessa. Interessa-nos, sim, descortinar as infracções (naquele sentido amplo) possíveis e, a partir daí, fazer um juízo de prognose no sentido de saber qual o critério a seguir para a sua descriminalização (nuns casos) ou neocriminalização (noutros casos). E, então, sim, ficaremos com uma ideia geral e clara do fenómeno sancionatório das infracções cometidas nos processos de incitamento ao consumo (sobre estas últimas infracções e sobre a noção de infracção voltaremos adiante II Parte, Cap. I).

([16]) Ao falarmos em contravenções e ao colocá-las sob condição da sua existência, estamos a ter em conta a tendência encetada no nosso Direito, desde 1979, com a aprovação do Decreto-Lei n.° 232/79, de 24 de Julho, no sentido da eliminação das contravenções.

Na verdade, tal eliminação deveria passar pela sua inclusão nas contra-ordenações ou nos crimes, consoante os casos, o que, segundo FIGUEIREDO DIAS, "O Movimento da Descriminalização e o Ilícito de Mera Ordenação Social", in *Jornadas de Direito Criminal,* Centro de Estudos Judiciários, s/d., p. 326, se deveria, desde logo, fazer, além de que não se deveria criar "nem mais uma contravenção".

Tal tendência iniciou-se, como se disse, com o Decreto-Lei n.° 232/79, de forma clara e inequívoca, embora, pouco tempo depois, o Decreto-Lei n.° 411-A/79, de 1 de Outubro, ao revogar o art. 1.° ,n.° 3, daquele Decreto-Lei, viesse colocar um travão na transformação automática das contravenções em contra-ordenações. Travão esse que, de certa forma, persistiu com a aprovação do Decreto-Lei 433/82, de 27 de Outubro, que instituiu o novo regime do ilícito de mera ordenação social, pelo menos, na medida em que não reinseriu uma cláusula geral de transformação como a que tinha estipulado o Decreto-Lei 232/79 — cfr. FIGUEIREDO DIAS, *op. cit.,* p. 325.

O Decreto-Lei 433/82 passou, apesar de tudo, a constituir um regime aberto à descriminalização no sentido de eliminar as contravenções e de constituir mesmo um modelo paradigmático de alternativa aos crimes — sobre tal ideia e em tom abona-

venção de um direito sancionatório (direito penal ou direito de mera ordenação social) apto a reprimir tais condutas e a conceder protecção a tais bens jurídicos — numa palavra: a conceder protecção ao consumidor.

Se nesta linha de inteligibilidade não existem dúvidas quanto a tais constatações, outrossim será o enfoque quando colocado o problema em concreto e em sede de política criminal, o mesmo é dizer, quando perante tais infracções se questione da sua criminalização ou descriminalização([17]).

---

tório veja-se BAJO FERNANDEZ e B. MENDONZA BUERGO, "Hacia una Ley de Contravenciones. El Modelo Portugues", in Anuario, Tomo XXXVI, Fasc. III, Sep.-Dic. 1983, p. 585.

Por outro lado, em 1982, com o novo Código Penal, aquela pretensão foi ciosamente assumida, na medida em que aqui se reafirma a intenção de eliminar do C.P. as contravenções e criar, em seu lugar, a "categoria das contra-ordenações puníveis com sanções pecuniárias de carácter não penal e sujeitas a um processo especial em que se casam notas características do processo penal e do processo administrativo" — no dizer de FIGUEIREDO DIAS, "O Código Penal Português de 1982, Posto à Prova", relatório em folhas policopiadas, apresentado nas Jornadas Hispano-Portuguesas sobre *La Revision del Codigo Penal,* Madrid, 1993, p. 8. É claro que, ainda hoje — e de certa forma devido à persistência da fórmula do Decreto-Lei n.º 411-A/79 — se mantêm algumas contravenções e, em alguns domínios — como no direito estradal —, com alguma predominância.

Como resulta claro, no entanto, hoje é pouco importante falar-se na distinção tripartida entre crimes, contravenções e contra-ordenações, já que as segundas, por tendência, se integrarão ora nas primeiras, ora nas terceiras e daí a nossa referência à distinção entre ilícito criminal e ilícito de mera ordenação social, no texto.

Sobre a desnecessidade das contravenções no nosso sistema e até da sua consideração como uma "situação anómala", realçando as várias críticas feitas em torno de tal questão e traçando uma resenha histórica do problema, veja-se FARIA COSTA, "Les problèmes Juridiques et Pratiques Posés par la Différence entre le Droit Criminel et le Droit Administratif-Pénal", in B.F.D.U.C., vol. LXII, 1986, Coimbra, p. 148 e ss.

([17]) Sobre as noções de descriminalização e criminalização ou neocriminalização, veremos adiante com mais detalhe, II parte, cap. III. Por ora, fiquemos com a ideia de que a descriminalização e a neocriminalização são, ao fim e ao cabo, o verso e reverso da mesma medalha, já que no dizer de FIGUEIREDO DIAS e COSTA ANDRADE, *Criminologia. O Homem Delinquente e Sociedade Criminógena,* Coimbra Editora, 1984, p. 400 e ss, a descriminalização ocorre quando se desqualifica uma conduta como crime (em sentido estrito, portanto) ou, ainda, quando se dá a "conversão legal de um ilícito criminal em qualquer outra forma de ilícito, v.g., contra-ordenação, civil, etc.".

A criminalização ou, *rectius,* neocriminalização ocorre, contrariamente, quando se criam novos tipos de crimes ou quando se passam a qualificar como crimes condu-

Introdução   23

E, então, surge a questão fulcral, razão do nosso trabalho: deverão as infracções cometidas nos processos de incitamento ao consumo ser criminalizadas ou, pelo contrário, descriminalizadas?

Mas, não basta responder por uma ou outra via, por uma ou outra estratégia, sem mais. Na verdade, quer optemos pela criminalização quer optemos pela descriminalização, a outras questões há que responder. Desde logo, optando pela criminalização, perguntar-se-á: em obediência a que valores, bens, princípios ou critérios a devemos fazer? Que factos ou condutas, concretamente, devem ser criminalizados? Que infractores devem ser responsáveis criminalmente? Que sanções deverão ser aplicadas e que fins devem atingir?

Caso, pelo contrário, optemos pela descriminalização, igualmente devemos questionar: a que critérios ou princípios deverá obedecer? Que vias e estratégias deverão ser prosseguidas? Que formas de descriminalização?

Ocioso será dizer que, do resultado de tais questões, poderão surgir contributos para a compreensão da função do direito penal na protecção dos consumidores — que somos todos nós!

Estamos certos que será difícil nesta problemática, como noutras igualmente recentes, obter respostas definitivas e inquestionáveis [18].

---

tas que, até aí, eram qualificadas como outros ilícitos. São, no fundo, função de exigências impostas pelo progresso técnico, económico-social, político e cultural que impõem ao direito penal a tarefa de proteger determinados bens jurídicos tidos como fundamentais. Exemplo do movimento de neocriminalização ocorreu, em Portugal, com a aprovação do Decreto-Lei 28/84, de 20 de Janeiro, denominado "Infracções anti-económicas", que, situando-se no domínio do direito penal económico, trouxe à luz algumas infracções (como crimes ou como contra-ordenações), das quais um certo número se situam no âmbito dos processos de incitamento ao consumo (p. exemplo, o art. 40.º — Publicidade fraudulenta —, o art. 62.º — Envio de bens não encomendados — e o art. 72.º — Violação da confiança em matéria de saldos e práticas semelhantes).

[18] Na verdade, paradigmática é a forma como FIGUEIREDO DIAS, "Sobre o Papel do Direito Penal na Protecção do Ambiente", in R.D.E., ano IV, n.º 1, Jan.-Jun., 1978, p. 4 e ss, coloca várias questões acerca do papel do direito penal na protecção do ambiente, das quais algumas se referem à (des)criminalização neste tema e relativamente ao qual tem a "consciência de ser (...) um tema em que (dada a complexidade de que se reveste a matéria de regulamentação e a relativa novidade do seu tratamento legislativo) é difícil ainda encontrar soluções susceptíveis de lograr consenso generalizado".

Parece-nos indubitável haver em ambos os temas — ambiente e consumo — uma certa similitude e é inegável que em ambos se coloca o problema da protecção

Porém, sendo a nossa pretensão a de compreender a função do direito penal na protecção dos consumidores e sendo função do direito penal *prima facie* — no dizer de Figueiredo Dias[19] — a de "protecção de *bens jurídicos*, entendendo-se por estes os interesses fundamentais que se apresentam ao direito penal como valiosos", fácil é de ver que, na medida em que na lesão dos interesses dos consumidores estejam em causa interesses fundamentais, valiosos, dignos de tutela pelo direito penal — ou na medida em que estejam em causa valores fundamentais que, no dizer de Sainz Cantero[20], são "aquellos de cuya lesión o puesta en peligro resulta una perturbación esencial para las bases que hacen possible la convivencia de los hombres" —, logo estará legitimada a intervenção do direito penal.

E saber se, apesar de tal legitimação, é possível evitar tal intervenção em nome da ideia de que o direito penal, pela sua natureza acessória, pelo seu carácter fragmentário e por ser a *ultima ratio* do Direito, impõe estrita obediência ao princípio da intervenção penal mínima[21], podendo optar-se por outras formas de intervenção, é um

---

dos lesados. E, aqui, ganha particular relevância a noção de consumidor em sentido abstracto, que alguns autores referem, como sendo a do *cidadão/consumidor*, que aspira a ter uma adequada qualidade de vida em que todos os factores são importantes, nomeadamente o ar que respira (em suma, o ambiente) — cfr. A. Bercovitz, *op. cit.*, (n. 2), p. 107. Como se consumo implicasse o próprio ambiente e consumidor fosse o cidadão. Ainda que esta tese seja questionável — a ela nos referiremos adiante, II parte, cap. II, n.º 2.1.1.1, p. 188 e ss. — não deixa de ser interessante para compreender a semelhança das questões colocadas num e noutro tema e das dificuldades encontradas, justificadas, assim, pela novidade de tais problemáticas.

(19) Figueiredo Dias, *op. cit.*, (n. 18), p.8, e, mais desenvolvidamente, veja-se tal ideia no seu "A Reforma do Direito Penal Português. Princípios e Orientações Fundamentais", in B.F.D.U.C., vol. XLVIII, Coimbra 1972, p.116 e ss.

(20) José A. Sainz Cantero, *Lecciones de Derecho Penal, Parte General, I, Introducción*, Barcelona, 1982, p. 14.

(21) Sobre o conceito, fundamento, conteúdo e alcance do princípio da intervenção penal mínima, voltaremos adiante, II parte, cap.III, n.º 3.3., p. 279 e ss. Por ora, importa referir, na esteira, nomeadamente, de Juan Antonio Martos Nuñes, "El Principio de Intervención Penal Mínima", in Anuario, Tomo XL, Fasc. I, Enero-Abril, 1987, p. 100 e ss. que à luz de tal princípio, "el Derecho Penal sólo tutela aquellos derechos, libertades y deberes imprescindibles para la conservación del Ordenamiento jurídico, frente a los ataques más intolerables que se realizan contra el miesmo".

Este princípio é enformado por aqueles postulados referidos no texto — carácter "fragmentário" do direito penal, natureza "acessória" do mesmo e a sua conside-

outro problema que, ligado àqueles anteriores, constitui, no nosso entender, um dos trilhos que teremos que desbravar para optar pela *criminalização* ou *descriminalização* ou, ainda, por uma via eclética em que casuisticamente nos leve à consagração, nuns casos, da criminalização e, noutros, da descriminalização.

É o que veremos.

---

ração como *"ultima ratio"* — e é curioso salientar que é pelo *ensaio* do princípio da intervenção penal mínima, mormente pela referência àqueles postulados, que se atinge a descriminalização de certas condutas delitivas. Daí que não deixe de ser importante o seu estudo, como faremos adiante, na IIª parte, III cap..

PARTE I

ENQUADRAMENTO DO PROBLEMA

CAPÍTULO I

ENQUADRAMENTO JURÍDICO-DOGMÁTICO DA PROTECÇÃO (PENAL) DO CONSUMIDOR

1. **Opção pela delimitação às infracções cometidas nos processos de incitamento ao consumo: razões materiais e de sistematização.**

Para alcançar, *rectius,* tentar alcançar uma solução para o problema acabado de enunciar, impõe-se fazer a sua concreta delimitação, sob pena de terem que ser chamadas à colacção outras e tantas questões que, embora relacionadas com aquele problema e sendo importantes, nos poderiam levar a um trabalho, de tal modo denso e vasto, que não se compaginaria com o que devemos e intentamos levar a cabo.

Desde logo, optámos por questionar a (des)criminalização *apenas* nos processos de *incitamento ao consumo* e não em todas as relações de consumo, sejam elas de natureza contratual ou não[22].

Impõe-se, portanto, justificar tal opção e aquilatar da validade de uma tal distinção.

Sem que nos detenhamos já sobre o que se entenda por processos de incitamento ao consumo — o que, de resto, faremos adiante — parece-nos indiscutível a sua existência, quer na precedência do próprio consumo, quer coexistindo com este, mas sempre distinto dele. Assim, acontece vulgarmente quando, por exemplo, alguém adquire um determinado produto, de uma certa marca, em função de um anúncio publicitário a que assistiu anteriormente. É clara a existência, no exemplo que acabámos de enunciar, de duas fases distintas ou,

---

[22] Sobre tal distinção, cfr. *supra,* p. 3 , n. 4.

rectius, de dois fenómenos distintos: o correspondente ao incitamento — que compreende a publicidade do produto — e outro que consiste no próprio consumo em si — que se verifica no momento da aquisição do produto (e sua consequente utilização).

Tal nitidez pode, no entanto, desaparecer e dar lugar a uma certa nebulosidade, de tal sorte que, em certos casos, o incitamento e o consumo coexistem de tal forma imbricados, que tornam a linha de fronteira que os separa ténue e quase imperceptível. Pense-se, por exemplo, na hipótese de alguém adquirir um certo produto num momento em que é visitado em casa pelo vendedor e que é por este incitado a adquirir.

Perante tal situação, torna-se difícil determinar onde começa e acaba o incitamento ou a aquisição. É que, na verdade, esta não é mais do que o culminar imediato e consequencial do incitamento, sendo certo que, com o ser um método promocional de venda, a venda ao domicílio[23] (distinta da venda clássica no estabelecimento comercial) adquire ela própria o estatuto de processo de incitamento ao consumo, embora se concretize num acto ou contrato de consumo.

Ora, ainda que nem sempre se possa fazer a sua distinção *in tempore,* pode-se, no entanto, compreender a sua existência como fenómenos próprios, autónomos, distintos e integrantes duma mesma realidade: as relações de consumo.

Chegados a esta constatação, deparamos com outra questão: qual o interesse jurídico-dogmático de uma tal distinção, principalmente no tocante à protecção penal?

Na medida em que os processos de incitamento incidem na escolha dos consumidores, despoletam necessidades[24], são geradores de relações jurídicas (de consumo) e são produtores de efeitos jurídicos[25], justificam, desde logo, o seu estudo.

---

[23] Sobre a venda ao domicílio como método promocional de venda, distinto da venda clássica no estabelecimento comercial, veremos melhor adiante, *infra,* II parte, cap.I, n.º 3.1.. Por ora, veja-se, entre outros, GÉRARD CAS, *La Défense du Consommateur,* in Que sais-je?, 2ª ed., s/d, p. 28 e ss.

[24] Cfr. *supra*, nota 8.

[25] Desde logo, nesse sentido, MARIA E. VILAÇA LOPES, *op. cit.,* (n. 10), p. 167, considera que "toda a publicidade configura uma oferta (lato sensu), feita pelo fornecedor ao público em geral" e daí falar em "consumidor potencial".

Poder-se-ia contrapôr dizendo que, todavia, não justificam um estudo distinto do próprio consumo de *per si.*

Porém, tal distinção afigura-se-nos indispensável, porque por ela perpassa o tipo e grau de protecção a conceder ao consumidor. Na verdade, tal protecção há-de ser em função dos problemas que se levantam, isto é, da natureza dos mesmos e da intensidade com que se verificam — vale dizer, da natureza das infracções — relativamente aos interesses — ou bens jurídicos([26]) — dos consumidores e, como se há-de comprovar, nem os problemas ou infracções são da mesma natureza, nem os interesses ou bens jurídicos em presença são os mesmos, variando consoante se trate do incitamento ou do próprio consumo.

Com efeito, as diferenças esboçam-se logo ao nível dos interesses em presença, susceptíveis de serem lesados. Aquando do incitamento e porque este é dirigido — maioritariamente — a um número *indeterminado* de consumidores — contrariamente ao consumo de *per si,* onde geralmente se podem identificar o profissional e o consumidor([27]) — os interesses, em tais circunstâncias, não são apenas individuais, mas, antes e acima de tudo, supra-individuais ou meta-individuais, manifestando-se ora como difusos, ora como colectivos([28]).

([26]) Veremos melhor adiante, *infra,* II parte, cap. III, que assim é.

([27]) O que queremos significar com o que dizemos no texto é que, independentemente da consideração da relação de consumo como contratual ou não, sempre teremos que admitir ser (mais) fácil determinar, numa relação entre um profissional e um consumidor — seja a propósito da venda, locação ou qualquer outra forma de transmissão ou oneração de um bem —, quem é o profissional e quem é o consumidor. É certo que, com isto, não estamos a subsumir a relação de consumo à relação contratual. Neste sentido, estamos plenamente de acordo com autores como C. FERREIRA DE ALMEIDA, "Negócio Jurídico de Consumo. Caracterização, Fundamentação e Regime Jurídico", *in* B.M.J., n.º 347, Junho, 1985, p. 13 e ss, que advertem para a necessidade de não se confundir contrato com acto de consumo ou, *rectius,* acto gerador de uma relação de consumo. Mas o que é indiscutível — e aqui, também , de acordo com C. FERREIRA DE ALMEIDA — é que os processos de incitamento (v.g. a publicidade) não se identificam (nem podem) com as relações contratuais (onde é possível determinar os contraentes), mas não deixam de ser actos com efeitos jurídicos e susceptíveis de gerar relações de consumo onde será muitas vezes difícil, senão mesmo impossível, determinar todos os seus intervenientes.

([28]) Sobre os conceitos de supra-individualidade, meta-individualidade, interesse difuso ou colectivo por contraposição ao interesse público ou interesse geral da

Esta particularidade — que, embora não seja exclusiva dos processos de incitamento[29], se revela mais a este nível do que na fase contratual, em que as relações são predominantemente bilaterais[30] — leva a que a protecção do consumidor deva ser feita em moldes adequados à natureza desses interesses e à gravidade da sua lesão.

Tal adequação passará, obviamente, pela escolha acertada dos meios processuais capazes de possibilitarem a tutela daqueles interesses, mas, ao nível substantivo, ganhará acuidade na escolha das vias e estratégias para sua tutela — impondo-se aqui uma reflexão sobre a sua (des)criminalização — e, dentro do aparelho sancionatório, da opção por tipos de infracções igualmente convenientes — e daí a existência, neste nível, de crimes de perigo abstracto ou concreto.

Como já ficou antevisto no parágrafo precedente, as infracções poderão ser de tipologia diferente. Sem prejuízo da análise que faremos adiante sobre tal diversidade, importa agora reter um aspecto relevante, que se prende com o problema do dano produzido ou a produzir e dos meios de ressarcimento de tais danos ou da prevenção e reparação das condutas causadoras de tais danos.

Dito por outras palavras, se é certo que na fase do consumo — geralmente contratual, embora se desenvolva em números também elevados, assumindo, por isso, a natureza de "consumo de massas"[31]

---

comunidade e sobre a sua relevância no direito (penal) do consumo, veja-se *infra*, II Parte, Cap. II, n.º 3, p. 205 e ss.

[29] Na verdade, apesar de se verificar tal particularidade mais ao nível do incitamento do que no consumo *tout court*, não se pode esquecer que este, na sua essência, é um fenómeno de massas que, podendo ser realizado pelo consumidor a título individual, tem, no entanto, a característica de compreender (e/ou corresponder a) interesses de uma multiplicidade de consumidores que, colocando-se numa situação paritária mesmo na relação contratual, são portadores, como veremos (*infra* II Parte, Cap. II, n.º 3.1.3., p. 210 e ss), de interesses da mesma natureza, podendo ser difusos ou colectivos.

[30] A eventual bilateralidade numa relação de consumo não invalida o que se disse anteriormente na nota 29, isto é, não invalida a hipótese de estarem em presença interesses supra-individuais, comuns, por isso, a vários consumidores, ainda que tenham participado em contratos de consumo distintos.

[31] A expressão "consumo de massas" é hoje vulgarmente utilizada por diversos autores e pretende justamente significar a frequência, quantidade, permanência, multiplicidade e pluralidade das relações de consumo, ainda que, como dissemos na nota anterior, provenham muitas vezes de contratos individuais de consumo — cfr.

Enquadramento jurídico-dogmático 33

— é mais fácil identificar o infractor, o dano e a vítima e proceder ao seu ressarcimento, bem como tipificar *in concreto* a infracção, já na fase do incitamento é, por vezes, difícil (senão mesmo impossível) identificar todas as vítimas e determinar o dano produzido. Ora, em tais circunstâncias, as normas de protecção dos interesses dos consumidores hão-de ser de molde a evitar que tais danos sejam produzidos, ou seja, de molde a que tais lesões não se cheguem a verificar — e, portanto, assumindo uma feição, aqui, marcadamente *preventiva,* no sentido apontado por Jescheck ([32]) —, sem deixar de exercer em tais casos uma repressão adequada às condutas determinantes de tais lesões.

O caminho para tal solução, que se pretende de equilíbrio, iremos trilhá-lo ao longo do presente trabalho, mas o que, desde já, fica dito é o suficiente para percebermos estarmos em face de um problema complexo que, situando-se no momento do incitamento ao consumo, é suficientemente importante e revestido de características tão peculiares, que justificam o seu tratamento autónomo e que, embora de difícil resolução, nos convida à tentativa de uma adequada solução.

É evidente que uma visão assim bipartida destes fenómenos não nos inviabilizaria uma análise das relações de consumo no seu todo. E, de certo, que ao longo deste trabalho, muitas considerações valerão para o consumo em geral. A verdade, no entanto, é que a opção agora pelo tratamento apenas dos processos de incitamento, além de possível, impõe-se, senão mais, por questão de tempo e espaço. Estamos em crer que, de outra forma, o presente trabalho tornar-se-ia demasiado denso.

Além disso, como refere Figueiredo Dias ([33]), "é salutar que nos resignemos à tentativa de aprofundar, em cada momento, só uma

---

Manuel Ortells Ramos, "Una Tutela Jurisdiccional Adecuada Para Los Casos de Daños a Consumidores", in E.S.C., n.º 16, 1989, p. 177.

A tal expressão anda, de resto, associada uma outra, na terminologia jurídico--penal, que é a do delito de massas, muito cara no Direito espanhol — cfr. Gonzales Rus, *Los Interesses Economicos de Los Consumidores. Proteccion Penal,* Instituto Nacional del Consumo, Ministerio de Sanidad y Consumo, Madrid, 1986, p. 32.

([32]) Hans-Heinrich Jescheck, *Tratado de Derecho Penal,* vol. I, Barcelona, 1981, p. 6 e ss.

([33]) Figueiredo Dias, "Breves Considerações sobre o Fundamento, o Sentido e a Aplicação das Penas em Direito Penal Económico", in *Ciclo de Estudos de Direito Penal Económico,* Centro de Estudos Judiciários, 1ª ed., Coimbra, 1985, p. 29.

parcela da problemática, como única via de mantermos a esperança de que possamos amanhã dominar a totalidade".

2. **O enquadramento no direito penal económico *lato sensu*: a constatação de infracções económicas violadoras de bens jurídicos de natureza supra-individual.**

De acordo com G. Cas e D. Ferrier[34], o direito do consumo — ou direito do consumidor[35] — pode ser tomado em duas acepções

---

[34] G. Cas e D. Ferrier, *Traité de Droit de la Consommation*, PUF, Paris, 1986, p. 2 e ss.

[35] Na verdade, a doutrina e até mesmo os sistemas jurídicos dividem-se quanto à determinação do complexo de normas que regulam as relações de consumo e/ou protegem o consumidor. Há quem entenda dever chamar-se *direito do consumo* por referência ao elemento objectivo da relação de consumo que é o próprio acto de consumo — sendo o caso do Direito francês, belga e português e de autores como G. Cas, D. Ferrier e Luc Bihl — contrariamente a outros ordenamentos — como o inglês, o australiano, o alemão e o norte-americano — e outros autores — como E. von Hippel, Hondius e H. Benjamin — que preferem chamar *direito do consumidor,* por referência ao elemento subjectivo da relação do consumo que é o consumidor — cfr., por todos, Herman Benjamin, "El Derecho del Consumidor", in E.S.C., n.º 24, Agosto, 1992, p. 12 e ss.

Convenhamos que não é uma divergência que afecte o problema da autonomia e importância de tal ramo do Direito. Significará, quando muito, que tanto os actos de consumo são diferentes de outros actos (comerciais e civis) e nisso surgirá o direito do consumo com uma nota diferenciadora, como, ainda, que o consumidor não se confunde com o cidadão em geral e quando agindo na sua veste de consumidor requer um tratamento diferente. E, se é certo que é sempre difícil determinar se os actos de consumo são como tais, por serem praticados por consumidores, ou se estes têm este estatuto por realizarem actos de consumo, não nos parece problema de maior importância eleger uma ou outra denominação. Importância, sim, terá o problema se com isso se pretender negar autonomia ao direito do consumo. Nesse sentido, parece-nos estar Henry Bosly e Jean Spreutels, "Rapport National", *Actes,* in R.I.D.P., 4 ème année – nouvelle série, 1.º e 2.º trimestres, 1983, p. 118, ao entender, nomeadamente, que o consumidor não é mais que um comprador que realiza actos de comércio e, como tal, as normas que regem tais actos devem fazer parte do direito comercial. Tal modo de ver o problema retiraria autonomia ao direito do consumo e tornaria quase impensável, por exemplo, falar no direito penal do consumo. É, no entanto, um modo de ver o problema que não colhe, desde logo, porque, como poderemos ver a seguir no texto, trata-se de conceder protecção a uma classe de indivíduos que, pela sua

Enquadramento jurídico-dogmático

que, complementando-se e coexistindo, não coincidem inteiramente([36]).

Pode, com efeito, referir-se ao conjunto de normas jurídicas tendentes à *protecção dos consumidores,* mas, também, pode englobar o conjunto de normas tendentes à *regulamentação das relações jurídicas* estabelecidas entre consumidores e profissionais, precisamente a propósito da realização dos chamados actos de consumo([37]).

---

fraqueza e debilidade, carecem de um tratamento diferenciado e autónomo, e isso independentemente de pretendermos a autonomização de bens jurídicos — problema já do direito penal —, e que, segundo alguns autores, é um critério que não releva (no domínio das infracções económicas) — cfr. NILO BAPTISTA, "Rapport National", *ACTES,* in R.I.D.P., 4.ème année - nouvelle série, 1.° e 2.° trimestres, 1983, p.161.

([36]) É certo que as finalidades apontadas no texto e enunciadas, nomeadamente por CALVÃO DA SILVA, *op. cit.* (n. 1), p. 57 e ss, não coincidem com as que outros autores apontam ao direito do consumo. Há quem, simplesmente, ponha a tónica na protecção do consumidor, partindo do pressuposto de que o direito do consumo "visa proteger os interesses do consumidor que não encontra, nos mecanismos jurídicos clássicos, toda a segurança que encontra no direito do consumo" — é o caso de JACQUES AZEMA, "La Protection des Intérêts Économiques des Consommateurs par le Droit Français de la Concurrence", in *Droit des Consommateurs: sécurité, concurrence, publicité;* Collection Droit et Consommation, J. P. PIZZIO, ed. p. 72. Porém, pensamos que, para além de normas que visem essencialmente a protecção do consumidor (e dentro destas, as do direito penal), existirão outras que regulamentam os actos de consumo, ainda que, em segunda mão, acabem por favorecer — portanto, proteger — o consumidor.

Convém aqui, uma vez mais, à semelhança do que já outros autores fizeram, sublinhar a interdisciplinariedade do direito do consumo, enquanto direito apto a proteger o consumidor e a regular e a disciplinar os actos de consumo onde, devido a tal característica, se entrecruzam normas da mais variada natureza, indo desde o direito civil ao direito penal, passando pelo direito administrativo, direito mercantil, direito processual, entre outros. A este propósito é de referir a concepção de L. MARTIN--RETORTILLO, "Las Sanciones Administrativas en la Ley General para la Defensa de los Consumidores", in E.S.C., número extraordinário, Novembro, 1987, p. 97, para quem a 'defesa do consumidor' é um "conglomerado enormemente heterogéno embora sedimentado".

Quer relativamente à noção de direito do consumo naquelas duas acepções, quer sobre a pluridisciplinariedade do direito do consumo, urge ver, por todos, J. CALAIS-AULOY, *Droit de la Consommation,* Dalloz, 2ª ed., 1989, p. 17 e ss..

([37]) Sobre a noção de acto de consumo, vide por todos, T. BOURGOIGNIE, *op. cit.* (n. 4), p. 23, quando o define como "o acto jurídico ou material que, alcançando o destino final do bem de que é objecto, esgota total ou parcialmente o valor económico e promove geralmente a sua retirada definitiva ou temporal do mercado".

36 Da protecção penal do consumidor

De entre o complexo normativo aplicável no âmbito da protecção dos consumidores, devido ao entretecimento daquelas relações jurídicas, figuram normas de carácter sancionatório, que umas vezes são penais, enquanto que outras são para-penais ou simplesmente extra-penais.

Ora, relativamente às primeiras, numa abordagem inicial, o seu enquadramento impõe que seja gizado por dois vectores: **por um lado, o facto de estarmos em presença de actos económicos; por outro, o facto de os interesses ou bens jurídicos em causa serem essencialmente supra-individuais.**

Na verdade, se atendermos à sua génese, os actos de consumo mais não são, afinal, que actos económicos[38], no sentido de que, por um lado, se estabelecem no desempenho de actividades profissionais ou económicas e, por outro, implicam prestações e contraprestações patrimoniais no âmbito da vida económica da sociedade, vale dizer, prestações económicas.

Digamos que são actos que se filiam na ordem sócio-económica, realizados por agentes económicos, entre os quais, um — o mais fraco —, denominado consumidor, carece de uma protecção adequada[39].

Ora, tanto a ordem económica no seu todo, como as relações jurídico-económicas nela abrangidas, carecem de normas que as regulamentem; tais normas, *cum grano salis,* constituem aquilo a que se chama o direito económico[40].

Na verdade, ainda que sobre a noção de direito económico não exista unanimidade, havendo mesmo uma certa diversidade de acepções consoante os sistemas em causa[41], sempre, porém, se poderá dizer

---

[38] Cfr., ainda, T. Bourgoignie, *op. cit.,* (n. 4) , p.23.

[39] Nesse sentido, por todos, G. Cas. e D. Ferrier, *op. cit.,* (n. 34), p. 2 e ss.

[40] Sobre tal perspectiva e da relação do direito económico com outros ramos do Direito, vide Klaus Tiedemann, *Poder Económico y Delito,* Ariel, 1985, p. 9. O direito económico que, no dizer de Neves Pereira, *Introdução ao Direito e às Obrigações,* Almedina, Coimbra, 1992, p. 74 e ss, é "recente, algo hibrído, de contornos ainda não sedimentados, regula matérias como a planificação pública, a defesa da concorrência e dos *interesses dos consumidores,* o regime das empresas públicas, e do investimento estrangeiro" — (o *itálico* é nosso).

[41] Cfr. Marques Borges, *Direito Penal Económico e Defesa do Consumidor,* Rei dos Livros, Lisboa,s/d, p. 12; e, ainda, A. Carlos Santos e outros, *Direito Económico,* Almedina: Coimbra, 1991, p. 1 e ss, que reconhecem existirem "várias

Enquadramento jurídico-dogmático

com Jacquemin e Shrans[42] (numa acepção, pelo menos, suficientemente abrangente e sintetizadora do que de comum têm as restantes) que, consistindo aquele no conjunto de normas advindas das "intervenções imperativas dos poderes públicos no sector económico" ou, mais amplamente, no conjunto de normas que visam "reger toda a vida económica nos seus diversos aspectos", logo se subsumirão nessas normas as que regulam as relações de consumo, na medida em que — como acabámos de ver — estas são parte da vida económica[43].

Partindo deste pressuposto e numa primeira visão — que cremos ser suficiente, por ora, para tornar inteligível o fenómeno das infracções nas relações de (incitamento ao) consumo — facilmente se compreende que eventuais distorções na ordem económica[44] determinam a existência e aplicação de outras normas, agora, já não de enformação ou orientação de uma certa ordem económica, mas sim de protecção dessa ordem e de prevenção e repressão das acções lesivas dos interesses dos agentes económicos — incluindo o consumidor.

Estas últimas, como se percebe, são normas de carácter sancionatório[45].

---

definições de direito económico". No mesmo sentido, ainda, e apontando as mais expressivas acepções de direito económico, está Luis Cabral de Moncada, *Direito Económico,* 2ª ed., revista e actualizada, Coimbra Editora, 1989, p. 7 e ss, bem como André Laubadère, *Direito Público Económico,* Almedina: Coimbra, 1985, p. 17 e ss., questionando não só o direito económico como o direito público económico e o direito da economia.

[42] A. Jacquemin e G. Schrans, *Direito Económico,* Vega Universidade, s/d, p. 89 e ss.

[43] No sentido mesmo de que qualquer política de defesa do consumidor deve ser enquadrada e conformada no âmbito do desenvolvimento da actividade económica, está A. Garcia-Cruces Gonzalez, "La Protección de los Consumidores en la CEE", in E.S.C., n.º 17, Abril, 1990, p. 103.

[44] Sobre a noção de ordem económica na perspectiva dos juristas, veja-se a interessante construção de P. Verloren Van Themaat, "L'économie à travers le prisme du juriste", in R.I.D.E., n.º 2, 1989, p. 16 e ss, segundo a qual, a ordem económica deve ser vista pelo respeito por três princípios básicos: liberdade, igualdade e solidariedade. Trata-se de uma concepção nova, inspirada no direito alemão, sobretudo nos princípios fundamentadores do direito económico (Grondslageurecht) e que se opõe à concepção avançada na década de 60 por Zijlstra, que assentava nos conceitos de mercado e plano.

[45] Ao dizermos sancionatório estamos a pensar tanto nas normas de natureza penal, como nas de natureza extra-penal que, apesar de tudo, continuam a ser san-

Na verdade, as infracções económicas acontecem quando — num primeiro momento — lesam ou, simplesmente, põem em perigo de lesão a ordem económica ou, mais rigorosamente, sócio-económica[46]. Umas vezes, tais infracções verificam-se no âmbito das normas advindas do *intervencionismo estatal* na economia, contendendo, por isso, com a ordem económica *stricto sensu,* enquanto que, outras vezes, respeitam às relações económicas (ou da actividade económica) entendidas como sendo as que se estabelecem na *produção, distribuição e* **consumo** *de bens e serviços* e, portanto, afectando a ordem económica considerada no seu sentido mais amplo.

Para pôr cobro a tais infracções, reprimi-las e proteger os bens jurídicos que as mesmas lesam ou põem em perigo de lesão, existem normas sancionatórias que, adentro do direito penal e vocacionadas para proteger a ordem económica, formam o chamado **direito penal económico** — direito penal económico que, em conjugação com o tipo de infracções anteriormente referido, há-de ser encarado na sua feição estrita, quando englobando as normas penais que protegem a

---

cionatórias, nomeadamente as do direito de mera ordenação social. Sobre tal distinção veja-se *infra,* n.º 4, p. 48 e ss.

[46] Impõe-se aqui reflectir sobre a noção de ordem económica ou de ordem sócio-económica para efeitos de protecção do direito penal. Vamos seguir de perto o pensamento de Bajo Fernandez, *Manual de Derecho Penal (Parte Especial). Delitos Patrimoniales y Economicos,* Editorial Ceura, 1987, p. 394 e ss, por nos parecer paradigmático e para daí tirarmos as nossas conclusões.

As infracções económicas ou, melhor dito, exclusivamente económicas, existem quando contendem com a ordem económica *stricto sensu,* isto é, quando se tem em conta apenas o conjunto de normas jurídico-penais que protegem a regulação jurídica do intervencionismo estatal na economia, significando isto que a ordem económica, neste sentido estrito e delimitado, como afirma Bajo Fernandez, é susceptível de constituir um bem jurídico a proteger. Todavia, se considerarmos a ordem económica num sentido mais amplo, que implique, também, as relações de produção, distribuição e consumo de bens e serviços e, atendendo a que, aqui, necessariamente existe um cunho societário-social, deixa de fazer sentido concebermos a ordem económica *stricto sensu* e, por outro lado, falando-se em ordem económica *lato sensu,* falar-se-á de ordem sócio-económica, atendendo a que o bem jurídico directamente protegido não será a ordem jurídica, mas, sim, aqueles que estiverem ligados aos agentes económicos, à sociedade económica, às relações económicas (de produção, distribuição e consumo), quais sejam a confiança, o património, a saúde, a segurança, etc.. Nesta última perspectiva, o problema não é apenas económico, mas, também, de características marcadamente sociais e, portanto, sócio-económico.

Enquadramento jurídico-dogmático   39

ordem económica *stricto sensu* ou, numa acepção mais ampla, quando tenha em conta a ordem económica no seu todo, compreendendo, por isso, as relações de produção, distribuição e consumo de bens e serviços [47].

Ora, se é certo que as relações de consumo — como vimos — são geneticamente económicas, não menos certo é que as infracções desencadeadas a propósito de certas normas, afectando a regulação jurídica da produção, distribuição e consumo de bens e serviços, sempre atingem a ordem económica, porque esta só é possível com o respeito por tal regulação.

Sendo assim, *considerando o direito penal económico na sua acepção ampla e com ele relacionando as infracções verificadas nas relações de consumo, com alguma segurança podemos concluir que estas se integram, efectivamente, no direito penal económico lato sensu* [48].

---

[47] Para compreender melhor o que acabámos de afirmar, tomemos por base a formulação de Bajo Fernandez, *op. cit.,* (n. 46), p. 394 e ss. Este autor diz-nos que o direito penal económico, sendo uma parte do direito penal, tem como denominador comum a actividade económica, definindo-o como "el conjunto de normas jurídico--penales que protegem el orden económica".

No entanto, entende que o direito penal económico poderá ser visto, no seu sentido estrito, como o conjunto de normas jurídico-penais que protegem a ordem económica entendida como regulação jurídica do intervencionismo estatal na economia, em que, como consequência, delito económico seria a infracção jurídico-penal que lesiona ou põe em perigo de lesão a ordem económica, entendida como regulação jurídica do intervencionismo estatal na economia de um país; ou, num sentido mais amplo, como o conjunto de normas jurídico-penais que protegem a ordem económica, entendida como regulação jurídica da produção, distribuição e consumo de bens e serviços e em que delito económico seria aquela infracção que, afectando um bem jurídico patrimonial individual, lesiona ou põe em perigo, num segundo termo, a regulação jurídica da produção, distribuição e consumo de bens e serviços.

[48] Nesse sentido estão claramente Klaus Tiedemann, "Sistema Economico y Derecho Penal Economico en Alemania", in *Debate Penal*, 7-8-9, Ano III, 1989, p. 119; Wazir Abdrlajim Maci, "Rapport National", *Actes*, in R.I.D.P., 4.ème année nouvelle série, 1.º e 2.º trimestre, 1983, p. 179 e 193; M. Bajo Fernandez, "Rapport National", *Actes*, in R.I.D.P., 4ème année, nouvelle série, 1º e 2º trimestre, 1983, p.217; Lopes Rocha, "A Responsabilidade Penal das Pessoas Colectivas – Novas Perspectivas", in *Ciclo de Estudos de Direito Penal Económico*, Centro de Estudos Judiciários, 1ª ed., Coimbra, 1985, p.179; Herman Benjamin, "O Direito Penal do Consumidor: Capítulo do Direito penal Económico", in *Direito do Consumidor 1*,

40   *Da protecção penal do consumidor*

É claro que se ficássemos por tal conclusão, estaríamos a optar por definir o direito penal económico a partir do direito económico — simplesmente. Não é essa, todavia, a nossa intenção e partilhamos inteiramente do pensamento dos que caracterizam o direito penal económico a partir de uma sua outra nota de relevo: o carácter supra-individual dos bens jurídico-penais que protege[49].

Com efeito, ainda que, num primeiro momento, se vise com a protecção jurídico-penal os interesses individuais de *per si,* tal protecção ganha, contudo, relevo e assume-se com uma feição diferente quando orientada para interesses de um universo de pessoas em simul-

---

p. 107: e JACQUES LÉAUTÉ, "Rapport Général sur les Infractions Économiques", in *Travaux de L'Association Henri Capitant,* T. XIII, 1959-1960, Paris, 1963, p. 617.

[49] Mas, não só. Efectivamente, a partir de quatro notas ou, *rectius,* de quatro perspectivas, é possível caracterizar o direito penal económico. Assim, numa perspectiva eminentemente criminológica, assente no conceito de *white collar-crime,* introduzido por E. SUTHERLAND, como sendo o direito penal que visa reprimir os crimes cometidos por pessoas de estratos sociais elevados ou de certos profissionais, ou, numa palavra, os cometidos no domínio da empresa. Trata-se de uma perspectiva inadequada para caracterizar o direito penal económico, desde logo, porque, como se verá no texto, não traduz fielmente o objecto deste ramo do Direito.

Outra perspectiva é a criminalística, cuja inadequação vem a ser óbvia, por partir do pressuposto de que os crimes económicos são complexos e de difícil investigação. Trata-se de uma constatação que, quando muito, explicará a existência de grandes regras, mas não serve para definir e delimitar o direito penal económico.

Por último, uma tese que tenta definir o direito penal económico a partir do bem jurídico *confiança ,* cuja violação seria feita para obtenção de vantagens individuais na vida da relação económica, ou, ainda, através do acrescentamento de outros bens jurídicos como a vida económica, a ordem económica, etc., e em que a confiança continuaria a ser injustamente violada. Trata-se, também, de uma tese inadequada porque, como veremos adiante no texto, vários bens jurídicos são passíveis de violação e que se integram no direito penal económico *lato sensu* e em que em causa não estão apenas a confiança, a vida económica ou a ordem económica — se assim fosse, aliás, estaria a reduzir-se o direito penal económico ao seu sentido estrito.

Como dizem FIGUEIREDO DIAS e COSTA ANDRADE, "Problemática Geral das Infracções Anti-económicas", in B.M.J., n.° 262, Janeiro, 1977, p.30, onde nos ancorámos naquela explanação, estas perspectivas, se "têm o mérito de permitir uma certa aproximação da realidade que constitui o objecto do nosso estudo" — o direito penal económico — não são, contudo, suficientes e será preferível, não as perdendo de vista, lançar mão dos outros dois elementos, numa perspectiva jurídica e num plano de política criminal: a natureza supra-individual dos bens jurídicos e o facto de estarem em causa violações ao direito económico.

Enquadramento jurídico-dogmático

tâneo. Tais interesses passam, assim, a ser caracterizados pela sua supra-individualidade — já que estão acima ou para além dos sujeitos considerados individualmente — fazendo maior sentido a sua consideração como tal.

O direito penal económico está, na verdade, vocacionado para a protecção daquele tipo de interesses, ainda que, nestes ou com estes, concorram interesses de cada indivíduo[50].

Julgamos, no entanto, que ambas as perspectivas se complementam, não sendo excludentes, já que a atribuição ao direito penal económico da especial vocação de protecção de bens jurídicos supra-individuais vem superar o obstáculo imposto pela incerteza, vaguidade e polivalência do conceito de direito económico[51], enquanto que a pressuposição deste último, para definir o direito penal económico, permite-nos *filtrar* de entre os bens jurídico-penais supra-individuais os que forem caracterizados pela nota da economicidade, que são os que, afinal, cabem no direito penal económico e não, simplesmente, no direito penal de justiça ou até no direito penal administrativo.

Ora, no que respeita às infracções cometidas no consumo, estas comungam em absoluto, além de outras, da característica da supra-

---

[50] Pelo menos na formulação em sentido amplo, abrangendo não só a protecção da ordem económica *stricto sensu*, mas, também, os interesses nas relações de produção, distribuição e consumo — nesse sentido, cfr. Bajo Fernandez, *op. cit.* (n. 46), p. 395 e H. Benjamin *op. cit.* (n. 48), p. 112. É curioso verificar-se, a este propósito, que mesmo uma análise profunda sobre os Direitos do Homem, orientada sobretudo para as dimensões internacionais desses direitos, centrando por isso o Homem em tal análise, não esquece a existência de interesses supra-individuais, de grupo, precisamente na área dos direitos económicos e sociais, ainda que, e como muito bem nota Theodoor Van Boven, *As Dimensões Internacionais dos Direitos do Homem,* Editora Portuguesa de Livros Técnicos e Científicos, UNESCO, 1983, p. 71, existam "também direitos que têm simultaneamente aspectos individuais e aspectos colectivos".

[51] Objecções levantadas e a nosso ver bem, por Figueiredo Dias e C. Andrade, *op. cit.,* (n. 49) p. 31. É, aliás, aqui de referir que o próprio direito económico ganha relevo e autonomia quando considerado o direito penal económico, uma vez que segundo Gérard Farjat, *Droit Économique,* PUF, 2ª ed., 1982, p. 59, "C'est souvent à partir d'une réflexion sur le droit pénal économique que des auteurs ont conclu à l'autonomie du droit économique lui-même", apesar de reconhecer que "le droit pénal économique est indiscutablement marqué par la finalité économique", e por isso, não ser de esquecer a consideração do direito económico, também, no direito penal económico.

42   *Da protecção penal do consumidor*

individualidade dos bens jurídico-penais, que é apanágio do direito penal económico [52].

Vamos compreender melhor tal asserção adiante. Por ora, é o bastante para compreendermos que, também, por essa perspectiva, as infracções cometidas no (incitamento ao) consumo se integram no direito penal económico em sentido amplo. Tem, assim, inteira razão TIEDEMANN [53], quando afirma que "outorga-se um âmbito maior ao

---

[52] É nesse sentido que ganha relevo a protecção penal do consumidor, uma vez que, no plano individual, o direito penal cede lugar a outros meios de protecção. Nas relações de consumo globais e colectivas, onde marcam presença os interesses supra-individuais (difusos e colectivos), revê o direito penal (secundário) a sua função.

Ao referirmos, no texto, que as infracções no consumo comungam da característica da supra-individualidade do direito penal económico, não podemos deixar passar esta oportunidade para ressaltar outras características deste que, igualmente, pertencem às normas penais do consumo.

O direito penal económico (ou direito penal secundário, como se verá adiante) é, não raras vezes, considerado como "novo", "derrogatório" e "suplectivo" (MARC ANCEL, "Les Sanctions en Matière de Droit Pénal Économique", in *Rapports Géneraux au Ve. Congrès International de Droit Comparé*, Bruxelles, 1960, p. 852 e ss.), como "actual", "interdisciplinar", "subordinado" e "esporádico" (TIEDEMANN, *op. cit.*, (n. 48), p. 107 e no seu "Entwicklung und Begriff des Wirtschaftsstrafrechts", in G.A., 1969, p. 71), "conjuntural e pontual" (EDUARDO CORREIA, "Notas Críticas à Penalização de Actividades Económicas", in *Ciclo de Estudos de Direito Penal Económico*, Centro de Estudos Judiciários, 1ª ed., Coimbra, 1985, p. 14), "precário" e "contingente" (FARIA COSTA, "Breves Reflexões Sobre o Decreto-Lei n.º 207-B/75 e o Direito Penal Económico", in R.D.E., Ano II, n.º 1, Janeiro/Junho, 1976, p. 36.), "como um conjunto heterogéneo de normas" (FIGUEIREDO DIAS e COSTA ANDRADE, *op. cit.*, (n. 49), p. 8), sendo, ainda, caracterizado pela sua "dispersão", "mutabilidade", "tecnicidade", "rigor" (HERMAN BENJAMIN, *op. cit.*, (n. 48), p. 107) e, finalmente, é-lhe imputado o facto de ser "constituído em grande parte por delitos de perigo" (J. MARQUES BORGES, *op. cit.*, (n. 41), p. 28).

Todas estas notas nos parecem efectivamente caracterizadoras do direito penal económico (ou secundário) e, nessa medida, justificam a sua relativa autonomização em face do direito penal geral. São, também, essas mesmas notas — e, veremos melhor quando atingirmos o final do presente trabalho — que caracterizam as normas penais que regem as infracções no domínio do consumo. Não se duvidará que, aqui, encontramos terreno fértil para os crimes de perigo, nem muito menos se duvidará da tecnicidade, mutabilidade, rigor, alguma heterogeneidade, contingência, interdisciplinariedade, subordinação, precariedade, enfim, daquelas notas há pouco referidas para o direito penal económico e que são, também, do direito penal do consumo.

[53] TIEDEMANN, *op. cit.*, (n. 48) p. 19.

conceito de 'delitos económicos', aceitando a ideia de que o direito económico está formado pelo conjunto de normas jurídicas promulgadas para a regulação da produção e da fabricação e distribuição de bens económicos. E, para distinguir estes delitos dos que correspondem ao direito penal patrimonial, faz-se prevalecer o bem jurídico colectivo ou supra-individual (social), ainda quando se alude, concretamente, à protecção do indivíduo, consumidor ou concorrente".

3. A insuficiência do enquadramento no direito penal económico *lato sensu* e a necessidade do apelo ao direito penal administrativo: a vantagem, afinal, do chamado direito penal administrativo económico.

O problema do enquadramento das infracções, no (incitamento ao) consumo, estaria resolvido se considerássemos as relações de consumo apenas na sua vertente economicista, isto é, se atendêssemos só à sua incontroversa nota caracterizadora que é a económica.

Estaríamos, no entanto, a perspectivar parcialmente o problema.

Com efeito, em tais relações, estão presentes não só interesses económicos, mas, também, outros aspectos, que não se subsumem àqueles interesses: são, sobretudo, aspectos psico-fisiológicos ligados directamente ao consumidor (saúde, integridade física e moral), mas, também, outros de diversa natureza, tais como a informação, a sanidade, a segurança e todos os demais aspectos técnicos [54].

Ora, todo este *multiversum* de factores assume importância (por vezes vital) para o consumidor, sem que as infracções a eles ligadas se cubram inteiramente pelo manto do direito penal económico.

Urge, assim, fazer apelo a um outro conjunto de normas que, embora ligado à actividade administrativa e, portanto, à ordem pública, *prima facie,* não se reduzem — num primeiro momento — às

---

[54] Cfr. Herman Benjamin, *op. cit.,* (n. 48), p. 123, ao afirmar que "...a relação de consumo se conecta à órbita da incolumidade econômica ou à órbita da incolumidade físico-psíquica do consumidor. São duas faces de uma mesma moeda: a ordem pública de protecção do consumidor"; cfr., ainda, J. Marques Borges, *op. cit.,* p. 24, e A. Menéndez Menéndez, "Princípio de Legalidad y Sanciones en Materia de Consumo (Análisis de Algunas Sentencias Recientes)", in E.S.C., n.º 15, 1989, p. 12.

44 — Da protecção penal do consumidor

normas de direito penal económico: falamos, principalmente, do **direito penal administrativo** [55].

A sua definição, também, não tem sido pacífica e se atendermos à sua evolução histórica, com razão podemos acompanhar Figueiredo Dias [56], quando refere que "o problema das relações entre o direito penal de justiça e o direito penal administrativo entra definitivamente em crise, bem podendo dizer-se que não mais se clarifica até aos nossos dias". Na verdade e como ensina Eduardo Correia [57], o ilícito criminal administrativo nasceu como uma resposta histórica à necessidade de uma "autonomização, em face do ilícito criminal de justiça e do ilícito civil", "(...) começando por abranger, apenas, algumas infracções policiais e contra a ordem administrativa «stricto sensu»", mas evoluindo e pretendendo "abarcar todas as infracções de interesses, da mais variada ordem, da administração e mesmo algumas que — como as contravenções — tradicionalmente se consideravam englobadas no âmbito do direito criminal de justiça" abrange hoje "infracções que, ao menos aparentemente, nos sugerem ser da mais *heterógena* natureza", justamente — pensamos — por envolverem interesses e direitos que se distinguem dos direitos subjectivos propriamente ditos e que, ligados à actividade administrativa, chamam a si a aplicação de sanções criminais (administrativas).

A actividade da administração desenvolve-se em vários domínios e é tanto mais intensa quanto mais intervencionista for essa administração. Estende-se a domínios múltiplos da vida, tais como a cultura, educação, saúde, sanidade, economia, etc..

---

[55] Paradigmático é, a este respeito, o pensamento de Marc Ancel, *op. cit.,* (n. 52), p. 854, ao afirmar: "C'est en ce sens que la doctrine allemande, (...), voit dans ce droit pénal nouveau un *droit pénal administratif spécial* sanctionnant, non des infractions véritables c'est-à-dire des actes à proprement parle illicites, mais des atteinentes à cet ordre économique général non constitutives d'atteints à l'éthique sociale".

Veja-se, ainda, no sentido do direito penal administrativo como prolongamento do direito penal económico, quanto aos interesses não meramente económicos, H. Benjamin, *op. cit.* (n. 48), p. 105.

[56] Figueiredo Dias, "Para uma Dogmática do Direito Penal Secundário", in R.L.J., n.º 3714, p. 265.

[57] Eduardo Correia, *op. cit.,* (n. 15), p. 24 e ss.

Ora, é indubitável que as relações de consumo cruzam todos estes domínios, de tal sorte que, por vezes, existem aspectos de tais relações que assumem uma importância de tal forma capital, que quase irradicam o seu *quid* económico — é o caso do bem saúde, cuja lesão, a propósito do consumo de um produto, se vem a sobrepôr claramente a interesses económicos[58].

Pois bem, as normas que hão-de regular esses domínios, advindas do intervencionismo da administração, são administrativas e, também, as que reprimem infracções a elas cometidas — utilizando como sanções as penas — hão-de pertencer ao direito penal administrativo[59].

Valeria, assim, por dizer, *prima facie,* que o direito penal económico reprime violações à *ordem económica,* enquanto que o direito penal administrativo reprime violações à *ordem social,* conquanto os bens jurídicos protegidos sejam concretização dos valores constitucionais ligados aos direitos sociais[60].

Só que não se afigura correcta tal cisão, até porque ela rigorosamente não existe. Uma e outra coisa entrecruzam-se em direcção a uma mesma realidade, isto é, a ordem *económico-social,* e a tutela dos bens jurídicos ligados a tal ordem vêm a pertencer, em rigor, ao chamado **direito penal administrativo económico**[61].

---

[58] Cfr Marques Borges, *op. cit.* (n. 41), p. 24.

[59] Cfr. H. Mattes, *Problemas de Derecho Penal Administrativo. Historia y Derecho Comparado,* Madrid: Editoriales de Derecho Reunidas, 1974, p.26 e ss.. Será aqui de ter em conta que, ainda que diferenciando o ilícito criminal do ilícito criminal administrativo, de forma um tanto diferente da que actualmente se faz, a verdade é que Beleza dos Santos, "Ilícito Penal Administrativo e Ilícito Criminal", in R.O.A., ano 5, n.º 1 e 2 , 1.º e 2.º trimestres de 1945, p. 40 e ss, já apelava à "actuação administrativa" com vista a promover o "bem estar e progresso geral" como a base do ilícito penal administrativo contrariamente ao ilícito criminal que ofenderia bens jurídicos individuais.

Sobre a relação entre o intervencionismo estatal da administração e a importância do direito administrativo com o direito penal económico, principalmente ao nível dos países da América-latina, veja-se Tiedemann, "Wirtschaftsstrafrecht im Ausland — Skizzen zur Entwicklung und Reform", *in* G.A., 1969, p. 327.

[60] Uma e outra coisa (ordem económica e ordem social) fazendo parte da ordem pública e daí, por exemplo, haver quem fale, a este nível, de "ordem pública de protecção do consumidor", referindo-se a este mesmo problema — cfr. Herman Benjamin, *op. cit.,* (n. 48), p. 123.

[61] A expressão fomos buscá-la a Figueiredo Dias, *op. cit.,* (n. 56), p. 265, e a Tiedemann, *op. cit.,* (n.40), p. 12. Repare-se que não é assim muito importante a

De acordo com os ensinamentos de FIGUEIREDO DIAS([62]), o interesse em "pôr o aparato das sanções criminais ao serviço dos mais diversos fins de política social" levou ao "aparecimento, ao lado do direito penal tradicional, de um abundante direito penal *extravagante acessório ou secundário"*, cabendo a prossecução de tais fins à *administração*, o que nos leva a poder inteligir, de acordo com o seu pensamento, que, punindo-se com penas a violação às ordenações da administração, daí advém o direito penal administrativo.

Tais intervenções estendem-se por vários domínios, entre os quais o da *economia* aparece como objecto de maior intervenção, suscitando o aparecimento do direito penal económico, precisamente em razão da matéria regulamentada, mas, também, do direito penal administrativo, já que são ordenações da administração, com vista à prossecução de fins sociais (ainda que de cariz económico), que estão em causa([63]). O que significa, em rigor, tal como conclui FIGUEIREDO

---

questão terminológica (direito penal económico, direito penal administrativo ou direito penal administrativo económico), sobretudo se tivermos consciência de que estamos a falar, ainda, de direito penal que, contudo, se apresenta como algo de especial em relação ao direito penal de justiça e, portanto, nunca constituíndo um direito autónomo. Nesse sentido, por referência (indiferente terminologicamente) ao direito penal administrativo, está ENRIQUE AFTALIÓN, *Derecho Penal Administrativo*, Buenos Aires, 1955, p. 18.

([62]) FIGUEIREDO DIAS, *op. cit.,* (n.56), p. 265.

([63]) Com razão, afirmam assim ORLANDO GOMES e ANTUNES VARELA, *Direito Económico*, Ed. Saraiva, 1977, p. 25: "É a Administração Pública, através dos seus órgãos executivos, que prepara e dita as mais importantes normas específicas da vida económica. A relação íntima e natural existente entre o direito penal administrativo e o direito administrativo, permite-nos, igualmente, constatar, relativamente a este último, o que já apurámos quanto ao primeiro, e compreender que a cisão entre o direito administrativo e o direito económico vai cada vez mais perdendo força de tal sorte que certos autores advogam já a cultura do direito administrativo económico".

Tal invocação fica a dever-se, por um lado, à incapacidade do direito administrativo clássico de responder às exigências da vida actual, sobretudo através da figura do acto administrativo, unilateral e executivo, havendo necessidade do apelo a outras figuras como a do contrato administrativo; e, por outro lado, pela constante inclusão do domínio económico no direito administrativo e vice-versa. São expressivas, neste sentido, as palavras de R. MARTIN MATEO e F. SOSA WAGNER, *Derecho Administraivo Económico*, 2ª ed., revisada e puesta al día, Ediciones Pirâmide, Madrid, 1977, p. 26 e ss — defensores da adopção do direito administrativo económico — ao afirmarem que "una intensa manipulación de la clásica figura contractual por la Administración y con

Dias[64], que estamos em presença do direito penal administrativo económico ou, *rectius,* do direito penal secundário.

As infracções cometidas no (incitamento ao) consumo enquadram-se, pelos traços anteriormente expostos, no referido *direito penal administrativo económico,* tanto porque atingem bens jurídicos de natureza supra-individual e geneticamente económicos, mas, também, porque, ainda que se salientem outros aspectos, cabem no objecto da intervenção da administração, uma vez que se inscrevem nos valores constitucionais económico-sociais, que ao direito penal administrativo económico cumpre tutelar na prossecução de fins de política social[65].

E à mesma conclusão podemos chegar, ainda que vejamos o problema noutra perspectiva. Na medida em que o acto de consumo é um acto final de consumação de um processo económico[66], iniciado pela produção e terminando com o consumo, de tal sorte que o consumidor vem a ser definido como o agente económico que se situa no último elo desse processo, logo todos os aspectos relacionados com a relação de consumo, ainda que não propriamente económicos e, portanto, tutelados pelo direito penal administrativo, vêm a relacionar-se com o direito penal económico se em causa estiverem implicações à

---

cuyo manejo se obvian algunos problemas del Derecho Administrativo clásico fundado predominantemente sobre la estructura del acto administrativo, unilateral e ejectivo" e ainda porque um "inabarcable magna normativo e instrumental de carácter económico constituye un auténtico reto para el Derecho Administrativo clásico y sus cultivadores".

Ademais, é sempre de recordar, a este propósito, o pensamento de Ernst Forsthoff, *Traité de Droit Administratif Allemand,* Bruxelles, 1969, p. 533 e ss, segundo o qual as funções do Estado-Providência, no quadro de prestações do Estado — "Daseinsvorsorge" — exorbitam, por vezes, do direito administrativo (tradicional) e pertencem a outros ramos do direito, como o direito económico, o direito do trabalho ou o direito da segurança social, dada, perfeitamente a interdisciplinariedade existente a este propósito.

[64] Figueiredo Dias, *op. cit,* (n. 56), p. 265.

[65] Figueiredo Dias, *op. cit.,* (n. 56), n. 3718, p. 11 e, ainda, no seu "Os Novos Rumos da Política Criminal e o Direito Penal Português do Futuro", in R.O.A., ano 43, 1983, p. 17 e ss, onde se faz alusão clara à ligação entre o direito penal administrativo económico (direito penal secundário) e aos valores ligados aos direitos sociais e à organização económica contidos na Constituição.

[66] Vide *supra,* p. 1, n. 1 e, ainda, Calvão da Silva, *op. cit.* (n. 1), p. 58.

48   *Da protecção penal do consumidor*

ordem económica — como, efectivamente, estão, atendendo a que a relação é essencialmente económica. Daí, estarem afinal cobertas pelo direito penal administrativo económico.

4. A utilização de normas sancionatórias exorbitantes do direito penal (administrativo económico): O recurso ao direito de mera ordenação social.

Coisa diversa do direito penal administrativo económico e do próprio direito penal de justiça é, no entanto, o **direito de mera ordenação social**[67].

Impõe-se fazer aqui a sua abordagem, no que tange à protecção do consumidor. É claro que, quando analisarmos o fenómeno da descriminalização aplicado aos processos de incitamento ao consumo, voltaremos com mais profundidade a tal distinção.

O olhar que agora vamos deitar, interessa, sobretudo, para o enquadramento da protecção do consumidor e, dentro deste propósito, importa principalmente sublinhar três notas.

A primeira é a de que muitas infracções verificadas no (incitamento ao) consumo são sancionadas pelo direito de mera ordenação social, de tal sorte que alguns ordenamentos jurídicos tendem a optar por preferi-lo ao próprio direito penal. Parece inscrever-se nesta tendência, ultimamente, Portugal[68], na medida em que muitos dos diplomas, que visam regular a matéria relativa às infracções cometidas no consumo, optam pela quase exclusiva remissão para o direito de mera ordenação social; à guisa de exemplo, pode-se citar o recente Código da Publicidade aprovado pelo Decreto-Lei 330/90, de 23 de Outubro, em que *todas* as infracções relativas à publicidade são con-

---

[67] Nesse sentido, muito claramente, estão Figueiredo Dias e Costa Andrade, *op. cit.*, (n. 49), p. 10 e ss.

[68] Na verdade, se até 1984, momento em que foi aprovado o DL 28/84, de 20 de Janeiro, ainda se notou alguma tendência no sentido da criminalização (em que é de destacar a publicidade fraudulenta), porém, a partir daí, quase sempre que o legislador interveio em matéria de consumo, nomeadamente no que respeita ao incitamento ao consumo, a tendência foi no sentido inverso, ou seja, no da descriminalização. Com maiores desenvolvimentos, veja-se II parte, cap. III, n.º 2.2.

Enquadramento jurídico-dogmático

sideradas contra-ordenações[69] e, consequentemente, sancionadas com coimas, tratando-se duma opção assim importante para o nosso problema e que retrata bem o que afirmámos nesta primeira nota.

A segunda está estritamente ligada à primeira e diz respeito à distinção entre ilícito de mera ordenação social e ilícito penal (administrativo económico). A classificação de uma infracção dentro de um ou de outro ilícito não é, nem pode ser, arbitrária. São, efectivamente, realidades diferentes, cuja opção por um dos ilícitos determina efeitos específicos na esfera jurídica das pessoas[70].

A sua distinção é tanto mais necessária quanto é certo que algumas teorias pretendem ver no direito penal administrativo o antecessor do direito de mera ordenação social[71]; o que significaria, *in limine,* que o que anteriormente defendemos para o direito penal administrativo económico valeria, agora, para o direito de mera ordenação social,

---

[69] Na verdade, o art.º 34.º do referido Código da Publicidade determina no seu n.º 1: "A infracção ao disposto no presente diploma constitui contra-ordenação punível com as seguintes coimas". E, assim sendo, acaba por descriminalizar todo e qualquer ilícito relativo à publicidade em geral (inscrito naquele diploma), com a estranheza de ter feito tal opção relativamente a infracções que violam princípios como os da licitude (art. 7.º), veracidade (art. 10.º), preservação da saúde e segurança do consumidor (art. 13.º), além de outros mais, onde estão presentes valores, princípios, instituições e interesses, umas vezes fundamentais, porque consagrados constitucionalmente, outras vezes valiosos, mesmo que não se encontrem expressamente consagrados na Constituição.

O problema não pode, de facto, passar despercebido, se atendermos que se trata de uma opção pela descriminalização sem qualquer outra explicação ou, *rectius,* remissão para outro tipo de normas (penais), quando envolvendo aqueles princípios, valores, instituições e interesses suficientemente dignos de tutela pelo direito penal.

Melhor se compreenderá esta questão quando estudarmos adiante — IIª parte, cap. I — a publicidade como processo de incitamento ao consumo e as infracções nela verificadas, mas o que agora se disse permite-nos compreender o que se afirma como segunda nota do texto.

[70] Comprovar-se-á melhor já de seguida, mas, por ora, veja-se Figueiredo Dias, *op. cit.,* (n. 16), p. 329 e ss., bem como Gaetano Contento, *Corso di Diritto Penale,* Editore Laterza, 1990, p. 165, este último, principalmente, chamando a atenção para os perigos do risco do legislador não resistir à tentação de utilizar penas em vez de sanções administrativas, ou vice-versa, para situações que não se adequam às mesmas.

[71] Sobre tal ideia e fazendo uma análise das várias doutrinas existentes sobre o problema (alemã-ocidental, portuguesa, suíça e italiana), com indicação de vasta bibliografia, veja-se Figueiredo Dias, *op. cit.,* (n. 56), R.L.J., n.º 3716, p. 331 e ss.

já que, no fundamental, poucas ou nenhumas seriam as diferenças significativas a salientar, bem podendo dizer-se que, a ser assim, o direito de mera ordenação social seria hoje a alternativa *imediata* ao direito penal de justiça clássico ou geral, como se dentro do direito penal não fosse possível distinguir aquele direito penal secundário que se apresenta numa situação de especialidade face ao primeiro, podendo constituir uma via mais adequada para certa criminalidade que não o direito penal clássico.

Ora, não nos parece que assim seja e, na verdade, a existência de um direito penal administrativo económico, a par com o direito penal clássico ou geral e distinto do direito de mera ordenação social, é inevitável e aconselhável para a criminalidade económica (ou, *rectius*, para as infracções económicas), onde se integram os conflitos de consumo.

É certo que tal distinção não é fácil e tem gerado mesmo várias teorias. Perante a profundidade com que são desenvolvidas, a longevidade das mesmas e a idoneidade dos seus autores, tornar-se-ia ocioso aqui lançar mão de uma distinção. Limitar-nos-emos a dar algumas "pinceladas", que aqui sumariamente nos tragam à luz alguns aspectos mais relevantes de tal discussão, que nos possibilitem responder a outras questões atinentes às infracções no consumo.

Começou por ser advogada uma *diferenciação qualitativa*. Tal defesa foi encabeçada por J. Goldschmidt e E. Wolf (72) que, embora tecida em torno da distinção direito penal de justiça/direito penal administrativo, seria o prenúncio da actual distinção entre direito penal e direito de mera ordenação social (73).

---

(72) Não que antes não tivessem sido tentadas outras distinções, também qualitativas, nomeadamente por Anselm e Feuerbach, embora com a diferença de se tratar de uma distinção qualitativa entre direito criminal e o direito penal de polícia, dentro da chamada Teoria do Direito penal de polícia do final do séc. XVIII e princípios do séc. XIX, segundo a qual os direitos dos cidadãos e do Estado seriam tutelados pelo direito penal, fundamentando, assim, o conceito de crime em sentido estrito, enquanto que ao direito penal de polícia caberia sancionar acções que, embora não antijurídicas porque ainda dentro do espaço de liberdade do cidadão, violariam, contudo, o espaço delimitado pelo Estado — veja-se a análise detalhada de tal doutrina por Costa Andrade, "Contributo para o Conceito de Contra-ordenação (A Experiência Alemã)", *in* R.D.E., Anos VI/VII, 1980-81, p. 91 e ss. É claro, no entanto, como melhor se compreenderá de seguida, no texto, que esta distinção, embora qualitativa, não resolve o problema da distinção entre direito criminal e direito de mera ordenação social e, daí, afirmarmos no texto que esta distinção foi encabeçada por J. Goldschmidt e E. Wolf.

(73) O prenúncio, sim, porque na verdade, em termos terminológicos, Goldschmidt e Wolf utilizavam o direito penal administrativo e referiam-se às suas sanções como algo qualitativamente diferente do direito penal (como se constatará no

Assentavam as suas premissas num critério teleológico intimamente ligado à diversidade dos fins do Estado, entregando ao direito penal a protecção de interesses ou bens jurídicos essenciais à vida na sociedade, enquanto que ao "direito de mera ordenação social" (direito penal administrativo — no seu dizer) caberia a defesa de uma certa ordenação destinada a promover o bem- -estar social, que ficaria a cargo da administração (74).

Viria, depois, a culminar numa teoria elaborada por E. Schmidt que, após a IIª Guerra Mundial, constatou a existência de um novo ordenamento sancionatório, o chamado direito penal de ordem (Ordnungsstrafrecht), que funcionava distintamente do direito penal e destinava-se sobretudo ao domínio económico.

Perante tal realidade e partindo das premissas de Goldschmidt e Wolf, E. Schmidt (75) entendia que a distinção entre crime e contra-ordenação era feita a partir do conteúdo material da ilicitude e, tomando como base o conceito de bem jurídico, defendia que o crime se referiria à agressão de bens jurídicos individuais ou colectivos, enquanto que as contra-ordenações não lesavam quaisquer bens jurídicos, mas, antes, meros interesses da própria administração (76).

A partir daqui, assistiu-se ao desenvolvimento de teorias assentes no pressuposto da distinção qualitativa, que viriam a sofrer a oposição dos que defenderiam a distinção quantitativa.

Os primeiros — de acordo com a síntese proposta por Costa Andrade (77) —, na esteira de E. Schmidt, optariam por dois critérios: o do bem jurídico (em que os crimes lesariam ou poriam em perigo bens jurídicos, contrariamente às contra-ordenações, que se esgotariam numa mera desobediência ou na frustração de interesses encabeçados nas autoridades administrativas ou, então, em última análise, integrariam crimes de perigo abstracto); ou, ainda, o critério da ressonância ético-jurídica (segundo o qual o crime teria ressonância ética,

---

texto), mas em termos que viriam a abrir campo para a infiltração do direito de mera ordenação social, uma vez que, na época em questão, este último não era sequer referido como tal. Apesar, no entanto, da diferenciação terminológica e de algumas diferenças substanciais enunciadas no texto, a distinção, levada a cabo posteriormente por E. Schmidt, partiu da distinção iniciada por Goldschmidt e Wolf — cfr. Costa Andrade, op. cit (n. 72), em especial, pág. 98; Eduardo Correia, "Direito Penal e Direito de Mera Ordenação Social", in separata do vol. XLIX, do B.F.D.U.C., 1973, p. 12 e ss.

(74) Costa Andrade, op. cit., (n. 72), p. 93 e ss; Eduardo Correia, op. cit., (n. 73), p. 12 e ss e op. cit., (n. 15), p. 215 e ss.

(75) Veja-se, desenvolvidamente, sobre a doutrina de E. B. Schmidt, Mattes, op. cit., (n.59), p. 229.

(76) E.B. Schmidt, Das Neue Westdeutsche Wirtschaftsstrafrecht, Tübingen, Mohr, 1950, p. 21 e ss, e sobre a análise crítica, veja-se Costa Andrade, op. cit. (n. 72), p. 104.

(77) Costa Andrade, op. cit., (n. 72), p. 109.

enquanto que a contra-ordenação seria eticamente neutra ou indiferente), actualmente defendido por vários autores, entre os quais EDUARDO CORREIA ([78]).

A tal perspectiva se oporiam os defensores de uma distinção quantitativa, que tecendo críticas diversas à distinção qualitativa (nomeadamente a de que o critério do bem jurídico não resolveria a distinção, dado existirem contra-ordenações que, também, protegem bens jurídicos individuais ou supra-individuais, especialmente na forma de infracção de perigo abstracto, bem como a dificuldade em demonstrar o facto de que qualquer violação ao direito seja eticamente neutra, etc.), apontavam numa distinção assente, fundamentalmente, no grau ou *quantum* de gravidade das infracções, em que todas seriam socialmente intoleráveis, embora umas revelassem menor gravidade penal, mas não tanto que levassem à sua integração no direito civil e, então, essas seriam punidas a título de ilícito de mera ordenação social.

Socorreram-se, naturalmente, também, do conceito de bem jurídico e da figura do crime de perigo abstracto, mas, agora, referidos não à natureza do bem jurídico, mas, sim, à maior ou menor relevância de tais bens — é, de resto, entre outras, a doutrina de JESCHECK ([79]).

É claro que tal distinção não é isenta de críticas. A principal, porventura, respeita à dificuldade em estabelecer a maior ou menor gravidade da infracção (da sua ilicitude ou censurabilidade), capaz de ordenar a classificação das infracções, parecendo, mesmo, que tal só será possível se primeiro atendermos à natureza dos bens jurídicos e à ressonância ética de tais infracções.

E é, por isso, que aparecem, agora, teorias mais ou menos ecléticas, a propôr a superação da cisão entre distinção quantitativa e qualitativa, defendendo que ambas se situam "no mesmo plano pré- ou trans-jurídico". De tal sorte, que, em vez de tais distinções, seria preferível — segundo COSTA ANDRADE ([80]) — partir simplesmente "da existência, ao lado do direito penal, de um ordenamento jurídico sancionatório, o direito das contra-ordenações".

([78]) EDUARDO CORREIA, *op. cit.*, (n. 73), em especial págs. 14 e ss, concluindo desta forma: "A esta luz, uma coisa será o direito criminal, *outra* coisa o direito relativo à violação de uma certa ordenação social, a cujas infracções correspondem reacções de natureza própria. Este é, assim, um *aliud* que, qualitativamente, se diferencia daquele, na medida em que o respectivo ilícito e as reacções que lhe cabem não são *directamente* fundamentáveis num plano ético-jurídico, não estando, portanto, sujeitas aos princípios e corolários do direito criminal".

([79]) Isso tanto no seu "Das Deutsche Whirtschaftsstrafrecht", in JZ, 1959, p. 461, onde claramente rejeita a ideia de que as contra-ordenações possam ser ético-socialmente indiferentes, como mais recentemente no seu *Tratado de Derecho Penal, op. cit.*, (n. 32), p. 80 e ss — onde é patente o seu sentido crítico à distinção qualitativa e onde defende que "o que claramente distingue a infracção administrativa do facto punível é a **falta desse alto grau de reprovação** da atitude interna do autor, que por si só justifica o desvalor ético-social da pena propriamente dita".

([80]) COSTA ANDRADE, *op. cit.*, (n. 72), p. 116.

A essência do direito de mera ordenação social devia ser procurada na "sua redução eidética — refere, ainda, Costa Andrade (81) —, como experiência jurídica claramente referenciada, pondo entre parênteses as suas raízes históricas e doutrinais". Seria, tão-só, o constatar de diferenças claras, tanto substantivas como processuais (nomeadamente a diferença das sanções aplicáveis — pena e coima — e dos respectivos processos — processo administrativo de contra-ordenação e processo judicial criminal) e, sobretudo, do apelo à Constituição como fonte de preceitos de índole material ou substancial, através dos quais se operam a criminalização ou descriminalização e estas pela opção entre crime ou contra-ordenação, vale dizer, pela imposição de penas ou coimas (82).

Do que não restam dúvidas, optando por qualquer via de distinção — ou, simplesmente, sem qualquer submissão a tal tipo de distinção, como propõe Faria Costa (83) —, é que o direito penal (administrativo económico) e o direito de mera ordenação social são, efectivamente, realidades diferentes, o que nos leva inteiramente a concordar com Eduardo Correia (84), quando afirma que o direito de mera ordenação social é um *aliud,* uma coisa diferente do direito penal.

Tal diferença vem a manifestar-se na prática e no regime da sua aplicação (85). Desde logo, ao nível das sanções (já que ao crime corres-

---

(81) *Idem,* p. 116.

(82) *Idem,* p. 116 e ss.

(83) Faria Costa, *O Perigo em Direito Penal,* Coimbra, 1992, p. 370, entendendo que "determinarmo-nos exclusivamente por um critério quantitativo ou qualitativo é, em boa verdade, submissão a uma utensilagem teorética de raiz essencialista, quando não, em certas circunstâncias, marcadamente nominalista". Apesar disso, não deixa este Autor de considerar importante reter da análise histórica do direito de mera ordenação social — que de acordo com o seu pensamento "tem um passado e dele não pode prescindir sob pena da sua compreensão ficar amputada de uma das suas linhas de força" (Faria Costa "A Importância da Recorrência no Pensamento Jurídico. Um Exemplo: a Distinção Entre o Ilícito Penal e o Ilícito de Mera Ordenação Social", in R.D.E., Ano IX, n.ºs 1-2, Janeiro/Dezembro, 1983, p. 46) — não deixa de considerar importante reter, dizíamos, que "o que sempre tem estado em discussão, independentemente das épocas e contextos económicos, culturais e sociais, é, em nosso modo de ver, a tentativa de encontrar um critério material distintivo entre o direito penal e aquela outra realidade normativa (o primitivo direito de polícia; as contravenções; e o moderno direito de mera ordenação social) que, ao longo dos tempos, por um efeito de contágio — talvez salutar —, nunca o abandonou" (*op. cit.* p. 46).

(84) Eduardo Correia, *op. cit.,* (n. 73), p. 15 e ss.

(85) Disso nos dão conta, também, Figueiredo Dias e Costa Andrade, *op. cit.,* (n. 49), p. 37.

54   *Da protecção penal do consumidor*

ponde a pena, enquanto que à contra-ordenação corresponde a coima)[86]; ao nível da responsabilidade das pessoas (atendendo a que o direito penal está, ainda, bastante arreigado ao princípio *societas delinquere non potest,* enquanto que no direito de mera ordenação social se reconhece, geralmente, a possibilidade da responsabilização das pessoas colectivas e da sua punição)[87]; ao nível do processo (uma vez que ao crime corresponde o processo criminal-judicial, enquanto que à contra-ordenação corresponde um processo administrativo, ainda que, da aplicação da coima, possa haver recurso para tribunais judiciais — como é o caso, em Portugal)[88]; bem como ao

---

[86] A coima, como se sabe, é, tal como a multa, uma sanção pecuniária, não havendo, portanto, nesta perspectiva, qualquer diferença. Simplesmente, a multa é uma sanção criminal, enquanto que a coima é uma sanção ordenacional (administrativa), com todas as consequências que daí advêm e mais do facto de o direito criminal ser diferente do direito de mera ordenação social. A opção, assim, por um termo diferente da multa, justifica-se plenamente, de molde a que não se confundam ambas as sanções, que apesar de pecuniárias, são efectivamente diferentes, senão mais porque a coima — no dizer de Figueiredo Dias, *op. cit.,* (n. 16) p. 333 — "representa um mal que de nenhum modo se liga à personalidade ética do agente e à sua atitude interna, antes serve como mera "admonição", como mandato ou especial advertência conducente à observância de certas proibições ou imposições legislativas". Veja-se, ainda, naquele sentido, Lopes Rocha e outros, *Contra-ordenações. Notas e Comentários ao Decreto-Lei n.º 433/82, de 27 de Outubro,* 1ª ed., 1985, p. 114 e ss.

[87] É evidente que, actualmente, essa diferença tem vindo a constatar-se e é visível, hoje, um pouco por toda a parte, a consagração do princípio *societas delinquere potest* no direito criminal — sobre o assunto, veja-se adiante *infra* II parte , cap.II, n.º 4. Apesar de tudo, é visível que no direito de mera ordenação social, a regra é, desde sempre, a da consagração da responsabilização das pessoas colectivas — é exemplo disso o caso português (art. 7.º do Decreto-Lei 433/82, de 27 de Outubro) —, contrariamente ao direito criminal onde, só a título excepcional, se admitem derrogações ao princípio *societas delinquere non potest* — sendo exemplo disso, também, os artigos 11.º e 12.º do Código Penal —, apesar de no direito penal económico se notar com maior abertura a consagração do princípio da responsabilização criminal das pessoas colectivas — é, também, exemplo disso o art. 3.º do Decreto-Lei 28/84, de 20 de Janeiro.

[88] Apesar de haver quem pense que, "no domínio da lei quadro das contra--ordenações, é necessário um processo instrutório, com um certo luxo de formalidade, indispensável à decisão final a proferir pela autoridade administrativa competente" — cfr. M. Lopes Rocha e outros, *op. cit.,* (n. 86), p. 110. Em todo o caso, reconhece-se que "o processo de contra-ordenação, constitui — no modo de ver de Mário G. Dias, naquela obra, p. 132 — "uma realidade 'sui generis' que representa um meio termo

Enquadramento jurídico-dogmático

nível da diversidade de sujeitos responsáveis pela promoção processual e pela aplicação das respectivas sanções (considerando que nos crimes segue-se a estrutura do processo-crime, cuja direcção no inquérito cabe ao Ministério Público e no restante processo ao Juiz, enquanto que nas contra-ordenações, geralmente, a instrução está entregue a entidades administrativas, tal como, em Portugal, à Inspecção Geral das Actividades Económicas, cabendo a decisão a autoridades administrativas e variando consoante a matéria)[89]; e, ainda, quanto à natureza das tipificações (que nos crimes é apertada e rígida, enquanto que nas contra-ordenações apresenta-se, geralmente, mais aberta)[90].

Daqui se compreende o sentido da última nota: a de que a opção pelo direito penal ou pelo direito de mera ordenação social significa, também, a opção pela criminalização ou pela descriminalização.

Na verdade, de entre várias "modalidades", a descriminalização pode consistir na opção por meios sancionatórios extra-penais. Isto é,

---

entre o tradicional processo administrativo sancionador e o tradicional processo criminal".

Significará, o que acabamos de ver, que o facto de haver uma fase do processo de contra-ordenação de cariz administrativo, torna tal processo mais simples e mais célere, evitando-se a complexidade do processo criminal se a este se tivesse de recorrer e, por outro lado, vem a conferir garantias ao arguido, porquanto este sempre dispõe da possibilidade de recorrer aos tribunais judiciais, da decisão fixada naquele processo administrativo. Daí que, se outras razões não pesassem, estas pelo menos justificariam a opção pelo processo das contra-ordenações, em termos de descriminalização. A verdade, no entanto, é que o direito de mera ordenação social é materialmente diferente do direito criminal e não se substitui a este — razão essa para nos levar a uma maior ponderação em termos de (des)criminalização que não apenas a de natureza processual.

[89] Vejam-se, no caso português e a título exemplificativo, os arts. 52.° e 73° do Decreto-Lei 28/84, de 20 de Janeiro (infracções anti-económicas), que atribuem competência à Direcção-Geral de Fiscalização Económica e ao Instituto Nacional de Defesa do Consumidor, e o art. 39.° do Decreto-Lei 330/90, de 23 de Outubro (Código da Publicidade), que atribui tal competência à Direcção-Geral da Comunicação Social e ao Instituto Nacional de Defesa do Consumidor, para além de, em ambos os casos, integrarem as respectivas Comissões um magistrado judicial.

[90] Veja-se Figueiredo Dias e Costa Andrade, *op. cit.* (n. 49), p. 37. Sobre a tipificação aberta ou apertada nos crimes (e nas contra-ordenações, obviamente), veja-se, por todos, Claus Roxin, *Teoría del Tipo Penal. Tipos Abiertos y Elementos del Deber Jurídico,* Ed. Depalma: Buenos Aires, 1979, especialmente, p. 262 e ss.

56   *Da protecção penal do consumidor*

pode consistir no emprego de sanções administrativas que, cumprindo o papel de proteger os bens jurídicos em causa, não implicam, contudo, o uso de sanções penais, com todas as consequências que daí poderão advir. É, justamente, o que se passa com a opção pelo direito de mera ordenação social em vez do direito penal ou de outras vias que, embora dominadas pelo emprego de sanções pecuniárias — não exclusivamente —, são, ainda, criminais — como é o caso das contravenções[91].

5. "Autonomização" de um direito penal do consumo como direito penal secundário: aferição de tal possibilidade, principalmente por referência axiológico-constitucional.

O que até agora vimos não nos dá como terminada a tarefa do enquadramento do problema das infracções cometidas no (incitamento ao) consumo. Podemos afirmar pertencerem as normas de natureza sancionatória aplicáveis a tais infracções, tanto ao direito penal económico *lato sensu,* como ao direito penal administrativo — ou, mais rigorosamente, ao direito penal administrativo económico —, como, ainda, ao direito de mera ordenação social.

---

[91] Ainda que, como já afirmámos, exista hoje uma tendência no sentido da supressão do direito contravencional, a verdade, porém, é que este se vai manifestando, com o facto de conter, ainda, sanções de natureza criminal, como a própria pena de prisão, contrariamente à contra-ordenação que, como se sabe, nunca é punível com sanções criminais, desde logo, porque não se trata de direito criminal. O que significa que a opção pela descriminalização ou pela neocriminalização deve ser feita em torno do direito de mera ordenação social e do direito criminal e não deste e do direito contravencional. É, assim, de sublinhar o apelo de FIGUEIREDO DIAS, *op. cit.,* (n. 16), p. 326, no sentido de não se dever criar "*nem mais* uma contravenção".

No mesmo sentido, está FRANCESCO PALAZZO, "I Criteri di Riparto tra Sanzioni Penali e Sanzioni Amministrative. (Dalle Leggi di Depenalizzazione alle Circolare della Presidenza del Consiglio)", in *Convegni Giuridici e Recherchi - Atti e Docomenti,* sobre *L'Illecito Penale Amministrativo. Verifica di un Sistema,* Cedam, Padova, 1987, p. 18 e ss.

Devendo pois ser visto o problema da opção entre o direito penal e o direito de mera ordenação social, não restarão dúvidas, tratar-se de uma resposta intra-sistemática, optando-se consequentemente pela criminalização ou pela descriminalização — cfr., FARIA COSTA, *op. cit.,* (n. 16), p. 142.

Enquadramento jurídico-dogmático 57

Outrossim será o problema de saber se, apesar disso, tais normas não poderão constituir uma área do direito penal que, sendo especial em relação a este, se configure como uma área de normatividade relativamente "autónoma" (no sentido da sua especialidade) e identificável em torno das relações de consumo ou dos actos de consumo. Dito por outras palavras, importa saber se o conjunto de normas que se desenvolvem em torno das infracções cometidas nas relações de consumo não constitui com suficiente clareza aquilo a que poderíamos chamar **direito penal do consumo** — ainda que continuando, obviamente, a ser verdadeiro direito penal.

A questão é pertinente, desde logo, relativamente ao direito penal económico *lato sensu:* nem este último — como vimos — abarca todas as infracções cometidas no consumo, nem todas estas infracções esgotam todo o direito penal económico em sentido amplo. O que significa, assim, a inexistência de sobreposição dos dois domínios de aplicação.

E isso é assim, principalmente porque o direito penal económico em sentido amplo só faz sentido quando considerado a partir de uma área concreta da vida económica ou — como refere BAJO FERNANDEZ[92] — "desde una preocupación científica concreta (el consumidor, el empresário, el delinquente de cuello blanco, etc.)".

Isto é, a criminalidade económica em sentido amplo abrange, na vida económica, realidades tão distintas, que só faz sentido aludirmos a tal criminalidade quando nos situamos num desses recortes. Assim, por exemplo, sempre será necessário falarmos em infracções fiscais distintamente das infracções no consumo, mesmo que ambas caibam no direito penal económico *lato sensu*[93]. E no exemplo que acabamos de apresentar não é indiferente a sua distinção, ou seja, não

---

[92] Cfr. BAJO FERNANDEZ, *op. cit.,* (n. 46), p. 395.

[93] O direito penal económico, num sentido amplo, abrange, na verdade, uma variedade imensa de infracções relacionadas com bens jurídicos distintos, sujeitos diversos e, numa palavra, relações jurídicas diversas, indo desde as infracções fiscais e aduaneiras, às infracções ligadas às sociedades mercantis, passando por infracções laborais, falsidade de documentos, burla, usura, insolvência dolosa, concorrência desleal, abusos de cartão de crédito, etc., etc. — cfr. sobre tal variedade, BAJO FERNANDEZ, *op. cit.,* (n. 46), p. 395; FIGUEIREDO DIAS e COSTA ANDRADE, *op. cit.,* (n. 49), p. 9; JORGE DE LA RUA, "Los Delitos Económicos", in *Doctrina Penal. Teoría y Práctica en las Ciencias Penales,* Ano 3, n.º 9, Enero-Marzo, 1980, p. 34 e ss.

58   *Da protecção penal do consumidor*

é possível aplicar os mesmos princípios orientadores de política criminal para ambas as espécies de criminalidade, ainda que pertençam ao género direito penal económico[94].

De comum terão o facto de contenderem com valores constitucionais ou similares ligados aos direitos sociais e económicos, cuja violação importará a ofensa de bens jurídicos enquanto concretizações daqueles valores[95]; mas no *modus operandi*, isto é, no tratamento a dar à vítima, na graduação da pena, no tratamento a conceder ao infractor, numa palavra, na defesa real, efectiva e prática daqueles bens jurídicos há-de pesar o facto de serem de espécies diferentes e, consequentemente, tudo dependerá da tipologia de infracções, o que implicará não ser indiferente a sua distinção.

Fará, então, maior sentido a consideração das infracções cometidas no consumo como uma área com identidade própria, não obstante adentro do direito penal económico (em sentido amplo), do que a consideração deste para nos referirmos àquelas infracções[96]. E ao falar-

---

[94] Em sentido um tanto diverso, está JEAN PRADEL, "Rapport National", *ACTES,* in R.I.D.P., 4ème année-nouvelle série, 1.º e 2.º trimestres, 1983, p. 275 e ss, ao referir que o direito penal dos negócios ("droit pénal des affaires") compreende infracções ligadas às empresas e subdivide-se em vários grupos: o direito penal económico relativo às trocas comerciais e que quase se confunde com o direito penal do consumo, o direito penal das sociedades e das falências, o direito penal fiscal e aduaneiro e, enfim, todo um direito penal social (direito do trabalho e da segurança social). Em tal perspectiva, o "droit pénal des affaires" vem, assim, a corresponder ao direito penal em sentido amplo, podendo ambos subdividirem-se, como afirmamos no texto, por áreas conforme a possibilidade de recortá-los em função de vários aspectos como os bens jurídicos, os sujeitos, o objecto, etc..

O que, todavia, tem de diferente a tese de J. PRADEL e, de resto, a doutrina francesa dominante da que advogamos no texto é que aquilo que J. PRADEL insere no "droit pénal des affaires", como sendo os "délits d'affaires", chamamos nós crimes económicos (em sentido amplo), chamam os ingleses "business crimes", os alemães "wirtschaftsdelikte", e os suecos "okonomisk brotsliget", ou seja, são diferenças terminológicas, porque o conteúdo vem a ser, praticamente, o mesmo — cfr. TIEDEMANN, *op. cit.,* (n. 40), p. 9; EDUARDO CORREIA *op. cit.,* (n. 52), p. 11 e ss.

[95] É nesse sentido que, por exemplo, FIGUEIREDO DIAS, *op. cit.,* (n. 33), p. 32, afirma que "os bens jurídicos do direito penal económico surgem como concretização dos valores ligados aos direitos sociais e à organização económica contidos ou pressupostos na Constituição".

[96] Tal tarefa não é difícil, sobretudo se no direito penal económico for possível delimitar aquelas áreas, nomeadamente a que abrange as infracções verificadas

Enquadramento jurídico-dogmático 59

mos aqui no direito penal económico e em infracções económicas, queremos abranger, também, o direito penal administrativo (ou, simplesmente, o direito penal administrativo económico), uma vez que ambos formam, distintamente do direito penal clássico, o chamado direito penal secundário, de onde se evidencia claramente a criminalidade económica; tal *direito penal secundário* (que é especial em relação ao direito penal) existe por referência aos direitos sociais e económicos consagrados na Constituição e não aos direitos, liberdades e garantias (estes constituem a referência do direito penal clássico ou de justiça)[97].

Na medida em que, por referência aos direitos sociais e económicos previstos na Constituição, podemos autonomizar bens jurídicos que se aglutinam em torno de um aspecto concreto da vida (social e económica), estamos em posição de também autonomizar — por ligação a tais bens jurídicos — os tipos legais de crime que lhes correspondam. E, nessa medida, ainda que adentro do direito penal secundário, podemos identificar tantas áreas quantas as que mantiverem as características supra mencionadas[98].

---

no consumo. Nesse sentido, claramente, está TIEDEMANN, *op. cit.,* (n. 48), p. 119, ao sistematizar a parte especial do direito penal económico e ao eleger, como uma dessas áreas, a da protecção dos consumidores.

[97] Nesse sentido, indiscutivelmente, está FIGUEIREDO DIAS, op. cit., (n. 65), p. 18, bem como JACQUES LÉAUTÉ, *op. cit.,* (n. 48), p. 627 e ss. Há autores que entendem, pelo contrário, não haver razões profundas que justifiquem o estudo do direito penal económico *(rectius,* do direito penal secundário) como matéria científica distinta. Essa posição é assumida, nomeadamente, por MARJAN VIVODA, "Délits Économiques in Droit Pénal Yougoslavie" in *Travaux de L'Association Henri Capitant,* T. XIII, 1959-1960, Paris, 1963, p. 684, afirmando que "les délits économiques ne différent pas essentiallement des formes classiques de la criminalité", e enunciando várias razões impeditivas de uma certa autonomização ou especialidade, elege, contudo, a *sanção* (penal) para se justificar que se fale em delitos económicos distintos dos outros — e nisso, apenas, consistiria a sua distinção. Na verdade afirma: "Les raisons fondamentales pour les incriminations des délits économiques consistent dans le fait que seule la sanction économique pour les atteintes aux dispositions economiques n'est point suffisante pour la sauvegarde des intérêts économiques déterminés du pays, mais aussi la sanction pénale est nécessaire".

[98] COSTA ANDRADE, "A Nova Lei dos Crimes Contra a Economia (Dec.-Lei n.º 28/84, de 20 de Janeiro) à Luz do «Bem Jurídico»", in *Ciclo de Estudos de Direito Penal Económico,* Centro de Estudos Judiciários, 1ª ed., Coimbra, 1985, p. 72 e ss, é claro, no sentido expresso no texto, pensando "nas infracções fiscais e aduaneiras,

Tal é, justamente, o que se pode passar com as infracções verificadas no consumo, na medida em que estas encontrem no conjunto dos direitos económicos e sociais valores ligados ao consumo e ao consumidor, donde decorra a necessidade de protecção de bens jurídicos ligados ao consumo e ao consumidor, possibilitando-nos formar, então, um grupo de normas que, sendo de natureza penal e relacionando-se com o consumo, formariam o direito penal do consumo, enquanto fazendo parte do chamado direito penal secundário.

Para tal, parece-nos elucidativo o pensamento de FIGUEIREDO DIAS[99], do qual nos valemos inteiramente para chegar àquela conclusão. Diz-nos este autor, a propósito do direito penal económico: "Se a lei contiver uma parte especial (necessariamente fragmentária, pois que se não pode, nem deve, ceder à tentação de «codificar» o direito penal extravagante!), a sua ordenação, ligada à ordem legal dos bens jurídicos, parece dever pedir-se, na medida possível, às partes da Constituição que contemplam os direitos sociais e a organização económica".

É certo, que à perspectiva pela qual defendemos a autonomia do direito penal do consumo, sempre se poderão aduzir algumas objecções.

Desde logo, pelo facto de poderem concorrer, na relação de consumo, bens jurídicos que não se liguem à Constituição económica, mas aos direitos, liberdades e garantias previstos na Lei fundamental — será o caso em que de uma relação do consumo possa advir a ofensa do bem *vida*.

Se a acção que levou à ofensa de tal bem é criminosa, poderá levar à existência do crime de homicídio, ainda que advindo de uma relação do consumo. Assim sendo, como se compreenderá, o bem *vida* sobrepõe-se, claramente, a outros porventura existentes em tal

---

financeiras e cambiais, contra a saúde pública, o ambiente, a concorrência, a regulamentação da Bolsa, etc., que tanto podem integrar um *Direito Penal Económico* em sentido amplo como servir de suporte a outros tantos ramos autónomos de *Direito Penal Secundário (Nebenstrafrecht)*". O que significará que, pertencendo as infracções no consumo a um dos recortes da vida passíveis de integrar um desses ramos — como já vimos, *supra* n.° 2 — então, também, serão susceptíveis de integrarem um desses ramos autónomos do direito penal secundário, enquanto, por exemplo, direito penal do consumo.

[99] F. DIAS, *op. cit.* (n. 56), n.° 3720, p. 78.

Enquadramento jurídico-dogmático   61

relação e deixará, então, de fazer sentido a consideração da vida como sendo a de um consumidor ou de qualquer outro cidadão, já que no direito penal o que está em causa é, em primeiro lugar, o bem protegido e não — como neste caso — a vítima de tal lesão.

Ou seja, em tais casos poderá deixar — mas não necessariamente — de fazer sentido reivindicarmos a tutela do direito penal do consumo para a protecção do bem *vida,* pelo simples motivo de que o direito penal clássico já o faz em geral e, portanto, torna desnecessária a intervenção do direito penal secundário (direito penal do consumo). É certo que a análise que agora fizemos tem em vista, apenas, o enquadramento das infracções verificadas no consumo e a eventual autonomia do consumo. O que se pretende, por isso, demonstrar, por ora, é que, apesar de tais infracções se verificarem relativamente a bens jurídicos tradicionalmente ligados ao direito penal clássico, porque ligados aos direitos, liberdades e garantias, não nos impede de defender uma certa autonomização do direito penal do consumo. Aprofundar mais a questão seria já pretender resolver casuisticamente o problema da conjugação dos tipos legais de crime, chamando, por isso, à colacção o fenómeno do concurso de crimes([100]) — questão que teremos oportunidade de verificar a propósito de algumas infracções em concreto([101]). Por agora, no entanto, importa reter que, mesmo funcionando as regras de concurso de crimes([102]) e, em tais

---

([100]) Sobre o problema em geral, veja-se, por todos, E. Correia, *Unidade e Pluralidade de Infracções. Caso Julgado e Poderes de Cognição do Juiz,* (reimpressão), Coimbra, 1986 , p. 67 e ss e, principalmente, 121 e ss.

([101]) Cfr. *infra,* II Parte, Cap. I, n.º 1.2.3.1.1, al. b), a propósito do crime de publicidade enganosa e do crime de burla.

([102]) São as regras da especialidade, alternatividade, subsidiariedade e consumpção, que funcionam tanto na questão de se saber por que crime deve o arguido responder, como, ainda, para determinar a pena a aplicar em tais circunstâncias ou, mais rigorosamente, a que tipo legal de crime correspondem os factos. Veja-se Eduardo Correia, *op. cit.,* (n. 100), p. 121 e ss. e, ainda, o seu *Direito Criminal* II, com a colaboração de Figueiredo Dias, (reimpressão), Almedina, Coimbra, 1971, 147 e ss; Cavaleiro de Ferreira, *Direito Penal Português, Parte Geral I,* Verbo, 2ª ed., Lisboa, 1982, p. 159 e ss, e, ainda, o seu *Lições de Direito Penal, Parte Geral I. A Lei Penal e a Teoria do Crime no Código Penal de 1982,* Verbo, Lisboa, 1992, p. 519 e ss; Figueiredo Dias, *Direito Penal 2. Parte Geral. As Consequências Jurídicas do Crime,* Lições ao 5.º Ano da Faculdade de Direito, Secção de textos da F.D.U.C., 1988, p. 358 e ss (especialmente quanto à determinação da pena em caso de concurso de

62 Da protecção penal do consumidor

circunstâncias, o infractor vir a ser punido por um crime, v.g. de homicídio ligado ao direito penal clássico, porque em causa estão bens jurídicos ligados aos direitos, liberdades e garantias (a vida, p. ex.), não colide com a autonomização do direito penal do consumo situado no direito penal secundário, porque aquele fenómeno — de concurso de crimes — acontece, assim, com outras infracções económicas (fiscais, aduaneiras, mercantis, etc.), sem que se negue a sua relativa autonomização.

Por outro lado, o concurso de crimes é algo inerente ao próprio sistema penal, que não colide com a tese da autonomização, na medida em que, pelo contrário, existem regras para a resolução do problema.

Ademais, a existência nas relações de consumo de infracções ofensivas de bens jurídicos individuais e bens jurídicos supra-individuais[103] explica a existência destes últimos como distintos daqueles e não explica que, por esse facto — que é excepcional — não se possa autonomizar um conjunto de normas que os protejam — principalmente, em circunstâncias em que aqueles primeiros não sejam afectados.

Nada impede, mesmo, que uma norma — especial, obviamente — regule a protecção do bem *vida,* por se verificar a sua violação numa relação de consumo e que, em virtude disso, a acção violadora reivindique uma pena diferente das que se prevêem no direito penal tradicional, funcionando, assim, a regra da especialidade para determinar a aplicação daquela norma especial própria do direito penal do consumo, se, em tal caso, se mostrar conveniente a punição do agente de forma diferente[104] da que haveria de ser se fosse simplesmente pelo direito penal clássico[105].

---

crimes); e Mario Tenreiro, "Apontamentos Sobre o Objecto do Processo Penal" (folhas policopiadas), Coimbra, 1986, p. 18 e ss.

[103] Cfr. Eduardo Correia, op. cit., (n. 52), p. 16 e ss.

[104] Essa conveniência tanto pode advir da *especialidade do ilícito,* já que, por um lado, neste caso, a ofensa do bem jurídico individual, que é a vida, é realizada na relação de consumo, relação essa que, sendo de massas, implica um maior cuidado da parte do legislador e, por outro lado, justamente porque com a violação daquele bem, produzem-se outras violações, quais sejam as da confiança, do interesse patrimonial, em tudo se configurando alguma especialidade no ilícito; poderá, ainda, advir da *especialidade das sanções,* já que, pelo facto de se tratar do consumo de massas, podendo proteger-se em tais casos diversos sujeitos de várias violações daquele mesmo bem, importará uma maior prevenção geral e tudo isso poderá mesmo implicar um processo diferente de aplicação da sanção.

Por último, urge ponderar o problema, configurando a hipótese da não autonomização do direito penal do consumo. Seguindo o exemplo que vimos, levantar-se-á a seguinte questão: perante a inexistência da lesão do bem *vida* dever-se-à deixar impune o infractor que, com a sua conduta, causa ao consumidor prejuízos patrimoniais avultados, v.g. porque este teve que receber tratamentos médicos, efectuar despesas e porque ficou incapaz temporariamente para o trabalho? E ficará impune, sobretudo se a sua conduta afectar um universo de consumidores?

É evidente que a resposta é negativa. Os bens jurídicos aqui em questão, podendo ser difusos ou colectivos — numa palavra, supra-individuais — ligados às relações de consumo, levarão à especial atenção na sua tutela, nomeadamente pela autonomização das regras que às mesmas dedicam a sua atenção.

Motivos esses para, independentemente do problema da (des)criminalização, defendermos que, a existirem infracções no consumo, a existirem normas para protegerem os consumidores perante tais infracções e a serem aquelas infracções criminais, devem aquelas normas ser perspectivadas com uma certa autonomização, apesar de constituídas adentro do direito penal secundário.

5.1. O Problema no Direito Português

Em Portugal, a Constituição da República inclui no seu Título III — "Direitos e deveres económicos, sociais e culturais" — o artigo 60.º sob a epígrafe "Direitos dos consumidores".

A especialidade do ilícito, a especificação das sanções e, ainda, a especificidade da aplicação concreta das sanções são factores referidos por FIGUEIREDO DIAS, *op. cit.*, (n. 33), p. 28, como elementos pelos quais se autonomizará o direito penal económico. Atendendo, pois, ao que dissemos no texto e considerando o que refere FIGUEIREDO DIAS, bem se poderá concluir que aqueles elementos, também, permitem a autonomização do direito penal do consumo.

([105]) Exemplo disso era, no nosso Direito, a diferente punição do homicídio prevista pelo Código Penal de 82 e pelo Código da Estrada (Já revogado). Concretamente, e tendo em conta o art. 131.º do C.P. e o art. 59.º do Código da Estrada, facilmente chegamos à conclusão que o primeiro tinha um regime mais benevolente que o segundo, apesar de em ambos estarem em causa crimes de homicídio por negligência.

No n.º 1 do referido artigo 60.º, enumeram-se vários direitos do consumidor, nomeadamente quanto "à qualidade dos bens e serviços consumidos, à formação e informação, à protecção da saúde, da segurança e dos seus interesses económicos, bem como à reparação de danos". Proibe-se, por outro lado, no n.º 2, a "publicidade oculta, indirecta ou dolosa".

Ora, através de tal enunciado, o legislador constituinte elevou à categoria de valores constitucionais, dentro dos direitos e deveres económicos, aqueles que, de um modo geral, são reconhecidos aos consumidores como intangíveis ou invioláveis.

Tal opção ganha maior relevo se tivermos em conta que essa matéria, só com a revisão de 1989 veio a ganhar tal importância, o que demonstra o inequívoco sentido imprimido pelo legislador constituinte ([106]).

([106]) É elucidativa, a este propósito, a síntese de J. Manuel Meirim, "A Constituição da República e os Consumidores", in R.M.P, Ano 11.º, n.º 44, p. 185. Afirma aquele autor : "*A revisão constitucional de 1989* veio dar um novo e relevante impulso a esta temática". E, assim sendo, conclui que se assiste "a um crescendo ao nível da consagração constitucional dos direitos dos consumidores", crescendo esse que se verifica em três fases: 1) "uma situação objectivada, numa mera referência na área dos princípios da organização económica (versão originária da Constituição)"; 2) "consagração autónoma dos direitos dos consumidores (revisão constitucional de 1982)"; 3) "afirmação dos direitos dos consumidores como direitos fundamentais (revisão constitucional de 1989)".

Igualmente, nesse sentido, referindo a elevação à categoria de direitos fundamentais dos direitos dos consumidores e nomeadamente do direito de associação, está Maria M. L. Marques, "Actualités du Droit Économique. La Constitution Économique Portugaise après 1989", in R.I.D.E., n.º 2, 1990, p. 216. Não significa, o que dizem os autores anteriores e o que dizemos no texto, que já antes não houvera preocupação do legislador constituinte na protecção do consumidor. A prová-lo está o art. 81.º, al. m), da C.R.P., de 1976. Porém, e como muito bem nota C. Ferreira de Almeida, *Direito Económico*, II Parte, Associação Académica da Faculdade de Direito de Lisboa, 1979, p.723 e ss, os prejuízos causados aos consumidores surgiriam como excessos do princípio da concorrência e, portanto, deveria aquele preceito ser visto noutra perspectiva — cremos. Não havia, por isso, uma política constitucional clara, no sentido de conferir protecção ao consumidor, mas tão-somente a necessidade de defender uma concorrência leal que não provocasse prejuízos, nomeadamente ao consumidor.

Veja-se, por último, no mesmo sentido, Carlos de Almeida Sampaio, "Os Direitos dos Consumidores: Perspectiva Constitucional e Perspectiva Comunitária", in *Acesso à Justiça*, DECO, 1991, p. 13 e ss.

Significa, por um lado, que até à inclusão de tal artigo no texto constitucional se podia questionar da possibilidade da existência de um direito penal do consumo, por não haver correspondência com os valores plasmados na Constituição e, por outro, que, a existirem normas penais que protegessem o consumidor, poderiam ser justificadas pela protecção de bens jurídicos por referência a valores constitucionais não exclusivamente ligados ao consumidor e, por isso, não determinariam — em princípio — a autonomia do direito penal do consumo[107].

Ora, hoje, claramente, o sentido é outro. Isto é, não só não existem dúvidas que os direitos dos consumidores têm dignidade constitucional, como a sua ofensa, a ditar a criminalização das respectivas condutas *ofensivas* — hipótese que comprovaremos adiante[108] — determinará a existência de normas penais, com vista à protecção de bens jurídicos, enquanto concretização de valores constitucionais, ligadas ao consumidor.

Se tal porta está aberta ao nível da Lei Fundamental, não é, no entanto, por esse caminho que o legislador ordinário tem seguido.

---

[107] Anote-se que a afirmação que fazemos no texto não pretende significar que o direito penal seja fruto de imposições da Constituição, isto é, nem é obrigatório que o direito penal criminalize porque a Constituição consagra determinados valores, nem o inverso é necessariamente verdadeiro, isto é, que o direito penal descriminalize porque a Constituição deixa de consagrar como valor. Queremos significar, apenas, que não tem que haver, de acordo com Faria Costa, *op. cit.*, (n. 83), p. 189, "coincidência entre os valores protegidos pela ordem constitucional e os que o direito penal protege", não havendo, por isso, segundo Faria Costa, *op. cit.*, p. 194, "coincidência no âmbito de protecção aos bens jurídicos que os dois ordenamentos levam a cabo". Ainda que seja ao legislador constitucional, em sede de criminalização, vedada, em princípio, uma imposição de *facere* para com o legislador ordinário, o certo é que, a nosso ver, e também de acordo com o pensamento de Faria Costa, *op. cit.*, p. 190, o legislador ordinário deve ter a Constituição como referente, porque é a ela que "cabe, em última instância, a escolha que define quais os bens constitucionalmente «significativos»".

[108] Tal hipótese é de ponderar, porque não é obrigatória a criminalização ou, como sublinhámos na nota anterior e seguindo, ainda, o pensamento de Faria Costa, *op. cit.*, p. 189, não há imposição no sentido de criminalizar violações aos valores consagrados na Constituição, significando isso que, mesmo que consagrados alguns direitos dos consumidores na Constituição, nem por isso fica logo resolvido o problema da (des)criminalização havendo, para além disso, de ponderar outros aspectos — cfr. *infra* II Parte, Cap. III, n. 3.2. e ss.

Sem nos determos, agora, sobre as opções no sentido da criminalização ou descriminalização — uma vez que a esse problema voltaremos adiante — a verdade é que as normas penais ou extra-penais (sancionatórias), ligadas à protecção do consumidor, encontram-se dispersas por vários diplomas, alguns dos quais sem que tenham sido criados a pensar única ou preferencialmente na protecção dos consumidores. À guisa de exemplo, podemos constatar que os interesses dos consumidores tanto aparecem protegidos num diploma genérico sobre infracções anti-económicas — Decreto-Lei 28/84, de 20 de Janeiro —, onde o objectivo principal não foi o da defesa dos consumidores, como aparecem no chamado Código da Publicidade — Decreto-Lei 330/90, de 23 de Outubro —, onde igualmente não existe a preocupação sequer de proteger o consumidor em primeira linha, como aparecem num diploma relativo às chamadas "vendas agressivas" — Decreto-Lei 272/87 de 3 de Julho —, onde igualmente não dominam exclusivamente preocupações ligadas ao consumidor, como, ainda, são mencionados na chamada Lei de Defesa do Consumidor — Decreto-Lei 29/81, de 22 de Agosto — raramente aplicável.

Motivos para considerarmos que o legislador constituinte, ao autonomizar os direitos dos consumidores na Constituição, não foi acompanhado pelo legislador ordinário que, na maior parte dos casos, se limitou a criar diplomas para cumprir a obrigação de transposição de Directivas comunitárias, das quais aqueles diplomas derivam, sem que fosse a Constituição directamente a impor tal obrigação ou constituísse tal indicação.

Donde, podemos, então, concluir que, se é científica, dogmática e juridicamente possível e até desejável a autonomização de um conjunto de normas ligado à protecção do consumidor, não tem sido esse o caminho seguido pelo legislador ordinário.

É claro que esta questão levar-nos-ia à de saber se a opção pela descriminalização de tais infracções não ditaria, simplesmente, o abandono da ideia do direito penal do consumo, por levar à desnecessidade de autonomizar um corpo de normas penais ligado a tais infracções. A resposta procurar-se-á, no entanto, oportunamente, quando questionarmos o fenómeno da descriminalização. O que não nos impede de afirmar que aquela falta de autonomização é patente, mesmo no direito do consumo, independentemente das normas penais, porquanto, na verdade, aí igual dispersão se verifica sem que haja

Enquadramento jurídico-dogmático

qualquer tendência no sentido da autonomização e codificação à semelhança do que aconteceu recentemente no Direito brasileiro com a aprovação do Código de Defesa do Consumidor.

CAPÍTULO II

ENQUADRAMENTO HISTÓRICO-JURÍDICO DO PROBLEMA

É evidente que a necessidade de protecção (no consumo) é para o Homem/consumidor quase tão antiga quanto a de consumir[109]. Sobretudo, é-o a partir do momento em que se desenvolvem relações de alteridade e que, em função disso, se levanta o problema da escassez dos bens.

Assim é que, já desde a Idade Antiga, nos chegam registos[110] nesse sentido, sendo frequentes tais alusões, quer através de filósofos da Antiga Grécia, como Platão[111], quer ainda do Antigo Direito

---

[109] Veja-se, nesse sentido, EDUARDO SAAD, *Comentários ao Código de Defesa do Consumidor,* Editora LTR, São Paulo, 1991, p. 21 e ss; Instituto Nacional de Defesa do Consumidor, *Livro Branco da Defesa do Consumidor,* Secretaria de Estado do Ambiente e Defesa do Consumidor, 1991, p. 17.

[110] Sobre tais referências, vide MIREILLE DELMAS MARTY, *Droit Pénal des Affaires,* Tome 2, Thémis Droit, PUF, 3ª ed., 1990, p. 440 e TIEDEMANN, *op. cit.,* (n. 52), p. 71 e ss, onde se pode ver que, já na época clássica romana, se penalizava a especulação e o açambarcamento, se estabelecia limites de preços, se obrigava à declaração de mercadorias na alfândega, se penalizava a falsificação de produtos alimentares, infracções cuja punição podia mesmo consistir na pena de morte, bem como PISAPIA, "Les Infractions Économiques en Droit Pénal Italien", in *Travaux de L'Association Henri Capitant,* T. XIII, 1959-1960, Paris, 1963, p. 688 e ss, que elabora uma resenha histórica sobre as infracções económicas e respectivas sanções e onde, nomeadamente no Antigo Egipto, na antiga Legislação indiana e na Antiga Grécia, existiam, de facto, importantes acervos de normas ligadas aos delitos económicos e donde avultavam as infracções no consumo.

[111] PLATÃO, efectivamente, foi dos primeiros autores a lançar mão de determinadas preocupações com o mercado e suas regras, bem como dos meios eficazes e aptos a assegurar o seu bom funcionamento; tal é patente na menção que fez aos "inspectores de mercado", na referência à possibilidade de exclusão da concessão de

Romano([112]) ou até, simplesmente, de textos religiosos como a Bíblia([113]).

Tratava-se, contudo, de normas essencialmente ético-religiosas, ainda que de natureza repressiva([114]), impregnadas de algum espírito, senão de protecção dos cidadãos/consumidores, pelo menos de equilíbrio entre os mais fortes e os mais fracos a propósito do "consumo".

Mas, a verdade é que normas de natureza jurídica advindas da consciência da necessidade de protecção, tanto dos consumidores, como dos profissionais — na concorrência (desleal) —, vocacionadas para tal protecção, só nasceriam na Idade Média([115]).

1. A "protecção dos consumidores" desde o Direito Medieval até ao final da Idade Moderna: o domínio das normas repressivas.

A Idade Média conheceu, com efeito, o aparecimento de diversas normas de cariz jurídico, no sentido de impôr "ordem pública" no acesso aos bens de consumo, tanto para defesa da concorrência, como para protecção dos consumidores.

---

crédito em certas circunstâncias e às condições de venda de uma matéria então tão utilizada como era a dos escravos, entre outras — cfr. MIREILLE DELMAS MARTY, *op. cit.* (n. 110), p. 40.

([112]) De facto, e tal como é referido por diversos autores, entre os quais CALVÃO DA SILVA, *op. cit.,* (n.1) p. 28, e EDUARDO SAAD, *op. cit.,* (n. 109), p. 22, já no Direito Romano antigo, se pretendeu regular pseudo-relações de consumo através da *accio redibitória* e da *accio quanti minoris,* conferindo-se, assim, protecção ao adquirente de coisa defeituosa (na época de Justiniano, o vendedor era mesmo obrigado a ressarcir o comprador pelos vícios da coisa vendida, mesmo que desconhecesse tais vícios).

([113]) Não podemos deixar de sublinhar a referência que LUC BIHL, *Le Droit Pénal de la Consommation*, NATHAN, 1989, p.5, faz à Bíblia como ligada a tal protecção, nomeadamente ao salientar um passo daquela onde se afirma: "Tu terás um peso intacto e exacto e tu terás uma medida intacta e exacta, já que JAVÉ abominará qualquer um que pratique a fraude".

([114]) Não nos surpreende que as normas, então existentes, visassem alguma repressão. Não nos surpreende, sobretudo, se tivermos em conta que o crime está ligado à vida em sociedade e que tal *modus vivendi* é quase tão antigo como a existência do Homem. A esse propósito apraz-nos registar e citar aqui JEAN PRADEL, *Droit Pénal Géneral,* 8ª ed., Cujas, 1992, p. 19, ao dizer : "Permanent, le crime l'est évidemment puisqu'il est lié à la vie en societé qui remonte à la plus haute Antiquité"

([115]) LUC BIHL, *op. cit.,* (n. 113), pág. 5.

Enquadramento histórico-jurídico do problema 71

É claro que as normas, então existentes, eram específicas relativamente à matéria que tratavam e circunscritas ao ramo da actividade que abrangiam, tudo porque eram o fruto das circunstâncias. E se tinham no seu escopo a protecção dos consumidores, não formavam, ainda, verdadeiro direito penal do consumo ou sequer direito do consumo[116] — estes, ainda hoje, são de discutível autonomia.

Relevante era, contudo, o facto de tais normas serem, desde o início, de natureza essencialmente penal ou, pelo menos, de carácter marcadamente repressivo[117].

Houve, no entanto, uma certa evolução até ao final do absolutismo, sendo certo que tal evolução ficou marcada por dois períodos, a que corresponderam dois modelos básicos de protecção do consumidor : um que foi praticamente até ao início do absolutismo (início do séc. XVI) e que se caracterizou pela organização dos próprios agentes económicos, num sistema de *justiça privada*[118] ou, ainda, de *autodisciplina* ou *autoregulamentação*[119]; o outro, presente durante a Idade Moderna, caracterizou-se pela intervenção do soberano e do Estado, ficando conhecido pelo período do *intervencionismo estatal*. Vejamos.

a) A *Justiça privada* é considerada mais na perspectiva dos cidadãos, potenciais vítimas das infracções, que podiam, já na sequência do Direito antigo, pôr cobro a lesões provocadas por tais infracções[120].

É claro que surgiu como uma forma de superar o sistema da *vingança privada* — esse, sim, da sociedade primitiva —, na medida em que se passou a exercer, não a vingança, mas a Justiça. Só que, na ausência de autoridade central, tal justiça ficava confiada aos particulares, que a exerciam no seu próprio interesse — daí a sua denominação[121].

---

[116] Luc Bihl., *op. cit.,* (n. 113), pág. 5, afirma que tais normas "se não formavam um direito do consumo eram, pelo menos, uma protecção dos consumidores, sancionada juridicamente".

[117] Ainda Luc Bihl., *op. cit.,* (n. 113), p. 5 e ss..

[118] Sobre a evolução do direito penal e do processo penal, nomeadamente sobre o sistema de Justiça privada e seu declínio, vidé Jean-Claude Soyer, *Droit Pénal et Procédure Pénale,* 9ª ed., Paris, 1992, p. 28 e ss.

[119] Luc Bihl., *op. cit.,* (n. 113), p. 5 e ss.

[120] Luc Bihl., *op. cit.,* (n. 113), p. 6; Soyer, *op. cit.,* (n. 118), p.29 e ss.; e Gaston Stefani, Georges Levasseur e Bernard Bouloc, *Droit Pénal Général,* 13ª ed., Dalloz, 1987, p. 65 e ss.

[121] Soyer, *op. cit.,* (n. 118), p. 28 e ss, e Pradel, *op. cit.,* (n. 114), p.88.

Paralelamente, ganhou relevo o sistema da *autodisciplina* ou *autoregulamentação*, agora mais na perspectiva dos profissionais, ainda que reflexamente protegessem os consumidores.

Consistia tal sistema na disciplina imposta pelos próprios profissionais, com vista a protegerem-se da própria concorrência (desleal). É claro que, com isso — à semelhança do que hoje acontece — os consumidores saíriam beneficiados

Conheceu grande entusiasmo e rigor no Direito francês de então, de onde irradiou para outros Estados. Nasceu com o aparecimento dos "Jurés de métier", que mais não eram do que juízes das próprias corporações, que tinham como função, não só fiscalizar as actividades dos concorrentes, como conhecer eventuais infracções e aplicar as respectivas sanções. De entre as sanções — essencialmente penais, sublinhe-se — salientava-se a pena de *multa,* embora complementarmente funcionassem outras penas, nomeadamente a chamada "pilouri", através da publicidade do condenado em praça pública[122].

Tratava-se de um sistema com as suas próprias limitações, desde logo, por depender da própria vontade e do empenhamento daqueles que seriam, afinal, os potenciais infractores, ou seja, os profissionais, uma vez que não seria complementado com outro tipo de medidas — tal como hoje acontece.

b) A esse sistema seguiu-se um outro, que vigorou praticamente até à Revolução Francesa de 1789, que ficou marcado por um forte intervencionismo (central) do Estado e densamente caracterizado pelo apego às normas repressivas[123].

Foi, digamos, a primeira manifestação de regulamentação das "relações de consumo" de forma vertical, isto é, através de normas

---

[122] Luc BIHL, *op. cit.,* (n. 113), p. 6.

[123] MIREILLE DELMAS MARTY, *op. cit.,* (n. 110), p. 441; SOYER, *op. cit.,* (n. 118), p. 29 e ss.; Luc BIHL, *op. cit.,* (n. 113), p. 6; e GASTON STEFANI, GEORGES LEVASSEUR e BERNARD BOULOC, *op. cit.,* (n. 120), p. 70 e ss. Em Portugal, esse "fenómeno de *centralização e fortalecimento do poder político,* inspirado pelo lema '*unum imperium unum ius',* torna-se patente (...) a partir do séc. XIII" — são palavras de AMÉRICO A. TAIPA DE CARVALHO, *Condicionalidade Sócio-cultural do Direito Penal. Análise Histórica. Sentido e Limites. in* Separata do número especial do B.F.D.U.C. —"Estudos em Homenagem aos Profs. Manuel Paulo Merêa e Guilherme Braga da Cruz" —1983, Coimbra, 1985, p. 33 — sendo certo que tal "processo de centralização na Idade Moderna, determinou, naturalmente, uma progressiva *publicização do ius puniendi".*

Enquadramento histórico-jurídico do problema 73

advindas do poder central e, portanto, como manifestação própria do absolutismo que então se vivia, caracterizado pelo forte poder exercido pelo soberano.

Tais normas eram, agora, não só vocacionadas para proteger a concorrência mas, igualmente, e por vezes *prima·facie,* para a protecção dos consumidores. Regulamentavam os processos e locais de venda, a cuja violação correspondia a aplicação de penas, além de que reprimiam as infracções em geral, com relevo para as fraudes.

Anote-se que, naquela época, as normas penais, mesmo as que se aplicavam às infracções no consumo, obedeciam a duas linhas de força([124]): a *arbitrariedade,* isto é, a possibilidade de o juiz poder graduar livremente a pena; e o *rigor da repressão,* que consistia basicamente no facto de as penas, então aplicáveis, serem cruéis([125]) e no facto de se utilizarem métodos tortuosos na busca da verdade.

De tudo o que fica exposto, resulta que as infracções cometidas no consumo eram penalizadas de acordo com a mentalidade de então: forte repressão, arbitrariedade, rigor e crueldade na aplicação de penas, à custa de um grande intervencionismo estatal([126]).

([124]) Soyer, *op. cit.,* (n. 118), p. 29 e ss; Pradel, *op. cit.,* (n. 114), p. 89; e G. Cas e D. Ferrier, *op. cit.,* (n. 34), p. 25 e ss.

([125]) G. Cas e D. Ferrier, *op. cit.,* (n. 34), p. 25, citam a propósito o exemplo de um edital promulgado por Luís XI, em que todo aquele que vendesse manteiga contendo ranço seria sujeito a publicidade, levado à "Pilouri", mas em que seria colocada daquela manteiga na testa do condenado, até que o sol ao derreter não permitisse fundir; e como se isso não bastasse, deviam os cães ir "lamber" e os mais pobres divulgar. A propósito, Américo A. Taipa de Carvalho, *op. cit.,* (n. 123), p. 38, define tal período pela "sua desumanidade, crueldade, desigualdade e, consequentemente, pela sua natureza exacerbadamente repressiva e intimidativa".

É curioso verificar-se que, nessa época, em Portugal, cabia a pena de degredo para o Brasil aos que de acordo com o Código Filipino "falsificão mercadorias" (tit. LVII), "medem, ou pesão medidas ou panas falsas" (tit. LIX), "molhão, ou lanção terra no pão, que trazem ou vendem" — Cfr. sobre a vigência das várias ordenações e, particularmente, sobre a aplicação da pena de degredo para o Brasil, Ruy Rebello Pinho, "A Pena de «Degredo para o Brasil»", in *Scientia Ivridica,* tomo XL, n.° 229/234, Janeiro-Dezembro, 1991,p. 43 e ss.

([126]) Para um maior aprofundamento em termos comparativos, vidé Luc Bihl, *op. cit.,* (n. 112), p. 6; Mireille Delmas Marty, *op. cit.,* (n. 110), p.41; e Pradel, *op. cit.,* (n. 114), p. 89.

2. O Liberalismo: recuo na protecção do consumidor em homenagem ao princípio da liberdade do comércio

Na viragem do séc. XVIII para o séc. XIX, principalmente a partir da Revolução Francesa de 1789, e mesmo já sob influência do fisiocratismo, principalmente das ideias defendidas por autores como A. Smith, iniciou-se um período inspirado pelo princípio da liberdade do comércio (e do consumo)[127].

Ao intervencionismo do Estado absolutista seguiu-se, na época em apreço, um "forte abstencionismo do Estado (Estado "guarda-nocturno")"[128] e, portanto, um certo recuo na protecção do consumidor — este era, pelo contrário, considerado "rei do mercado"[129], na medida em que, exercendo o seu direito de escolha, controlava o mercado onde era suposto reinar[130].

Tal pensamento determinaria a desnecessidade de conceder protecção (pública) ao consumidor e, portanto, a este restava, apenas, a autodefesa individual[131].

---

[127] Luc Bihl, *op. cit.*, (n. 113), p. 7.

[128] Calvão da Silva, *op. cit.*, (n. 1), p. 32.

[129] Botana Garcia, "Noción de Consumidor en el Derecho Comparado", in E.S.C., n.º 18, Agosto, 1990, p. 51.

[130] Sobre a teoria segundo a qual o consumidor podia, efectivamente, controlar o mercado e, portanto, auto-proteger-se, de acordo com os mecanismos próprios do mercado, sublinha González Rus, *op. cit.*, (n. 31), p.20, dois argumentos de tal mentalidade: por um lado, a livre concorrência empresarial que levaria à multiplicação dos bens produzidos e, por outro lado, o propósito de superar os competidores que determinaria o aumento da qualidade e da redução do seu preço.

Uma análise histórica de um problema tem sempre a virtude de nos relatar factos e ideias que possam servir para compreender a realidade actual. A este propósito é curioso notar que, hoje, há quem defenda a protecção dos consumidores, socorrendo-se, *grosso modo*, daqueles princípios do liberalismo. Veja-se, nessa linha, por exemplo, Eamonn Lawlor — comissário das C.E.— *Direito de Opção e Impulso Económico. O Objectivo da Política dos Consumidores no Mercado Único*, Comissão das Comunidades Europeias, 2ª ed., 1990, p. 11 e ss, que entende dever evitar-se a regulamentação das relações de consumo, considerando mesmo o recurso ao direito (e, nomeadamente, ao direito penal) como desnecessário e desaconselhável, entendendo que será o poder de opção dos consumidores que ditará a existência de um melhor mercado.

[131] Calvão da Silva, *op. cit.*, (n. 1), p. 32.

Enquadramento histórico-jurídico do problema   75

Foi um período que, ao nível das infracções verificadas no comércio, ficou marcado por forte descriminalização ou, *rectius,* desregulamentação, não surpreendendo, por isso, que Luc Bihl tivesse apelidado o século passado como sendo o "século da fraude"([132]).

É claro que de tais trevas despontou alguma luz e, já em 1764, com a edição da obra "Traité des délits et des peines", Beccaria viria a influenciar o futuro, no sentido de uma visão diferente do direito penal. Principalmente, aos princípios da arbitrariedade e do rigor da repressão, próprios do absolutismo, viriam a opor-se os da *igualdade* (ligado ao da *legalidade)* e da *moderação*([133]) na aplicação das penas, o que viria a tornar-se, senão num ganho para os consumidores — esses irremediavelmente desprotegidos —, pelo menos num ganho para uma nova concepção do direito penal de que, ainda hoje — de alguma forma —, somos tributários([134]).

Apesar de tudo, atendendo a que um dos objectivos do liberalismo era a existência de um comércio livre e próspero e considerando que a liberdade em excesso redundaria em alguns abusos cometidos na concorrência, que colocava em causa a "saúde" de tal comércio, foram, já no final do século, aparecendo várias leis com a intenção de regulamentar os métodos concorrenciais, com vista à protecção dos profissionais, o que, também acabaria por beneficiar os consumidores([135]). Foi, no entanto, uma fase de *protecção indirecta* do con-

---

([132]) Luc Bihl., *op. cit.,* (n. 113), p. 7.

([133]) Soyer, *op. cit.,* (n. 118), p. 30. Atestando do valor actual de tais princípios e enaltecendo a importância do contributo de Beccaria, principalmente através da sua obra "Dei delitti e delle pene", faz Adela Asua Batarrita, "Reinvindicacion o superacion del Programa de Beccaria", in *El Pensamiento Penal de Beccaria: su actualidad,* Universidad de Deusto, Bilbao, 1990, p. 9 e ss, uma referência expressiva a tais princípios afirmando: "La mayoría de estos principios han pasado a constituir el acerbo jurídico irrenunciable de nuestra cultura desde entonces, como elenco de garantías que limitan la intervención punitiva estatal de um Estado de Derecho".

([134]) Em Portugal, a necessidade de moderação na aplicação das penas e duma nova concepção sobre os fins das penas, ficou a dever-se, entre outros, fundamentalmente a Mello Freire, ao advogar no seu *Instituições de Direito Criminal Português,* in B.M.J., n.° 155, Abril, 1966, p. 64 e ss, que "a pena deve ser, tanto quanto possível, proporcionada ao delito e tomada de harmonia com a natureza e índole deste" e ao sublinhar, na esteira de Grocio, que o objecto das penas "é a *segurança* do lesado, a *emenda* do lesante e o *exemplo* dos outros (...)".

([135]) Calvão da Silva, *op. cit.,* (n. 1), p. 32. Anote-se que, ainda hoje, o direito da concorrência é, contudo, apontado como garante dos interesses dos consumidores,

76   *Da protecção penal do consumidor*

sumidor, que esteve longe sequer da criminalização das infracções no consumo[136].

3. O renascimento da consciência da protecção do consumidor através do direito do consumo como corolário do séc. XX.

O presente século ficará conhecido como o século do (re)nascimento do direito do consumo. A protecção do consumidor, ao longo dos tempos, vem a provar que a História é dialéctica: da tese (da protecção efectiva e repressiva) passou-se à antítese (ao recuo nessa protecção) e daí para a síntese (o retomar da protecção, mas agora orientada por princípios novos — como veremos).

Ainda assim, tal renascimento deu-se por impulsos, formando três fases, cada vez mais orientadas por dois vectores: a consciência não só da necessidade de proteger a concorrência, mas, também, os consumidores; e a necessidade da criação de normas uniformes e eivadas do espírito da criação de um autêntico direito do consumo, ou até de um direito penal do consumo. Vejamos.

a) A primeira fase iniciou-se, logo, na viragem do séc. XIX para o séc. XX e caracterizou-se, essencialmente, pela reacção ao abstencionismo do liberalismo[137], ficando marcada pela criação de normas

---

pintando-se, por vezes, a esse propósito, um cenário "cor-de-rosa" para o consumidor, sem que, como se sabe e como se pretende demonstrar com o presente trabalho, esse Direito seja apropriado ou sequer suficiente para a protecção dos consumidores. Isso, apesar de "a política de concorrência" ser "um poderoso instrumento para a realização de determinados objectivos económicos", entre os quais o de "assegurar a transparência do mercado e proteger os consumidores" — segundo M. Belmira Martins e outros, *O Direito da Concorrência em Portugal,* Lisboa, 1986, p. 20 —, o que é de saudar, embora não nos imobilize a ideia de que *"a transparência do mercado e a protecção dos consumidores* é possível graças à política de concorrência" — cfr. M. Belmira Martins e outros, *op. cit.,* p. 21 — uma vez que ficará demonstrado neste trabalho que tal protecção não se alcançará apenas dessa forma. Nesse sentido, está ainda Nguyen-Thanh, *op. cit.,* (n. 10), p. 139.

([136]) Luc Bihl, *op. cit.,* (n. 113), p. 7, onde cita vários exemplos de iniciativas legislativas nesse sentido.

([137]) Nesse sentido, A. Joaquim Fernandes, "Contratos de Adesão e Defesa do Consumidor" in *Estudos,* I.N.D.C., Lisboa, 1987, p. 5; e Luc Bihl, *op. cit.,* (n. 112), p. 8.

Enquadramento histórico-jurídico do problema 77

que visavam a protecção do consumidor, ainda que em segunda linha, já que o seu objectivo principal continuava a ser a defesa da concorrência (leal). Tal orientação não será de estranhar, sobretudo porque foram os profissionais que "soltaram gritos de alerta" ([138]), protestando contra a concorrência desleal e a inércia do poder central. Foi um período em que, um pouco por toda a parte, se notou o uso ilimitado de normas repressivas, com vista a controlar uma certa agressividade e um certo antagonismo então emergente do confronto social a que se assistia ([139]).

É de salientar, entre outros, no Direito francês, a Lei de 1 de Agosto de 1905 sobre fraude e falsificação de mercadorias que, no dizer de Luc Bihl ([140]), constitui o primeiro texto do direito penal do consumo contemporâneo; igualmente interessante foi, no final do século passado, o aparecimento do *Sale of Goods Act,* que viria a ser, senão um instrumento de protecção propriamente dita dos consumidores, pelo menos, do que havia de ser o início do tratamento específico dos contratos nas relações de consumo ([141]).

O nosso país, seguindo uma tradição de quase ignorância dos direitos dos consumidores, praticamente não teve, nessa fase, qualquer acto digno de registo. Desde logo, o Código Civil (de 1867) e o Código Comercial (de 1888) revelaram-se fortemente influenciados pelo liberalismo. E, não fossem os Códigos Penais de 1852 e 1886 (este perdurou até 1982, ainda que com algumas alterações), seria matéria esquecida. Na verdade, estes códigos, ainda que não conferindo tutela directa aos interesses dos consumidores, previam, no entanto, alguns tipos legais de crime que reprimiam infracções aos interesses dos consumidores, ainda que não exclusiva ou até predominantemente ([142]).

([138]) Cfr. Luc Bihl, *op. cit.,* (n.113), p. 8.

([139]) Terá sido, efectivamente, a chamada "Questão Social", envolvendo problemas de classes entre patrões e trabalhadores e das respectivas associações (em ascendência) perante o Estado, que levou a que, em vários sectores da sociedade, se tivesse a pretensão de intervir e reinstaurar uma certa ordem. Um desses sectores foi, precisamente, o das relações de consumo, onde se fez sentir a repressão do Estado através de nomas de carácter penal, como se enuncia no texto — cfr. A. Joaquim Fernandes, *op. cit.* (n. 137), p. 5; e C. Ferreira de Almeida, *op. cit,* (n. 11),1982, p. 31.

([140]) Luc Bihl, *op. cit.,* (n.113), p. 8.

([141]) Cfr. C. Ferreira de Almeida, *op. cit.,* (n. 11), p. 33.

([142]) De resto, à semelhança do que acontece ainda hoje com o Código Penal actual em que, apesar de em alguns tipos legais de crimes, como os dos artigos 217.º

b) Entretanto, viriam a ocorrer três factos que marcariam decididamente o curso da História no nosso século: o 1.º Conflito Mundial, a crise económica de 1929 e o 2.º Conflito Mundial.

Estes três factos causaram alguma desordem na economia e obrigaram a que um forte intervencionismo estatal tivesse a pretensão de recuperar e proteger a ordem económica. Impunha-se, além do mais, proteger os agentes económicos e, nomeadamente, os mais fracos — os consumidores — por forma a que estes, ganhando confiança no mercado, contribuíssem para o relançamento da economia.

Digno de registo, nesta segunda fase, foi, em Portugal, o aparecimento do Decreto-Lei n.º 41204, de 27 de Julho de 1954, que constituiu o primeiro diploma a condensar várias normas de natureza penal relativas a crimes contra a saúde pública e contra a economia([143]).

Tratou-se, no entanto, de um período em que a preocupação principal foi a protecção do mercado e só, em segunda linha, a do consumidor([144]).

c) À terceira fase podemos chamar *consumerista*([145]), já que ela significa a conquista pelos consumidores de um campo próprio da nor-

---

(Burla) e 226.º (Usura), se poder encontrar fundamentos para conferir alguma protecção ao consumidor, se compreenderá, contudo, não serem tais tipos, nem exclusiva nem adequadamente, pensados com esse fim.

([143]) Cfr., nesse mesmo sentido, C. FERREIRA DE ALMEIDA, *op. cit.,* (n.11), p. 40. Note-se que esse foi um dos muitos diplomas surgidos no Direito português; referimo-lo por se tratar de um primeiro passo, em Portugal, no sentido da condensação do direito penal económico. Contudo, para se ter uma perspectiva dos muitos diplomas então surgidos, a partir de 1939, veja-se J. ILHARCO ÁLVARES DE MOURA, *Delitos Anti--Económicos,* Coimbra Editora, 1947.

([144]) Cfr. LUC BIHL, *op. cit.,* (n. 113), p. 8. Apesar disso, não existem dúvidas que terá sido nesta época que começou a nascer o direito do consumo, ainda que, claro, como resposta imediata aos problemas económico-sociais surgidos após a 2ª Guerra Mundial — nesse sentido N. REICH e HANS-W. MICKLITZ, *Verbraucherschutzrecht in den E.G.-Staaten. Eine Vergleichende analyse,* Van Nostrand Reinhold Co., München, 1981, p. 1.

([145]) Ocioso será explicar que o consumerismo se reporta ao movimento encetado pelos consumidores na defesa dos seus interesses. Coisa diferente, naturalmente, é o consumismo que se refere ao hábito de consumir ou ao consumo sistemático e, por vezes, exacerbado que chega a caracterizar o estado em que se encontra um grupo ou uma sociedade (daí a referência frequentemente à sociedade consumista).

Enquadramento histórico-jurídico do problema 79

matividade a que se passou a chamar, com alguma convicção, direito do consumo e no qual as normas penais passaram a desenhar um possível direito penal do consumo[146].

Apesar de, no final da década de 50, terem existido algumas iniciativas no sentido de um movimento consumerista[147], o mote decisivo viria, no entanto, a ser dado por J. F. Kennedy, então presidente dos E.U.A. (país pioneiro em tal movimento), em mensagem dirigida, em 15 de Março de 1962, ao Congresso — "Consummer bill of rigths message"[148] — sendo certo que, a partir daí até aos nossos dias, tal movimento foi crescendo acentuadamente.

Lembremos alguns dos passos mais significativos dessa evolução, de molde a compreendermos o estado actual do problema.

Ainda, na década de 60[149], é de salientar — em 1968 — a publicação, no Japão, da lei de bases relativa à protecção do consumidor, de 30 de Março, uma lei que se impôs pela tendência para a autonomização de um corpo de normas relativas ao consumo; e, em 1969, deu-se a criação pela O.C.D.E. da "Comissão para a política dos consumidores".

Foi, todavia, nos anos 70, que esse movimento se impôs. Começaria, em 1973, com o movimento da Carta do Conselho da Europa Sobre Protecção do Consumidor[150], diploma que viria a influenciar significativamente os países europeus em matéria de consumo.

Na verdade, logo em 27 de Dezembro de 1973, a França aprovava a "lei de orientação do comércio e do artesanato", mais conhecida por "Loi Royer";

---

[146] Sem qualquer dúvida, sobre a existência do direito penal do consumo nesta fase, está Luc Bihl, *op. cit* (n.113), p. 9.

[147] É exemplo disso, na Grã-Bretanha, o chamado "Molony report" (como resultado da criação, em 1959, de uma comissão oficial sob orientação de Molony), donde se salientam duas propostas importantes: a *criação de uma instituição central para a protecção do consumidor* e a *implantação de um serviço local de assistência ao consumidor* — cfr. E. Von Hippel,*Verbraucherschutz,* 3ª ed., Tübingen, 1986, p. 5 e ss.

[148] Veja-se o texto da mensagem em E. Von Hippel., *op. cit.,* p. 225 e ss.

[149] Sobre o desenvolvimento em tal época, veja-se, sobretudo, E. Von Hippel, *op. cit.,* (n. 147), p. 5 e ss e C. F. Almeida, *op. cit.,* (n.11), p. 29 e ss.

[150] A Carta de Protecção do Consumidor terá sido, de resto, o primeiro diploma supra-nacional a condensar alguns direitos do consumidor, nomeadamente o direito (A) à protecção e assistência, (B) à indemnização por prejuízos, (C) à informação, (D) à educação, (E) de representação e consulta, direitos esses que constituem, ainda hoje, ponto de convergência e de consagração nas várias leis de defesa do consumidor.

80 Da protecção penal do consumidor

na Inglaterra viria a nascer, no mesmo ano, o "Fair Trading Act" e, em 1978, o "Common Safety Act", diplomas, essencialmente, de carácter administrativo e penal[151]; os países escandinavos viriam a contribuir para o movimento de defesa do consumidor com a criação de uma figura — o *OMBUDSMAN* dos consumidores[152] —, cuja veste pública e cujas competências viriam a revelar a necessidade de conferir tutela estatal aos consumidores; na Alemanha (ex--R.F.A.), para além de alterações introduzidas no B.G.B. de 1900, ocorridas em 1965 e 1973, sobre concorrência desleal e restrições à livre concorrência, é de salientar, ainda, em 1973, a publicação de uma lei sobre condições gerais dos contratos. Portugal viria a revelar-se precursor de tal movimento ao elevar, pela primeira vez, à Constituição (em 1976), o direito de protecção do consumidor, através da inserção do art. 81.°, al. m); no mesmo sentido, mas de forma mais expressiva, foi a Espanha ao proclamar, no art. 51.° da Constituição de 78, a garantia de defesa dos consumidores pelos poderes públicos.

---

(151) Note-se que o "Fair Trading Act", o "Common Safety Act", bem como o "Foods and Drugs Act", editado em 1955, e o "Medicins Act", editado em 1968, constituem a *public law* de carácter eminentemente administrativo ou penal; para além desses diplomas, outros surgiram, nesta fase, também inseridos no movimento de defesa do consumidor, na Inglaterra, embora constituindo a *private law*, nomeadamente o "Hire-Purcher Act" de 1964/5, o "Uisrepresentation Act" de 1967, o "Supply of Goods (implied terms) Act" de 1978, o "Common Credit Act" de 1974, o "Mafaaier Contract Terms Act" de 1972 e o "Sale of Goods Act" de 1979 — cfr. C. FERREIRA DE ALMEIDA, *op. cit,.* (n. 11), p. 34 e ss.

(152) O *Ombudsman* dos consumidores é uma espécie de Provedor de Justiça português, embora com competências específicas relativamente aos consumidores e com maiores poderes e mais amplos na defesa dos seus interesses. O *Ombudsman* conhece grande tradição nos países nórdicos: nasceu na Suécia, já em 1809 — cfr. ALVES CORREIA, *Do Ombudsman, ao Provedor de Justiça,* in Separata do número especial do B.F.D.U.C., "Estudos em Homenagem ao Prof. Doutor José Joaquim Teixeira Ribeiro", Coimbra, 1979, p. 28 — onde, de resto, em 1971, foi criada a figura do *Ombudsman dos Consumidores,* a exemplo da qual viria, também, a ser criada idêntica figura na Noruega, Dinamarca e Filândia — cfr. E. VON HIPPEL, *op. cit,.* (n. 147), p. 9. Resumidamente, dir-se-á que o *Ombudsman* tem hoje competências várias, indo desde o controlo das práticas comerciais dirigidas aos consumidores, passando pela possibilidade de negociar com os profissionais e suas organizações, no interesse dos consumidores, podendo mesmo agir em Tribunal em representação dos mesmos. É claro que as competências não são exactamente iguais nos vários países nórdicos, notando-se, por exemplo, que, na Suécia e na Finlândia, o *Ombudsman* age mais como representante de uma das partes — o consumidor — enquanto que na Dinamarca ele visa sobretudo agir como mediador entre consumidores e profissionais — cfr. THOMAS WILHELSSON, "Le Droit de la Consommation Finlandais et le Modèle Nordique de Protection du Consommateur", in R.E.D.C., n.° 4, 1989, p. 266. Para mais aprofundamentos, veja-se adiante, *infra,* II Parte, Cap. II.

Enquadramento histórico-jurídico do problema 81

E se, ao nível do Direito interno de cada Estado, a Carta do Conselho da Europa Sobre Protecção do Consumidor viria a revelar-se influenciadora, não menos importante foi o facto de, em algumas instituições comunitárias e internacionais, se ter vindo a verificar o mesmo movimento.

Começou, logo em 1973, com a criação do Comité Consultivo dos Consumidores da Comissão das Comunidades Europeias[153] e, em 1975, pela aprovação de uma resolução pelo Conselho de Ministros relativa a um Programa Preliminar da Comunidade para uma Política de Protecção e de Informação dos Consumidores e, ainda, pelo Convénio Europeu sobre responsabilidade derivada dos produtos em casos de lesões corporais ou de morte, aprovado em 27 de Janeiro de 1977.

Fora do quadro europeu, na década de 70, é, ainda, de salientar a Lei Mexicana de 18 de Dezembro de 1975, já que se trata de uma lei de protecção do consumidor detalhada, isto é, regulando sobre diversos aspectos ligados às relações de consumo, quase constituindo um Código de Defesa do Consumidor[154].

Na década de 80, o movimento continuaria, sendo de destacar a aprovação de três programas de Protecção e Informação do Consumidor da Comunidade Europeia, respectivamente em 1981, 1986 e 1990, na sequência do que havia sido aprovado em 1975. Igualmente importante foi a aprovação de

---

[153] O Comité Consultivo dos Consumidores, criado em Setembro de 1973, é um órgão bastante representativo. Nele têm assento, para além de peritos independentes, o Bureau Europeu das Uniões de Consumidores (BEUC), o Comité das Organizações Familiares dos Consumidores Europeias (COFACE), a Comunidade Europeia dos Centros de Produção das Sociedades Cooperativas de Consumo (EURO-COOP) e a Confederação Europeia dos Sindicatos. Trata-se de um órgão que tem como competências as de "aconselhar a Comissão das C.E. sobre políticas relativas à defesa e educação dos consumidores", bem como de "representar o ponto de vista dos consumidores, por ocasião da elaboração dessas políticas pelos serviços da Comissão" — cfr. EAMONN LAWLOR, *op. cit.,* (n. 130), p. 56 e ss. e ainda, PARLAMENTO EUROPEU, *Fichas Técnicas Sobre o Parlamento Europeu e as Actividades da Comunidade Europeia,* Direcção-Geral de Estudos, Luxemburgo, 1991, PO III/0, p. 1 e ss.

[154] Apesar de haver quem, como N. REICH e H-W. MICKLITZ, *op. cit.,* (n.144) p. 11, entenda serem, tanto a lei mexicana como a lei japonesa, verdadeiros códigos de protecção do consumidor. Julgamos, no entanto, que assim se não deve entender, sobretudo se tivermos em conta o actual Código Brasileiro de Defesa do Consumidor. A lei mexicana e a japonesa, constituem, assim como a portuguesa ou a espanhola, leis-quadro de defesa do consumidor, essenciais a tal defesa mas, de forma alguma, esgotam as matérias tradicionalmente integradas num código como é o brasileiro. E, por isso, com alguma justeza, os autores do anteprojecto deste último entendem ser este o primeiro código nesse sentido — cfr. *Código Brasileiro de Defesa do Consumidor,* Comentado e anotado pelos autores do anteprojecto, Forense Universitária, 2ª ed., 1992, p. 6 e ss.

princípios directores da Protecção do Consumidor, pela Assembleia Geral das Nações Unidas, em Abril de 1985.

Foi, também, sintomático o aparecimento de leis gerais destinadas à defesa do consumidor, constituindo já um corpo autónomo de normas, sem que, contudo, constituam verdadeiros Códigos de Defesa do Consumidor: inscreveram-se nesta linha, entre outras, a Lei Portuguesa de Defesa do Consumidor n.° 29/81, de 22 de Agosto, e a Lei Espanhola n.° 26/84, de 19 de Julho (Lei General para la Defensa de los Consumidores e Usuários).

Em 1990, apareceria, no Brasil, pela Lei n.° 8079, de 11 de Setembro, aquele que é considerado o primeiro e verdadeiro Código de Defesa do Consumidor e que constitui, sem dúvida, por um lado, o culminar de todo um movimento nesse sentido e, por outro, o primeiro passo para que, no resto do Mundo, se condense ou se codifique o, por vezes, arrazoado de leis relativas ao consumidor[155].

E quanto ao problema da (des)criminalização no (incitamento ao) consumo: terá havido, nesta terceira fase, alguns passos importantes e determinantes, que apontam em algum sentido? Vejamos.

Desde logo, ao nível da União Europeia. Após proposta da Comissão de 1 de Março de 1978, viria a ser aprovada, em 10 de Setembro de 1984, a Directiva 84/450/CEE, relativa à *publicidade enganosa,* onde, para além de uma regulamentação geral da matéria, se prevê, no art. 4.°, a possibilidade de os Estados-membros velarem "para que existam meios adequados e eficazes para controlar a publicidade enganosa", sendo certo que, entre esses meios, se poderá contar com a possibilidade, entre outras, de se "intentar uma acção judicial contra esta publicidade", ficando a cargo de cada Estado-membro

---

[155] Na verdade, o Código Brasileiro de Defesa do Consumidor foi o culminar de um movimento, já que, como confessadamente dizem os autores do seu anteprojecto, ele se inspirou em outras leis advindas de outros países. Assim, na sua base estiveram tanto a Resolução 39/248, de 9 de Abril de 1985, da Assembleia Geral das Nações Unidas, como, ainda, o Projecto de Code de la Consommation redigido sob a presidência de Jean Calais-Auloy, as leis gerais de Portugal e Alemanha sobre cláusulas gerais contratuais, e, por último, alguns princípios do sistema norte-americano. Por outro lado, significa o primeiro passo para a codificação, no resto do mundo, porque, na verdade, foi o primeiro Código a surgir, principalmente se atendermos à sua ambiciosa estrutura bem como à quantidade de normas que regulamentam todas as matérias atinentes ao consumidor e onde tem lugar mesmo um conjunto de normas sancionatórias, administrativas e penais — cfr. *Código Brasileiro de Defesa do Consumidor, op. cit.,* (n. 154) p. 6 e ss.

Enquadramento histórico-jurídico do problema 83

decidir qual das vias será a mais adequada[156]. Em 20 de Dezembro de 1985, viria a ser adoptada a Directiva 85/577/CEE, relativa *à protecção dos consumidores no caso de contratos negociados fora dos estabelecimentos comerciais,* na qual, para além de regras genéricas sobre a matéria, se prevê, no art. 4.°, a obrigação do comerciante de "informar, por escrito, o consumidor, do direito que lhe assiste de rescindir o contrato", no prazo de, pelo menos, sete dias a contar da data em que recebeu aquela informação (art. 5.°); para além disso, prevê, ainda, a possibilidade, no art.8.°, de os Estados-membros "adoptarem ou manterem disposições mais favoráveis à protecção do consumidor", ainda que mais penosas para os comerciantes (infractores) — cremos[157]. Por último, é de salientar a Directiva 87/102/CEE, relativa *ao crédito ao consumo* , que, além de tentar harmonizar os diversos ordenamentos, nessa matéria, prevê, ainda, com o objectivo de proteger o consumidor, a redução a escrito dos contratos de crédito, devendo o contrato satisfazer uma série de requisitos aí indicados

---

[156] E onde, escusado será repetir, os Estados poderão optar pelo sistema penal como uma das vias possíveis. A esse propósito é importante registar o esforço da Comunidade em harmonizar o direito do consumo nos vários países membros, quer através da supressão de obstáculos no comércio ligados às disparidades entre legislações nacionais, quer, sobretudo, a harmonização visando a protecção dos interesses do público (entre a qual se destaca a protecção dos consumidores) — cfr. F. DALLE NOGARE, "la Nouvelle Approche, l'Harmonisation Technique et la Protection des Consommateurs, in R.I.D.E., n.° 1, 1990, p. 61 e ss. Tal harmonização é designada por minimal, podendo operar-se através de dois tipos (total e opcional) — de acordo com KAMIEL MORTELMANS, "Harmonisation Minimale et Droit de la Consommation", in R.E.D.C., n.°3 1988, p. 3 e ss — apesar do Parecer do Comité Económico e Social sobre "A realização do mercado interno e a protecção dos consumidores", Bruxelas, Setembro, 1991, p. 17, entender que a disciplina existente nas práticas de controlo e sancionatórias serem bastante diferentes de Estado-membro para Estado-membro, "assentando em mentalidades nacionais que não podem ser harmonizadas". Daí deixar-se ao critério de cada Estado a escolha dos meios adequados.

Sobre o impacto da Directiva 84/450/CEE, em vários países, com relevo para o Luxemburgo, a Bélgica, a França, o Reino Unido, a Irlanda e os Países Baixos, e com considerações comparativas sobre o estado da disciplina atinente à publicidade enganosa naqueles países, veja-se PHILIPPE RENAUDIÈRE, "La Directive 84/450/CEE Sur la Publicité Trompeuse: la Situation au Grande Duché de Luxembourg, en Belgique, en France, ao Royaume-Uni, en Irlande et aux Pays-Bas", in R.E.D.C., n.° 1, 1989, p. 3 e ss.

[157] Aqui, também os Estados têm liberdade na escolha das vias adequadas.

(art. 4.º) e exemplificados em anexo; vários direitos dos consumidores (art. 11.º); um maior controlo do Estado sobre instituições que concedem crédito (art. 12.º); e, por último, o facto de tal directiva não impedir os "Estados-membros de manter ou adoptar disposições mais *severas* para protecção dos consumidores" ([158]).

Foram, sem dúvida, três iniciativas ligadas ao incitamento ao consumo, que tiveram o mérito de, por um lado, chamarem a atenção para a necessidade de conceder real e efectiva protecção ao consumidor, sempre prevendo a possibilidade de os Estados-membros recorrerem aos meios que julguem mais eficazes — dando, por isso, liberdade para optar em sede de (des)criminalização — e, por outro lado, o facto de abrirem caminho no sentido da harmonização das normas nos Estados-membros da União Europeia.

E tem sido, de resto, o que vem acontecendo nos vários Estados--membros, entre os quais Portugal, com a aprovação do Código da Publicidade pelo Decreto-Lei n.º 330/90, de 23 de Outubro, do Decreto-Lei n.º 272/87, de 3 de Julho, sobre vendas ao domicílio, por correspondência e em cadeia ou forçadas, bem como do Decreto-Lei n.º 359/91 de 21 de Setembro relativo ao crédito ao consumo.

Quanto ao fenómeno da descriminalização *qua tale,* é de salientar, sobretudo, o "Rapport du Comité Européen sur Problèmes de la Criminalité", publicado pelo Conselho da Europa em 1980, sobre o tema "Décriminalisation", que constitui um documento importante relativo ao fenómeno da (des)criminalização, quer como diagnóstico do problema, quer, prospectivamente, contendo algumas orientações.

Particularmente importante é o facto de o referido "Rapport", na análise que apresenta de alguns delitos em especial, ter optado por evidenciar infracções em que o consumidor aparece como possível infractor — nomeadamente, as relativas a "cheques, cartões de crédito e vendas a crédito" — ainda que — louvemos — praticamente no sentido da descriminalização([159]) e, em contrapartida — exceptuando algumas alusões, na "parte geral", ao consumidor (a que voltaremos

---

([158]) O que, tal como nas Directivas relativas à publicidade e aos contratos negociados fora do estabelecimento permite aos Estados espaço de manobra na escolha dos meios adequados àquela protecção.

([159]) Cfr. CONSELHO DA EUROPA, *Décriminalisation. Rapport du Comité Européen sur problèmes de la Criminalité,* Estrasburgo, 1980, p. 196 e ss.

adiante) — quase se absteve de referir o problema na óptica do consumidor como vítima.

A fazer o contrapeso e como nota final, não podemos deixar de salientar o Colóquio Internacional sob a epígrafe "Conceptions et Principes du Droit Pénal Economique et des Affaires y Compris la Protection du Consommateur", decorrido em Freiburg-en-Brisgau, na Ex-República Federal da Alemanha, em 1982, sob a égide da *Association Internationale de Droit Pénal,* e que, para além das inúmeras conclusões importantes que produziu, teve o mérito de reunir um grande elenco de penalistas de todo o Mundo em torno de uma questão que, no fundo, se resume à protecção penal do consumidor e seu enquadramento, evidenciando sinais de que tal matéria carece de tratamento jurídico-penal.

4. **Reflexão conclusiva.**

Pelo que acabámos de ver, parece-nos legítimo tirar três conclusões.

A primeira é a de que o problema da protecção dos consumidores não é, apenas, dos nossos dias. Trata-se, efectivamente, de um problema antigo, que sempre preocupou os agentes económicos e governantes, se bem que passasse por diversas fases, por vezes heterogéneas, e fosse sofrendo impulsos consoante o interesse do sistema em causa.

A segunda é a de que, actualmente, o problema é assumido juridicamente como um problema suficientemente relevante para necessitar de intervenção legislativa, nomeadamente começando a verificar-se manifestações, no sentido da autonomização, de um corpo de normas ligadas a ele.

A terceira é a de que, apesar do que dissemos, aquele assumir jurídico encontra-se, ainda, numa fase de "adolescência", necessitando de amadurecer e delinear perfeitamente os seus contornos. Nota-se a existência de uma consciência geral, no sentido de conceder protecção ao consumidor, mas, em certos sistemas, ainda0000 se encara o problema como remoto, noutros, não se aprofundou suficientemente a questão de encontrar soluções, o que tudo vem a desembocar na falta de política definitiva e geral no sentido da criminalização ou descrimina-

II PARTE

ANÁLISE DO PROBLEMA
E CONTRIBUTOS PARA A SUA RESOLUÇÃO

CAPÍTULO I

AS INFRACÇÕES NOS PROCESSOS DE INCITAMENTO AO CONSUMO

Introdução

Os processos de incitamento ao consumo serão tantos quantos a imaginação dos profissionais assim o permita. Não podemos ter a pretensão de enumerá-los, uma vez que qualquer lista nesse sentido correria o risco de ficar incompleta e imediatamente ultrapassada pelo aparecimento de outros processos novos.

De qualquer sorte, atendendo ao modo como se manifestam, às técnicas que são utilizadas e ao objecto sobre que incidem, podemos dividir tais processos em três grandes categorias: a publicidade, o crédito ao consumo e as vendas não convencionais, ditas agressivas ou fora do estabelecimento [1].

---

[1] Refira-se, contudo, que a venda ambulante ou em feiras e mercados, embora não se faça em estabelecimentos fixos, não se insere naquela categoria de vendas, porquanto se trata de um tipo de venda convencional. O facto de para o comerciante ser um tipo de comércio itinerante não significa que seja um tipo de venda promocional distinto da venda clássica. Para o consumidor importa sobretudo que o profissional se encontre em dias certos (do mês, ou semana), num local certo e habitual. Assim, estabelece-se uma relação de procura e oferta igual à que se realiza no estabelecimento fixo, ou seja, em que o consumidor procura e o profissional oferece. Não se confundem, por isso, com os métodos promocionais de venda.

Estes, na verdade, partindo do marketing — entendido como "o conjunto de actividades que cobrem a detecção mais científica possível do mercado e a execução dos meios para o conquistar" (são palavras de MARIO DE NORONHA e JOSEPH CANGEMI, *Marketing e Venda. Prática com Teoria e Base Científica,* Clássica Editora, 1992, p. 26) — podem vir a ser utilizados na venda ambulante ou na feira, promovendo os produtos comercializados naquela forma de comércio, mas com ela não se confundindo.

Ainda assim, nem sempre é fácil fazer-se tal distinção, havendo mesmo processos que simultaneamente assumem a forma de publicidade (assim será, por exemplo, o anúncio de um produto num prospecto), como aparecem sob a forma de crédito ao consumo (por exemplo, se nesse mesmo prospecto se indicam formas de pagamento a prestações desse produto), como, ainda, finalmente, poderão consistir numa das vendas agressivas (por exemplo, se o prospecto foi enviado por correspondência ou até foi entregue por um vendedor, numa visita ao domicílio como proposta de venda).

Considerados na perspectiva da protecção do consumidor, existem entre tais processos grandes semelhanças, valendo por dizer que grande parte das soluções em termos de (des)criminalização, propostas para uns, valem para os demais.

É, contudo, a publicidade que cria maior impacto, pelo menos aparente, estando presente em (quase) todos os momentos e locais do quotidiano e, se bem que a tal predominância aparente possa não corresponder uma real e igual predominância de infracções — é questão que não nos importa por ora —, a verdade é que o estudo das infracções cometidas na publicidade nos fornece algumas pistas para a compreensão das restantes.

O que significa que iremos deter a nossa maior atenção (mas não exclusiva) na publicidade e, dentro desta, naquela forma provavelmente mais frequente e mais lesiva dos interesses dos consumidores, que é a publicidade enganosa[2].

Uma única advertência antes de iniciarmos: não vamos, como é óbvio, fazer uma exposição exaustiva de tais processos e respectivas infracções; além de ser uma área onde não existe unanimidade na tipologia de infracções, o nosso estudo perder-se-ia pela dispersão e exaustão que envolveria. Pretendemos, apenas, salientar os pontos mais nevrálgicos de tais processos, por forma a que possamos pronunciar-nos sobre o fenómeno da (des)criminalização; no mais, tentaremos ser sintéticos.

---

[2] Sobre o que se entenda por publicidade enganosa, veja-se, *infra*, n.° 1.2.3.1.

1. A Publicidade

1.1. Noção e distinção com figuras afins.

Antes propriamente de qualquer abordagem às infracções no domínio da publicidade, impõe-se defini-la, tanto relativamente ao que se entenda como tal adentro das relações de consumo, como, ainda, ao que como tal seja admissível ou simplesmente lícito. O que importará, por isso, enunciar o seu conceito e sua delimitação, bem como os seus princípios norteadores.

João M. Loureiro([3]) indica como "conceito universalmente aceite pela doutrina publicitária" o de que a publicidade será "o conjunto de meios destinados a informar o público e a convencê-lo a adquirir um bem ou serviço".

Com tal noção, o autor estará a referir-se à publicidade dita comercial, ou seja, àquela que existe como incitamento ao consumo. Ficam, assim, excluídas outras formas publicitárias, que sob a designação de publicidade, emprestam a este termo alguma dispersão e ambiguidade, quer porque não têm como objectivo convencer o público, quer, ainda, porque não se inscrevem em actividades económicas ou, mais rigorosamente, comerciais([4]).

Na mesma linha de pensamento, Serge Guinchard avançou, então, com uma definição de publicidade que consistiria, por um lado, no feito ou arte de exercer uma acção psicológica sobre o público e, por outro, na existência de fins comerciais ou lucrativos nesse exercício([5]).

([3]) João M. Loureiro, *Direito do Marketing e da Publicidade,* Semanário, Lisboa, 1985, p. 14.

([4]) Para compreendermos o quão lato pode ser o conceito de publicidade e atestarmos da sua polissemia, basta atendermos às palavras de J. Martins Lampreia, *A Publicidade Moderna,* Editorial Presença, 3ª ed., Lisboa, 1992, p. 12: «Derivada da palavra latina *publicus,* a publicidade pode ser definida como a comunicação paga, feita por indivíduos, empresas ou organizações, através dos diversos meios, com o objectivo de promover a venda de produtos e de serviços ou divulgar ideias, identificando-se publicamente como autores dessa comunicação».

([5]) Serge Guinchard, *La Publicité Mensongère en Droit Français et en Droit Fédéral Suisse (Étude Comparative de L'Autonomie au Civil et au Pénal d'un Délit Économique),* Bibliothèque de Sciences Criminelles, Tome XIII, Paris, 1971, p. 10;

Assim definida e delimitada, dela exorbitam outras formas de publicidade que, contudo, com ela não se confundem. À guisa de exemplo, de fora ficariam, desde logo, a publicidade legislativa ou, *rectius,* normativa (publicação de leis, decretos-leis e outros actos normativos nos jornais oficiais)[6], a publicidade de actos judiciais e notariais (v.g. a audiência de julgamento, a sentença de condenação ou a publicação de escrituras públicas)[7], de actos administrativos (v.g. a publicação de editais camarários)[8], de actos fiscais (v.g. a publicação de processos de execução fiscal para reclamação de créditos)[9] mas, ainda, a chamada publicidade registral (registo comercial, predial ou automóvel)[10] ou, simplesmente, a publicidade como circunstância agravante ou atenuante da infracção criminal[11], entre outras.

---

em sentido um tanto diferente, ou seja, não concordando que se fale em «publicidade comercial» como qualificativo da *comunicação de massas de conteúdo económico e intenção persuasiva* (promocional), está C. Ferreira de Almeida «Conceito de Publicidade», in B.M.J., n.° 349, Outubro, 1985, p. 120. A verdade, no entanto, é que, ainda que C. Ferreira de Almeida faça a distinção da publicidade com outras formas semelhantes, não chega a defini-la em termos que, arredando o fim económico, comercial ou industrial, a torne perfeitamente distinta das outras formas. Motivo pelo qual aceitamos a concepção de Serge Guinchard.

[6] Veja-se João M. Loureiro, *op. cit.,* (n. 3), p. 13.

[7] *Idem,* p. 12.

[8] *Idem,* p. 13.

[9] *Idem,* p. 13.

[10] Veja-se C. Ferreira de Almeida, *op. cit.,* (n. 5), p. 120.

[11] É importante ter-se em conta a distinção entre publicidade comercial como fonte de infracções, em virtude da violação dos seus princípios cardeais, e publicidade como conceito jurídico-penal, entendida quer no seu sentido amplo como «exteriorização de uma conduta», quer no seu sentido estrito como circunstância agravante ou atenuante da infracção criminal. Nesta última acepção, a publicidade não é a acção em si, mas uma qualidade intrínseca de um fenómeno, ou seja, não é a publicidade em si que é ilícita ou violadora dos preceitos legais, mas a acção que é feita de forma pública. Tudo isto permite-nos ver que, *primo,* a publicidade comercial não se confunde com a publicidade enquanto circunstância agravante ou atenuante e, *secundo,* que a publicidade comercial enquanto infracção não funciona como circunstância porque ela é essencialmente pública, embora não possa ser alheio ao direito penal o facto de a publicidade comercial ser um processo de incitamento de massas e, como tal, ser violadora de bens jurídicos supra-individuais — coisa, no entanto, diferente da publicidade enquanto circunstância da infracção criminal — cfr. Carmen Lamarca Perez, "Sobre la Posible Supresión de la Agravante Genérica de Publicidad", in Anuario, Tomo XXXV, fasc. II, Mayo-Agosto, 1982, p. 357, ss.

As infracções nos processos de incitamento ao consumo 93

São formas de tornarem públicos os conteúdos daqueles actos ou de tornarem relevantes determinados factos ou actos por serem públicos, mas nem têm qualquer intenção de incitar (a intenção será, quando muito, a de informar, *tornar público),* nem se inscrevem num contexto de relações económicas ou de interesses económicos ou lucrativos.

Muito semelhantes à publicidade, principalmente pelos métodos que utilizam, mas diferentes pela ausência do elemento comercial ou lucrativo, são a propaganda e as relações públicas[12].

A primeira visa o exercício de uma acção psicológica sobre o público, em vários domínios, tais como o ideológico, o político, o social, o religioso ou até o económico, (mas nunca com o objectivo de levar ao consumo e, portanto, longe de qualquer lógica de lucro)[13], enquanto que as relações públicas visam, essencialmente e em primeira linha, manter o bom nível de relações entre uma organização e o público ou dentro da própria organização.

Se é certo que, até agora, estamos absolutamente de acordo com João M. Loureiro e com Serge Guinchard, a verdade é que a definição da fronteira da publicidade com outras formas muito próximas requer a referência a outros dois aspectos que a caracterizam: o facto de ela existir independentemente da verificação do consumo e o facto de, em geral, se dirigir a um número indeterminado de pessoas.

Ao acentuarmos estas duas notas, temos a preocupação de distinguir a publicidade dos outros processos de incitamento ao consumo, v.g. as vendas ao domicílio que, embora pretendam exercer uma acção psicológica sobre o público, com vista ao consumo de bens ou serviços, são diferentes da publicidade, fundamentalmente pelo facto de se inscreverem num processo de venda, sendo, dentro deste, a parte que constitui o incitamento, mas que dificilmente se desliga da venda,

---

[12] Sobre a distinção, vide, João M. Loureiro, *op. cit.,* (n. 3), p. 14; C. Ferreira de Almeida, *op. cit.,* (n. 5), p. 119 e ss.; e, ainda, J. Martins Lampreia, *op. cit.,* (n. 4), p. 16.

[13] Se, na verdade, um governo aproveita os meios de comunicação social para incentivar os produtores a produzirem determinados produtos, com vista à exportação, realiza ainda propaganda já que, embora pretenda exercer uma acção sobre o público, não tem, contudo, fins comerciais ou lucrativos, ainda que aquela intenção se filie no âmbito da área económica. Sobre a dificuldade na distinção entre publicidade com fins económicos ou propaganda, ainda adentro de objectivos económicos, veja-se Moitinho de Almeida, *A Publicidade Enganosa,* Arcádia, 1974, p. 11 e ss.

94 Da protecção penal do consumidor

já que esta é a sua razão de ser, fazendo parte do próprio processo; além disso, é bom de ver, que a publicidade é igualmente dirigida a um número indeterminado de pessoas, independentemente do tipo em questão[14], sendo um modo de promoção de *massas* ou, como refere CARLOS F. ALMEIDA[15], "uma forma de comunicação de massa, comunicação dirigida a um público, isto é, ao conjunto indeterminado de pessoas", enquanto que — a nosso ver — as vendas "agressivas" ou vendas fora do estabelecimento, ainda que integrando-se no consumo de massas, são, todavia, métodos que, em geral, personalizam-se com vista à própria venda em que se concretizam[16].

---

[14] É que, apesar de tudo, a publicidade pode revestir vários tipos ou pode ser classificada de várias maneiras, sem que se confunda com a venda agressiva. Seguindo a metodologia proposta por J. MARTINS LAMPREIA, *op. cit.,* (n. 4), p. 25 e ss, a publicidade pode ser classificada de acordo com a forma como é difundida (podendo ser aberta ou fechada), de acordo com a entidade que a promove (podendo ser privada, colectiva, associativa ou comunitária), de acordo com os objectivos (podendo ser de lançamento, de expansão, de manutenção, de recordação e de prestígio) e de acordo com a via utilizada (podendo ser directa ou indirecta). É, porventura, neste último caso em que a publicidade pode surgir como directa ou personalizada, que se dá a confusão entre publicidade e outros métodos de venda agressivos e onde a distinção é quase impossível. Porém, estes casos são utilizados em menor número do que a chamada publicidade indirecta ou publicidade geral, que é a de tipo corrente e que manifestamente se distingue daqueles métodos. Apesar de haver uma certa dificuldade de distinção, não nos impede de manter como um dos elementos distintivos justamente o facto de se dirigir a um número determinado ou indeterminado de pessoas.

[15] Cfr. CARLOS F. ALMEIDA, *op. cit.,* (n. 5), p. 118.

[16] Há quem, no entanto, não entenda assim, nomeadamente CARLOS F. ALMEIDA, *op. cit.,* (n. 5), p. 126. Na verdade, este Autor afirma que "Não haverá assim que distinguir publicidade e promoção de vendas (…)", considerando que "Toda a publicidade que constitua um instrumento ao serviço das vendas de uma empresa é um processo de promoção de vendas; toda a promoção de vendas dirigida ao público — isto é, a um número indeterminado de pessoas — se qualifica como publicidade". Pensamos, contudo, que esta visão é apenas parcialmente correcta. Concordamos que se pense que tanto a publicidade como os métodos promocionais de vendas têm como objectivo, em sentido amplo, levar à promoção de vendas, já que ambos serão processos de incitamento ao consumo, sendo, como já supra-mencionámos difícil a sua distinção. Porém, se quisermos ser rigorosos, sempre achamos alguma diferença entre um e outro fenómeno e ela está justamente no facto de a publicidade ser virtualmente um fenómeno comunicacional, dirigido a um número indeterminado de pessoas (ainda que ninguém a veja ou que só uma pessoa o faça), enquanto que os métodos promocionais de vendas — como afirmámos no texto — nem sempre são dirigidos a um

As infracções nos processos de incitamento ao consumo

95

Resta-nos, finalmente, distinguir a publicidade da informação, já que, embora aquela contenha a intenção de informar, diferentemente da segunda, é caracterizada por ser um processo de incitamento; tanto assim é, que poderá mesmo existir informação económica ou sobre aspectos económicos, sem que haja publicidade, justamente pela falta daquele elemento teleológico, ou seja, o incitamento ao consumo [17].

Posto que, já vimos — sumariamente — o que se entende por publicidade como processo de incitamento ao consumo e já a delimitámos, importa, agora, ver quais os princípios que a devem enformar e de cuja violação deverão resultar as infracções na publicidade.

1.2. **Princípios da publicidade: sua enunciação, sua violação e consequentes infracções.**

Os princípios que a seguir se enunciam são os que, geralmente e em sede de direito comparado, são apontados como tais. Não significa que todos sejam acolhidos ou que o sejam sempre com a mesma intensidade. Depende, fundamentalmente, de cada sistema e do modo como em cada um está desenvolvido o direito da publicidade. Tentaremos, na medida do possível, conceder maior atenção aos que maiores impli-

---

número indeterminado de pessoas, sendo certo que, variando consoante o método, a verdade é que muitos se personalizam já que só existem pela relação pessoal profissional/consumidor.

No mesmo sentido que o nosso vão, por exemplo, J. LENDREVIE e OUTROS, *Mercator. Teoria e Prática do Marketing,* Publicações Dom Quixote, Lisboa, 1992, p. 302 e ss, embora com outra argumentação. Estes autores procuraram ver a diferença nos *"modos de acção",* sustentando: "A publicidade procura influenciar os comportamentos de um público através da transmissão de *mensagens,* tendo por efeito modificar os conhecimentos, as imagens e as atitudes desse público; por outras palavras, a publicidade é um meio de *comunicação.* A promoção, essa, procura provocar ou estimular os comportamentos desejados, tornando-os mais fáceis ou mais gratificantes».

[17] Nesse sentido está J. C. FOURGOUX e OUTROS, *Principes et Pratique du Droit de la Consommation,* Collection française, 1ª ed., p. F6, ao referir, por exemplo, que as menções numa etiqueta, previstas pela regulamentação legal, não constitui publicidade, visto que falta aqui a intenção de incitar a clientela.

96 — Da protecção penal do consumidor

cações tiverem ao nível do direito penal, nomeadamente os princípios da licitude, inofensividade e veracidade.

Um primeiro princípio, que vai cada vez mais sofrendo restrições várias, é o *princípio da liberdade*. Mais usual nos países de economia de mercado, hoje em dia, faz parte da grande maioria dos países, atendendo ao desaparecimento das economias planificadas a que se vem assistindo[18]. Contudo, a esta extensão territorial não tem correspondido uma extensão na sua aplicação, já que, actualmente, e como se verá, a liberdade de fazer publicidade sofre restrições várias, em prol da protecção do consumidor. Significará assim que, dentro de determinadas condições ou pelo respeito a outros princípios, os empresários podem livremente fazer publicidade dos seus produtos ou serviços, com a intenção de incentivar e informar o consumidor[19].

Outro é o *princípio da identificabilidade*. Tem duas acepções[20]: uma formal, significando que a publicidade deve ser apresentada ao consumidor como tal, ou seja, identificada quer por sinais acústicos ou ópticos, quer separada e distinta de outra programação em caso de emissão pela rádio ou televisão; outra, de natureza mais substantiva e que implica com a proibição da *publicidade oculta, dissimulada ou sublimar*[21]. Relativamente a esta última acepção, urge referir que, não só é geralmente exigida a identificação da publicidade, como é vedada a difusão ou apresentação de ideias, imagens ou sons que, de forma subliminar ou dissimuladora, constituam um modo de fazer publicidade[22], sem que aos destinatários se apresente como sendo (verdadeira-

---

[18] Cfr. Carlos F. Almeida, *Os Direitos dos Consumidores*, Almedina, Coimbra 1982, p. 80.

[19] Cfr. Maria E. Vilaça Lopes, "O Consumidor e a Publicidade" in *Direito do Consumidor 1*, p. 157.

[20] As duas acepções estão vertidas no Código da Publicidade português, respectivamente, nos artigos 8.º (Princípio da identificabilidade) e 9.º (Publicidade oculta ou dissimulada).

[21] Cfr. Carlos F. Almeida, *op. cit.*, (n. 18), p 81; J. Moitinho de Almeida, *op. cit.*,(n. 13), p. 28; Dieter Hoffmann, "Publicidad Engañosa — Derecho Comunitario y Reglementación Nacional", in E.S.C., n.º 19, Dez., 1990, p. 15; Julio Fernández Garrido, "Actuaciones Publicitarias Problemáticas: Un Estudio de su Presencia en los Medios de Comunicación de Masas", in E.S.C., n. 11, Sept., 1987, p. 85; e Maria E. Vilaça Lopes,*op. cit.*, (n. 19), p. 154.

[22] A publicidade oculta, dissimulada ou subliminar compreende a divisão daquilo a que genericamente se chama publicidade fechada e que, segundo J. Martins Lampreia, *op. cit.* (n. 4), p. 25 e ss, se trata "de um tipo de publicidade de que o incauto leitor, ouvinte ou espectador raramente se apercebe à primeira abordagem" e em que "pode vir a tomar consciência dela posteriormente, em certas ocasiões, devido a uma leitura mais atenta, onde a sua repetição excessiva poderá provocar-lhe uma certa estranheza ou por qualquer outro motivo".

As infracções nos processos de incitamento ao consumo

mente) publicidade. No fundo, o que se pretende é vedar a realização de publicidade sob a capa e a pretexto de outra informação de natureza diversa da publicidade. Anote-se que tal proibição não se confunde com a publicidade enganosa, como veremos, já que aquela, contrariamente a esta, pode até pelo seu conteúdo ser verdadeira e não induzir o consumidor em erro, mas o que não pode é apresentar-se de forma subliminar e dissimulada.

Relacionado com o princípio anterior, temos, ainda, o *princípio da transparência da fundamentação da publicidade* [23]. Tal princípio, embora pouco referido, significa que o fornecedor deve manter em seu poder e ao dispôr dos interessados todos os dados técnicos, científicos, fácticos, etc., que fundamentam a publicidade que realiza e que comprovem ou confirmem a veracidade da mesma.

E, também relacionado com o princípio anterior está o *princípio da inversão do ónus da prova* [24]. O ónus da prova, em regra, cabe a quem invoca um direito. Cabe, nomeadamente, ao queixoso que sentindo-se lesado pela prática de um facto tem que provar ter sido produzido aquele facto e ter sido aquela lesão sua consequência. Só que, na publicidade, como, de resto, em outras matérias [25], inverte-se, em geral, aquela regra, passando a recair o ónus da prova de que a publicidade não é enganosa ou não é incorrecta ao seu patrocinador e não ao queixoso/consumidor — dá-se, portanto, a inversão do ónus da prova.

Um outro princípio de grande importância, sobretudo como demonstrativo de que a publicidade é, por si só, produtora de efeitos jurídicos e, portanto, distinta do próprio contrato (de consumo), é o *princípio da vinculação da publicidade* [26]. Tal princípio significa que o fornecedor, que publicite um pro-

---

[23] Cfr. HERMAN BENJAMIN, in *Código Brasileiro da Defesa do Consumidor,* comentado e anotado pelos autores do anteprojecto, Forense Universitária, 2ª ed., 1992, p. 184.

[24] Este princípio obedece, segundo GARCIA-CRUCES GONZALEZ, "La Protección de los Consumidores en la C.E.E." in E.S.C., n.º 17, Abril, 1990, p. 104 e ss, ao princípio "pro consumatore" e relaciona-se directamente com o princípio da veracidade, já que implica que o ónus da prova da veracidade recai sobre o anunciador — é exemplo disso o parágrafo 3 da UWG Alemã e o art. 16.º do Código da Publicidade português, quanto à publicidade comparativa, ambos, de resto, em obediência à Directiva 450/84, de 10 de Setembro, no seu art. 6.º al. a). Sobre a importância do princípio "pro consumatore", mesmo ao nível constitucional, veja-se GONZALES RUS, *Los Intereses Economicos de los Consumidores. Proteccion Penal,* Instituto Nacional del Consumo, Madrid, 1986, p. 48 e 57 e ss.

[25] Por exemplo no Código Civil português, no artigo 344.º (Inversão do ónus da prova).

[26] Cfr. HERMAN BENJAMIN, *op. cit.,* (n. 23), p. 183. Consagração expressa desse princípio encontra-se, por exemplo, no Código Brasileiro de Defesa do Consumidor, no art. 30.º ("Toda informação ou publicidade (...) obriga o fornecedor que a fizer

98   *Da protecção penal do consumidor*

duto ou serviço, fica obrigado a prestar aquele produto ou aquele serviço de acordo com o que anunciou. Assim sendo, qualquer alteração nas condições de prestação deve ser, a seu tempo, anunciada ao consumidor, sob pena de tal omissão lhe poder causar prejuízos. Não significa este princípio, como é óbvio, que as condições do contrato tenham que estar previamente fixadas na publicidade ou que o fornecedor não possa fixar outras condições para além das que aparecem referidas na publicidade, mas, antes, que não havendo obrigação de fazer publicidade, ou seja, não sendo o fornecedor obrigado a fixar todas as condições contratuais na publicidade, implicará, contudo, que quaisquer condições a fixar após a publicidade não podem contrariar o que foi anteriormente anunciado na mesma.

Importa, ainda, nesta referência sumária, enunciar o *princípio da lealdade*([27]). Com vista à protecção da concorrência e, portanto, em ordem a reprimir situações de concorrência desleal, não tanto para protecção dos consumidores([28]), significa este princípio, *grosso modo,* que os comerciantes não devem fazer publicidade que directamente refira, com prejuízo, os restantes concorrentes, nomeadamente por comparação. É evidente que o problema que se coloca aqui é o da proibição da publicidade comparativa. Acontece, no entanto, que ultimamente se tem vindo a assistir a uma certa admissibilidade da publicidade comparativa, como sendo uma das formas de melhor se esclarecer e orientar o consumidor, desde que dentro de certas condições imprescindíveis para se manter a lealdade entre concorrentes.

Tal tendência tem vindo a verificar-se, com alguma intensidade, na União Europeia e nos seus países membros, nomeadamente Portugal, na medida em que o Conselho Europeu veio admitir a publicidade comparativa, quando esta compara objectivamente características essenciais, pertinentes, comprováveis e lealmente escolhidas de bens ou serviços concorrentes([29]), não sendo enganosa, nem desleal, constituindo mesmo um meio legítimo de informar os consumidores, no interesse destes. Nesse sentido, o Código da Publicidade português, igualmente, admite no seu art. 16.°, *a contrario sensu,* comparações que se apoiem em características essenciais, afins e objectiva-

---

veicular (…)") e 35.° ("Se o fornecedor (…) recusar cumprimento à oferta, apresentação ou publicidade, o consumidor poderá, alternativamente e à sua livre escolha: I – exigir o cumprimento forçado da obrigação (…); II – aceitar outro produto ou prestação de serviço equivalente; III – rescindir o contrato, com o direito à restituição da quantia eventualmente antecipada, monetariamente actualizada, e a perdas e danos").

([27]) Cfr. CARLOS F. DE ALMEIDA, *op. cit.,* (n. 18), p. 82.

([28]) Nesse sentido MARIA E. VILAÇA LOPES, *op. cit.,* (n. 19), p. 157.

([29]) Cfr. Comissão das Comunidades, *Proposta de Directiva Relativa à Publicidade Comparativa que Altera a Directiva 84/450/CEE, do Conselho de 10 de Setembro de 1989, Relativa à Publicidade Enganosa,* COM(91)147 final - SYN 343, Bruxelas, 1991, p. 29 e o próprio art. 30-A da Directiva.

As infracções nos processos de incitamento ao consumo   99

mente demonstráveis dos bens e serviços. É evidente que a admissibilidade da publicidade comparativa poderá gerar situações de deslealdade, sobretudo porque poderá revelar-se difícil averiguar se tais comparações obedecem àquelas condições ou não. Por isso, mesmo, a legislação que tem sido aprovada tem revelado o cuidado de especificar certos elementos, relativamente aos quais e para além daquelas condições se terá que verificar o respeito para que não se incorra em deslealdade.

Três princípios, para além dos que acabámos de ver, merecem a nossa especial atenção. São eles o princípio da licitude na publicidade, o princípio da inofensividade ou da preservação da segurança e saúde do consumidor e o princípio da veracidade.

Se, relativamente a este último, existe concordância quanto ao seu conteúdo, pela sua indiscutível presença dogmática no direito do consumo, havendo, contudo, discordâncias quanto às violações ao princípio e à sua classificação jurídico-penal, já quanto aos dois primeiros, ainda as águas se misturam e se separam, sem que haja uma voz concordante, sequer quanto à sua formulação. Na verdade, há quem enuncie como princípio da licitude aquilo que outros defendem como princípio da ordem pública, da legalidade ou da não "abusividade"([30]); além disso, ainda que se atinja uma certa concordância na terminologia, o problema subsiste, na medida em que o conteúdo de ambos nem sempre é fixado de forma concordante. O problema poderia ser resolvido com a adopção de um único princípio, que abrangesse todas as situações configuráveis naqueles dois princípios. Só que, a nosso ver, a distinção é de manter porque, como veremos, não só são situações diferentes, como os valores a que se referem são de diferente natureza e importância, pelo que requerem um tratamento distinto.

([30]) Na verdade, o conteúdo do princípio da licitude enunciado no art. 7.º do Código da Publicidade português corresponde, *grosso modo,* àquilo que CARLOS F. ALMEIDA, *op. cit.,* (n. 18), p. 82, aponta como o princípio da Ordem Pública, ou àquilo que MARIA E. VILAÇA LOPES, *op. cit.,* (n. 19), p. 157 e ss, apresenta como princípio da Ordem Pública ou da legalidade ou, ainda, àquilo que HERMAN BENJAMIN, *op. cit.,* (n. 23), p. 183, aponta como sendo o princípio da não abusividade.

1.2.1. O Princípio da Licitude

O princípio da licitude, também, por vezes, designado por princípio da ordem pública[31], é um princípio que enforma toda a actividade publicitária de forma genérica, ou seja, como princípio dos princípios, relacionando-se com os interesses da sociedade em geral e que ficam acima dos próprios interesses dos consumidores ou dos próprios concorrentes. Dito de outra forma, tratando-se de um princípio imanente ao Direito, o princípio da licitude visa a preservação da ordem pública, que não poderá ser afectada, nomeadamente, pela publicidade.

Desde logo, implica o respeito pela lei, sendo ilícita, obviamente, toda a publicidade que não respeite a lei e, por isso, ilegal; mas implica, também e acima de tudo, o respeito por valores, princípios e instituições de ordem superior, fundamentais e indispensáveis para a convivência em sociedade.

São, assim, valores, princípios e instituições plasmados na Constituição, como, por exemplo, a Liberdade, a Democracia, a Igualdade, a Privacidade, a Dignidade Humana, a Paz, a Segurança, o Ambiente, entre outros, de cujo respeito depende a vida em sociedade e cujas violações constituem infracções graves porque, ademais, lesivas da própria Constituição.

Mas são, também, os Bons Costumes ou a Moral Pública que, embora possam não estar expressamente referidos na Constituição, são, também, fundamentais para uma convivência em sociedade, integrando-se, nestes últimos, hipóteses como a apresentação de ideias, imagens ou sons que atentem contra o pudor[32].

Assim sendo, parece que este princípio nada nos traz de novo quanto à publicidade. É, enfim, um dado adquirido que qualquer acto ou facto que ponha em causa a Ordem Pública, a convivência em sociedade, por desrespeito à Constituição, à Lei ou simplesmente aos Bons Costumes, é sempre condenável. O reafirmar deste princípio na

---

[31] Cfr. nota 30.

[32] É curiosa, a este propósito, a perspectiva de VEGA RUIZ, "Proteccion Penal del Consumidor", in E.S.C., n.º 15, 1989, p. 57, ao referir a "publicidade contrária às leis, moral ou bons costumes", bem como a que ofenda "as instituições fundamentais da nação", embora considerando-as como publicidade ilegal.

As infracções nos processos de incitamento ao consumo 101

publicidade, de resto quase sempre referido pelos diversos diplomas que regulam tal matéria, tem, no entanto, um fundamento: tratando-se a publicidade de um meio comunicacional de massas, em que os profissionais tentam, através do uso de argumentos que lhes pareçam adequados, incitar o consumidor a consumir, será sempre altamente danosa a existência de uma publicidade que viole este princípio, pela repercussão que terá, atendendo à difusão que geralmente alcança a publicidade. Impõe-se, assim, *sublinhá-lo,* como, de resto, o faz o Código da Publicidade português, no seu artigo 7.º.

Questão importante é a de saber se a violação deste princípio poderá implicar a existência de uma infracção criminal, pela sua dignidade penal, independentemente de curarmos agora de saber se está ou não tipificada. Uma resposta completa a tal questão obrigar-nos-ia a averiguar daquela possibilidade em todas as situações que o princípio da licitude pode abranger. Parece-nos, no entanto, que tal estudo, ainda que interessante, obrigar-nos-ia a uma extensão considerável do presente trabalho. Além disso, tendo como objectivo averiguar da (des)criminalização no incitamento ao consumo, interessa-nos, sobretudo, procurar linhas de orientação gerais e não averiguar o problema em cada caso concreto, a menos que tal análise se imponha pela íntima ligação ao consumidor e seus interesses. Ora, dado que o princípio da licitude é um princípio de carácter geral, relacionado com a Ordem Pública, com toda a sociedade, acima, por isso, dos próprios consumidores e concorrentes, importará, para além da sua referência, remeter a questão da (des)criminalização para o momento em que trataremos tal fenómeno.

O que acabámos de dizer não nos impede, contudo, de lembrar que, na medida em que a violação de tal princípio contenda com valores considerados fundamentais ou, antes, bens jurídico-penais, de cujo respeito depende a convivência em sociedade, e estando — como estão — em causa valores, princípios ou instituições constitucionais ou ao nível da Constituição, estará, em princípio, legitimada a intervenção do direito penal — mesmo independentemente de se tratar duma relação de consumo. Saber se, ainda assim, se deve optar por tal intervenção é questão que abordaremos oportunamente [33].

---

[33] Recorde-se que muitos desses bens jurídicos já são protegidos jurídico-penalmente, ainda que não por referência expressa à publicidade. Pensamos, por isso,

1.2.2. O Princípio da Inofensividade (ou da preservação da saúde e segurança do consumidor)

Este princípio tem como objectivo proibir ou evitar toda a publicidade que possa incitar o consumidor a adoptar comportamentos que possam prejudicar ou fazer perigar a sua saúde ou segurança[34].

Trata-se de um princípio de difíceis contornos, eivado de algum relativismo ou, diríamos mesmo, algum subjectivismo de difícil confirmação prática. Desde logo, será difícil demonstrar quando é que certa publicidade poderá levar o consumidor a adoptar comportamentos que se revelem lesivos para a sua saúde ou segurança. Não é, realmente, fácil provar que a publicidade tenha essa força inerente, principalmente em situações em que é analisada independentemente da ocorrência de comportamentos efectivamente lesivos da saúde ou segurança. E, ainda que tais comportamentos se verifiquem, não está logo ultrapassado o problema, mesmo porque se tornará difícil demonstrar que um consumidor se comportou de determinada forma (lesiva para os seus interesses) em função da publicidade, isto é, tornar-se-á difícil demonstrar o nexo de causalidade entre a publicidade e o comportamento lesivo.

Mas, ainda assim, mesmo que se conseguisse demonstrar tal nexo de causalidade, afigura-se-nos pertinente colocar outra questão: havendo comportamentos lesivos e decorrendo daí a existência de

---

que a questão de saber se se deve ou não criar um ilícito criminal exclusivo para a publicidade, nesses casos, é um problema que tem a ver, também, com o eventual concurso de crimes. É uma questão a que já aludimos anteriormente, na I Parte, Cap. I, n.º 5, e que a ela voltaremos. Por ora, importa, sobretudo, reafirmar que, para além desse problema, àquele outro — o de saber se se trata de infracção criminal ou não — urge responder. E, relativamente a esse, não temos dúvidas de que tratando-se de valores constitucionais ou ao nível da constituição, ainda que não havendo uma obrigação que impenda sobre o legislador ordinário, imposta pelo legislador constituinte, no sentido da criminalização, a verdade é que dada a importância daqueles valores, em princípio, estará legitimada a intervenção do direito penal, embora isso não implique necessariamente o uso de tal meio para reprimir as condutas que violem tais valores. Este problema é, contudo, já um problema de opção em sede de (des)criminalização, a que nos reportaremos adiante. Sobre o assunto, vide FARIA COSTA, *O Perigo em Direito Penal,* Coimbra, 1992, p. 188 e ss.

[34] É com esse sentido que aquele princípio vem consagrado no actual art. 13.º do Código da Publicidade português.

As infracções nos processos de incitamento ao consumo   103

danos na saúde e/ou segurança do consumidor, não constituirá a realização de tal tipo de publicidade infracção que se integre em outro tipo legal de crime, v.g. o crime de ofensas corporais ou até de homicídio? Dito de outra forma, não será preferível remeter para tipos legais de crime que cubram já aquelas situações e punir o infractor a esse título, evitando a criação de um ilícito novo, que de novo nada tem?

Pensamos que a resposta poderá ser parcialmente positiva, ainda que sopesados diversos factores em prol da confirmação ou negação da questão. Na verdade, desde que da conduta do consumidor, em virtude da publicidade, resultem danos na sua saúde ou segurança, poderão estar preenchidos os elementos de tipos legais de crime já existentes, como, por exemplo, o de ofensas corporais, o de homicídio, etc. Se, portanto, não ponderássemos outros factores, pelo mero preenchimento dos elementos existentes naqueles tipos legais, bem poderíamos responder positivamente à questão anteriormente formulada. Só que o problema não pode, nem deve, ser visto com tanta simplicidade. Desde logo, há a salientar o facto de os danos aqui serem emergentes de uma conduta nascida numa relação de consumo e, portanto, dever ser enquadrada no âmbito de um eventual direito penal do consumo (como direito penal secundário que é). Tal circunstância, só por si, poderá ditar a necessidade de tratar aquela acção de forma especial. Mas, não só. Na verdade, o facto de estarmos perante uma relação de consumo implica a existência de um sujeito — o consumidor — mais fraco e implica, por outro lado, a existência de um meio comunicacional de massas — a publicidade — capaz de provocar aqueles danos num número indeterminado de pessoas. Estes factores levam-nos a ponderar a situação de uma forma especial, de tal sorte que, respeitadas as regras de concurso de crimes a que já aludimos anteriormente, poderá haver interesse em configurar um tipo de ilícito que, embora preveja a protecção de bens jurídicos semelhantes (vida, integridade física e psíquica, segurança, etc.), pela forma especial como são ofendidos (tendo em conta, nomeadamente, que para além da lesão poderá ser relevante o perigo de lesão), carecem, também, de um tratamento diferenciado, mesmo até porque, assim sendo, poderão ocorrer situações que não sejam total e perfeitamente subsumíveis naqueles tipos legais de crime.

O problema, no entanto, subsiste: o de saber se essas condutas, que não sendo totalmente subsumíveis nos tipos legais de crime já

104 *Da protecção penal do consumidor*

existentes ou que, sendo-o, continuam a emergir de uma relação de consumo com todas as vicissitudes que a tornam especial, terão a dignidade e a relevância jurídico-penal suficientes para serem criminalizadas. Dito de outra forma — necessariamente, pois que, concebendo-a dentro dos parâmetros do direito penal geral ou clássico, serão criminalizadas como tal —, perguntar-se-á se essas infracções, provenientes da existência de uma publicidade capaz de as provocar, deverão ser criminalizadas ou não.

Na resposta a tal questão, entramos no domínio da opção pela criminalização ou descriminalização de tais infracções, obrigando-nos a aferi-la pelos critérios que devemos adoptar e que veremos em devido tempo. Para já, resta-nos dizer que autores existem (e mesmo ordenamentos jurídicos) que concebem a existência dessas infracções, havendo alguns que as consideram como criminosas.

O nosso legislador[35], por exemplo, relativamente à publicidade que "encoraje comportamentos prejudiciais à saúde e segurança do consumidor", quando tal resulte da "deficiente informação acerca da perigosidade do produto ou da especial susceptibilidade da verificação de acidentes, em resultado da utilização que lhe é própria", optou pela sua descriminalização, remetendo-a para o ilícito de mera ordenação social e, consequentemente, punindo com coima tais infracções[36]. Não faz, no entanto, o nosso legislador qualquer distinção entre situações de mera perigosidade ou de mero encorajamento e situações de efectiva verificação do comportamento e de lesão, bem podendo admitir-se serem ambos os casos subsumíveis naquele preceito — o que será estranho — ou que serão remetidas para legislação já existente, nomeadamente o Código Penal e o Decreto-Lei n.° 28/84, de 20 de Janeiro (Infracções anti-económicas).

Por outro lado, não cria qualquer tipo legal de crime para situações em que os comportamentos daquela natureza se verifiquem, mas não se subsumam aos tipos legais de crime já existentes, parecendo,

---

[35] No citado art. 13.° do Código da Publicidade.

[36] É o que resulta do art. 34.°, n.° 1, al. b), do Código da Publicidade, ao prever: "A infracção ao disposto no presente diploma constitui contra-ordenação punível com as seguintes coimas. (...) De 100.000$00 a 400.000$00 ou de 300.000$00 a 3.000.000$00, consoante o infractor seja pessoa singular ou colectiva, por violação do preceituado nos arts. 12.° e 13.°».

As infracções nos processos de incitamento ao consumo 105

assim, que, nestes casos, ou são punidos como contra-ordenações, nos termos do art. 13.º do Código da Publicidade, ou simplesmente não são punidos. O nosso legislador foi, assim, pouco explícito relativamente a esses casos, quando, a nosso ver, deveria ter tomado posição clara sobre o assunto em geral — certo é que a tendência foi no sentido da descriminalização.

Já não foi esse o caminho seguido pelo legislador brasileiro. Na verdade, o Código de Defesa do Consumidor brasileiro, no seu artigo 68.º, ao punir com pena de 6 meses a dois anos de prisão ("detenção") e multa o infractor que faça "publicidade que sabe ou deveria saber ser capaz de induzir o consumidor a se comportar de forma prejudicial ou perigosa para a sua saúde ou segurança", opta, claramente, pela criminalização de tais condutas. Também, o legislador brasileiro não faz referência aos casos em que os comportamentos do consumidor se verificam efectivamente, bem parecendo que dispensam tal requisito, como faz notar Eduardo Saad([37]).

Parece-nos que — independentemente agora de considerações criminais e criminológicas mais profundas — o legislador deveria pronunciar-se claramente, tanto relativamente à publicidade que constitui um perigo, no sentido de que pode levar àqueles comportamentos prejudiciais, como relativamente à publicidade que efectivamente provoca tais comportamentos — especialmente, quando se verifiquem situações de concurso de crimes, isto é, nos casos em que se preenchem tipos legais de crime já previstos.

Como se acaba de ver e em jeito de conclusão, temos duas situações possíveis: ou a publicidade é apenas de natureza a encorajar o consumidor à prática de actos que possam ser nocivos à sua saúde e segurança; ou tais actos verificam-se efectivamente e ficam a dever-se àquela publicidade.

No primeiro caso, a ser considerada infracção, a conduta do comerciante será uma infracção de perigo, já que apenas se exige a

---

([37]) Na verdade, Eduardo Gabriel Saad, *Comentários ao Código de Defesa do Consumidor*, Editora LTr, Brasil, 1991, p. 335, afirma, a propósito deste crime, que "o delito se diz consumado só com a publicidade capaz de afetar o comportamento do consumidor — para o bem ou para o mal. Não se faz necessário provar-se que a publicidade levou o consumidor a ter conduta prejudicial ou nociva à sua saúde ou segurança".

verificação de ser possível a publicidade incitar a comportamentos lesivos e não a verificação de tais comportamentos, não se exigindo, por isso, qualquer lesão efectiva. Temos, no entanto, que ter presente, ser difícil demonstrar, em um tal tipo de publicidade, a sua apetência para levar a tais comportamentos (sobretudo porque essa análise é feita independentemente da verificação desses comportamentos). Tais vicissitudes impõem-nos, então, formular algumas questões: será aconselhável criar um tipo de crime de perigo para uma situação com todas estas contingências? Não será invertermos o sentido actual da política criminal, na medida em que se procura evitar a criminalização em excesso, nomeadamente pela criação de crimes de perigo — para situações sobre as quais não se tem a certeza da sua danosidade, isto é, relativamente às quais não é liquído revelarem-se insuportáveis para a convivência social — quando, na verdade, poderá ser suficiente para tais situações a existência de outras medidas — administrativas, civis ou contra-ordenacionais — que ponham cobro a tais situações?[38].

São questões, como se vê, que giram à volta do fenómeno da (des)criminalização e a que responderemos oportunamente, mas que, desde já, nos levam a reflectir e a concluir pela prudência em caso de opção.

No segundo caso, verificando-se a possibilidade de concorrerem em tais infracções violações a bens jurídicos protegidos por tipos

---

[38] Tenha-se, no entanto, em atenção que as infracções verificadas na relação de consumo — especial como é — integram-se no direito penal do consumo e este — como vimos — no direito penal secundário (direito penal administrativo económico). Ora, é precisamente esta uma das áreas onde se faz sentir com maior acuidade uma inversão na tendência da descriminalização e uma maior utilização da figura dos crimes de perigo para o combate a "novos fenómenos sociais, anteriormente inexistentes e raros" — são palavras de FIGUEIREDO DIAS, "Os Novos Rumos da Política Criminal e o Direito Penal Português do Futuro", in R.O.A., ano 43, 1983, p. 21 — e que "desencadeiam consequências insuportáveis e contra as quais só o direito penal é capaz de proporcionar protecção suficiente". Sobre esta perspectiva, veja-se, ainda, na mesma linha, FIGUEIREDO DIAS, op. cit., p. 17; EDUARDO CORREIA, "Introdução ao Direito Penal Económico", in R.D.E., Ano III, n.° 1, Janeiro/Junho, 1977, p. 20 e ss e no seu "Notas Críticas à Penalização de Actividades Económicas", in Ciclo de Estudos de Direito Penal Económico, Centro de Estudos Judiciários, 1ª ed., Coimbra, 1985, p. 13; e COSTA ANDRADE, "A Nova Lei dos Crimes Contra a Economia (Dec.-Lei n.° 26/84, de 20 de Janeiro) à Luz do Conceito de «Bem Jurídico»", in Ciclo de Estudos de Direito Penal Económico, Centro de Estudos Judiciários, 1ª ed., Coimbra, 1985, p. 93.

As infracções nos processos de incitamento ao consumo 107

legais de crimes já previstos, leva-nos, por um lado, a pensar realisticamente e a descortinar uma certa dificuldade — senão, mesmo, impossibilidade — em relacionar comportamentos lesivos a anúncios publicitários, podendo tal dificuldade, a par com as regras de concursos, levar à opção pela remissão para aqueles tipos já existentes e, por outro, paradoxalmente, a não ver nesta hipótese a única, porquanto a situação em si poderá levar a outra opção. Na verdade, o facto de tais comportamentos advirem do incitamento levado a cabo pela publicidade significa que estamos perante uma situação especial, por se tratar de uma relação de consumo — como já vimos anteriormente — enquadrada, também no direito penal do consumo, adentro do direito penal secundário, com todas as especificidades que o distinguem do direito penal clássico, relação aquela em que o meio de difusão poderá levar à multiplicação de situações danosas — tudo isto, a implicar se não será preferível a criação autónoma de um tipo-de-ilícito e optar, assim, pela criminalização, questão que, também, abordaremos oportunamente.

1.2.3. O Princípio da Veracidade

Um dos princípios que, actualmente, assume maior importância na publicidade é o princípio da veracidade.

A sua formulação, na forma mais geral, impõe o *dever de respeitar a verdade (e a clareza) na mensagem,* determinando, assim, a proibição da publicidade que, de qualquer forma, possa ser total ou parcialmente falsa e, ainda, a que por qualquer facto (ou mesmo por omissão) possa gerar dúvidas, induzindo ou sendo susceptível de induzir em erro o destinatário sobre um produto ou serviço.

A sua violação, nos termos acabados de referir, dá lugar à chamada publicidade enganosa, cuja definição, se em termos gerais pode ser aceite como a que indicámos por violação do princípio da veracidade, gera, no entanto, controvérsia sobre os termos e pressupostos da sua existência como infracção e, ainda mais, quando se pretende optar pela sua criminalização ou descriminalização. Tanto mais que vive paredes meias com outras infracções — nomeadamente o crime de burla — de cuja distinção se impõe.

É o que iremos tentar de seguida.

108 *Da protecção penal do consumidor*

1.2.3.1. *A Publicidade enganosa*

A publicidade enganosa ocupa no rol de infracções ligadas à publicidade a principal e mais frequente de todas. Daí que não nos surprenda que Mireille Delmas Marty considere o "direito penal da publicidade" especialmente virado para a "publicité mensogère ou trompeuse" [39].

Consiste, como vimos, basicamente, na alteração da verdade ou numa menor clareza que levará o consumidor a agir sob erro por falsidade ou por ser induzido a tal e, com isso, podendo ter não só prejuízos económicos como, ainda, para a sua segurança ou para a sua saúde.

Considerando os meios, as técnicas e os suportes actualmente existentes, a concorrência de mercado cada vez mais acentuada e, fundamentalmente, o facto de o consumidor ser geralmente (mais) fraco e leviano, bem se compreenderá a importância de tal infracção.

Importa, no entanto, para fins jurídico-criminais, determinar quando, em rigor, estamos perante uma publicidade dita enganosa.

Dois pressupostos são, desde logo, apontados, em geral [40], como indispensáveis. São eles a existência de uma publicidade e o facto de essa publicidade conter alegações, indicações ou apresentações.

Quanto à existência da publicidade, como condição *sine qua non* de eventual publicidade enganosa, tratar-se-á da que já definimos, como sendo a de natureza comercial, pelo que, para aí [41] remetemos a análise deste pressuposto [42].

---

[39] Cfr. Meireille Delmas Marty, *Droit Pénal des Affaires,* Tome 2, Thémis Droit, PUF, 3ªed., Paris, 1990, p. 443.

[40] Cfr. meireille Delmas Marty, *op. cit.,* (n. 39), p. 445 e ss; P. Gauthier e B. Lauret, *Droit Pénal des Affaires,* Economica, 2ª ed., 1989/90, p. 298 e ss; Pierre Greffe e François Greffe, *La Publicité et la Loi,* 6ª ed., p. 249 e ss; e Luc Bihl, *Droit Pénal de la Consommation,* Nathan, p. 41.

[41] Vide *supra,* n.º 1.1., p. 91e ss.

[42] Importa, no entanto, aqui reter que certos autores, ao fazerem referência a este primeiro pressuposto — óbvio —, o fazem depender dos meios de difusão habitualmente utilizados para informação do público, como sendo todos os meios possíveis, de molde a abranger todos os tipos de publicidade (imprensa, rádio, televisão, cinema, telefone, afixação, catálogos, prospectos, etc., etc.) — cfr. Mireille Delmas Marty, op. cit., (n. 39), p. 445. Daí que autores existem como Daniele Mayer, *Droit*

As infracções nos processos de incitamento ao consumo | 109

Já quanto à necessidade da existência de alegações, indicações ou apresentações se impõe a sua referência — ainda que possa parecer redundante — visto que é do conteúdo de tais alegações, indicações ou apresentações que se pode avaliar da licitude e da necessidade da publicidade, não só pelo que referem, mas, também, pelo que deixam de referir, ou seja, pela omissão de certos aspectos relevantes. Ora, o dizer "alegações, indicações ou apresentações" significará, assim, uma intenção de abranger praticamente toda e qualquer forma de publicidade, nos termos que já definimos. Consequentemente, a exclusão de alguma daquelas formas implica a exclusão de hipóteses de publicidade enganosa, nos casos em que sejam utilizadas tais formas (excluídas) [43].

Com efeito, é usual — embora não de forma unânime — definir-se a *alegação* como uma *afirmação* [44] sobre qualquer coisa, que pode consistir num facto, numa qualidade, na origem, etc., relativos a um produto ou a um serviço e donde, naturalmente, não haverá grandes dificuldades em aferir da sua veracidade e clareza; já a *indicação* não será uma afirmação *tout court,* mas, antes, uma espécie de chamada de atenção, uma mera *advertência* ou modo de atrair o consumidor ou, como diz Luc Bihl [45], uma "simples indicação destinada a advertir o consumidor". Se entre os dois elementos precedentes não existe diferenciação de monta, já quanto à *apresentação,* as diferenças são notáveis, porque, agora, o que está em causa é, apenas, uma *sugestão* feita de forma subtil, resultante, fundamentalmente, de imagens, associações de ideias ou meras referências e que, embora não constituam uma afirmação ou uma indicação, podem igualmente induzir o consumidor (em erro) [46].

Pénal de la Publicité, Masson, Paris, 1979, p. 77, que, ao referirem-se à publicidade enganosa e ao analisá-la na perspectiva do direito penal, entendem que «la loi pénale qui s'aplique, quel que soit le support utilisé pour diffuser la publicité mensongère".

[43] É, por exemplo, nesse sentido que J. C. Moitinho de Almeida, *op. cit.,* (n. 13), p. 104, ao tentar determinar o alcance do texto incriminador da publicidade enganosa, afirma: "Tratando-se de meios susceptíveis de induzirem o público em erro afigura-se-nos que todos a norma incriminadora deveria abranger".

[44] Cfr. Luc Bihl, *op. cit.,* (n. 40), p. 41, e Meireille Delmas Marty, *op. cit.,* (n. 39), p. 446.

[45] Luc Bihl, *op. cit.,* p. 42.

[46] *Idem,* p. 42.

O que significa, por um lado, que a aceitar-se todas estas formas de exteriorização da mensagem como válidas e como publicidade, esta, enquanto enganosa poderá resultar não só de afirmações ou indicações falsas, de natureza a induzir em erro ou susceptíveis de induzir em erro, mas, também, da existência de sons, imagens ou da mera associação de ideias e referências, que possam provocar no consumidor a indução em erro, ou sejam susceptíveis de induzir em erro[47]. Daí, por exemplo, que no Direito francês, a Lei de 27 de Dezembro de 1973 tenha vindo a alargar o âmbito da publicidade enganosa, também em relação às indicações e apresentações, contrariamente à Lei de 2 de Julho de 1963 que apenas incriminava em caso de "allégations" ("fausses").

Por outro lado, a esta maior amplitude ficará ligada uma maior possibilidade de considerar enganosa uma publicidade pelas suas *omissões* e não, apenas, pelas afirmações, bastando, por exemplo, que uma imagem sem qualquer anotação induza em erro ou seja susceptível de induzir o consumidor em erro[48].

---

[47] Isso faz questão MIREILLE DELMAS MARTY, *op. cit.,* (n. 39), p. 446, de sublinhar.

[48] Convém, no entanto, aqui salientar o nosso repúdio por qualquer intenção no sentido de uma obrigação de fazer publicidade. A iniciativa de fazer ou não fazer publicidade pertence ao profissional, como um direito emergente do princípio da liberdade. Não nos parece, pois, que o profissional deva ser *obrigado* a fazer publicidade. Porém, o que agora afirmamos não colide com o que se afirma no texto, ou seja, o profissional não pode fazer publicidade que engane o público, seja por que meio for (por alegações, apresentações ou indicações), devendo para tal tomar todas as cautelas para evitar que a publicidade seja enganosa. Ora, assim sendo, poderá acontecer que a omissão de certas referências torne o conteúdo da publicidade enganoso.

Desde, pois, que do conteúdo da publicidade resulte o silenciamento de determinados dados essenciais relativos ao bem ou serviço anunciado, e que esse silêncio seja suficiente para induzir o consumidor em erro, haverá publicidade enganosa determinada pela omissão desses elementos — cfr. MANUEL-ANGEL LOPEZ SANCHEZ, "Publicidad Comercial, Contratación Estandardizada y Protección del Consumidor", in E.S.C., n.º 16, 1989, p. 65, e, ainda, SERAFINO GATTI, "Pubblicità. II. — Pubblicità Commerciale", in *Enciclopedia dell Diritto* XXXVII, Giuffré Editore, 1988, p. 1061.

A omissão aqui deve ser entendida no sentido de que o profissional, atendendo ao conteúdo da mensagem, tinha obrigação de evitar o engano, sendo, de resto, esse o sentido com que se distingue o crime de acção do crime de omissão — cfr. nesse sentido, MARCO BOSCARELLI, *Compendio di Diritto Penale. Parte Generale.,* 7ª ed., riveduta e aggiornata, Giuffrè editore, 1991, p. 39.

As infracções nos processos de incitamento ao consumo

O que até agora vimos não nos dá por definida a publicidade enganosa, obrigando-nos a lançar mão de dois elementos essenciais: um material e outro moral, intencional ou psicológico.

O elemento material prende-se intimamente com a existência de alegações, indicações ou apresentações publicitárias e consiste no facto de estas serem *falsas, induzirem em erro ou serem susceptíveis de induzir em erro.* É claro que o alcance de tal elemento será diverso conforme se considere a falsidade *qua tale* ou a mera ambiguidade [49].

Com efeito, a falsidade consiste na oposição pura e simples à verdade, independentemente do efeito que produza ou possa produzir no destinatário. Tratar-se-á de uma afronta, de tal modo evidente, ao princípio da veracidade que, embora não muito frequente é, desde logo, classificada como publicidade enganosa ou, mais rigorosamente, como publicidade falsa —será o caso, por exemplo, de se afirmar que um determinado vinho é da região X e nem sequer ter sido aí produzido ou engarrafado. A ambiguidade — como ensina Mireille Delmas Marty [50] — é mais frequente, precisamente por não ser tão evidente e, no entanto, sob a capa de uma certa aparência de verdade se esconder subtilmente uma ideia ou mensagem geralmente enganosa. Consiste, assim, no facto de, a partir de uma certa acção psicológica, se criar uma certa impressão no espírito do destinatário, fazendo-lhe crer como verdadeiro algo que, efectivamente, não o é.

---

[49] A doutrina francesa, ao fazer a distinção entre falsidade e ambiguidade, lança geralmente mão de dois adjectivos para qualificar a publicidade: a "mensongerie" e a "tromperie". Ambos acabam por significar a existência de engano, embora a "publicité mensongère" seja efectivamente falsa (oposta à verdade), enquanto que a "publicité trompeuse" seja ambígua, não necessariamente falsa, mas, contudo, enganosa ou susceptível de o ser. É evidente, como afirma Danièle Mayer, *op. cit.,* (n. 42), p. 79, «peu de publicités sont réellement mensongères; la plupart sont seulement trompeuses».

Igualmente, na doutrina italiana se faz idêntica distinção optando-se, também, por um conceito mais amplo que abarca tanto a publicidade falsa como a publicidade que, embora não sendo falsa é ambígua e, por isso, enganosa, isto é, prefere-se o conceito de "publicitá ingannevole" ao de "publicitá menzognera" uma vez que — segundo Serafino Gatti, *op. cit.,* (n.48), p. 1061 — "la menzogna non può in sé considerarsi negativamente, bensì solo in relazione all'inganno che da essa può derivare, sia perché il concetto di menzogna ingannevole è meno ampio di quello di publicitá ingannevole, che comprende anche la dichiarazione veritiera ma tendenziosa (...)".

[50] Mireille Delmas Marty, *op. cit.,* (n.39), p. 447.

É claro que, neste caso, já não estamos em presença da falsidade *tout court*, mas, antes, da indução em erro ou, ainda, da susceptibilidade de induzir em erro o destinatário.

Tal fenómeno não é de simples explicação. Concretamente levantam-se as seguintes questões: quando é que uma mensagem induz em erro sem ser falsa? Ou, ainda, deve-se apreciar a mensagem em si, independentemente do destinatário ou, pelo contrário, deve-se ter em conta o destinatário e, então, verificar *in concreto*, de acordo com o público particular, específico, a que se destina? Ou, finalmente, deve-se ter em conta tanto o conteúdo da publicidade, como o público e da conjugação resultar uma solução?

Ambos os aspectos — mensagem e público — se interligam e, a nosso ver, não é possível uma solução coerente em que ambos sejam separados. Vejamos.

A apreciação *in abstracto* é feita por referência às reacções do consumidor médio, o mesmo é dizer, pelo "consumidor medianamente inteligente e atento" — no dizer de Mireille Delmas Marty [51] — e, por isso, devendo ser o Juiz, como representante do consumidor médio a apreciar da veracidade ou não da publicidade.

É claro que tal apreciação, assim feita, é indiferente ao problema de saber a quem se dirige a publicidade e à perspectiva do público específico destinatário de tal publicidade, envolvendo tal análise alguns riscos. Efectivamente, esquece-se tal apreciação, por exemplo, daquele tipo de publicidade que se dirige especificamente a determinadas franjas da sociedade, constituídas por públicos particularmente vulneráveis, "fracos", quer pela sua situação social, quer pelo seu nível de cultura ou pela sua idade (aqui ganhando relevo a publicidade destinada às crianças). É evidente que uma apreciação *in abstracto* — medindo-se pelo consumidor médio — não determina como enganosa uma publicidade que não engane o chamado consumidor médio, ainda que engane aqueles grupos de consumidores em particular [52].

---

[51] Mireille Delmas Marty, *op. cit.,* (n. 39), p. 448.

[52] É curioso notar-se que certos manuais utilizados no ensino das técnicas e do modo de fazer publicidade, manuais esses, portanto, dirigidos especialmente ao anunciante, reconhecem a vulnerabilidade de certos grupos sociais, entre os quais as crianças e adolescentes, embora — sublinhe-se — desencorajando o profissional a explorá-los. Desse modo, reconhecendo-se ser a publicidade para crianças "uma arte

As infracções nos processos de incitamento ao consumo   113

Por oposição, a apreciação *in concreto* assenta sempre na apreciação segundo o consumidor a que se dirige especificamente e de acordo com a mensagem — exclui, por isso, a possibilidade de se apreciar pelo consumidor médio.

Todavia, aqui, embora aparentemente mais justo, o critério não é de fácil aplicação. Desde logo, perguntar-se-á: quem aprecia *in concreto* se a publicidade é enganosa ou não?

Em resposta, há quem entenda dever-se remeter para o Juiz enquanto pertencente "ao círculo dos destinatários afectados pelo anúncio publicitário"[53]. Estaria, assim, resolvida a questão se o Juiz pertencesse ao círculo de destinatários de tal publicidade, isto é, se esta contendesse com aspectos profissionais, intelectuais ou demais, intimamente ligados à pessoa do Juiz, para os quais tivesse conhecimentos ou sensibilidade suficientes para os compreender. Só que, em realidade, exceptuando alguns casos em que o Juiz pode apreciar *in concreto* e os demais em que pode apreciar segundo os padrões do consumidor médio, outros existem relativamente aos quais o Juiz poderá não estar em condições de apreciar *in concreto,* precisamente porque não faz parte desse círculo de consumidores destinatários e, portanto, não consegue analisar se efectivamente a publicidade induz em erro. Ficariam, assim, muitas situações sem solução adequada.

Que solução devemos então adoptar?

Pensamos que qualquer das soluções propostas, por extremadas, não resolvem todas as situações. Devemos, assim, partir para uma solução ajustada que não seja excludente e que possa, caso a caso, servir para a generalidade das situações.

Assim sendo, dever-se-á, num primeiro passo, analisar o conteúdo da mensagem objectiva e abstractamente, isto é, independentemente de se saber a que tipo de consumidor se dirige, servindo-se aqui do consumidor médio. Seria a utilização do critério da apreciação *in*

---

especial", enunciam-se regras para o desenvolvimento da mesma. Veja-se nesse sentido KENNETH ROMAN e JANE MAAS, *Como Fazer Publicidade,* Biblioteca de Gestão Moderna, 1ª ed., Lisboa, 1991, p. 126.

[53] É o caso do direito alemão, em que o Tribunal Federal estabeleceu regras de prova segundo as quais o Juiz pode decidir segundo a sua experiência, enquanto consumidor que representa os consumidores, uma vez que pertence ao círculo de destinatários afectados pelo anúncio publicitário — cfr., com maiores desenvolvimentos, MANUEL-ANGEL LOPEZ SANCHEZ, *op. cit. ,* (n. 48), p. 64.

abstracto; simplesmente, para evitar os desajustamentos provocados por uma apreciação *in abstracto tout court,* deveria deixar-se ao Juiz a possibilidade de poder apreciar concretamente, isto é, podendo atender às características particulares dos destinatários quando em causa estejam efectivamente destinatários, que fujam do âmbito do consumidor médio, servindo-se para tal do auxílio de técnicos/peritos que possam ajudar a ultrapassar as limitações do Juiz em tal caso, se este não for já um perito naquela situação.

A regra deve ser, pois, a da apreciação *in abstracto,* mas de forma mitigada, isto é, com a possibilidade de, em situações excepcionais, tal apreciação poder ser feita *in concreto* [54]. Para compreendermos, pensemos no seguinte exemplo: suponhamos que uma empresa anuncia um determinado computador, dirigindo-se particularmente a especialistas de informática, utilizando termos "exagerados" e que induzem o consumidor médio em erro, mas que em tais especialistas não causam qualquer impressão, dada a sua formação no assunto. Diríamos, então, que apreciando concretamente, a publicidade não é enganosa. Só que tal publicidade, vista pelo consumidor médio, não especialista na matéria, pode induzir em erro; pela apreciação *in concreto,* tais consumidores, que podem ser a maioria — visto se tratar de um produto que pode ser adquirido por um não especialista, até com o fim da aprendizagem —, estariam desprotegidos, porquanto a apreciação, de acordo com os consumidores a quem especialmente se dirige a publicidade, ditaria que esta não induz em erro e, portanto, não é enganosa. Ora, é flagrante aqui a injustiça de um critério que atendesse primordialmente à apreciação concreta.

E vejamos, agora, um outro exemplo no sentido inverso. Suponhamos uma publicidade anunciando um determinado tipo de jogo electrónico, atribuindo-lhe determinados adjectivos que, à luz do consumidor médio, não seriam enganosos, porque, efectivamente, aquele não se deixa impressionar por tais adjectivos (até porque não foram

---

[54] É, de resto, a tese mais ou menos preconizada por Manuel-Angel Lopez Sanchez, *op. cit. ,* (n. 48), p. 64, ao afirmar que "la tarea a emprender habrá de concentrarse en la combinación de dos factores: uno objetivo, atinente al análisis del anuncio en si mismo considerado; otro subjetivo, que oblíga a perfilar las características de los destinatarios del mensage difundifo", bem como a de Gabriel A. Stiglitz, *Protección Jurídica del Consumidor,* 2ª ed., actualizada, Depalma, 1990, p. 19.

As infracções nos processos de incitamento ao consumo

concebidos para lhe serem dirigidos); diríamos, assim, que, por apreciação *in abstracto,* tal publicidade não é enganosa; simplesmente, a possibilidade de atender aqui às características particulares de grupos de consumidores a que a publicidade especialmente se dirige — as crianças e adolescentes — até se revela enganosa. Ora, esta realidade implica que, devendo apreciar-se *in abstracto,* não deveria excluir-se a possibilidade da apreciação concreta, já que as circunstâncias assim o impõem.

Em jeito de conclusão, e porque casos como este último já vão deixando de ser raros, dever-se-ia seguir como critério geral o da apreciação *in abstracto,* isto é, partindo *objectivamente* da mensagem e vendo-a na perspectiva do consumidor médio, embora com a possibilidade de, em face das circunstâncias, o julgador poder apreciar *in concreto,* podendo, como dissemos, socorrer-se de peritos em casos em que não seja ele já um apreciador privilegiado[55].

Outro elemento é o psicológico, moral ou intencional[56].

Importará, perante uma publicidade contendo alegações, apresentações ou indicações falsas ou de natureza a induzir em erro, saber se a mesma se deve à intenção do anunciante nesse sentido ou se terá nascido assim sem que este tenha tido esse interesse.

Dito de outra forma, interessa saber se ao elemento material se deve juntar a existência da intenção ou se, pelo contrário, poderá ser

---

[55] Este critério não goza, todavia, da aceitação geral. Disso nos dá conta Luc Bihl, *op. cit.* , (n.40), p. 43 e ss, ao referir quem opte por um critério subjectivo, tendo em conta a fragilidade dos consumidores e, mais ainda, porque "l'un des objectifs de la loi pénale est justement de protéger les personnes particuliérement fragiles, faciles à gruger", opondo-se a tal concepção quem opte por um critério objectivo, principalmente ao nível jurisprudencial, invocando aqui o argumento contrário àquele, ou seja, o de que "les consommateurs ont de plus en plus l'esprit critique, et se laissent de moins en moins aveugler par les sirènes publicitaires". Cremos que este último argumento não é suficientemente forte para justificar essa apreciação "in abstracto", mas já será o facto de, com tal apreciação, se respeitar ao menos o princípio da igualdade e da imparcialidade, cujas injustiças são corrigidas com a possibilidade de se apreciar "in concreto".

[56] Sobre tal elemento, como sendo um dos possíveis elementos da publicidade enganosa (mas não necessariamente indispensável, segundo alguns autores), veja-se Mireille Delmas Marty, *op. cit.* , (n. 39), p. 44, Luc Bihl, *op. cit.,* (n.40), p. 48 e J. C. Fourgoux e Outros, *op. cit.,* (n. 17), p. F. 10.

destituído de qualquer intenção nesse sentido (e, portanto, ser publicidade enganosa, mesmo que de "boa-fé").

Há quem coloque o problema usando, para isso, simplesmente, a distinção entre má-fé e boa-fé. É, nomeadamente, o caso de grande parte da doutrina e jurisprudência[57] francesas —' que, uma vez mais, mencionamos, atendendo à carreira feita em tal ordenamento, deste tipo de matérias, nomeadamente no que se refere ao direito penal da publicidade — em torno mesmo de opções legislativas, que apenas fazem ligar o elemento psicológico à necessidade ou não de má-fé na infracção para efeitos jurídico-penais. Exemplo disso é a Lei de 2 de Julho de 1963, que expressamente exigia a má-fé[58] para a existência do delito de publicidade enganosa, e a Lei de 27 de Dezembro de 1973, que veio suprimir tal requisito, considerando bastante para a sua verificação a existência do elemento material, ou seja, a existência de uma publicidade falsa ou de natureza a induzir em erro, independentemente da intenção do infractor.

Tal modo de colocar o problema em termos jurídico-penais não nos parece inteiramente correcto. A má-fé ou a boa-fé são conceitos demasiadamente imprecisos para determinar a caracterização de uma infracção como criminosa ou não. Serão, com concerteza, elementos suficientes para o direito civil, nomeadamente para o apuramento da

---

[57] Veja-se, nomeadamente, os autores citados na nota anterior e jurisprudencialmente. Veja-se, por exemplo, o caso M.P. c. Legros, do Tribunal de Grande Instance de la Seine (10e chambre), de 24 de Novembro de 1965 e o caso M.P. c. Wilkinson, da Cour d'Appel de Paris (13e chambre), de 13 de Abril de 1975, ambos in Pierre-François Divier (com a colaboração de Dominique Andrei), *50 Cas de Publicité Mensongère,* Ed. Libraires Techniques, Paris, 1978, p. 18 e 152, respectivamente, e, ainda, Gérard Cas, *La Défense du Consommateur,* in Que sais je?, 2ª ed.,p. 43 e ss — em análise ao caso Cass crim., 8 mai 1979, JCP, 79, CI, 7951, onde a *Cour de Cassation* decidiu que "a má-fé não é um elemento constitutivo desta infracção" (da publicidade enganosa, entenda-se).

[58] Tal era, de facto, o modo como a Lei de 1963 enunciava tal requisito: "mauvaise foi". Há autores, no entanto, que entendem dever ver-se naquele requisito a exigência de um dolo geral — é o caso de Roger MERLE e André Vitu, *Traité de Droit Criminel. Droit Pénal Spécial,* ed. Cujas, Paris, 1992, p. 678. Se assim fosse, a posição não seria tão veemente como se verá no texto. Porém, aquela opção terminológica, apesar do esclarecimento de André Vitu, em nada facilita a compreensão daquele requisito.

responsabilidade civil e, ainda assim, com a eventual necessidade de a aferir pela culpa (e dentro desta com maior ou menor gravidade) ou pelo risco, mas não serão suficientes para determinar claramente a natureza da conduta do agente e, através de tal determinação, incriminá-lo ou não.

Se a má-fé é, na publicidade enganosa, a intenção de enganar e a boa-fé é a inexistência de tal intenção, significará em direito penal que só as condutas dolosas seriam punidas, já que as restantes, nomeadamente as negligentes, não o seriam pela falta de intenção do agente. Ora, como é fácil de ver, tal teoria não colhe, desde logo porque nos diversos ordenamentos as infracções podem ser punidas criminalmente, também, a título de negligência.

Sendo assim, em vez de falarmos em má-fé ou boa-fé, mais correcto se nos afigura falar da existência de culpa ou da sua inexistência e, a partir de tais categorias, aferir da existência ou não da infracção criminal.

O agente, que realiza publicidade enganosa, será punido a título de dolo se o faz com intenção de enganar o consumidor, com vista a levá-lo a adquirir o bem ou serviço em questão, sabendo o infractor que preenchia tal tipo legal de crime, ou que de tal conduta poderia necessária ou possivelmente resultar tal crime. Nesse caso, o crime de publicidade enganosa deverá estar tipificado, além de que tendo o conteúdo da publicidade violado aquele tipo legal de crime, a conduta do agente deverá ter sido efectuada com tal propósito.

O agente agirá com negligência se não tiver o cuidado suficiente para se assegurar que a sua conduta não preenchia aquele tipo legal de crime, ou seja, se não se assegurou que a publicidade não era falsa ou de natureza a induzir em erro. É evidente que a negligência poderá ser graduada consoante as circunstâncias e a representação que o agente faz da possibilidade ou não da realização de tal infracção e da sua actuação em conformidade com tal publicidade.

Mas, é claro que tal problema depende do que o legislador estipular sobre tal graduação, nomeadamente do que entender sobre dolo directo, necessário e eventual e negligência consciente e inconsciente[59]. São, no entanto, questões que não presidem, agora, ao rol

---

[59] É evidente, que o que afirmamos no texto sobre o dolo e sobre a negligência é susceptível de contestação, ou seja, temos consciência de que falamos de con-

das nossas preocupações, nem podem, e das quais não nos ocuparemos[60].Interessa, aqui, sobretudo, saber em que consiste o elemento psicológico da publicidade enganosa e da opção a tomar relativamente a tal elemento, quanto à sua inclusão num possível crime de publicidade enganosa. E, como vimos, aquele elemento, afinal, consistirá na conduta dolosa ou negligente do agente.

E será esse elemento indispensável para a imputação ao agente do crime de publicidade enganosa, sobretudo se tivermos em conta a eventual possibilidade de uma responsabilidade objectiva?

Há quem entenda ser dispensável tal elemento, bastando para tal conduta o elemento material[61]. Tal concepção sustenta-se, fundamentalmente, numa necessária protecção real e eficaz do consumidor, coisa que não seria possível se fosse exigida a prova daquele elemento psicológico, principalmente do dolo. Segundo os defensores de tal tese, tal intenção deveria presumir-se e ficaria, então, a cargo do infractor, a prova da sua inocência, ou seja, da sua "boa-fé". De acordo com tal concepção, um preceito que exigisse para o crime de publicidade enganosa a existência da intenção do infractor, tornar-se-

---

ceitos em torno dos quais não existe unanimidade doutrinal e relativamente aos quais as formulações legais podem variar. É, de resto, consabido que a própria doutrina francesa, independentemente da publicidade enganosa, não só entende que o elemento moral é distinto da má-fé (ou da boa-fé) e onde se deve falar antes em conceitos como o dolo e negligência (e, dentro destes, vários sub-conceitos), como ainda não existe em torno da questão unanimidade — disso nos dá conta, por exemplo, GASTON STEFANI E OUTROS, *Droit Pénal Général,* Dalloz, 13ª ed., 1987, p. 261 e ss; JEAN PRADEL, *Droit Pénal Èconomique,* Dalloz, Paris, 1982, p. 66 e ss.; e ROGER MERLE e ANDRÉ VITU, *Traité de Droit Criminel. Problèmes Généraux de la Science Criminelle.Droit Pénal Général,* ed. Cujas, 6ª ed., 1984, p. 633 e ss.

[60] Veja-se, no entanto, entre outros, EDMUNDO MEZGER, *Tratado de Derecho Penal,* Tomo II, Série C, vol. XIII, Editorial Revista de Derecho Privado, Madrid, p. 85 e ss; e FERNANDO MANTOVANI, "Responsabilidad Objetiva y Responsabilidad Sujetiva", in *Doctrina Penal. Teoría y Práctica en las Ciencias Penales,* Año 6, 22, Abril-Junio, 1983, p. 272 e ss.

[61] Nesse sentido, estão LUC BHIL,*op. cit.,* (n. 40) p. 49; P. GAUTHIER e B. LAURET, *op. cit.* (n. 40), p. 300. No mesmo sentido está a Directiva 84/450/CEE de 10 de Setembro, relativa à publicidade enganosa e, em análise concordante com a mesma, está J. CALAIS-AULOY, "Publicidad Comercial y Condiciones Generales de los Contratos", in E.S.C., n.º 16, 1984, p. 52, embora — sublinhe-se — não se faça aí qualquer alusão à publicidade enganosa enquanto infracção criminal o que, como se verá adiante, é essencial para a resolução do problema.

As infracções nos processos de incitamento ao consumo   119

-ia inaplicável por se tornar difícil a prova daquela intenção, o que levaria à impunidade do infractor e à consequente desprotecção do consumidor[62].

Contra tal dispensabilidade advogam alguns, usando outros argumentos[63]. Desde logo, sustentam-se no facto de se estar a criar uma figura delituosa — o crime de publicidade enganosa — à revelia do que é habitual na teoria geral do crime e dos princípios cardeais do direito penal, ou seja, com dispensa de um dos elementos essenciais do crime que é o elemento psicológico[64].

Por outro lado, não se compreenderá falar em publicidade enganosa como sendo aquela que é falsa ou que induz em erro, sem que essa falsidade ou esse indução seja imputável ao agente e, por via disso, seja criminosa a sua conduta.

Que dizer sobre tais posições?

Em princípio, parece-nos que ambas as posições são hipoteticamente defensáveis mas questionáveis. Relativamente à primeira, parece-nos, de facto, abrir caminho para a desprotecção do consumidor o exigir-se a este a demonstração da intenção do infractor. Quando se trate de publicidade falsa ou, *rectius,* objectivamente falsa, contrária à verdade, torna-se evidente a sua falsidade e seria demasiado injusto deixar-se impune o infractor, apenas porque o consumidor/vítima não consegue provar a intenção daquele ou a sua falta de cuidado (no caso de negligência); e quando se trate de publicidade não falsa mas ambígua, que induza em erro, tornar-se-á, efectivamente, mais difícil a prova daquele elemento já que, também, será difícil (pelos obstáculos levantados a propósito da apreciação *in abstracto* ou *in concreto* do seu conteúdo) demonstrar o carácter enganoso de tal publicidade. O que significaria — repita-se — a quase total inaplicação de um preceito que exigisse a prova de tal elemento.

---

[62] Veja-se, nomeadamente, JOSÉ ANTONIO GARCIA-CRUCES GONZALES, *op. cit.,* (n. 24), p. 105.

[63] Cfr. J.C. FOURGOUX e OUTROS, *op. cit.,* (n. 17), p. F. 10; J.C. MOITINHO DE ALMEIDA, *op. cit.,* (n. 13), p. 17 e 123; PIERRE-FRANÇOIS DIVER (com a colaboração de Dominique Adrei), *op. cit.,* (n. 57), p. 3.

[64] Veja-se, ainda, sobre tais dificuldades, DIETER HOFFMAN, "Publicité et Protection des Consommateurs en Droit Communautaire", in *Droit des Consommateurs: Sécurité, Concurrence, Publicité. Droit Français et Droit de la Consommation.* J.-P. PIZZIO ed., p. 143.

Porém, defensável de todo é o argumento de que será demasiado arrojada a incriminação dum infractor de "boa-fé", simples presunção do elemento material e pela impossibilidade de formular um juízo de culpabilidade ao infractor pela "sua" conduta[65]. Pois que, sendo dispensável o elemento psicológico e sendo, portanto, admissível a punição dos que, eventualmente, não tenham tido a intenção de cometer aquela infracção ou que, simplesmente, desconheciam estar a cometê-la e, em tais circunstâncias, não tivessem possibilidade de ter tal consciência, parece-nos que estar-se-ia a abrir portas para a punição criminal de quem, de facto, não cometeu qualquer crime. Estar-se--ia a ir longe demais e a ofender os princípios básicos do direito penal, nomeadamente o da culpabilidade[66].

---

[65] Hoje, na verdade, não só se encontra afastada a chamada culpa *in re ipsa* ou culpa presumida, como tal presunção, a não ser possível, invalida mesmo a incriminação com base na mesma ou sem que se possa formular, na realidade, qualquer juízo de censurabilidade. Nesse sentido negativo, no que tange à publicidade enganosa, está DAMASIO E. DE JESUS, "Dolo e Culpa no Código de Defesa do Consumidor", in *Direito do Consumidor, 1*, p. 100 e ss.

[66] Ao falarmos na obediência ao princípio da culpabilidade, estamos a pensar no seu enunciado da forma mais geral e abrangente possível, sendo certo que temos consciência de, em redor de tal princípio e ao falar-se na culpa em direito penal, nem sempre haver concordância quanto aos seus termos. Disso é reflexo, por exemplo, o reconhecimento feito por CLAUS ROXIN, "Acerca da Problemática do Direito Penal da Culpa", in *Separata do vol. LIX (1983) do B.F.D.U.C.*, Coimbra, 1984, p. 6 e ss., nomeadamente ao salientar a divergência existente entre a sua teoria e a de FIGUEIREDO DIAS, quanto aos termos em que é concebida a culpa para o direito penal.

Porém, tal problema, que muita discussão tem sugerido, levar-nos-ia a um outro trabalho que não o presente. Ao falarmos no princípio da culpabilidade, em termos genéricos, queremos, independentemente das concepções possíveis sobre a culpa e sobre o alcance do próprio princípio da culpabilidade, tomá-lo apenas como caracterizador das infracções penais e que as distingue de outras "infracções" civis ou administrativas.

Parece-nos, assim, suficiente percebê-lo nos termos gerais, nomeadamente enunciados por SANTIAGO MIR PUIG, *Derecho Penal. Parte Generale (Fundamentos y Teoría del Delito)*, 3ª edición corregida y puesta al día, Barcelona, 1990, p. 105 e ss., começando por referir que a "culpabilidade" se contrapõe à "inocência", apresentando-se o princípio da culpabilidade como um princípio sob o qual jazem vários limites ao *ius puniendi*. O certo é que considera que, por respeito a tal princípio, a aplicação duma pena só é possível se for igualmente possível atribuir-se a culpa ao agente. Assim, para além de tal princípio estar ligado ao princípio da personalidade das penas, da responsabilidade pelo facto, será necessário que "o facto tenha sido

As infracções nos processos de incitamento ao consumo

Como ultrapassar então este desiderato? Como conciliar aquela necessidade de protecção do consumidor com aquela obediência aos princípios jurídico-penais básicos?

Parece-nos que o problema não é de difícil resolução e tem na base alguma confusão. Desde logo, torna-se necessário distinguir duas realidades diferentes: a publicidade enganosa e o crime de publicidade enganosa.

De facto, parece-nos evidente existir publicidade enganosa sempre que esta seja falsa ou possa induzir em erro, independentemente de haver da parte do anunciante qualquer intenção nesse sentido. Vale por dizer que para a existência de publicidade enganosa é suficiente o elemento material, já que estará em condições de produzir os efeitos que produziria se fosse feita com tal intenção, nomeadamente de incitar o consumidor a adquirir o bem ou serviço.

Acontece que tal situação não nos permite, logo, falar de crime de publicidade enganosa. É necessário que, para além desse facto, se junte o elemento psicológico, de molde a que possamos formular um juízo de culpabilidade e censurabilidade por o agente não ter agido de outra forma como, efectivamente, podia e devia. Só, então, estamos em condições de falar em *crime de publicidade enganosa*. É claro que podemos chegar a tal resultado, quer pela imputação a título de dolo, quer a título de negligência([67]) — tudo dependerá da opção do legislador, dentro dos princípios gerais do direito penal e ponderadas as circunstâncias em termos de política criminal.

Assim sendo, pensamos que, sempre que exista publicidade enganosa independentemente do elemento psicológico ou em que não

---

querido (doloso) ou tenha sido devido a imprudência", caso em que estaríamos, segundo ele, perante o princípio do dolo ou da culpa. Ou seja, importa aqui fundamentalmente salientar-se a necessidade duma atitude imprudente ou, *rectius,* negligente ou, ainda, dolosa, para se poder falar de infracção criminal. Caso contrário, não estará verificada uma das condições básicas do princípio da culpabilidade e, portanto, não deve intervir o direito penal, porque aquele princípio constitui justamente um limite a este último. Veja-se, ainda, no mesmo sentido, MORILLAS CUEVA, *Manual de Derecho Penal (Parte General), I. Introducción y Ley Penal*, Editorial de Derecho Reunidas, 1992, p. 11 e ss.

([67]) Nesse sentido, isto é, no da exigência para o crime da publicidade enganosa do dolo ou da culpa, está J. MARQUES BORGES, *Direito Penal Económico e Defesa do Consumidor,* Rei dos Livros, Lisboa, s/d, p. 113 e ss.

122   *Da protecção penal do consumidor*

se consiga provar tal elemento, deve tal infracção ser considerada como extra-penal e, então, pode ser sancionada simplesmente como *ilícito civil* ou *administrativo,* mas nunca como ilícito criminal (ou criminal administrativo económico) [68].

---

[68] Nem também, cremos, como contra-ordenação ou como "crime mais grave ou menos grave" ou, ainda, como algo semelhante à contravenção.

Não poderá ser como contra-ordenação, já que a exigência aqui do dolo ou negligência é semelhante à que se faz em geral no ilícito penal — sobre tal semelhança, no nosso direito, veja-se ANTÓNIO BEÇA PEREIRA, *Regime Geral das Contra-ordenações e Coimas. Decreto-Lei 433/82 (actualizado e comentado),* Almedina: Coimbra, 1992, p. 24. Nesse sentido, por exemplo, vão, entre outros, o artigo 8.° do Decreto-Lei 433/82, de 17 de Outubro, ao proclamar no seu n.° 1 que "Só é punível o facto praticado com dolo ou, nos casos especialmente previstos na lei, com negligência", bem como o artigo 34.° do Decreto-Lei 330/90, de 23 de Outubro (Código da Publicidade), no seu n.° 2 ao ditar que "A negligência é sempre punível(...)" e, portanto, por maioria de razão, o dolo também.

Curiosa é, a este propósito, a posição que adoptam alguns autores a propósito da "má-fé" que determina a Lei francesa de 27 de Dezembro de 1973, segundo os quais aquela lei teria transformado o crime de publicidade enganosa num delito contravencional, em algo, cremos, semelhante à figura da contravenção portuguesa, ainda que esta se deva entender como em vias de desaparecimento no nosso direito e, portanto, semelhante (ainda que com contornos diferentes) à contra-ordenação. Nesse sentido é possível enunciar-se P. GAUTHIER e B. LAURET, *op. cit.,* (n. 40), p. 300, e LUC BIHL, *op. cit.,* (n. 40), p. 49.

Julgamos, todavia, ser de repudiar uma qualquer tese que pretenda continuar a criminalizar uma determinada conduta, nem que para tal, à míngua de outras soluções e por inexistência de elementos essenciais da infracção criminal — dolo e culpa — tenha que recorrer à contravenção (ou contra-ordenação).

É, aliás, perante tal indignação que outros autores buscam soluções mais ou menos ecléticas mas que não deixam de ser estranhas, quais sejam as de não ser necessário considerar tal infracção como contravencional, mas, antes, como uma infracção que se situa entre o delito e a contravenção — é o caso de PIERRE GREFFE e FRANÇOIS GREFFE,*op. cit.,* (n. 40), p. 258 e 259 — sem, no entanto, se chegar a perceber qual a natureza de tal infracção, parecendo-nos, todavia, ainda, tratar-se de infracção criminal, já que, como é consabido, o direito francês faz distinção entre "contravention", "délit" e "crime", sendo certo que estas duas últimas figuras correspondem no direito penal português ao crime.

Igualmente estranha é a solução do Código de Defesa do Consumidor brasileiro, que vai mesmo ao ponto de chegar a criar dois artigos para a mesma solução (pelo menos, nos seus aspectos essenciais), mas em que, num caso — no artigo 66.° ("Fazer afirmação falsa ou enganosa ou omitir informação relevante(...)") — a conduta é punível com detenção de três meses a um ano e multa e de detenção de um a

As infracções nos processos de incitamento ao consumo   123

Quando, no entanto, fosse possível provar aquele elemento psicológico, estaria aberta a possibilidade para a criminalização de tal conduta, seja a título de dolo ou de negligência[69]. Ainda assim, tal criminalização dependeria da opção do legislador, em face da melhor política criminal a seguir; ou seja, como veremos adiante, a opção pela criminalização não dependerá apenas da verificação dos elementos do

---

seis meses ou multa, se o crime é culposo, e, no outro caso — no do artigo 67.º: ("Fazer ou promover publicidade que sabe ou deveria saber ser enganosa ou abusiva") — tal facto é punível com detenção de três meses a um ano e multa.

Ora, não se percebe o fundamento da existência destes dois artigos, a menos que se pretendesse distinguir situações de não existência de dolo ou culpa, situações de culpa e situações de dolo eventual, o que leva, aliás, EDUARDO GABRIEL SAAD, *op. cit.,* (n. 37), p. 333, à seguinte observação: "Acrescenta o artigo [o artigo 67.º, entenda-se] que, também, é punível com pena de detenção quem deveria saber ser enganosa ou abusiva a publicidade. O preceito contradiz o contido no artigo 66.º. Neste caso, se considera crime culposo se o fornecedor faz afirmação falsa sem saber o que está fazendo. No artigo em tela, é ele punido pelo mesmo facto porque deveria saber o que estava fazendo".

Pensamos, em suma, que estes esforços sempre acabam por cair em exageros e têm na base alguma confusão, como afirmámos no texto. Estamos, pois, em crer que bastará fazer uso das categorias do dolo ou da culpa (e, dentro destas, das várias subcategorias) para se verificar determinada conduta como criminosa. Quando aqueles elementos não existam, então não há razões para teimarmos na criminalização (diríamos melhor, na hipercriminalização) de tais condutas, pois, na verdade, não se trata de crimes mas de ilícitos de outra natureza, nomeadamente civis ou administrativos, e como tal devem ser tratados.

[69] Julgamos que tal possibilidade não é, aliás, difícil de se verificar. Repare-se que a publicidade é feita por profissionais que, salvo casos pontuais, têm o domínio exacto do produto ou serviço que anunciam e terão, naturalmente, maior preparação para saber ou dever saber que determinada publicidade é falsa, induz ou pode induzir em erro. Ora, sendo certo que o ónus da prova recairá aqui sobre o próprio profissional, nem sequer é difícil imputar o crime de publicidade enganosa a título de dolo (nomeadamente de dolo eventual) e, muito menos difícil, a título de negligência. Na verdade, como faz notar DAMASIO E. DE JESUS, *op. cit.,* (n. 65), p. 100 e ss, e partindo do princípio — como se deve partir — de que o profissional "sabe ou deveria saber" ser enganosa ou abusiva determinada publicidade, três situações são possíveis: 1ª a de o infractor ter pleno conhecimento do carácter enganoso da publicidade e, mesmo assim, a ter realizado — caso em que estaremos perante o dolo directo; 2ª a de ele não saber mas que devia saber — caso em que age com dolo eventual, visto que realizou-a "não obstante desconfiar da qualidade negativa da publicidade"; ou, então, como 3ª, ele não sabia nem tinha possibilidades de saber, não havia quaisquer indicações nesse sentido e, então, não há sequer crime.

124   *Da protecção penal do consumidor*

crime, mas também, do interesse do legislador nesse sentido emergente de tal necessidade — e em tais circunstâncias seria de ponderar a opção por um tipo de ilícito, que ainda que extra-penal, seria ainda sancionatório, como é o caso do ilícito de mera ordenação social.

Devemos, então, concluir, que o elemento psicológico será sempre de exigir quando se pretenda criminalizar a infracção[70], devendo ser dispensado quando for suficiente a sua punição a título extra-penal ou para as situações em que não seja possível provar a sua existência, caso em que, também, se deve recorrer à via extra-penal.

1.2.3.1.1. Classificação do crime de publicidade enganosa e sua distinção do crime de burla: concurso de crimes?

a) *O crime de publicidade enganosa como crime de perigo ou, rectius, crime de "desobediência"*

Uma das questões mais intrigantes no crime de publicidade enganosa e da resposta à qual se poderá classificar tal crime é a de saber se, para a sua consumação, é necessária a produção de determinados efeitos, isto é, se é necessário que os consumidores sejam efectivamente enganados e com isso sofram quaisquer danos.

O que importa, afinal, é saber se se torna necessária a produção de um resultado ou se basta o perigo dessa produção para que o crime se ache consumado; o que significa, afinal, perguntar se se tratará de um crime de dano, de cuja verificação depende a efectiva lesão de um bem jurídico, ou de um crime de perigo, para cujo preenchimento será

---

[70] Tal exigência emerge nomeadamente do pensamento de Vega Ruiz, *op. cit.,* (n. 32), p. 60, ainda que exija mesmo o "dolo directo con la intencionalidad como generador de la falsa alegación publicitária", sendo certo, que para outros, nomeadamente os de comissão por omissão, será suficiente o dolo eventual ou até mesmo a culpa. Note-se, porém, que em termos de direito constituído os exemplos são desconfortantes para a nossa posição. No direito francês, por exemplo, a publicidade enganosa é considerada infracção criminal, independentemente do agente se encontrar de "boa-fé" ou de "má-fé", enquanto que, no direito alemão ou belga, em quaisquer circunstâncias, a infracção integra o ilícito civil ou ilícito de mera ordenação social, mas nunca o ilícito criminal — cfr. J. Calais Auloy, *op. cit.,* (n. 61), p. 52.

As infracções nos processos de incitamento ao consumo 125

suficiente o pôr em perigo a lesão do bem jurídico, sem que se torne necessária tal lesão[71].

Torna-se, assim, imperioso equacionar no crime de publicidade enganosa o desvalor da acção como negação de valores ou interesses, como ofensa do bem jurídico ou bens jurídicos protegido(s) e por referência à eventual necessidade de produção de um determinado resultado, de molde a poder-se responder àquela questão[72].

Parece evidente que a publicidade enganosa afectará, desde logo, a própria *verdade* que, sendo indispensável no giro económico, nas relações entre profissionais e consumidores, se vem a traduzir — a sua falta — em última análise, na desconfiança entre agentes económicos. Vale isto por dizer, que, numa primeira análise, senão mais, a publicidade enganosa afectará a verdade (sem dúvida), mas, mais importante do que isso, por referência à sociedade, aquela falta de verdade afectará a *confiança* e a *ordem económica.*

Poderíamos, assim, afirmar, serem bens jurídicos lesionados pela publicidade enganosa, tanto a *verdade,* como a *confiança,* como, ainda, a *ordem económica*[73]. Nada mais incauto, todavia.

---

[71] Sobre a distinção entre crimes de perigo e crimes de dano, veja-se EDUARDO CORREIA, *Direito Criminal I,* com a colaboração de Figueiredo Dias, Almedina, Coimbra, 1971, p. 287 e ss.

[72] Como ensina E. CORREIA, *op. cit.,* p. 231 e ss, o crime tem na sua base uma acção, como sendo *"a conduta, o comportamento humano, a acção em sentido lato como juízo teleológico, como negação de valores ou interesses pelo homem".* Na referência aos valores negados na acção criminosa, pode ser suficiente a actividade ou ter que concorrer um qualquer resultado idóneo por ela produzido. Transportando tal visão para o crime de publicidade, podemos questionar se será suficiente a acção criminosa consistente na realização de uma publicidade proibida por ser falsa, induzir em erro ou ser susceptível de induzir em erro, na medida em que essa acção já de si é desvaliosa, porquanto, ainda que não se verifiquem lesões efectivas aos consumidores, verifica-se, pelo menos, o perigo de lesão, ou se, pelo contrário, será necessária a efectiva lesão de tais interesses. Daqui nascerá obviamente a resposta à questão de se saber se o crime de publicidade enganosa será um crime de dano ou um crime de perigo.

[73] Esta tese tem, aliás, algum fundamento, nomeadamente no que respeita à confiança e à ordem económica — excluindo, por isso, a verdade, pelas razões que logo de seguida enunciamos no texto — porquanto já houve quem sustentasse consistir a confiança no bem jurídico por excelência, violado aquando do delito económico (cfr. W. ZIRPINS und O. TERSTEGEN, *Wirtschaftskriminalität, Ercheinungsformen und ihere Bekämpfung,* 1963, p. 26 e ss.), e houve quem fosse mais longe, sustentando ser

A *verdade*, em si e só por si, sem referência às relações económicas, é exigida — certo — mas, precisamente, para se evitar a lesão de certos e determinados bens jurídicos. O que vale por dizer que a contradição daquela verdade não constitui só por si a violação de um bem jurídico digno de tutela penal, mas, antes, o modo através do qual [74] se vêm a violar certos e determinados bens jurídicos, sendo, assim, algo inerente à própria acção, quer se venha a traduzir a acção criminosa num crime de resultado — crime material — ou num crime de mera actividade — crime formal.

Torna-se, assim, necessário que a falta de verdade ou a "menos verdade" venha a ter repercussões na vida social, pela referência a determinados bens jurídicos que, uma vez violados ou susceptíveis de serem violados, comprometem a convivência social e, portanto — por insuportáveis —, dignos da intervenção jurídico-penal.

---

a vida económica ou a ordem económica, os bens jurídicos violados (cfr. B.R. RIMANN, *Wirtschaftskriminalität. Die Untersuchung bei writschaftsdelikten*, Zürich, 1973, p. 48). Tais teses terão algum interesse para o crime de publicidade enganosa se pensarmos que esta se insere no domínio das relações de consumo, económicas, por excelência, ademais, por se situarem na ordem económica em sentido amplo, e isso por consistirem em relações de produção, distribuição e consumo.

[74] O que dizemos não significa que a verdade não seja em si um valor — é-o, sem dúvida. Mas será quando muito, apenas, um "possível substrato" para a preservação (ou violação) de bens jurídico-penais, estes sim a requerer uma certa protecção e inviolabilidade, por forma a que seja possível a vida em sociedade. A falta de verdade, só por si, não é relevante (em termos de publicidade) jurídico-penalmente. O que se torna relevante é se essa falta de verdade, como substrato nesse caso para a violação de certos bens jurídicos, se vem a confirmar ou se vem a pôr em perigo essa violação.

É a este propósito exemplar o modo como J. MARIA DE LA CUESTA RUTE, "La Directiva de la CEE Sobre Publicidad Engañosa", in E.S.C., n.º 7, Abril, 1986, p. 87 faz a análise da Directiva 84/450/CEE, determinando que o que ali está em causa não é o engano publicitário em si, mas antes a publicidade enganosa como uma categoria especial. Contrapondo ao direito espanhol, DE LA CUESTA entende que, contrariamente a este em que o que releva é o engano em si por exigência de verdade, deve-se entender, como o faz aquela directiva, que o engano é apenas um dos elementos que configuram a publicidade enganosa, e esta é assim não por causa daquele elemento apenas — não, portanto, apenas por violar a verdade — mas porque, por isso, é susceptível de afectar o comportamento das pessoas a que se dirige, sendo, portanto, susceptível de prejudicar, também, o concorrente (ou o consumidor).

As infracções nos processos de incitamento ao consumo

Outro tanto não se diga quanto à *confiança*([75]) ou à *ordem económica*([76]).

A publicidade enganosa provocará ou poderá provocar uma certa desconfiança — mesmo entre concorrentes —, sendo certo que inserida na vida económica (nas relações de produção, distribuição e consumo), ela vem, afinal, a afectar a ordem económica.

Mas, ainda mais. A publicidade é realizada com vista à promoção de produtos e serviços a serem consumidos pelos consumidores. Pretende, assim, incitar o consumidor a consumir. Sendo aquela publicidade enganosa e levando o consumidor a consumir sob seu efeito, poderão advir daí vários danos pela lesão de certos bens jurídicos, nomeadamente do património (visto que há um empobrecimento do consumidor, sem as contrapartidas que esperava obter se a publicidade fosse verdadeira, sendo, portanto, a publicidade, neste caso, fraudulenta), da saúde e da segurança (se o uso daqueles produtos ou serviços provocarem lesões a esse nível).

O que acabámos de ver demonstra que o direito penal, neste domínio, tem a virtude de provar a complexidade da publicidade enquanto fenómeno comunicacional de massas, dirigida a um universo de consumidores e em que, em causa, estão vários bens jurídicos. É, por isso mesmo, que se começaram a ouvir vozes no sentido de que "os tipos penais (…) não podem ser lidos, estudados ou compreendidos sob a óptica dos bens jurídicos tradicionais, moldados para cuidar

---

([75]) Nesse sentido e concordando com ZIRPIN-TERSTEGEN, está MARQUES BORGES, *op. cit.,* (n. 67), p. 52, para quem "o interesse penalmente protegido genericamente, ao incriminarem-se as condutas violadoras do direito penal económico [e aqui necessariamente a publicidade enganosa] parece-nos ser assim a «confiança»".

([76]) Ainda que, quanto à ordem económica e aqui tendo em conta tratar-se de um dos recortes — justamente o da publicidade nas relações de produção, distribuição e consumo de bens e serviços — que compõem a própria ordem económica, se deva ver esta como um bem jurídico a proteger em segunda linha. Na verdade e socorrendo-nos aqui de BAJO FERNÁNDEZ, *Derecho Penal Economico Aplicado a la Actividad Empresarial,* 1ª ed., Editorial Civitas, 1978, p. 40, "en esta concepción amplia [concepção ampla do direito penal económico, entenda-se] presentándose el orden económico, al contrario que en la concepción estricta, como un bien jurídico de segundo orden detrás de los intereses patrimoniales individuales", ou seja, o que vale por dizer que, ainda que se entenda aqui a ordem económica também como um bem jurídico protegido, naturalmente que outros intimamente ligados aos consumidores aparecerão como os bens jurídicos a proteger em primeira linha, como se verá no texto.

de relações fragmentadas e individuais e não de relações globais e colectivas, característica primeira da sociedade de consumo"([77]) e, nessa medida, se chegue a propor a *relação de consumo* como bem jurídico protegido([78]).

Esta visão, que pode parecer, à primeira vista, demasiado vanguardista, não é, todavia, de todo em todo desprezível. Na verdade, ela não chega sequer a afastar a tese por nós defendida de que em questão estão bens jurídicos como o património, a saúde, a segurança, a confiança ou até a ordem económica. É que, na relação de consumo em sentido amplo, encontram-se em jogo todos estes bens jurídicos e se considerarmos que o crime de publicidade enganosa pode ocorrer independentemente da lesão daqueles bens, em causa acabaria por estar *una voce,* a relação de consumo, porquanto, na verdade, e em sede de perigo, o que importa são todos os bens jurídicos, ou seja, toda a relação de consumo.

Só que a questão que se deve colocar é a seguinte: será necessária a verificação da lesão destes bens jurídicos para que se ache consumado o crime de publicidade enganosa ou bastará o pôr-em-perigo a lesão de tais bens?

O que vale por perguntar, ainda, de outra forma: é necessário um resultado específico cujo desvalor, pela lesão de um bem jurídico, implica uma acção criminosa ou bastará que esta acção, por já preencher os elementos do tipo legal, seja em si já desvaliosa e, portanto, suficiente para integrar uma acção criminosa?

Como já foi visto, a publicidade é enganosa pelo facto de ser falsa, de induzir ou ser susceptível de induzir em erro o consumidor.

Para se considerar o crime de publicidade um crime de dano, seria necessário que se exigisse a verificação de um resultado desvalioso, ou seja, a publicidade seria enganosa quando induzisse, efectivamente, o consumidor em erro (querendo, com isto, significar que o consumidor consumiria porque induzido em erro), que, obviamente, de tal consumo resultasse, *ipso iure,* a lesão do seu património, da sua saúde, da sua segurança, da sua confiança e, em suma, da ordem económica.

([77]) Cfr. Hermann Benjamin, "Crimes de Consumo no Código de Defesa do Consumo", in *Direito do Consumidor 3,* p. 122.

([78]) *Idem,* p. 95 e ss.

As infracções nos processos de incitamento ao consumo 129

Só que, a publicidade enganosa, também o é, quando é falsa ou simplesmente quando é susceptível de induzir o consumidor em erro (sem que induza, efectivamente, o consumidor em erro, ou seja, que o consumidor chegue sequer a consumir sob erro).

Significa, então, que o importante é a acção em si criminosa, porque preenche os elementos do tipo e porque, por isso, põe em perigo a lesão dos bens jurídicos.

Na verdade, a partir do momento em que é realizada a publicidade, ela é susceptível de produzir os efeitos que o profissional pretende: enganar o consumidor, de molde a que ele consuma.

Ademais, a questão, também, pode ser vista numa perspectiva mais consumerista e relacionando-a com a função do direito penal.

Basta-nos invocar aquele argumento alusivo à necessidade de uma real e eficaz protecção dos consumidores. Com efeito, uma vez verificados todos os elementos do crime de publicidade enganosa, tornar-se-á dispensável a produção de qualquer resultado para se poder punir o infractor. Se assim não fosse, isto é, se se aguardasse a produção de danos nos consumidores, estar-se-ia a correr o risco de admitir que a publicidade, sendo um processo de incitamento de massas, se propagasse de tal forma que produzisse, ao mesmo tempo, inúmeros resultados danosos para, só depois, se fazer uso do *ius puniendi*.

Ora, não nos parece dever-se esperar pela produção de tais resultados para se obter a confirmação de que estamos perante um crime. O direito penal funciona, aqui, não só como repressivo, mas e acima de tudo como preventivo[79], na medida em que basta o perigo de lesão de bens jurídico-penais para que o crime se ache consumado.

---

[79] Cfr. Hans-Heinrich Jescheck, *Tratado de Derecho Penal,* vol. I, Barcelona, 1981, p. 6 e ss. É interessante a este respeito a análise que faz Edgardo Rotman, "La Question de la Fonction Préventive du Droit Pénal dans la Création et l'Application des Normes Pénales Économiques" in *The Sanctions in the Field of Economic Criminal Law, Proceedings of The Meeting of Kristiansand,* Norway, 1983, International Penal and Penitentiary Foundation, 1984, p. 41 e ss, da função preventiva no direito penal económico, atribuindo às suas penas uma vocação pedagógica, como um meio de comunicação que facilita a tomada de consciência da gravidade do acto incriminado. Apesar disso, não exclui que possa funcionar numa função ressocializadora ou, *rectius,* reabilitadora da empresa aquando da violação da norma penal à semelhança do que acontece nos Estados Unidos.

130　　　*Da protecção penal do consumidor*

Como é consabido, é usual nos crimes de perigo traçar-se a *magna divisio* entre crimes de perigo concreto — como sendo — segundo EDUARDO CORREIA — os que a lei exige a *"verificação efectiva desse perigo"* — e os crimes de perigo abstracto — em que "a lei não exige a verificação concreta do perigo de lesão resultante de certos factos, mas *supõe-o «iuris et de iure»"* [80].

Como é bom de ver, a existência de uma publicidade contendo em si uma mensagem falsa, que induza em erro, ou que seja susceptível de induzir em erro, é condição suficiente — para além das demais que já analisámos — para constituir um perigo ou, por outras palavras, para se prevenir do perigo em face do universo de consumidores a que é dirigida e atendendo à fragilidade da grande maioria desses consumidores [81].

Se se exigisse a verificação efectiva, correr-se-ia o risco de se passar imediatamente do perigo à concretização. Estamos, assim, em crer que o crime de publicidade enganosa será, enquanto crime de perigo, um crime de perigo abstracto [82].

Mas com esta conclusão atrever-nos-íamos a ir mais longe e a lançar uma hipótese que, a nosso ver, tem fundamento. Como é sabido, os crimes de perigo concreto ou abstracto podem ser considerados, também, crimes de perigo comum. A diferença entre o crime de perigo comum e os anteriores estará no facto de este, para além dos elementos que caracterizam os primeiros, ser susceptível de "causar um dano não controlável (difuso), com potência expansiva, sendo apto a poder causar alarme social" sendo, assim, advogada uma "defesa prévia" dos interesses tutelados por tais crimes, "dado que obedecem à necessidade de garantir um conjunto de condições que são indispensáveis à segurança comum de todas, de cada uma das pessoas e que estão inseridas numa comunidade" [83].

---

[80] Cfr. EDUARDO CORREIA, *op. cit.* (n. 71), p. 287.

[81] É nesse sentido que MARQUES BORGES, *Dos Crimes de Perigo Comum e dos Crimes Contra a Segurança das Comunicações,* Rei dos Livros, 1985, p. 22, ao referir-se aos delitos de perigo abstracto, sustenta que a lei "infere da sua existência ou presume-o — em face de certas situações ou comportamentos especificados".

[82] Nesse sentido, está claramente VEGA RUIZ, *op. cit.,* (n. 32), p. 60.

[83] Cfr. MARQUES BORGES, *op. cit.,* p. 22, e, ainda no mesmo sentido, veja-se FIGUEIREDO DIAS, "Sobre o Papel do Direito Penal na Protecção do Ambiente", in R.D.E., ano IV, n.° 1, Janeiro-Junho, 1978, p. 3, ainda que tendo em conta a protecção

As infracções nos processos de incitamento ao consumo 131

E o crime de publicidade enganosa: não será ele um crime de perigo, cujos bens jurídicos protegidos são diversos, são indispensáveis à segurança comum, diríamos mais, à vida em comum, porquanto a violação sistemática daqueles bens colocará em dificuldade não só a vida económica, como, também, a vida social em si, já que poderão concorrer interesses ligados à vida, à integridade física e saúde e, ainda, os bens alheios de grande valor? Não integra, afinal, o crime de publicidade enganosa todas as características dos crimes de perigo comum?

Pensamos que a resposta deve ser afirmativa. Na verdade, o crime de publicidade enganosa não só é um crime que põe em causa interesses supra-individuais (mesmo que integre ofensa de interesses individuais)[84], como, por isso, se torna um crime apto a causar

---

do ambiente, mas que das suas palavras se podem perfeitamente tecer as mesmas considerações para a protecção dos consumidores: "É certo que em alguns países os códigos penais contêm os chamados «crimes de perigo comum», através dos quais são incriminadas certas condutas adequadas à produção de perigos que ameaçam, de forma especial, a vida e a saúde dos homens. Como certo é, por outro lado, que, assumindo uma tal ameaça nas sociedades de hoje — altamente técnicas e dirigidas à produção e ao consumo de massas — proporções até há pouco desconhecidas ou mesmo insuspeitadas e continuamente crescentes, o âmbito da protecção dispensada pelos crimes de perigo comum não cessa igualmente de aumentar nos códigos e projectos de códigos penais mais recentes".

[84] É legítima, mas não inultrapassável, a preocupação de Marques Borges, op. cit., p. 22 e 23, no sentido de que não compreende muito bem o facto de que os "crimes de perigo comum visam proteger (em geral) o conjunto de condições garantidas por um determinado ordenamento jurídico sempre que exista uma ameaça potencial a poder pairar (em abstracto), sobre uma grande quantidade de vidas ou bens alheios de considerável valor" e de que "basta que o perigo potencial se possa repercutir ou incidir sobre uma só pessoa ou coisa alheia de considerável valor". Tal vicissitude é explicável pelo facto de em tais tipos de crime estarem em perigo bens jurídicos de um universo de pessoas, não importando individualizar de entre esse número os que em concreto possam sofrer esse perigo. Basta que de entre esse universo alguém (podendo ser uma pessoa ou todas as pessoas) possa sofrer esse perigo, porque a apetência desse crime é a de pôr em perigo justamente bens jurídicos de várias pessoas. Não podemos perder de vista que no direito penal económico estão em causa, ao lado de interesses supra-individuais, interesses mediatos, que diremos individuais — disso tem consciência mesmo Marques Borges, op. cit., (n. 67), p. 59.

No crime de publicidade enganosa, tal fenómeno explica-se facilmente. A publicidade tanto se pode dirigir a uma só pessoa como a um número indeterminado

alarme social, de tal modo vasto e grave, que justificará a sua classificação como crime de perigo comum.

É claro que esta possibilidade implica uma reflexão ainda mais séria quanto à criminalização da publicidade enganosa, mas não no sentido de lhe retirar a natureza de crime de perigo comum — quando muito no sentido de a descriminalizar.

Por último, uma outra perspectiva, de acordo com a qual poderíamos pensar na incriminação dos infractores no crime de publicidade enganosa, seria a de conceber este crime como um crime de *desobediência* às ordens e prescrições das entidades administrativas competentes para autorizar e fiscalizar a realização da publicidade.

Tal hipótese, de resto, avançada já pelo *Alternativ-Entwurf* alemão-ocidental, e que encontra nos crimes contra o ambiente terreno fértil à sua implantação, também pode ser enunciada para a publicidade — ou para outros crimes que, situando-se no domínio económico-administrativo, revistam habitualmente a natureza de crimes de perigo — hipótese essa também defendida por FIGUEIREDO DIAS — a propósito do ambiente mas não exclusivamente — afirmando: "Não se tratará, deste modo, de delitos de perigo abstracto que visem a protecção mediata da vida e da saúde das pessoas individuais, mas de delitos que protegem imediatamente bens jurídicos ambientais, em especial a saúde pública e a qualidade da vida comunitária"[85].

---

de pessoas, e tanto pode incitar um só consumidor como vários consumidores. A verdade é que, como fenómeno comunicacional de massas, ela terá, *ab initio,* como destinatários todos quantos se revelem potenciais consumidores e, como tal, todos merecem a protecção ainda que só um a veja ou sinta e que só um sofra ou possa sofrer o prejuízo.

[85] Essa é, na verdade, a solução apresentada por FIGUEIREDO DIAS, *op. cit.,* (n. 83), p. 17 e ss., mas não é uma solução exclusiva para o ambiente, visto que, apesar de entender que os delitos ecológicos devem ser concebidos "como delitos de desobediência à entidade estadual encarregada de fiscalizar os agentes poluentes e competente para lhes conceder autorizações ou lhes impor limitações ou proibições de actividade", o certo é que, também, advoga idêntica solução no âmbito do direito penal secundário (em geral e não apenas quanto ao ambiente), propondo mesmo no seu "Para Uma Dogmática do Direito Penal Secundário", in R.L.J., n.º 3720, p. 78, que, "quanto aos delitos de perigo abstracto, devem eles ser substituídos, na medida do possível, por delitos de perigo concreto (ou, ao menos, abstracto-concretos) ou por delitos de desobediência às ordens e prescrições das entidades administrativas competentes para autorizar e fiscalizar certas actividades".

As infracções nos processos de incitamento ao consumo 133

Quanto à publicidade, essa hipótese é também defensável, embora nos pareça que a facilidade com que os argumentos podem ser esgrimidos para o ambiente não é a mesma com que se pode fazer quanto à publicidade. É que o problema residirá fundamentalmente — quanto à publicidade — em enunciar o tipo de ordens e prescrições das entidades administrativas a formular aos anunciantes. Ou seja, se é relativamente fácil quanto ao ambiente partir duma entidade central, encarregada de velar pelo ambiente e capaz de emanar ordens e prescrições quanto ao modo como deve ser evitada a poluição ambiental, o mesmo não se diga duma actividade comercial onde domina o princípio da liberdade e onde não faz sequer sentido estabelecer, minuciosamente — visto que de outra forma não poderia ser — regras e parâmetros. Pensamos mesmo que outro modo não haveria do que a publicidade ser feita em colaboração com as entidades administrativas sob pena do relativismo com que é produzida poder sempre constituir uma desobediência — o que nos cerceia de certo modo, embora não totalmente, a hipótese de constituir a publicidade enganosa um crime de desobediência.

E, assim, ainda que não esquecendo totalmente esta hipótese, pensamos ser preferível, ainda, a consagração do crime de publicidade enganosa como crime de perigo (comum abstracto).

O certo é que, contrariamente ao crime de dano, só encarando o crime de publicidade enganosa como *crime de perigo,* se poderá esperar por uma protecção real e eficaz do consumidor, porque preventiva e actuante, ainda, mesmo antes da lesão de qualquer bem jurídico-penal, mas, simplesmente, partindo da existência do perigo que o envolve. De outra forma, isto é, se apenas se punisse após a constatação de que se havia produzido a lesão de bens jurídico-penais como a confiança, a ordem económica ou, mais longinquamente, a saúde, a segurança e o património ou, ainda, se se tipificasse o crime de publicidade enganosa como sendo aquele que efectivamente leva o consumidor a consumir sob erro, estar-se-ia a admitir a produção de tais resultados, com todos os prejuízos que daí adviriam para os consumidores, apesar dos ganhos que o infractor teria, para, só depois, se exercer a punição.

134 *Da protecção penal do consumidor*

b) *O Crime de publicidade enganosa e o crime de burla: analogias, diferenças e respectivo critério de utilização.*

O problema levantado anteriormente leva-nos à distinção entre o crime de publicidade enganosa e o crime de burla. Leva-nos, mesmo, à questão mais difícil de saber se um crime de burla publicitária não dispensará o crime de publicidade enganosa supra exposto ou se a existência de ambos se torna inevitável. Torna-se imperioso equacionar as analogias e eventuais diferenças para responder àquelas questões.

São, geralmente, apontados como elementos integrantes do crime de burla, os seguintes: a) a intenção ou ânimo de obter um lucro ou enriquecimento patrimonial em favor do agente ou de terceiro[86]; b) o engano e o erro criados na vítima, através de meios astuciosos, maquinações, falácia, etc.[87]; c) o prejuízo patrimonial causado na

---

[86] A formulação do texto é a que corresponde à do artigo 217º do Código Penal Português (art. 313º na anterior versão de 82). Parece-nos que é mais ou menos a que corresponde a outros ordenamentos, embora sejam possíveis outras formulações, como no direito francês a «remise de fonds ou autres objects" (segundo J.-M. Robert, *Élèments du Droit Pénal des Affaires,* Sirey, 1983, p. 31, a propósito do art. 405.º do Código Penal francês) ou na doutrina italiana, nomeadamente para Attilio Maggini, *La Truffa,* in Giurisprudenza Penale 2, Padova, 1988, p. 40, para quem o que está em causa é «procurare a sé o ad altri un ingiusto profitto», enquanto que o direito espanhol fala simplesmente em "ânimo de lucro" (veja-se o art. 528º do Código Penal espanhol).

[87] Aqui há, de facto, algumas divergências legislativas, doutrinais e jurisprudenciais, sobre a formulação deste elemento. O artigo 217º do Código Penal português (de 95), fala em "erro ou engano sobre factos, que astuciosamente provocou», enquanto que no Direito francês se fala em "manoeuvres frauduleuses", (veja-se sobre o alcance deste elemento no direito francês, por todos, Michel Véron, *Droit Pénal Spécial,* Collection Droit - Sciences Économiques, Masson, 1976, p. 29 e ss), no direito italiano se fala "nella consapevolezza di usare artifici e raggiri" (segundo Attilio Maggini, *op. cit.,* p. 40), e no direito espanhol fala-se em "engañõ bastante para prodecir error en otro".

A divergência neste elemento pode, na verdade, determinar algumas diferenças de regime na aplicação concreta do preceito. É que, como se verá no texto, falar-se em engano bastante ou em manobras fraudulentas vai uma diferença que pode ditar uma maior ou menor aproximação com outros delitos, nomeadamente, o da publicidade enganosa. Veja-se ainda, sobre a análise de tal elemento, Giorgio Sammarco, *La Truffa Contrattuale,* 2ª ed., Giuffrè Editore, Milano, 1988, p. 148.

Certo, no entanto, é que com o facto de referirmos em tal requisito a existência de meios astuciosos, maquinações, falácia, etc., queremos deixar clara a nossa posição

vítima ou em terceiro; d) o nexo causal entre o prejuízo sofrido e o engano ou o erro provocados, e que se evidencia pelo facto de a vítima se ter determinado por tal comportamento[88].

Existe, em tais elementos, uma interdependência de tal forma acentuada que, por um lado, só pela existência cumulativa de todos os elementos é possível o crime de burla e, por outro, a existência de uns deve-se apenas à existência de outros. Assim, o prejuízo patrimonial existe devido à acção da vítima sob erro ou engano, acção essa que só existe porque provocada astuciosamente pelo agente e porque, finalmente, este pretende o lucro ou enriquecimento. A falta de um destes elementos remete-nos para fora do campo de aplicação do crime de burla[89].

Assim sendo, há que averiguar se o crime de publicidade enganosa preenche todos aqueles elementos, caso em que, pela coincidência, haverá, em princípio, a desnecessidade de dois tipos de crime diferentes para situações iguais ou em que, pelo menos, se garantirá a protecção penal dos consumidores apenas através do crime de burla.

Um dos elementos parece-nos, desde logo, comum aos dois tipos de crime: o facto de em ambos haver ânimo de obter lucro ou enriquecimento por parte do agente, para si ou para um terceiro[90].

---

quanto à necessidade de uma certa intervenção decisiva para a consumação do crime, uma intervenção intencional, projectada e realizada com vista a induzir em erro a vítima e não um qualquer engano. Estamos assim, de acordo com autores como GIUSEPPE LA CUTE, "Truffa-b) Diritto Vigente", in *Enciclopedia del Diritto, XLV,* Giuffrè Editore, 1992, p. 255, ao afirmar que "il soggeto attivo nel suo complesso e articolato comportamento prevede, desidera e soprattutto deve, almeno, favorire l'altrui decisione; nel reato di truffa la presenza psicologica è constante ed il coefficiente psichico assume un'importanza del tutto decisiva". Daí concluir que "l'inganno, che è l'essenza della fattispecie di truffa, è il risultato della complessa attività ingannatoria e dell'errore determinatasi nel *deceptus;* il concretarsi della condotta acquista rilievo solo mediante l'effettiva induzione in errore".

[88] Quanto aos elementos enunciados nas alíneas c) e d), parece haver convergência na generalidade dos ordenamentos. Veja-se por todos, J.-M. ROBERT, *op. cit.,* (n.86), p. 31; J.J. GONZALEZ RUS, *Manual de Derecho Penal (Parte especial) II. Delitos Contra la Propriedad,* Editoriales de Derecho Reunidas, Madrid, 1992, p. 189; e ainda, GIORGIO SAMMARCO, *op. cit.,* (n. 87), p. 147.

[89] Nesse sentido, por todos GONZALEZ RUS, *op. cit.,* (n. 24), p. 257.

[90] No crime de burla esse elemento é sempre expressamente referido — veja--se o art. 217.° do C.P. português: "Quem com a intenção de obter para si ou para ter-

136 . *Da protecção penal do consumidor*

Vamos, pois, abster-nos da sua análise, visto que se revelaria tarefa ociosa. Vejamos os restantes.

Comecemos pelo engano e pelo erro. A conduta da vítima existe devido ao engano provocado pelo infractor ou ao erro sob o qual a mesma age. A vítima age assim, concebendo uma realidade diferente da verdadeira como se, no entanto, aquela concepção correspondesse à verdadeira. E, apesar de engano e erro não serem categorias iguais, uma vez que o agir sob erro implica uma falsa ou nenhuma representação da realidade concreta, enquanto que o engano corresponderá mais à mentira, a verdade é que nem sempre o vício do consentimento da vítima provocará a existência de burla, porquanto a vítima pode agir sob erro sem ter sido induzida a tal ou sem ter sido simplesmente enganada.

Na verdade, é evidente que alguém pode, por *ignorância,* julgar como verdadeiro algo que efectivamente não o é, sem que isso tenha sido determinado por outrem — logo, existe erro independentemente da acção de terceiro e daí, portanto, a inexistência de burla.

Tudo isso porque o crime de burla tem uma característica peculiar. Em sede de análise dos elementos típicos da infracção, interessará no caso da burla não só o resultado — a lesão patrimonial da vítima — mas, também, o modo como se atingiu tal lesão, querendo com isto significar que o crime de burla vem a ser um crime em que é relevante o próprio desvalor da acção. Esta, na verdade, implica que o infractor atinja o seu objectivo "através de erro ou engano sobre factos, que *astuciosamente provocou".*

Não basta, assim, a existência da lesão patrimonial através de qualquer erro ou engano. É necessário que da acção se saliente a *provocação astuciosa,* aquilo que para os franceses consiste numa "mise en scène".

É certo que existem ordenamentos jurídicos, tais como o espanhol, para efeitos do artigo 533.º do Código Penal, que admitem no que tange à burla — nesse caso a burla relativa a letras de câmbio —

---

ceiro um enriquecimento ilegítimo (...)"; na publicidade enganosa, ainda que se encontre em fase, diríamos, quase embrionária, em certos ordenamentos, a regulamentação penal da mesma, a verdade é que esse elemento deduz-se do facto de a publicidade (comercial) ser realizada com fins lucrativos por profissionais. Veja-se, de resto, a noção de publicidade, *supra,* n.º 1.

As infracções nos processos de incitamento ao consumo

"cualquier engaño", mesmo, portanto, a simples mentira([91]) como determinante do erro e, portanto, da burla.

Já outros ordenamentos, como o francês ("manoeuvres frauduleuses"), o italiano ("artifizi e raggiri") ou o português ("factos, que astuciosamente provocou"), entre outros, prevêem, mais do que a simples mentira, uma certa "mise en scène", um certo comportamento intencional, estudado com o objectivo de induzir a vítima em erro.

O engano há-de, assim, ser, na concepção projectada pelos ordenamentos como os deste segundo grupo, algo que tenha idoneidade suficiente para induzir a vítima, não um engano qualquer ou, mais rigorosamente, a simples mentira, sem que haja aí a intenção premeditada e ardilosa de induzir a vítima. Quer isto significar que o próprio agente pode enganar por ignorância, pode mentir simplesmente por desconhecer a verdade, sem que tenha, no entanto, qualquer intenção de induzir em erro a vítima, nem, portanto, arquitectado o erro através de manobras, artifícios ou factos provocados astuciosamente.

Vale isto por dizer que, neste último caso, o engano — não premeditado — não é suficientemente idóneo para induzir a vítima, para efeitos de burla. Aliás, mesmo na doutrina espanhola e a propósito do artigo 533.º, há quem entenda que, apesar de a letra do preceito, para efeito de burla, referir-se à possibilidade de "qualquer engano" deve entender-se como sendo "qualquer engano com idoneidade para induzir em erro", excluindo, pois, a simples mentira quando não tenha tal idoneidade([92]).

([91]) Repare-se que o facto de frisarmos a simples mentira como exemplo de um "cualquier engaño", nada tem de contraditório com o facto de certos autores defenderem como engano a mentira ou a simples mentira (cfr., recentemente, Helena Moniz, *O Crime de Falsificação de Documentos. Da Falsificação Intelectual e da Falsificação em Documento,* Almedina, Coimbra, 1993, p. 82).

É que referimos a simples mentira por nos parecer a forma mais irrelevante do engano, isto é, a qualitativamente menos enganosa, embora para efeitos do crime de burla essa simples mentira possa ser suficiente se for um elemento — no dizer de Bajo Fernandez, *op. cit.,* (n. 76), p. 370 — "idóneo para produzir error".

([92]) Ou seja, o facto de se enunciar o engano, o erro e dentro destes a simples mentira ou o exigir-se manobras fraudulentas, ou astúcia, ou artifícios, não levanta problemas, se com isto tudo se pretender referir que o engano é suficientemente idóneo para levar a vítima a agir — cfr. Bajo Fernandez, *op. cit.,* p. 372.

Tudo isto é, afinal, assim porque no crime de burla, para além do desvalor da acção, importará, também, referir que se exige aqui um dolo específico (a intenção do enriquecimento ilegítimo) através de erro ou engano provocados astuciosamente.

Como é bom de ver, não há quanto a este elemento total coincidência entre a publicidade enganosa e a burla, se bem que — admitamos — as divergências não sejam muito significativas. A publicidade enganosa existe sempre que a publicidade seja simplesmente falsa, por contrária à verdade, não necessitando que tal falsidade seja provocada por manobras fraudulentas, artificiosas, ou astuciosas, o que, desde logo, constitui uma certa diferença — podendo, portanto, haver crime de publicidade enganosa por negligência ou até através de dolo eventual. De resto, mesmo quando a publicidade não é totalmente falsa mas apenas susceptível de induzir em erro, nem aí existe total coincidência, já que, como vimos, tal indução em erro pode resultar da omissão do dever de informar (com verdade) subjacente à publicidade, em certas circunstâncias, e, nesse caso, tal omissão está longe de configurar a hipótese de manobras fraudulentas, artifícios ou factos provocados astuciosamente, nos termos definidos para a burla[93].

---

[93] É certo que o crime de publicidade enganosa por omissão só é de admitir quando a omissão de certos elementos seja susceptível de induzir em erro atendendo ao conteúdo da mensagem — isto porque não existe um dever de informar — veja-se, *supra*, n.° 1.2.3.1, n. 48.

Quanto ao crime de burla, parece assente hoje, um pouco por toda a parte, a inaceitabilidade do crime de burla por omissão, apesar de ainda exisitirem vozes no sentido da sua admissibilidade. A esse propósito GONZALEZ RUS, *op. cit.* (n.24), p. 282 e ss, defende que a existência do crime de burla por omissão é possível pela concorrência de três elementos: 1) equivalência entre acção típica e omissão nos delitos "resultativos", mediante uma consideração "social" dos mesmos; 2) existência de uma situação da qual deriva o dever de garante, como critério específico de imputação do resultado ao autor por omissão; 3) possibilidade de evitar o resultado, geralmente identificado com a "causalidade hipotética" da omissão.

Por sua vez J. MANUEL VALLE MUÑIZ, "Tipicidad y Atipicidad de las Conductas Omissivas en el Delito de Estafa", in ANNUARIO, Tomo XXXIX, Fascículo III, Sept.-- Diciembre, 1986, p. 865 e ss, afere da possibilidade do crime de burla poder ocorrer por omissão, quer através do silêncio como conduta concludente, quer através do silêncio como "uma particular hipótese de omissão". Considerando, então, a existên-

As infracções nos processos de incitamento ao consumo   139

Mas, se é certo que não existe total coincidência entre a publicidade enganosa e a burla quanto a este elemento, a verdade é que é difícil, na prática, tecer as suas diferenças e daí não ser de todo errado considerá-las a esse nível, pelo menos, semelhantes, admitindo, por isso, que, ainda que dogmaticamente diferentes, não será tal distinção suficientemente relevante quando considerada em sede de política criminal.

Outro tanto não se diga quanto aos outros dois elementos. Trata-se efectivamente de elementos que cavam a divergência total entre os dois tipos de crime. Analisemo-los, pois.

Um dos requisitos para a consumação do crime de burla é, de facto, a produção de prejuízos patrimoniais[94], uma vez que o bem jurídico protegido pelo crime de burla é o património[95]. E, obvia-

---

cia ou não entre as partes de anteriores e contínuas relações de negócios, considerando os erros gerais do tráfico, bem como os erros individuais dos contratantes, acaba por concluir pela punibilidade da ocorrência do crime de burla por omissão, advertindo, todavia, que apenas "las conductas omisivas que posean valoración concluyente, y por tanto reconducible a un hacer comisivo, podrán ser idóneas para integrar el tipo de estafa".Pelo contrário, conclui pela não ocorrência daquele crime quando "aquellos silencios (…) se limiten, en via puramente omisiva, a no sacar de un error a alguien".

Aquelas teorias são, no entanto, de difícil execução prática e a demonstrá-lo estão as discussões em torno do crime de burla, hoje previsto no artigo 217.° do C.P. português. Na verdade, já no seu projecto de Código Penal, EDUARDO CORREIA defendia a possibilidade do crime de burla por omissão, sobretudo porque haveria que atender não só os factos que o agente astuciosamente provocou mas também os que astuciosamente aproveitam, caso em que persiste um dever de informar outrem, resultando o crime por omissão — ideia semelhante à que defendemos para o crime de publicidade enganosa.

Porém, tal ideia foi refutada, nomeadamente por FIGUEIREDO DIAS, sendo certo que hoje, nos termos do artigo 217.° — apesar de haver ainda quem alimente a punibilidade do crime de burla por omissão, sobretudo através do art. 10.° do Código Penal (veja-se *Código Penal — Notas de trabalho,* Magistrados do Ministério Público do Distrito Judicial do Porto, a anotação ao artigo 313.°, do CP de 82)— essa hipótese está, a nosso ver, definitivamente arredada.

[94] Sobre a noção de prejuízo patrimonial, veja-se sobretudo MARTOS NUÑES, *El Perjuicio Patrimonial en el Delito de Estafa,* Civitas, 1990, p. 25 e ss. E sobre a sua indiscutível necessidade, desde sempre, veja-se, entre outros, RAUL GOLDSTEIN, *Diccionario de Derecho Penal,* Buenos Aires, 1962, p. 226.

[95] Nem sempre, porém, foi entendido que o bem jurídico protegido no crime de burla fosse o *património.* Fez carreira, desde a Idade Média, a teoria segundo a

140   *Da protecção penal do consumidor*

mente que tal prejuízo há-de ser a consequência inevitável do engano ou do erro provocados pelo infractor.

Pelo contrário, na publicidade enganosa esse requisito não existe, nem é de existir. A publicidade enganosa, como crime de perigo que é, consuma-se apenas na própria acção, independentemente da lesão patrimonial dos consumidores. Apesar disso, a publicidade enganosa — sabemo-lo — pode afectar a confiança no mercado, a ordem económica, mas também o património ou outro tipo de bens jurídicos ligados ao consumidor (v.g. a saúde, a segurança, etc.). É, também, evi-

---

qual o bem jurídico protegido seria a *propriedade,* devendo o crime de burla ser considerado como um crime contra a propriedade — cfr. a esse propósito FRANCESCO CARRARA, *Programa de Derecho Criminal, Parte especial,* volumem IV, 6, 2ª ed., Temis, 1966, p. 362 e ss.

Parece-nos, no entanto, mais correcta e mais ajustada a tese da consideração do património como bem jurídico (cfr. também, J.M. RODRIGUES DEVESA e SERRANO GOMEZ, *Derecho penal Español. Parte especial,* 15ª ed., p. 499: "El objeto de ataque en la estafa es cualquiera de los *elementos integrantes del patrimonio,* siendo indiferente que se trate de una cosa corporal o de um derecho, de bienes muebles o inmuebles" e, ainda, F. MUÑOZ CONDE, *Derecho Penal. Parte Especial,* 8ª ed., revisada e puesta al día, Valencia, 1990, p. 275). A esse propósito é expressiva a ilustração de MARTOS NUÑEZ, *op. cit.,* (n. 94), p. 20 e ss, segundo a qual a noção de património é a mais correcta e abrangente, visto que o património num sentido jurídico-penal constrói-se na base de concepções *jurídicas* — "o património de um sujeito de direito, constitui-se pela soma de todos os seus direitos e deveres patrimoniais" (BINDING) em que objecto do prejuízo patrimonial podia ser "uma parte concreta do património, uma coisa móvel ou imóvel, um direito pessoal ou real" (ANTON ONECA) — *económicas* — em que, por um lado, reconhecem que formaria parte integrante do património toda a posição dotada de valor económico no tráfico negocial, independentemente de se concretizar ou não num direito ou que seja susceptível de reconhecimento jurídico, e, por outro, admitem a possibilidade de compensação do dano patrimonial e do lucro cessante através de medidas económico-objectivas — concepções *jurídico-económicas* — uma vez que agora se limitam os bens patrimoniais aos que possuem valor económico, convertíveis ou não em direitos subjectivos, sendo certo que se reputam bens patrimoniais, somente aqueles com os quais o sujeito possa entretecer uma relação jurídica — e ainda concepções *pessoais* — segundo as quais se faria ligar a concepção de património aos fins económicos do sujeito passivo no delito.

Como se vê, tal abrangência permite incluir não só a propriedade como outras formas susceptíveis de constituirem bens jurídico-penais. Por isso, o património vem, assim, a revelar-se o bem jurídico, mais rigorosamente afectado pela burla, sem risco da exclusão de outros, como seria o caso se adoptássemos a propriedade como bem jurídico protegido.

As infracções nos processos de incitamento ao consumo 141

dente que, quando se verifica a existência de tais danos e se prove a sua conexão com a publicidade enganosa, haverá analogias com os requisitos da burla, já que, naquele caso como neste, haverá prejuízo e causalidade adequada entre este prejuízo e o engano provocado pela publicidade.

Aliás, serão neste caso de tal forma semelhantes, que não falta quem entenda poder perspectivar-se a publicidade enganosa como uma das manobras fraudulentas ou um dos factos astuciosamente provocados para a consumação do crime de burla e em que, a existir crime de publicidade enganosa, este seria integrado naquele pelas regras da consumpção [96].

Ainda que, hipoteticamente, isso assim fosse, não podemos concordar que isso sempre assim aconteça, já que, por um lado, o crime de burla raramente tem como "mise en scène" a publicidade enganosa e, por outro, o crime de publicidade enganosa é um crime de perigo que não necessita da verificação da efectiva lesão de bens jurídicos para que se ache consumado, enquanto que o crime de burla só se consuma quando se dá o prejuízo da vítima através da lesão de interesses patrimoniais, pelo que nestas hipóteses pode não ocorrer o crime de burla e, no entanto, ter já ocorrido o crime de publicidade enganosa. Ou seja, vale por dizer que, se nestes últimos casos se justificará a existência autónoma do crime de publicidade enganosa, não vemos razão para que, nos casos de verificação de lesão patrimonial (ou de outro bem jurídico), se deixe de considerar tal hipótese, sendo certo que, ademais, o crime de publicidade enganosa tem em vista bens jurídicos que não se reduzem inteiramente ao património (como é, contrariamente, o caso da burla!).

Por outro lado, a exigência do prejuízo patrimonial na publicidade enganosa seria político-criminalmente descabida. A publicidade é um meio comunicacional de massas, dirigida, simultaneamente, a

---

[96] Nesse sentido, P. Greffe e F. Greffe, *op. cit.,* (n. 40), p. 244 e J.C. Fourgoux e Outros, *op. cit.,* (n. 17), p. F 3. Sobre tal problema, analisando o curso seguido na jurisprudência francesa, sobretudo pelo esforço que esta realizou no sentido de ampliar o conceito de manobras fraudulentas de molde a poder inserir a publicidade enganosa no crime de burla, com o objectivo de proteger o consumidor, também através do crime de burla, veja-se Nguyen-Thanh, *Techniques Juridiques de Protection des Consommateurs,* in Collection des Études Juridiques et Économiques de L'I.N.C., Supplément au n.° 23, p. 144 e ss.

um número indeterminado de pessoas. Se exigíssemos a produção do prejuízo patrimonial para a verificação do crime de burla publicitária, estaríamos a permitir a produção de um prejuízo de "massas", cuja repressão penal já não o evitaria e cuja indemnização civil pode ser para o infractor o resultado aceitável de um risco que corre, atendendo aos lucros que obtém com tal publicidade.

Impõe-se, portanto, que o direito penal, a ter que intervir, o faça aqui, logo, com uma função preventiva, precisamente evitando que tal publicidade chegue sequer a produzir quaisquer danos. De resto, o crime de publicidade enganosa, como todas as infracções verificadas no consumo, poderá afectar não só o património dos destinatários, mas e acima disso, a saúde, a segurança, a confiança dos consumidores e a ordem económica no seu todo.

Assim sendo, como é fácil de ver, não é possível, nem aconselhável, prever apenas o crime de burla (publicitária), por não cobrir todas as situações dignas de protecção penal. É necessário que esteja tipificado o crime de publicidade enganosa, ainda que, à míngua de melhor, isto é, por falta deste tipo de crime, se possa e deva recorrer ao crime de burla (publicitária)(⁹⁷), com vista à protecção penal do consumidor.

(⁹⁷) Já não é de agora a defesa da autonomização do crime de publicidade enganosa em relação ao crime de burla, ainda que este possa funcionar como mais um meio ao alcance do consumidor na busca de protecção. No sentido da criminalização autónoma da publicidade enganosa veja-se Moitinho de Almeida, *op. cit.*, (n. 13), p. 107; Marques Borges, *op. cit.*, (n. 67), p. 109; Vega Ruiz, *op. cit.*, (n. 32) p. 59 e ss; Danièle Mayer, *op. cit.*, (n. 42), p. 74 e ss.; e, Robert Voiun, *Droit Pénal Spécial*, par Michéle Laure Rassat, 6ª ed., Dalloz, 1988, p. 70. Do crime de burla pode-se efectivamente partir para outros tipos legais de crime que se adequem às necessidades dos casos. São a esse propósito elucidativas as palavras de Cesare Pedrazzi, "Rapport Général — La Responsabilité Pénale des Administrations des Sociétés", in *Travaux de L'Association Henri Capitant*, T. XV, 1963, p. 128, ao referir: "Il faut de nouveau partir du droit général: c'est la notion d'escroquerie qui représente le principal moyen de lutte contre la fraude; il s'agit de l'adapter aux besoins d'une répression proportionnée au danger signalé".

Interessante, contudo, é a posição ecléctica de certos ordenamentos, como o italiano, que conseguem conferir, através do direito penal, uma tutela específica para o consumidor quanto à publicidade enganosa. Porém, tal tutela é revestida de alguma peculiaridade: por um lado, só diz respeito a um sector atinente aos produtos alimentares e, por outro lado, sendo um tipo legal independente do crime de burla, está, no

As infracções nos processos de incitamento ao consumo   143

O mesmo vale por dizer que o crime de publicidade enganosa será suficiente e já abrangerá o próprio crime de burla publicitária, se se considerar — como julgamos dever ser — que a mera existência da publicidade enganosa (com todos os requisitos e elementos do crime), independentemente da produção de prejuízos e do enriquecimento do infractor ou da existência de manobras fraudulentas, é suficiente para a punição penal; ou, então, pelo contrário, considerar-se que o crime de publicidade enganosa só tem relevo nas situações em que se verificam aqueles elementos ligados ao crime de burla, caso este em que para tal situação se justificará a existência do crime de burla publicitária — absorvendo, por isso, o crime de publicidade enganosa.

A este propósito, como refere JEAN PRADEL[98], o Direito francês abraça estas duas vias: quer pelo artigo 405.º do Código Penal, em que o infractor pode ser punido por burla publicitária e como, de resto, a jurisprudência já entende; ou através do artigo 44.º da Lei n.º 73/1993, de 27 de Dezembro, que veio alterar a Lei de 2 de Junho de 1963, pela publicidade enganosa como sendo a publicidade falsa e/ou de natureza a induzir em erro, como, também, tem vindo a ser entendido pela jurisprudência.

2. O crédito ao consumo

2.1. Definição e delimitação da figura do crédito ao consumo: o interesse da sua distinção relativamente ao crédito em geral.

O crédito ao consumo é uma das espécies do crédito em geral[99] que pelas suas especificidades se distingue de outras formas de

---

entanto, pensado para situações "claramente graves", ou seja, aquelas, que de um modo geral já estariam protegidas pelo crime de burla — veja-se nesse sentido, GUIDDO ALPA, MARIO BESSONE e ENZO ROPPO, "Una Politica del Diritto per la Publicittà Commerciale", in ANNALI, Anno XIII, 1974, p. 39 e ss.

[98] JEAN PRADEL, op. cit., (n. 59), p. 63 e ss..

[99] Refira-se, contudo, que o crédito ao consumo aparece revestido de diversas formas, algumas delas acompanhando o mesmo modelo relativo ao crédito em geral, já que a distingui-la haverá o facto de, no crédito ao consumo, contrariamente ao crédito em geral, o financiamento se esgotar numa relação de consumo. Veja-se sobre tais formas e das suas analogias com o crédito em geral, ROSS CRANSTON, Consumers

crédito. Importa defini-lo e delimitá-lo, de molde a que compreendamos o alcance da sua importância, enquanto processo de incitamento ao consumo e como fonte geradora de alguns problemas, a implicar uma adequada protecção do consumidor.

O crédito ao consumo define-se por duas características entre si intimamente ligadas. Por um lado, trata-se de um crédito única e exclusivamente destinado à aquisição ou utilização de bens e serviços destinados ao consumo. De certo que existirão inúmeras situações de aquisição ou disfrute de bens e serviços acompanhadas de crédito mas que, por se não destinarem ao consumo final e, ao invés, terem outros destinos, v.g. a revenda, não integram situações de crédito ao consumo, mas tão-só de crédito empresarial, profissional, etc. Assim visto o problema, acabamos por referir o crédito ao consumo à noção objectiva do direito do consumo, na medida em que definimos aquele pela sua aplicação nos actos de consumo — e só nesses([100]).

Mas outra característica implica já com a concepção subjectiva do direito de consumo e tem a ver com o facto de em tal crédito (ao consumo) intervir como uma das partes, precisamente, o consumidor (final). Na verdade, e como veremos melhor adiante, o facto de se tratar de um acto objectivamente de consumo, no sentido de que a sua aquisição se destina ao consumo final (à consumação), não implica que seja uma relação de consumo *tout court,* porquanto o agente que adquire e consome o bem ou serviço pode não ser um consumidor. Isto é, se a relação é economicamente de consumo, poderá não ser juridicamente considerada como tal, se nenhum dos intervenientes é consumidor, a menos que se considere que, também, os profissionais devem ser considerados juridicamente consumidores e, então, bastará aquele

---

and the Law, 2ª ed., London, 1984, p. 179 e ss. O crédito em geral consiste — no dizer de C. Ferreira de Almeida, *op. cit.,* (n. 18), p. 142 — "numa operação pela qual alguém cede voluntariamente a outrem um bem (coisa ou serviço), mediante uma contraprestação futura".

([100]) Há quem, como C. Ferreira de Almeida, *op. cit.* (n.18), p. 142, entenda que na noção de crédito ao consumo, apenas deve entrar em linha de conta a concepção objectiva, isto é, a de que tal crédito é de consumo porque se define "pela finalidade dos bens adquiridos". Pensamos que tal visão, como demonstramos no texto, não é a mais rigorosa.

As infracções nos processos de incitamento ao consumo   145

elemento objectivo([101]). Não é, no entanto, a tese por nós defendida, como veremos.

Pelo que e em síntese, para que se trate de um crédito ao consumo é, desde logo, indispensável a existência de um acto objectivo de consumo, isto é, uma aquisição ou disfrute de bens ou serviços destinados ao consumo e que tal acto seja levado a cabo, pelo menos, por um consumidor e, por isso, subjectivamente de consumo.

O fundamento de tal delimitação encontrá-lo-emos na necessidade de conferir protecção especial ao consumidor, nas relações de consumo acompanhadas de crédito. Se, como veremos de seguida, o consumidor, ao adquirir através de crédito, ficasse sujeito às mesmas regras que regulam o crédito em geral, ficaria altamente desprotegido, pelo simples motivo de que se trata de um sujeito geralmente mais leviano e menos preparado para a relação de negócio([102]).

As formas que assume o crédito ao consumo são diversas, variando em função dos bens adquiridos, em função dos montantes em questão ou da complexidade do acto de consumo([103]). Assim, podem ir desde o empréstimo pessoal ou crédito pessoal (conferido pelo comerciante ou por terceiro), passando pela venda a prazo (ou chamada venda a prestações), o "leasing" (ou outros sistemas de compra por aluguer), o aluguer de longa duração, os cartões de crédito, o crédito bancário (através de antecipação de quantias por conta dos vencimentos depositados mensalmente no banco ou por simples crédito no saldo da conta), os chamados créditos especiais (como o crédito para aquisição de habitação) ou qualquer outra forma de facilidade no pagamento da aquisição ou disfrute de bens ou serviços de consumo.

Destes, alguns — poucos — não importam qualquer encargo para o consumidor a não ser o próprio pagamento do montante em

---

([101]) Contra a inclusão dos profissionais como devendo ser considerados consumidores para tais efeitos, está MIGUEL PASQUAU LIAÑO, "Propuestas para una Protección Jurídica de los Consumidores en Materia de Créditos de Consumo: Medidas de Prevención y de Solución de los Problemas Derivados del Sobreendeudamiento", in E.S.C., n.º 18, Agosto, 1990, p. 14.

([102]) Sobre as desvantagens da regulamentação do crédito ao consumo pelas regras tradicionais e gerais, veja-se MIGUEL PASQUAU LIAÑO, op. cit., p. 14.

([103]) Cfr. C. FERREIRA DE ALMEIDA, op. cit., (n. 18), p. 142 e ss, ao salientar, principalmente o crédito bancário pessoal, a venda a prestações e o cartão de crédito; cfr. também, MIGUEL PASQUAU LIAÑO, op. cit., (n. 101), p. 11.

146   *Da protecção penal do consumidor*

dívida (é o caso do pagamento da mercearia diferido para o fim do mês); mas a maior parte importa sempre a existência de juros, despesas ou outros encargos. Além disso, alguns implicam a existência de garantias pessoais (como a fiança), bancárias (como o aval ou o aceite de letras de câmbio) ou reais (como a hipoteca). São, também, diversos os modos como se constituem, podendo ir do simples contrato verbal à escritura pública.

2.2. Os problemas advindos do crédito ao consumo: análise de algumas infracções.

Relativamente às infracções possíveis, numa relação de crédito ao consumo, há que distinguir dois tipos de problemas distintos.

Por um lado, os problemas cujas causas são adstritas ao próprio consumidor, ou seja, problemas suscitados e provocados pelo próprio consumidor em seu prejuízo, quer por incompreensão relativamente às regras do crédito, quer por leviandade, quer por acidente ou outra causa inesperada aquando do momento do cumprimento e que o podem levar ao incumprimento. Por outro lado, os poblemas advindos dos profissionais que por desconhecimento ou por intenção, provocam a ofensa dos direitos do consumidor([104]). Impõe-se, por isso, a sua análise.

Ao consumidor são, geralmente, atribuídos alguns direitos na relação de crédito ao consumo([105]). É-lhe, desde logo, atribuído o direito de ser prévia e adequadamente informado, tanto relativamente às condições do contrato subjacente ao próprio crédito, como relativamente a este, informação essa que deverá ser feita tendo em conta as circunstâncias envolventes da relação de consumo, isto é, o nível cultural, económico e social do consumidor, bem como de factores alusivos ao mercado e relacionados com o negócio que o consumidor pretende realizar.

Tal direito (de ser informado) inclui, ainda, o direito de saber o valor da aquisição, independentemente do crédito, bem como de tal valor acompanhado

---

([104]) Sobre o enunciado desses dois tipos de problemas veja-se, sobretudo, MIGUEL PASQUAU LIAÑO, *op. cit.,* (n. 101), p. 13 e ss.

([105]) Sobre tais direitos, e na senda de quem, além de outros, os enunciámos no texto, veja-se DANIELE CRÉMIEUX ISRAEL, *Crédit et Protection du Consommateur,* Economica, Paris, 1978, p. 9 e ss.

As infracções nos processos de incitamento ao consumo 147

do crédito e, bem assim, da taxa de juro e de todos os encargos inerentes ao crédito, estipulados pelo vendedor ou por lei — o consumidor deve saber o "preço" que vai pagar por aderir ao crédito e deve ter consciência exacta da diferença resultante da adesão ao crédito, ao invés da mesma aquisição sem tal crédito.

Para além disso, deve o consumidor saber — no caso de aquisição cujo pagamento se prorrogue no tempo — o número de prestações e o montante de cada prestação. Deve, ainda, ser informado de eventuais cláusulas penais moratórias ou compensatórias emergentes do incumprimento ou do atraso no cumprimento, bem como de indemnizações civis, possíveis em tal situação.

Por último, deve, ainda, estar informado da possibilidade de liquidar o valor creditado antes do fim do prazo convencionado e das regalias que terá por isso (nomeadamente a redução de juros se a isso houver direito).

Numa palavra, ao consumidor é, geralmente, atribuído o direito de estar informado sobre todos os condicionalismos, direitos, deveres e garantias que existam, quer por parte dele próprio, quer por parte do comerciante ou da entidade financiadora (no caso de não ser o próprio comerciante)([106]).

É evidente que se o consumidor estiver ciente de todos os pormenores que coenvolvem o negócio sobre o qual incide o crédito, bem como deste próprio, os riscos de resultarem problemas para ambas as partes decrescem. Decrescem, mas não se extinguem completamente. Na verdade, vários factos podem ocorrer que poderão impedir o consumidor de cumprir as suas obrigações contratuais. Podem ocorrer acidentes na vida do consumidor que alterem significativamente a sua situação económica (doença, morte, divórcio, acidentes pessoais, desemprego, etc.); podem as circunstâncias sob que assentou o contrato ser alteradas e levarem consequentemente ao agravamento da situação (por exemplo, se a taxa de juro legal aumentar significativamente e se o contrato previa o acompanhamento de tal alteração na taxa).

([106]) Tais requisitos devem estar satisfeitos no próprio contrato de crédito e, ademais, deve este ser reduzido a escrito. É o que decorre, por exemplo, do art. 4.º da Directiva do Conselho de 22 de Dezembro de 1986 relativa à aproximação das disposições legislativas, regulamentares e administrativas dos Estados-membros sobre crédito ao consumo (87/102/CEE, in JOC, n.º 2 42/48 de 12.2.87) e do artigo 6.º do Decreto-Lei n.º 359/91 de 21 de Setembro.

Sobre uma análise detalhada dos vários perigos da falta de informação em vários tipos de contratos de crédito, nomeadamente no crédito em conta bancária como adiantamento do salário, envolvendo encargos elevados e para os quais o consumidor não está muitas vezes advertido, veja-se RUDOLF MÜLLER e HEINZ-BERND WABNITZ, *Wirtschaftskriminalitat,* C. H. Beck'sche Verlagsbuchhandlung, Munchen, 1986, p. 39 e ss.

Não obstante, todas estas situações são alheias à vontade do profissional e dizem respeito ao próprio consumidor — ainda que, também, não as tenha desejado. Falar-se, nestes casos, em infracções não só é descabido como ocioso. Importa, isso, sim, tomar medidas para atenuar aqueles riscos e minimizar os prejuízos advindos de um não cumprimento por parte do consumidor. Tais medidas, que ora assumem a natureza de medidas preventivas — na medida em que se impõe no momento da celebração do contrato a informação dos direitos do consumidor e o seu cumprimento, com vista a evitar que o consumidor seja, logo nesse momento, "estropiado" —, ora de medidas-remédio — quer pela possibilidade do arrependimento num determinado prazo, quer pela renegociação das condições, nomeadamente pela alteração do prazo de pagamento, da taxa de juro e despesas, do montante das prestações, etc. — existem tanto no interesse do consumidor, como do profissional, funcionando, também, como medidas de protecção dos negócios e da ordem económica([107]). Não são, contudo, penais ou sequer para-penais.

Situação diferente é a que surge quando os problemas advêm da conduta do profissional, quer este os tenha provocado intencionalmente, com vista a enganar o consumidor, quer tenha pretendido retirar dividendos com a situação de necessidade de recurso ao crédito por parte do consumidor e, ainda que com conhecimento deste, quer simplesmente porque desconhece a existência de direitos e deveres na relação de crédito ao consumo, cuja inobservância se traduz na ocorrência de infracções. Infracções essas que podem ser de natureza cri-

---

([107]) Sobre uma análise de tais medidas, minuciosamente, veja-se Miguel Pasquau Liaño, *op. cit.,* (n.101), p. 12. Tais medidas vão sendo cada vez mais importantes se tivermos em conta que cada vez mais o consumidor vai sentindo dificuldades em resistir às sucessivas tentações que lhe são impostas por parte dos profissionais. Nesse sentido são expressivas as palavras de Jeremy Mitchell, "Le Consommateur Face aux Services Financiers dans la Communauté Européenne", in R.E.D.C., n.º 4, 1989, p. 224: "Dans plusieurs pays, le problème du consommateur n'est pas tenu d'obtenir un prêt, mais plutôt de résister à toutes les offres non sollicitées qui lui font des institutions très variées".

De resto, a introdução de tais medidas já é reivindicada desde momentos anteriores à fase consumerista em que vivemos, nomeadamente por Jacques-Michel G. Rossen, "Rapport Général. - La Vente à Tempérament", Journée de Neuchatel in *Travaux de L'Association Henri Capitant*, T. X, 1956, p. 293.

As infracções nos processos de incitamento ao consumo 149

minal e a importar a intervenção do direito penal. Não sem que tenhamos presentes, a este propósito, as palavras de ALESSIO LANZI: "Parlare di una tutela penal del credito potreble sembrare un qual cosa che stia a metá fra un atto di fede ed un atto di coraggio"([108]).

A tipologia de tais infracções no crédito ao consumo é, de facto, bastante variável. Por alguns ordenamentos quase desconhecidas, por outros minuciosamente elaboradas, dividem-se, no entanto, em quatro categorias: as infracções respeitantes à publicidade do crédito; as infracções cometidas por incumprimento das formalidades legais dos contratos (principal e de crédito); as infracções provocadas pelo profissional através de engano ou erro ao consumidor, com vista à obtenção de lucros; e as infracções emergentes do aproveitamento da concessão de crédito, com vista à obtenção de vantagens, nomeadamente pela aplicação de taxas de juro superiores às consentidas legalmente, com ou sem o consentimento do consumidor.

O primeiro tipo de infracções, apesar de ligado ao crédito diz respeito à publicidade([109]) e dado que sobre tal assunto já nos debruçámos, para lá remetemos([110]).

([108]) Cfr. ALESSIO LANZI, *La Tutela Penale del Credito,* Padova, 1979, p. 1.

([109]) É, no entanto, óbvio que o anúncio de crédito na aquisição de um produto ou serviço torna a relação de consumo mais complexa — não estará em causa apenas o anúncio desse produto ou desse serviço mas também o modo como o consumidor há-de aceder aos mesmos, isto é, através do crédito. Assim sendo, e dado que o crédito vai alterar a situação *ab initio* configurada com a mera aquisição sem crédito, torna-se, pois, elementar impedir, não só toda e qualquer publicidade enganosa, ilícita ou, em suma, fraudulenta, mas também obrigar, aquando do início do crédito, à enunciação das condições da concessão de tal crédito, de molde a que o consumidor saiba, de antemão, as consequências que podem advir da adesão a tal proposta. Há assim quem fale na necessidade de "impor regras positivas de *informação* das condições que serão praticadas, em especial no que concerne aos custos efectivos da operação" — cfr. C. FERREIRA DE ALMEIDA, *op. cit.,* (n. 18), p. 146 e ss e GERAINT HOWELLS et LIONEL BENTLY, "Crédit à la Consommation-Réglementation des Coûts pour les Consommateurs Economiquement Faibles" in R.E.D.C., n.º2, 1989, p. 108 e ss. Tal defesa é de saudar, não só porque efectivamente será uma forma de proteger antecipadamente o consumidor, mas também porque tal opção não implica sequer obrigação de fazer publicidade. Implica tão-somente que, no caso do profissional anunciar o seu crédito, o faça anunciando essas condições básicas e estipuladas por lei.

([110]) Vide *supra* n.º 1.2..Veja-se ainda, no que respeita especificamente à publicidade no crédito , DANIELE CRÉMIEUX ISRAEL, *op. cit.,* (n. 105), p. 3; J. LARGUIER, *Droit*

150 *Da protecção penal do consumidor*

O segundo tipo de infracções varia consoante as exigências legais relativamente à formalização dos contratos. São importantes tais exigências, já que, como vimos, funcionam logo como medidas preventivas no sentido de evitarem futuros prejuízos para o consumidor. Desde a obrigatoriedade da redacção escrita, até à obrigatoriedade de inclusão de certas e determinadas condições, a que a exigência de rigor em certos ordenamentos levou mesmo a especificá-las para cada tipo de crédito.

Na verdade, é sintomática tal preocupação na Directiva do Conselho, de 22 de Dezembro de 1986, relativa ao crédito ao consumo([111]), ao enunciar no artigo 4.°, n.° 2, as condições que devem constar nos contratos de crédito em geral (taxa anual de encargos efectiva global e condições em que pode ser alterada aquela taxa) e ao prever no n.° 3 a obrigatoriedade de inclusão de outras condições essenciais que variam consoante o crédito. E, assim sendo, a própria directiva, em anexo, elabora uma lista de tais condições, consoante se trate de "contratos de crédito para financiarem o fornecimento de determinados bens ou serviços", de "contratos de crédito accionados por cartões de crédito", de "contratos de crédito accionados por conta corrente que não sejam abrangidos de outro modo pela directiva" ou de "outros contratos de crédito abrangidos pela directiva".

Igual contemplação faz o Decreto-Lei n.° 359/91, de 21 de Setembro, enquanto transposição daquela directiva, no seu artigo 6.°. Estranhamente, este diploma praticamente não prevê qualquer tipo de sanção para o incumprimento daquelas exigências, mencionando, apenas, no seu artigo 19.°, que "são irrelevantes as situações criadas com o intuito fraudulento de evitar a aplicação do disposto" naquele diploma, sem que se determine exactamente as consequências de tal conduta([112]). O mesmo não se passa com o Direito francês, onde se

---

Pénal des Affaires, 7ª ed., 1986, p. 355 e ss; e J. C. Fourgoux e Outros, *op. cit.,* (n. 17), p. R 2 e ss.

([111]) Directiva 87/102/CEE, de 22 de Dezembro, in JOC, n.° L 42/48 de 12.2.87.

([112]) Achamos estranha essa ausência de sanções, porquanto o próprio artigo 19.° (Fraude à lei) cuida afinal duma situação em que a irrelevância aproveita o consumidor. Todavia, outras — e mais frequentes — são aquelas em que a fraude prejudica o consumidor e em que não se pode determinar irrelevante já que tal irrelevância não resolve o problema. Sobre isso apenas se prescreve no artigo 18.° que "é nula qualquer comunicação que exclua ou restrinja os direitos atribuídos ao consumidor" e

As infracções nos processos de incitamento ao consumo   151

prevê para o "não respeito pelas formalidades previstas uma multa" cujo montante varia consoante as infracções em si([113]).

O terceiro tipo de infracções relaciona-se, indubitavelmente, com o crime de burla([114]). Na verdade, o vendedor pode, através de "factos provocados astuciosamente", com uma certa falácia, ardilosamente, enganar ou induzir em erro o consumidor, quer relativamente ao contrato subjacente ao contrato de crédito, quer relativamente a este, levando-o a realizar actos que aparentemente são vantajosos para o consumidor, mas que na realidade o prejudicam e que redundam num ganho para o vendedor. Tais hipóteses poderão aparecer sob diversos modos, nomeadamente através de informação falsa sobre o conteúdo do(s) contratos(s), relativamente aos direitos do consumidor, etc.. Trata-se, no entanto, de situações típicas do crime de burla, já que preenchem todos os elementos integrantes deste crime e têm como pedra de toque o facto de afectarem o património do consumidor, enquanto bem jurídico. Não se vê aqui, por isso, em princípio, necessidade de criação de um tipo legal de crime de burla no crédito do consumo. É, por isso, natural que, dum modo geral, os diplomas que curam da matéria relativa ao crédito ao consumo remetam tais infracções para o Código Penal ou, simplesmente, não façam qualquer alusão, por se achar tal infracção *ab initio* tipificada em legislação geral (como o Código Penal) e, portanto, estar pressuposta tal remissão.

Poder-se-ia insistir e levantar a questão — tal como já fizemos anteriormente em relação à publicidade — de saber se, ainda assim e

---

no n.º 2 "O consumidor pode optar pela manutenção do contrato quando alguma das cláusulas for nula". Só que o problema, ainda que parcialmente resolvido, levanta-nos sempre a questão, nos termos do n.º 1, de saber por que razão o legislador considerou contra-ordenação a infracção ao disposto no art.º 5.º (publicidade fraudulenta) e, principalmente, por que razão o legislador no artigo 17.º, n.º 2, determina aplicáveis as normas constantes do Código de Publicidade às Contra-ordenações, previstas naquele diploma, se, na verdade, tal diploma não prevê nem mais uma contra-ordenação a não ser aquela — da publicidade — e que está perfeitamente regulada no Decreto-Lei n.º 359/91. É estranho. Teria o legislador a intenção de considerar como contra-ordenação outras infracções, nomeadamente as respeitantes às cláusulas apostas nos contratos, e não o faz? É uma questão importante e que patenteia a indefinição político-criminal do legislador nesta matéria.

([113]) Cfr. DANIELE CRÉMIEUX ISRAEL, *op. cit.*, (n.105), p. 11.

([114]) Veja-se essa hipótese analisada na venda a prestações, por MARIA TERESA CASTIÑERA PALOU, *Ventas a Plazos y Apropiación Indebida*, Barcelona, 1983, p. 122 e ss.

em nome de uma protecção do consumidor que se quer especial, em virtude da sua fraqueza face aos profissionais, não seria pertinente criar dentro da burla um tipo de burla especial dirigido à protecção do consumidor nos casos relacionados com o crédito ao consumo[115]. Pensamos, concretamente, no interesse que haveria em fazer incidir o ónus da prova da inocência sobre o profissional, de penalizar mais severamente o profissional em tais casos e de simplificar o processo penal. Esta questão implica directamente com a maior ou menor necessidade de proteger o consumidor e, em virtude disso, com a necessidade de criminalizar ou descriminalizar tais condutas numa relação especial como é a do consumo. Será, por isso, uma questão a obter resposta quando nos debruçarmos sobre tal problema e à qual voltaremos adiante na análise de situação idêntica nas vendas não convencionais.

Questão mais premente, por ora, é a relativa ao quarto grupo de infracções e que configuram situações de *usura,* próprias, por isso, da concessão de crédito, embora, agora, devendo ser configuradas na *relação de crédito ao consumo.*

Numa aproximação simples, podemos dizer que a usura ocorre quando, numa situação de concessão de crédito, são estipuladas taxas de juro ou ganhos superiores ao normal permitido e desproporcionado com as circunstâncias da situação[116]. No fundo, o que provoca a

---

[115] Repare-se que a hipótese configurada no texto nada tem de novo se considerarmos que, por exemplo, o próprio Código Penal português determina, para além da burla (em geral) do art. 217.º, a burla relativa a seguros (art. 219.º), a burla para obtenção de bebidas, alimentos, alojamento ou acesso a recintos, meios de transporte ou serviços(art. 220.º) e a burla informática (art. 221.º).

[116] A usura, apesar de tudo, sempre esteve ligada ao comércio de dinheiro, sendo mesmo certo que, desde a Idade Antiga até à Idade Média sempre foi entendida como o comércio de dinheiro; praticamente, só no início da Idade Moderna, começou a estar associada ao empréstimo de dinheiro a uma taxa excessiva — cfr. BRUNO MOSCHETTO e ANDRÉ PLAGNOL, *Le Crédit à la Consommation,* in "Que sais-je?", n.º 1516, Paris, 1973, p. 58 e ss.

Mas a evolução inicial é curiosa. Como explica PEDRO EIRO, *Do Negócio Usurário,* Almedina: Coimbra, 1990, p. 11, «Etimologicamente, a palavra *usura* deriva de "usus"», devendo, afinal, a usura ser «o preço devido pelo uso ("usus")de certa coisa». E assim é que, «já Aristóteles, nomeadamente, condenava com veemência a exigência feita àquele que pediu emprestado de restituir não só o equivalente ao empréstimo, mas também um preço devido pelo uso». Na verdade, e como explica, a

As infracções nos processos de incitamento ao consumo   153

usura é o facto de o usurário vir a obter, com o crédito, um ganho manifestamente superior ao normal e, portanto, prejudicando, quer o devedor, quer o mercado de dinheiro.

Só que, em termos penais, nem sempre é fácil determinar a ocorrência do crime de usura, visto que não existe unanimidade quanto à sua tipificação legal. O problema levanta-se, sobretudo, se considerarmos a existência da usura objectiva e da usura subjectiva.

Num caso, o usurário concede o crédito sabendo que vai beneficiar de certos ganhos desproporcionados e superiores ao normal, independentemente da situação do devedor — estamos, assim, perante um caso de usura objectiva; noutro caso, o usurário, ao conceder o crédito, fá-lo, porque o devedor se encontra numa situação de necessidade, anomalia mental, inépcia, ligeireza ou relação de dependência e, como tal, o primeiro explora a situação do segundo — é a chamada usura subjectiva[117].

A diferença entre uma e outra vem a estar, assim, na forma como é dado o consentimento do devedor, atendendo à situação em que o mesmo se encontra. Vale isto por dizer, que na usura objectiva o devedor dá o seu consentimento ao usurário, uma vez que não se encontrando naquela situação de constrangimento, só aceita as condições do negócio porque quer ou, *rectius,* porque livremente quer.

Não há, neste caso, qualquer pressão que obrigue o devedor a aceitar aquela situação ou que leve o usurário a explorá-la e em virtude disso a cometer o crime.

Já no que respeita à usura subjectiva, é relevante a situação de carência do devedor e como tal, ainda que este tenha conhecimento do

---

usura vem a estar ligada ao dinheiro, como vimos, porque, o dinheiro tinha e tem a função de ser gasto no "emprego nas compras e vendas" (S. Tomas de Aquino) — cfr. ainda Pedro Eiro, *op. cit.,* p. 12.

Igualmente Giuliano Cervenca, "Usura - a) Diritto Romano", in *Enciclopedia del Diritto,* XLV, Giuffrè Editore, 1992, p. 1125, dá uma explicação histórica idêntica, sublinhando, contudo, a ligação da usura ao dinheiro, referindo: "Con i termini «usura», «usurae» (da «utor», «usus») si vuole indicare nelle fonti romane il compenso per l'uso di un capitale altrui, e ciò sia che si tratti di un interesse lecito, sia che, invece, esso sia stato percepito illegalemente, vale a dire in misura superiore al tasso massimo ufficiale".

[117] Cfr. M. Bajo Fernandez, *Manual de Derecho Penal (Parte Especial). Delitos Patrimoniales y Económicos,* Editorial Ceura, 1987, p. 317 e ss.

excesso na situação, a verdade é que ele se sente obrigado a aceitá-la porque efectivamente necessita. Assim sendo, não se pode falar no consentimento do devedor, visto que o consentimento pressupõe aqui um acto de liberdade, um acto em que livremente se quer e em que livremente se pode rejeitar. Tal não é o que acontece na usura subjectiva, visto que a situação do devedor *o obriga* a aceitar e como tal o "consentimento" não é dado livremente"[118].

Bajo Fernandez, em face do exposto, considera que só se pode proteger o mutuário pela via penal quando estamos em face da usura subjectiva, visto que no caso da usura objectiva o desvalor da acção não é suficientemente relevante para atrair a intervenção do direito penal[119].

Na verdade, em princípio, analisada a situação e sopesada a relação entre desvalor da acção/necessidade de protecção do lesado, poderíamos afirmar que o lesado, na usura objectiva, praticamente não o é porque assim o desejou, consentindo que o usurário realizasse a conduta; este, ao fazê-lo com o consentimento do devedor e por sua livre vontade, pratica uma acção, cujo desvalor (ganha mais do que o normal) é atenuado (visto que ganha mais do que o normal porque ambos o desejam e não porque o usurário abuse de qualquer situação de constrangimento do devedor) e, como tal, a necessidade de protecção é menor, bem se podendo questionar da dignidade penal de uma tal atitude.

Mas não só. O problema pode e deve ser visto pelo prisma do bem jurídico a proteger. Dum modo geral, é aceite que em causa estará logo a propriedade, ou, *rectius,* o património do lesado, pelo facto de o devedor poder perder mais do que perderia se não recorresse ao crédito usurário (perda essa na justa e inversa proporção do ganho do usurário)[120]. Vistas as coisas nesta perspectiva, seríamos levados a dizer que, quer numa situação, quer noutra (de usura objectiva ou subjectiva), existe sempre uma diminuição patrimonial do devedor, atendendo a que só com isso o usurário pode efectivamente ganhar — há

---

[118] Cfr. Bajo Fernandez, *op. cit.,* p. 315 e ss; e J. J. Gonzalez Rus, *op. cit.,* (n. 88), p. 353.

[119] Cfr. Bajo Fernandez, *op. cit.,* (n. 117), p. 315, em concordância com Garcia Arin.

[120] Bajo Fernandez, *op. cit.,* p. 316 e ss.

As infracções nos processos de incitamento ao consumo 155

uma transferência de valores patrimoniais de um para o outro. Como tal — abstraindo-nos, agora, de outras considerações — existe sempre a necessidade de proteger o domínio patrimonial do devedor.

Só que a verdade impõe-nos concordar com Bajo Fernandez, que, por sua vez, se opõe àquela tese. Este autor considera que o bem protegido, para além da propriedade, há-de ser, no crime de usura, *"la libertad de voluntad del prestatario"*[121]. E, na verdade, aqui parece residir o cerne da questão.

Se o devedor não se encontra em situação de necessidade, anomalia mental, inépcia, ligeireza ou relação de dependência, ele sabe exactamente o que faz e como deve fazer. Como tal, ele sabe avaliar até que ponto a sua acção lhe é prejudicial ou, ao invés, lhe é benéfica[122], e não se encontrando naquela situação de carência, ele, melhor do que ninguém, sabe se deve aceitar ou recusar e, se o sabe, também o pode fazer. Como tal, ele está habilitado a ser o guardião da sua propriedade. Visto, por outro lado, que ele deu o seu consentimento livremente, não há motivos — em princípio — para a protecção penal[123].

Inversamente, no caso da usura subjectiva, o devedor encontra-se numa situação de dependência ou debilidade tal, que não tem liberdade suficiente para decidir ou para agir como gostaria, já que ele age em função da situação em que se encontra. Ora, o usurário sabe dessa situação e explora-a, isto é, explora a falta de liberdade de vontade. O direito penal aqui intervém, não só para proteger a propriedade do lesado, mas, também, para proteger a liberdade de vontade do lesado,

---

[121] Cfr. Bajo Fernandez, *op. cit.,* p. 317; note-se que tal tese não segue os trilhos da doutrina maioritária. Disso tem consciência, aliás, Bajo Fernandez, ao referir ali que é uma concepção que "mantenemos en estos momentos aisladamente en la Doctrina».

[122] Dizemos benéfica porque, na verdade, no caso da usura objectiva, o devedor pode vir a ganhar se concretizar o negócio usurário. Se, por exemplo, *A* pede a *B* 720.000 escudos, pelo prazo de um mês, para comprar um automóvel, ainda que *B* exija juros por esse mês à taxa de 50%/ano (tendo, portanto, *B* que lhe pagar 30.000 escudos correspondente a esse mês) *B* não se importará e até quererá fazer o negócio livremente, porque tem para o automóvel um comprador que lhe dá 1.000.000 escudos e, portanto, o negócio é-lhe benéfico.

[123] Não haverá necessidade de proteger o devedor que, livre e conscientemente, quis aquela situação, mas não fica arredada — como veremos no texto — a intervenção penal, por outras razões e por isso, não fica excluída a protecção do devedor ainda que reflexamente.

156 Da protecção penal do consumidor

já que é pela falta dessa liberdade que se vem a produzir a lesão patrimonial.

Como se vê, por esta via, é clara e inequívoca a necessidade de proteger o devedor na usura subjectiva, mas já não é assim na usura objectiva. Porém, ainda assim, não está logo arredada a necessidade da intervenção do direito penal na usura objectiva.

Se a usura se trata de uma "disfunção transindividual", que afecta valores éticos e sociais, no âmbito do mercado de dinheiro — como pensam, acertadamente, alguns autores([124]) — a verdade é que o problema não pode situar-se apenas entre mutuante e mutuário, mas entre mutuante e mercado de dinheiro ou, *rectius*, entre ambos e tal mercado. Queremos com isto significar que, ao tipificar o crime de usura, pode ser tida em conta a ordem económica, num dos seus aspectos relevantes que é o mercado de dinheiro, já que tal mercado é regido por regras rígidas, entre as quais, uma é a de as concessões de crédito estarem sujeitas a uma determinada taxa de juro ou taxa geral de encargos([125]). Se, perante tal situação, determinados agentes praticam outras taxas de juro mais elevadas, prejudicam não só o próprio devedor (mesmo que ele aceite livremente), mas, também, violam padrões

---

([124]) Cfr. CESAR HERRERO HERRERO, *Los Delitos Economicos. Perspectiva Juridica y Criminologica*. Madrid, 1992, p. 201, em concordância com QUINTANO RIPOLLÉS.

([125]) Por exemplo, actualmente, em Portugal, para além de várias taxas estipuladas por lei para as operações activas de crédito, é de salientar, no recente Decreto-Lei n.º 359/91, de 21 de Setembro, alusivo ao crédito ao consumo, no art.º 4.º, a estipulação de uma taxa anual de encargos efectiva global (TAEG), cujo cálculo, devendo ser rigoroso, obedece a regras, cuja expressão matemática aparece no anexo n.º 1 daquele diploma.

Como se pode constatar aí, o cálculo daquela taxa envolve uma série de factores (incluindo mesmo as despesas de cobrança dos reembolsos de certos pagamentos, as despesas de seguro ou de garantia que se destinem a assegurar ao credor, em caso de morte, invalidez, doença ou desemprego do consumidor, etc., a cobrança, além, claro está, do juro a cobrar). Ora, é óbvio que um crédito concedido naquelas condições implicará para ambos os contraentes um acréscimo do "preço" final a pagar pelo consumidor. Se o profissional cumpre escrupulosamente aquelas exigências e se o consumidor conseguir o mesmo crédito de profissionais menos cumpridores e que, consequentemente, permitam ao consumidor aceder àquele crédito de forma menos onerosa, a verdade é que o profissional escrupuloso arrisca-se a perder o cliente — e, no entanto, ele é cumpridor da lei.

Tal hipótese, como se verá no texto, poderá levar a que o profissional se sinta desmotivado a cumprir, em função do chamado "efeito ressaca".

As infracções nos processos de incitamento ao consumo   157

de conduta prévia e antecipadamente estabelecidos, aos quais os demais estão sujeitos. É certo que, à partida, tal concorrência não prejudica os restantes agentes, visto que se estes estabelecem taxas de juro mais baixas, com maior facilidade atraem clientela[126]. Só que o problema subsiste se o situarmos no mercado no seu todo, isto é, se concebermos a hipótese de, também, os restantes agentes começarem a praticar, por "efeito ressaca" ou "efeito espiral"[127], taxas de juro mais elevadas, acabando por prejudicar os interessados em geral. Tal tentação seria facilitada, ainda porque a prática de taxas mais altas não seria penalizada. A intervenção do direito penal, neste caso, sempre inibirá aquela tendência, protegendo, por um lado, o mercado de dinheiro no seu todo e, por outro, reflexamente, os próprios interesses dos agentes, nomeadamente os interesses patrimoniais, que seriam afectados no caso de se desencadear aquela tendência.

São, no entanto — concordamos —, argumentos pouco sólidos para justificarem uma intervenção do direito penal, visto que para alcançar aquele objectivo, sempre poderão funcionar outros mecanismos[128]. Mas, também entendemos que a defesa da propriedade, por si e só por si, não é suficiente para justificar a intervenção penal, no caso da usura objectiva. Por isso, concordamos, nessa parte, com Bajo Fernandez, ao referir que só na usura subjectiva se pode fazer a defesa da propriedade e da liberdade de vontade do devedor[129].

Importa, agora, relacionar o que acabámos de ver com a protecção do consumidor no crédito ao consumo. Aqui, tal como no

---

[126] Estamos a pensar, aqui, em agentes que habitualmente se dedicam à concessão de crédito, *maxime,* as entidades bancárias e as sociedades de locação financeira, entre outras.

[127] Cfr. Bajo Fernandez, *op. cit.,* (n.117), p. 400 e, J.J. Gonzalez Rus, *op. cit.,* (n. 24), p. 38 e, ainda, Hans Richter, *Wirtschaftsstrafrecht, Eine Gesantdarstellung des Deutschen Wirtschaftsstraf - und - Ordnungswidrigkeitenrechts,* Aschendorff Munster, 1987, p. 33, com propostas para evitar tais efeitos, nomeadamente através dos chamados *acordos de submissão.*

[128] É aqui de referir sobretudo o direito civil. Porém, não sem que se diga que o direito civil vem, no caso português, a cobrir as hipóteses contempladas no direito penal sem excluir a sua aplicação, isto é, funcionando paralela e cumulativamente. Nesse sentido, veja-se Abilio Neto e Herlander Martins, *Código Civil, Anotado,* 6ª ed., actualizada, Livraria Petrony, Lisboa, 1987, p. 128.

[129] Bajo Fernandez, *op. cit.,* (n.117), p. 317.

crédito em geral, são possíveis situações de usura. Simplesmente, ao relacionar a usura com o crédito ao consumo e ao procurar extrair daí indicações quanto à protecção penal do consumidor, podemos tirar duas conclusões interessantes: uma é a de que no crédito ao consumo, tal como no crédito em geral, importa, sobretudo, criminalizar as situações de usura subjectiva; a outra é a de que, se em sede geral, existe um maior pendor para a protecção do devedor no caso da usura subjectiva, justamente pelo estado de constrangimento em que se encontra o devedor, então é legítimo para outras situações relacionadas com o consumo e para além de usura, conceder uma especial atenção à protecção do consumidor, visto que este é geralmente uma pessoa mais fraca do que o profissional. Vejamos.

Sobre a usura no crédito ao consumo, nada mais há a dizer de relevante, visto que as considerações anteriormente tecidas valem inteiramente para o crédito ao consumo. Aqui, na verdade, são possíveis situações de prestações desproporcionadas e situações de taxas de juro ou cláusulas penais exageradas nos contratos[130].

Simplesmente, o consumidor, ao recorrer ao crédito para adquirir um bem ou serviço para consumo, põe termo a um processo económico, sendo, por isso, o último elo desse processo. O consumidor adquire porque necessita para seu consumo próprio e final — caso

---

([130]) Além, evidentemente, das hipóteses de usura na cessão de créditos, situação que aparecia configurada no art. 320.°, n.° 3 do Código Penal Português de 1982 (cfr. M. Maia Gonçalves, *Código Penal Português Anotado e Comentado e Legislação Complementar*, 6ª ed., revista e actualizada, Coimbra, 1992, p. 685), ao prescrever: "Na mesma pena incorre quem adquirir, a qualquer título, crédito da natureza indicada nos números anteriores, com intenção de utilizar, a seu favor ou de terceiros, as referidas vantagens patrimoniais usurárias". Tal hipótese, que nos parece configurar situação de usura objectiva — visto que aqui não importa a situação do devedor, senão que, também ele, pode ver no negócio usurário uma forma de vir a obter ganhos (e, por isso, se configurar aqui a hipótese de cessão de crédito) — não interessa no caso da protecção do consumidor enquanto vítima de usura, visto que a cessão de crédito, como negócio que é, não se enquadra nas relações de consumo, além de que o consumidor não seria aí vítima, mas um dos intermediários e beneficiários do negócio usurário.

Tal figura foi eliminada pelo Código Penal actual, o que atesta bem a razão da nossa opção quanto à descriminalização da usura objectiva, aquando da apresentação e defesa do presente trabalho.

contrário, não se tratará de uma relação de consumo. É, portanto, bom de ver, que se o consumidor não pode evitar o recurso ao crédito é porque dele necessita, visto que, mesmo sem usura, o crédito vem a traduzir-se num agravamento do preço da coisa pretendida. E o consumidor não prescinde do crédito e a ele recorre porque, efectivamente, necessita do bem ou serviço que pretende adquirir e não o pode fazer doutro modo menos oneroso. O consumidor encontra-se, assim, numa situação de necessidade e de dependência. Mas não só: ele, em geral, exceptuando os casos em que, *in concreto,* resulte o contrário, é mais inexperiente, mais inapto e mais fraco, agindo, portanto, com maior ligeireza do que o profissional. Ou seja, considerado abstractamente, ele não é um ente menor, mas considerado na relação de consumo perante o profissional, ele tem tendência a apresentar-se em situação de inferioridade. Todos estes adjectivos são os que, afinal, caracterizam a situação de usura subjectiva e que levam a que o consumidor se sinta "obrigado", constrangido ou incitado a recorrer ao crédito em condições desvantajosas. Sendo assim, não existem dúvidas de que é na situação de usura subjectiva que a protecção penal do consumidor se revê.

Daqui, facilmente podemos então partir para reflectir relativamente às restantes relações de consumo, estejam elas ligadas à publicidade, às vendas não convencionais ou outras.

A discussão em torno da necessidade da protecção penal do devedor, na usura subjectiva ou, também, na usura objectiva, nasce do facto de parecer mais pesado o argumento de que, na primeira, contrariamente à segunda, o elemento subjectivo — ligado ao devedor — é fundamental; isto é, torna-se evidente e decisivo o facto de o devedor se encontrar numa situação de fraqueza face ao usurário e, como tal, carecer duma protecção não só em razão da defesa da sua propriedade, mas, também, em razão da defesa da sua liberdade de vontade.

Não é essa, afinal, a situação em que geralmente se encontra o consumidor?

Iremos analisá-la já de seguida. Mas o que, por ora, podemos avançar é que, de facto, o consumidor, encontrando-se na relação de consumo em situação desfavorecida face ao profissional, reivindica uma tutela especial ou mais adequada, precisamente em razão dessa

160   *Da protecção penal do consumidor*

situação, para além de outros bens jurídicos que possam estar em causa (património, saúde, segurança, confiança, etc)[131].

3. As vendas "agressivas", não convencionais ou métodos promocionais de vendas (vendas fora do estabelecimento, vendas à distância, vendas forçadas, em cadeia, etc.)

3.1. Noção e delimitação

A venda clássica é aquela que se processa geralmente dentro do estabelecimento comercial, na qual o consumidor procura e o profissional oferece um produto ou um serviço. É a venda tradicional ou convencional.

---

[131] Aquando da apresentação do presente trabalho, escrevíamos que sopravam ventos favoráveis a uma resposta afirmativa daquele problema. Decorria a revisão do Código Penal e referíamo-nos à posição tomada e manifestada pela Comissão de Revisão do actual Código Penal — cfr. *Código Penal, Actas e Projecto da Comissão de Revisão,* Ministério da Justiça, 1993, p. 344. Desde logo, no Projecto de Revisão do Código Penal, simplificava-se de modo significativo a regulamentação da usura em vigor então. Aquilo que existia em quatro artigos (320.° a 323.°), algo extensos, passou a estar resumido num só artigo e de forma concisa. Significativo era o facto de se pretender eliminar o então n.° 3, bem como o facto de se entender que "o Código Penal não deve ocupar-se com situações em que se exigem juros acima do juro legal (pode ser criminalidade económica ou contra-ordenação) a não ser, como é óbvio, que esteja em causa, por exemplo, a exploração de uma situação de necessidade".

Parece-nos significativa esta posição da Comissão da Revisão e acalenta-nos a ideia, também por nós defendida, no sentido de procurar sempre e na medida do possível expurgar do Código Penal aquilo que, em rigor, deve pertencer ao direito penal secundário, ou ao direito de mera ordenação social. Mas, mais significativo ainda, é que parece-nos legítimo poder deduzir da opção da Comissão de Revisão, uma abertura no sentido de se dever conceder um tratamento tão especial quanto as circunstâncias o permitam e o obriguem, isto é, se se pode expurgar do Código Penal determinada matéria por se tratar de criminalidade económica, também dentro desta se deve poder dar um tratamento adequado e diferente, atendendo aos bens jurídicos em causa e, nomeadamente, ao facto de aqui estarem em causa vítimas ou possíveis vítimas "especiais", como são os consumidores.

Quanto à usura, o actual art. 226.° veio a seguir em geral a proposta da Comissão de Revisão, naquele sentido apontada, comprovando-se assim a razão daquela linha.

As infracções nos processos de incitamento ao consumo   161

Porém, a concorrência tem vindo, sistematicamente, a obrigar os profissionais a imaginar outros processos de venda que alteram o figurino daquela venda clássica. Para além da publicidade e do crédito ao consumo, surgem, assim, outros métodos promocionais de vendas que assumem uma feição mais "agressiva" do que a venda clássica e em que, de um modo geral, em vez de ser o consumidor a procurar o produto ou o serviço, é o profissional que procura o consumidor para lhe vender ou, então, para lhe criar a necessidade ou o desejo de consumir.

Não há unanimidade quanto à sua definição terminológica. Há quem lhes chame vendas agressivas([132]), há quem lhes chame promoção de vendas ou métodos promocionais de vendas([133]), há quem prefira a expressão vendas não convencionais, fora do estabelecimento ou à distância([134]) e há mesmo quem prefira defini-las pela especificação do método em causa([135]) (venda ao domicílio, venda por correspondência, venda em cadeia, etc.) — para além de outros tantos termos pelos quais se procura distinguir tais vendas da venda clássica([136]).

Parece-nos, no entanto, que a delimitação negativa imposta pela venda clássica é a melhor forma de definirmos os contornos deste novo tipo de vendas. Sendo a venda clássica a que se realiza, geralmente, no estabelecimento e sendo, por isso, o tipo de venda convencional, os outros tipos de venda hão-de consisitir em *vendas não con-*

([132]) Cfr. MEIREILLE DELMAS MARTY, *op. cit.*, (n. 39), p. 467, e C. FERREIRA DE ALMEIDA, *op. cit.*, (n. 5), p. 90 e ss.

([133]) Cfr. JOÃO M. LOUREIRO, *op. cit.*, (n. 3), p. 14 e ss.

([134]) Cfr. JEAN CALAIS-AULOY, *"Vendas Fora do Estabelecimento Comercial e Vendas à Distância no Direito Francês"*, in *Direito do Consumidor 3*, p. 7 e ss; e Comissão das Comunidades Europeias, *Proposta de Directiva Relativa à Protecção dos Consumidores em Matéria de Contratos Negociados à Distância*, in COM(92) 11, final-SYN 411, Bruxelas, 1992, p.7 e ss.

([135]) LIONEL BELLENGER, *Qu'Est-Ce Qui Fait Vendre?, Comment Sortir du Malentendu Entre Vendeurs, Acheteurs et Consommateurs*, Collection Gestion, PUF, Paris, 1984, p. 62 e ss., LUC BIHL, *op. cit.*, (n. 40), p. 72 e ss.

([136]) Uma de tais formulações assaz curiosa é a de JEAN PRADEL, *op. cit.*, (n. 59), p. 93: "ventes ordinaires" (como se fosse algo mesmo ordinário e até frequente, mas não no sentido de tradicional, como é óbvio); ou, ainda, de JACQUES LENDREVIE E OUTROS, *op. cit.*, (n. 16), p. 311, que utiliza um termo tão amplo como é o de Marketing directo, para nele incluir as vendas por correio, o "telemarketing", a venda "telemática", a venda por televisão, etc. — numa palavra, para inserir as vendas não convencionais.

162 *Da protecção penal do consumidor*

vencionais, sendo distintas não só porque se realizam *fora do estabelecimento,* ou *à distância,* mas, também, porque são *"agressivas",* pela utilização de *métodos promocionais diferentes dos tradicionais* [137].

Podem realizar-se a partir do estabelecimento, mas sem envolver contacto directo e pessoal entre o consumidor e o vendedor — e, por isso, serão vendas à distância — ou fora do estabelecimento comercial e, portanto, em contacto directo e pessoal com o consumidor — e, então, serão vendas fora do estabelecimento, entre as quais se destacam as vendas ao domicílio — ou, finalmente, podem ser realizadas no estabelecimento comercial, mas consistindo em métodos promocionais perfeitamente distintos dos convencionais — serão, assim, o caso de vendas em cadeia, vendas forçadas ou vendas com saldos, etc. [138].

3.2. Análise sumária das vendas não convencionais: vendas à distância, vendas fora do estabelecimento, vendas forçadas e em cadeia.

A *venda à distância* caracteriza-se pela inexistência de contacto pessoal entre vendedor e consumidor e desenvolve-se em três etapas: a) inicia-se quando o consumidor recebe uma oferta de produto ou serviço; b) baseando-se nessa oferta, o consumidor efectua a sua encomenda; c) terminando com a recepção, posterior, por parte do consumidor do produto ou serviço [139]. Tanto a oferta como a enco-

---

[137] GÉRARD CAS, *op. cit.,* (n. 57), p. 28, fala da utilização de métodos agressivos de venda.

[138] Nem sempre, porém, a distinção é feita daquela forma. Há quem, sobre a definição de "métodos agressivos de venda", prefira distinguir tais métodos pelo modo como o vendedor vai ao encontro do consumidor. Assim, umas vezes, o contacto faz-se no domicílio ou local de trabalho, pelo próprio vendedor, enquanto que, outras vezes, o contacto faz-se através do próprio produto (seria o caso da venda por correspondência) — cfr. GÉRARD CAS, *op. cit.,* p. 29.

Cremos, no entanto, que esta forma simples de distinguir não é rigorosa. De fora, parecem ficar outros métodos em que nem é o vendedor, nem é o produto a ir ao encontro do consumidor, mas tão-somente um prospecto ou um catálogo (v.g. a venda por catálogo). Pensamos, assim, que a distinção formulada no texto é a que melhor traduz a distinção entre tais métodos de venda.

[139] Cfr. Comissão das Comunidades, *op. cit.,* (n. 134), p. 7.

As infracções nos processos de incitamento ao consumo 163

menda são realizadas através de técnicas de comunicação, sejam escritas, auditivas, visuais ou audiovisuais([140]).

É bom de ver que este tipo de vendas contém em si vantagens para o consumidor. Provavelmente, duas serão as mais significativas e que levam a que, em muitos países, este tipo de vendas tenha uma adesão tão significativa([141]): por um lado, permitem ao consumidor aceder a uma maior informação sobre produtos e serviços no mercado sem grandes esforços e, por outro, principalmente, permitem aos consumidores adquirirem tais produtos e serviços sem grandes incómodos ou perdas de tempo.

De facto, quer por correspondência, através de catálogos, revistas, jornais, impressos, telefone, rádio ou televisão, quer por computador ou sistemas informáticos, o consumidor, em pouco tempo e sem grandes dispêndios de energia, pode obter informação rápida e fazer a sua encomenda, também, de forma célere.

([140]) São aqui possíveis, pelo menos, quatro tipos de comunicação: a) *escrita,* que envolve o impresso não endereçado, o impresso endereçado, a carta-tipo, o anúncio na imprensa e o telefax; b) *auditiva,* envolvendo o telefone com intervenção pessoal, o telefone sem intervenção pessoal (aparelho de chamada automática) e a rádio; c) *visual,* compreendendo o teletexto, o computador e o *minitele* ou *bildschimtext* (viodeotexto interactivo); d) *audiovisual,* integrando a televisão, o leitor de video-cassetes ou videodiscos e o telefone com imagem (videofone) — cfr. COMISSÃO DAS COMUNIDADES, *op. cit.,* (n. 134), p. 3.

([141]) É certo que a adesão não é a mesma em todos os países. Segundo dados da A.E.V.D. (Associação de Empresas de Venda à Distância), em 1989, a Alemanha com 14.278 ecus, a França com 5.921 ecus e a Grã-Bretanha com 5.204 ecus, realizaram 80% das vendas à distância realizadas nos Estados-membros da C.E.. Tais dados não nos espantam se tivermos em conta que, relativamente à difusão de tecnologias, também existem idênticas discrepâncias. A título exemplificativo, podemos referir que segundo a C.I.T. research 1991, na Alemanha, 96% dos agregados familiares têm televisão, 47% têm leitores de videocassetes, 14% têm teletexto interactivo ou não e 31% têm emissão por cabo, enquanto que, em Portugal, 94% têm televisão, 31% têm leitor de videocassetes e ninguém tem teletexto interactivo ou não, nem emissão por cabo; se a isto juntarmos o facto de, na Alemanha, existirem 32,8 milhões de agregados familiares, enquanto que, em Portugal, apenas existem 3,1 milhões, compreendemos facilmente a discrepância na adesão a tais vendas.

Sobre a análise das vantagens e desvantagens nas vendas agressivas, em particular nas vendas ao domicílio, veja-se, sobretudo, JEAN CALAIS-AULOY, "Vente par Démarche et Vente à Distance en Droit Français", in R.E.D.C., n.º 2, 1992, p. 77.

Só que tais vantagens são, por vezes, ilusórias e acabam, muitas vezes, por traduzirem-se em nítidas e perigosas desvantagens para o consumidor. A informação nem sempre é verdadeira ou clara; as condições contratuais apresentadas nem sempre são cumpridas; enfim, os direitos dos consumidores nem sempre são respeitados. Tais condutas, podendo envolver prejuízos para o consumidor, constituem infracções, por vezes, susceptíveis de serem verdadeiros ilícitos penais.

As *vendas fora do estabelecimento* caracterizam-se pelo contacto pessoal e directo entre o consumidor e o vendedor, mas realizado fora do estabelecimento. São, geralmente, definidas como "vendas ao domicílio", embora este termo não traduza com rigor o fenómeno das vendas fora do estabelecimento. Estas, com efeito, contrariamente às "vendas ao domicílio", são as que se desenvolvem tanto no domícilio, como no local de trabalho, como na rua ou em locais organizados para o efeito (particulares ou públicos)([142]).

Trata-se de um tipo de venda em que o consumidor é abordado pelo vendedor num daqueles locais mencionados (mas sempre fora do estabelecimento comercial do vendedor) e em que ao consumidor é apresentado o produto ou serviço (*in loco* ou através de ilustrações), pretendendo o vendedor que o consumidor faça logo a sua encomenda para lhe ser enviada posteriormente.

Também tem vantagens, entre as quais, tal como nas vendas à distância, a de o consumidor poder adquirir sem se ausentar do local onde se encontra ou, pelo menos, sem se deslocar ao estabelecimento, e de, disfrutando da possibilidade que tem de contactar com o vendedor, poder, também, obter toda a informação necessária.

É evidente que, também e tal como nas vendas à distância, podem tais vantagens vir a redundar em desvantagens. Desde logo, neste tipo de venda, o consumidor é, geralmente, colhido de surpresa, não estando, por isso, preparado nem para apreciar devidamente o produto e condições de aquisição (nomeadamente por comparação), nem para contradizer os argumentos do vendedor (por vezes, bastante estudados, de molde a concretizar o interesse que move tal tipo de vendas:

([142]) Por isso no Direito francês se prefere o termo "vente par démarche" — cfr. JEAN CALAIS-AULOY, *op. cit.*, (n. 141), p. 77.

As infracções nos processos de incitamento ao consumo

a própria venda)([143]). Entre a preparação do vendedor, os argumentos utilizados e a imperícia e ligeireza do consumidor, acompanhados por uma certa rapidez em tais processos, o consumidor é, muitas vezes, levado a adquirir, vindo, mais tarde, a verificar que realizara uma aquisição desnecessária ou despicienda.

As *vendas forçadas, em cadeia, em pirâmide, tipo "bola de neve"*, etc.([144]), são-no independentemente de partirem do estabelecimento, serem realizadas no estabelecimento ou fora dele. Importa,

---

([143]) Cfr. GÉRARD CAS, *op. cit.,* (n.57), p. 29.

([144]) Uma lista de métodos promocionais de venda, aqui, tornar-se-ia extensa: desde vendas envolvendo a existência de prémios, brindes, lotaria, concursos, jogos, até às vendas em saldos, em liquidação e, dentro destas, modalidades com variações diversas, até às vendas sob a técnica de *bait and switch* (engodar e desviar) ou *mock auction* (falso leilão) — cfr. C. FERREIRA DE ALMEIDA, *op. cit.,* (n.5), p. 94 e ss. .

Certas dessas vendas são fortemente restringidas, obedecendo a sua realização a regras cuja inobservância pode determinar a existência de infracções, embora, de um modo geral, entendidas como contravenções ou contra-ordenações. A este propósito, não deixa de ser curiosa a opção feita pelo legislador português. Como se sabe, o Decreto-Lei n.º 253/86, de 25 de Agosto, regula as vendas com redução de preços, vendas com prejuízo e vendas directas ao consumidor; pois bem, no artigo 21.º, sob a epígrafe "Infracções", diz-se: "Às infracções ao disposto no presente diploma é aplicável o Decreto-Lei n.º 28/84, de 20 de Janeiro" — e nada mais se diz. Como se sabe, o diploma ali citado (Decreto-Lei 28/84) é um diploma sobre infracções anti--económicas, tipificando alguns crimes e algumas contra-ordenações, para os quais prevê as respectivas sanções. Não existe em tal diploma algum artigo atinente àquele tipo de vendas, que seja capaz de abranger as inúmeras infracções que se podem suscitar a partir do Decreto-Lei n.º 253/86, de 25 de Agosto. O único susceptível de, hipoteticamente, poder abranger algumas daquelas infracções é o artigo 72.º sob a epígrafe "violação da confiança em matéria de saldos e práticas semelhantes", e só a ele se poderá ter querido referir o legislador de 86. Todavia, como é bom de ver, as situações previstas no Decreto-Lei 253/86, de 25 de Agosto, não são todas subsumíveis àquele artigo (72.º). Pergunta-se então: em caso de infracção ao Decreto-Lei 253/86, como é que o julgador vai sancionar? Que tipo de sanção? Ou aplica aquele artigo (72.º) para todas as situações, mesmo as que não são a ele subsumíveis; ou apenas se aplica tal artigo às situações a ele subsumíveis, ficando as outras impunes. É algo estranho, mas que nos leva a retirar uma ilação: não houve cuidado na regulamentação de tais condutas visto que nem houve distinção aquando da penalização, nem era necessário remeter para um diploma insipiente nessa matéria. Melhor teria andado o legislador se tivesse previsto o tipo de sanção para cada infracção no próprio Decreto--Lei 253/86, de 25 de Agosto.

sobretudo, ressaltar que são métodos promocionais de vendas, cuja agressividade tem levado em muitos países à sua proibição.

A *venda forçada* consiste, dum modo geral, no facto de o fornecedor enviar um produto ao consumidor com a condição de, em caso de falta de resposta à oferta, se concluir pela aceitação (tácita) da proposta.

> Este tipo de vendas colheu o desagrado generalizado dos vários ordenamentos jurídicos. E, então, uma forma de se levar à desmotivação do profissional à sua prática foi encontrada na estipulação de que o consumidor não será obrigado a responder à proposta, nem a devolver o produto, podendo mesmo fazer dele coisa sua, porquanto se trata de uma oferta gratuita ao consumidor. Assim andou o legislador português, no Decreto-Lei n.° 272/87, de 3 de Julho, ao estipular no art. 15.° que "o destinatário de um produto recebido sem que por ele tenha sido encomendado ou solicitado, ou que não constitui o cumprimento de qualquer contrato válido, não fica obrigado à sua devolução ou pagamento, podendo conservá-lo a título gratuito"([145]).

As *vendas em cadeia, em pirâmide, tipo bola de neve* ou *subordinadas,* são vendas que, apesar de algumas variações de pormenor, assentam no facto de ao consumidor ser oferecido um produto ou serviço com a possibilidade de o poder adquirir a preço inferior ao habitual, de lhe ser oferecido simplesmente, ou de poder obter qualquer outro benefício, desde que o consumidor seja capaz de fazer aderir outros adquirentes ou adquirir outros produtos, condição sem a qual o consumidor não aufere aquelas regalias([146]).

Não se descortinam quaisquer vantagens neste tipo de vendas e, ainda que existissem (v.g. o consumidor, no caso de venda forçada, visse chegar a sua casa um produto que há muito procurava, sem qualquer esforço) tais vantagens, comparadas com as desvantagens e os perigos delas advindos, aconselham mesmo à interdição de tais vendas.

([145]) No Direito francês, por exemplo, além de tal tipo de venda ser proibida e de o consumidor poder fazer sua a coisa remetida, pune-se o profissional por uma "contravenção de 5ª classe", com prisão de 10 dias a um mês e de uma multa que pode ir até 5.000 Francos, através do Decreto n.° 61.138, de 9-2-1961 — cfr. P. GAUTHIER e B. LAURET, *op. cit.,* (n. 40), p. 293 e J. CALAIS-AULOY, *op. cit.,* (n. 134), p. 21 e ss.

([146]) Sobre tais diferenças de pormenor, entre vendas tipo bola de neve, em pirâmide, em cadeia e subordinadas ou ligadas, veja-se, sobretudo, LUC BIHL, *op. cit.,* (n.40), p. 88 e ss. e C. FERREIRA DE ALMEIDA, *op. cit.,* (n.5), p. 94.

As infracções nos processos de incitamento ao consumo 167

Nuns casos, de facto, dificilmente o consumidor responderá à proposta ou procederá à sua devolução, pelo que a serem lícitas tais vendas, os consumidores ver-se-iam a braços com a obrigação de aceitar e pagar um produto de que não precisariam e que, muitas vezes, nem teriam possibilidade de pagar. Quanto às restantes vendas (em cadeia, em pirâmide, etc.), o consumidor dificilmente conseguirá angariar outros clientes ou adquirir outros produtos, o que faria com que perdesse tais regalias ou tivesse que onerar um outro consumidor para o primeiro poder auferir tais regalias.

Não nos espanta, por isso, que o legislador português no preâmbulo do Decreto-Lei n.º 272/87, de 3 de Julho, tivesse considerado tais vendas como "contrárias a uma saudável actividade comercial" e, consequentemente, as tivesse proíbido, através dos artigos 13.º e 14.º daquele diploma.

3.3. Análise geral das infracções mais relevantes no âmbito das vendas não convencionais.

Ainda que se pudesse, aqui, como na publicidade, enunciar vários princípios norteadores das vendas não convencionais, parece-nos que tal tarefa tornar-se-ia ociosa, não só porque afirmámos inicialmente haver uma certa interligação entre os vários processos de incitamento tão forte quanto a sua análise em separado quase não se justificaria, mas, também, porque — e, portanto, em função dessa interligação — tal análise tornar-se-ia quase repetitiva.

Optamos, assim, por analisar agora a tipologia de infracções mais relevantes, tendo presentes as ideias colhidas aquando do estudo da publicidade, que, *mutatis mutandis*, aqui se aplicarão, mas analisando agora tais infracções à luz de três *objectivos* que, segundo o direito comparado, nos parecem fundamentais neste domínio [147].

O primeiro objectivo consistirá em "garantir a segurança jurídica do consumidor". Na verdade, a relação de consumo numa situação destas envolve alguns "perigos" para o consumidor. Quer pelo facto de o consumidor ser colhido de surpresa, quer pelo facto de não ter

---

[147] Objectivos esses, aliás, sobejamente conhecidos e enunciados pela Comissão das Comunidades, *op. cit.*, (n.134), p. 12 e ss.

168   *Da protecção penal do consumidor*

reflectido seriamente no assunto, quer pelo facto de não contactar pessoalmente com o vendedor, sendo, muitas vezes, uma "voz gravada" que lhe responde sem que se aperceba disso, estes factores implicam, na verdade, que se garanta segurança jurídica ao consumidor.

O segundo objectivo consisitirá em "garantir ao consumidor o direito de opção". O direito de opção que se manifesta quer pelo facto de o consumidor poder escolher entre um produto ou outro, quer pelo facto de poder contratar ou não contratar, quer ainda pelo facto de poder rejeitar a encomenda, mesmo depois de já a ter realizado, através do exercício do chamado direito de reflexão ou de rescisão[148].

O terceiro objectivo vem, assim, a consistir na garantia de "reembolso do consumidor no caso de não execução do contrato". Na verdade, podendo o consumidor exercer o direito de opção e podendo mesmo restituir o que recebe em virtude de vício no contrato ou insatisfação, este terá direito a receber o que prestou.

Tais objectivos podem, no entanto, ser contrariados pelos profissionais e, não raras vezes, constituem infracções graves. As infracções nestes tipos de vendas podem agrupar-se em duas classes: as infracções de natureza formal e as infracções de natureza substancial.

As primeiras têm a ver com as formalidades dos contratos, nomeadamente com a exigência da sua redução a escrito, e com a obrigação da inserção no contrato de determinadas cláusulas que conferem protecção ao consumidor: a identificação dos contraentes, do objecto (produto ou serviço), do preço, das condições de pagamento,

---

[148] O direito de reflexão e de rescisão neste tipo de vendas significa que, a partir da celebração do contrato (nuns casos) ou a partir do momento em que a oferta é feita (noutros casos) ou, ainda, a partir do momento em que o consumidor recebe o produto (noutros casos), o consumidor tem o direito de, dentro dum prazo, renunciar aos efeitos do compromisso e consequentemente devolver o produto. Esse prazo varia de país para país, indo de 7 dias (Bélgica, Dinamarca e França) ou 7 dias úteis (Portugal e Suécia — apesar de no direito português, o recente Decreto-Lei n.º 275/93 de 5 de Agosto, alusivo ao direito real da habitação periódica, ter vindo determinar no seu artigo 16.º, o prazo de 14 dias, para a resolução do contrato), até 15 dias (Luxemburgo) — sendo de 14 dias para a Alemanha e Reino Unido e de 8 dias para os Países Baixos, ainda que alguns não tenham sequer uma determinação geral — é o caso da Espanha, Irlanda e Itália — cfr. *Comissão das Comunidades, op. cit.,* (n.134), p. 26.

As infracções nos processos de incitamento ao consumo

dos encargos e dos demais direitos e deveres previstos na lei (direito de rescisão, etc.) [149].

É certo que, em geral, tal tipo de infracção determina a aplicação de sanções civis, nomeadamente a nulidade do contrato. Tal consequência, porém, ainda que mais utilizada, não impede a existência de outras sanções, incluindo as de natureza penal — exemplo disso, já desde 1972, no Direito francês, o artigo 5.° da Lei de 22 de Dezembro, prevê, pela inexistência de contrato escrito, a possibilidade de aplicação de uma pena de prisão de um mês a um ano e de uma multa de 1000 a 15000 Fr. ou, apenas, uma das duas penas [150].

No segundo tipo de infracções são possíveis três situações. Uma tem a ver com a realização de vendas relativamente a produtos ou serviços sobre os quais existe total interdição [151] — sendo o caso na venda ao domicílio da oferta por estabelecimentos ou organismos de ensino à distância [152] — ou com aplicação de métodos interditos — será o caso da venda tipo "bola de neve", "em pirâmide", em "cadeia" ou da venda forçada [153].

---

[149] Cfr. J. C. Fourgoux e outros, *op. cit.*, (n. 17), p. J.7 e ss.

[150] *Idem*, p. J.7.

[151] J. C. Fourgoux e outros, *op. cit.*, J. 7 e ss e ainda Eric Balate, "Des Modes Ludiques de Promotion in Droit Belge", in R.E.D.C., n.° 1, 1989, p. 46.

[152] Trata-se de um problema que tem merecido a atenção de diversos ordenamentos, nomeadamente do alemão, onde, desde 1977, vigora regulamentação orientada no sentido da protecção da *fernunterrichtsschurtzgesetz,* restringindo a validade de compromissos assumidos a longo prazo e de pagamentos antecipados por conta de cursos por correspondência (cfr. Von Hippel,*Verbraucherschutz,* 3ª ed., Tübingen, 1986, p. 200 e ss, e C. Ferreira de Almeida, *op. cit.,* (n.5) p. 92); igualmente, no Direito francês, a venda ao domicílio por organismo de ensino à distância é tipificada como infracção criminal (art. 13.° da Lei de 12 de Junho, de 1971) — veja-se J.C. Fourgoux e Outros, *op. cit.,* (n. 17), p. J.8.

[153] O Decreto-Lei n.° 272/87, de 3 de Julho, no seu art. 13.°, n.° 1, afirma: "É proibido organizar vendas pelo procedimento denominado de «em cadeia», «em pirâmide» ou «de bola de neve», bem como participar na sua promoção". A infracção a esse artigo constitui, nos termos do artigo 16.°, n.° 2, uma contra-ordenação punível com coima, nos termos do artigo 68.° do Decreto-Lei n.° 28/84, de 20 de Janeiro — optou-se, assim, pela descriminalização. Tal não foi, no entanto, o entendimento do legislador francês, segundo o qual a venda "à la boule neige" é considerada infracção criminal, embora tivesse entendido ser a venda forçada uma contravenção — cfr. P. Gauthier e B. Lauret, *op. cit.,* (n. 40), p. 292 e ss.— e bem como relativamente à venda com prémios cuja infracção é punível com multa — cfr. Jean Larguier, *Droit Pénal Spécial,* 4ª ed., Dalloz, 1983.

170 *Da protecção penal do consumidor*

Outra situação é configurável como conducente ao crime de burla. O profissional pode, na verdade, através de factos provocados astuciosamente, enganar ou induzir em erro o consumidor e levá-lo a adquirir em condições que são tidas para este como vantajosas, mas que, na verdade, lhe são prejudiciais, envolvendo, no entanto, um ganho para o comerciante.

Trata-se de uma infracção que encontra na venda ao domicílio ou à distância um campo fértil. Não raras vezes, de facto, e atendendo quer à maior preparação do profissional e à surpresa com que é colhido o consumidor (sobretudo no caso da venda ao domicílio), quer ao facto de a informação ser escassa, mas sempre persuasiva (sobretudo nos casos de vendas à distância), o profissional sempre poderá criar no consumidor uma imagem falsa ou não inteiramente verdadeira do produto ou serviço que propõe, sem que este perceba, levando-o, assim, a realizar o contrato.

Tal como vimos no crédito ao consumo, também aqui é legítimo perguntar se não será pertinente criar um tipo de crime de burla específico para tal tipo de situação.

A resposta a tal questão veio, de certa forma, do Direito francês, onde se tem dispensado grande atenção a tais métodos de venda. E, com isto, entramos na terceira situação: a de um crime de abuso de fraqueza ("délit d'abus de faiblesse")[154]. Este tipo de crime visa proteger os consumidores que, em razão da idade, do isolamento ou de outras circunstâncias (analfabetismo, má formação, etc.) — em suma, por fraqueza[155] — assinam contratos escritos sem que tenham compreendido com exactidão o alcance das suas cláusulas. Em tais circunstâncias, pune-se (no Direito francês) com prisão de um a cinco anos e com multa de 3.600 Fr. a 60.000 Fr. ou com uma dessas penas, todo aquele que, tendo abusado da fraqueza ou da ignorância dessa pessoa, a levou a assinar aquele contrato[156].

---

[154] O delito de abuso de fraqueza encontra-se previsto no artigo 7.º da Lei de 22 de Dezembro de 1972 francesa. Veja-se, entre outros, JEAN CALAIS-AULOY, *op. cit.*, (n. 141), p. 78, sobre os termos em que deve ser entendido.

[155] J. CALAIS-AULOY, *op. cit.*, (n. 134), p. 13, entende que são especialmente visados os idosos, as crianças, os analfabetos, os trabalhadores imigrantes, etc.

[156] Cfr., principalmente, P. GAUTHIER e B. LAURET, *op. cit.* (n.40), p. 292; LUC BIHL, *op. cit.*, (n. 40), p. 78; e J. CALAIS AULOY, *op. cit.*, (n.134), p. 13 e ss.

As infracções nos processos de incitamento ao consumo

Repare-se, todavia, que se é de aplaudir o facto de se ter deitado um olhar mais atento para a condição e situação do consumidor neste tipo de infracção, ele nem sempre cobrirá as situações de burla. Na verdade, o eventual crime de "abuso de fraqueza" pode ocorrer sem que o profissional astuciosamente provoque factos que induzam em engano ou erro, bastando que o consumidor, justamente por ignorância, não compreenda o sentido das condições do contrato (ou da proposta de venda), ainda que este se apresente de forma "verdadeira". Tratar-se-á de uma situação em que o erro ou o engano nada têm a ver com a provocação astuciosa por parte do profissional, mas ficam a dever-se às limitações próprias do consumidor([157]). *Quid iuris*?

([157]) Parece-nos que a hipótese prevista no texto não só é previsível como será a que melhor traduz a necessidade da criação do crime de abuso de fraqueza. Nesse sentido, está J. Calais-Auloy, *op. cit.,* (n. 134), p. 13, ao referir que, para situações configuráveis como estelionato, já existia o artigo 405.º (crime de burla), quando "o vendedor tenha usado de falsos nomes ou falsas qualidades e que a sua mentira tenha sido acompanhada de artifícios fraudulentos"; segundo ele, o que a Lei de 1972 fez foi estender a repressão daquele artigo, com a criação de "um novo delito". Parece-nos que o que J. Calais-Auloy quer significar é que este novo delito pretende ir onde o crime de burla não chegava; ou seja, atendendo a que o crime de burla exige a prática de manobras fraudulentas, acabaria por deixar de fora situações em que não tivessem ocorrido tais manobras. O crime de abuso de fraqueza vem assim, entre outros objectivos, alcançar o de incluir situações em que não ocorrem manobras fraudulentas.

Em sentido contrário, parece estar, no entanto, Luc Bihl, *op. cit.,* (n. 40), p. 78. Este autor, ao enunciar os elementos constitutivos deste novo crime, indica como indispensável a existência de um acto de abuso — concordamos. Entende que pode consistir esse acto de abuso numa certa astúcia, numa mentira, numa apresentação falsa — também, concordamos. Só que, neste caso, em princípio, estamos perante o crime de burla, já que não divisamos qualquer diferença marcante. Ou seja, é certo, como afirmamos no texto, que a existir um crime de abuso de fraqueza deve este consumir o próprio crime de burla, quando verificado numa daquelas vendas. Mas o crime de abuso de fraqueza não deve esgotar-se nas situações que já são contempladas pelo crime de burla — se assim fosse, não haveria, em princípio, interesse na sua criação — e, por isso, nesta perspectiva, não concordamos com Luc Bihl. O interesse reside, além do mais, no facto de se admitir que ocorra o crime partindo da posição do consumidor e, sendo ele um indivíduo fraco, pode ser enganado sem a utilização de manobras fraudulentas, bastando que o profissional diga a verdade — embora a diga de forma persuasiva (estamos perante um método promocional de venda). Para melhor compreendermos, tomemos o seguinte exemplo: um vendedor que visita um consumidor pode propor-lhe uma enciclopédia; ao fazê-lo, invoca todos os adjectivos que

Os próprios franceses acharam remédio para tal problema. Fizeram integrar no próprio crime de "abuso de fraqueza", ou *rectius,* sob tal denominação, também, as situações de burla ou, se preferirmos, todas as situações em que são cometidos actos susceptíveis de configurar hipóteses de obtenção de vantagens em proveito próprio mediante fraude ou logro — numa palavra e em sentido amplo, situações de estelionato[158]. E, então, o crime ocorrerá quando, abusando da fraqueza ou da ignorância do consumidor, o profissional faz com que aquele assine o contrato que verdadeiramente não compreendeu, quer devido àquela fraqueza ou ignorância, quer porque o profissional utiliza astúcia, artifícios ou constrangimento ("ruses, des artifices ou une contrainte")[159].

Tal solução atende à peculiaridade da relação de consumo, em que sendo uma das partes o consumidor — parte fraca, leiga e profana — carece de uma protecção mais adequada e em que os prejuízos para o consumidor poderão advir, não só do facto de ele próprio não compreender, mas, também, porque o profissional pode usar dessa fraqueza e, através de manobras fraudulentas, astuciosa ou ardilosamente, levar a que o consumidor caia em erro ou engano.

Pensamos que a subsunção, neste caso, do crime de burla a um crime que atenda às especificidades que emergem da relação de consumo, podendo ser um crime de abuso de fraqueza ou, eventualmente, um crime de burla nas vendas ao consumidor — uma vez que este de *per si* só e por ser "fraco" justificará tratar-se de uma infracção de abuso de fraqueza — é correcta e como tal nem sequer exige qualquer justificação à luz do bem jurídico protegido.

---

caracterizam tal produto e fá-lo de forma verdadeira; convence, portanto, o consumidor a adquirir a enciclopédia; só que o consumidor não sabe é que existem outras enciclopédias no mercado, tão boas como aquela e, eventualmente, mais baratas do que aquela; o profissional sabia-o, não o referiu, mas, também, não mentiu nem induziu em erro; apenas omitiu aquele facto. Tal omissão é, no entanto, relevante para crer que o profissional abusa da ignorância do consumidor, ainda que não tenha usado manobras fraudulentas. É, por isso, que J. Pradel, *op. cit.,* (n. 59), p. 97 afirma que "il n'est pas nécessaire que l'agent prenne de faux nons ou fausses qualités, ni qu'il use des manoeuvres frauduleuses au sens de l'article 405 du Code Pénal".

[158] Nessa perspectiva, J. Calais-Auloy, *op. cit.,* (n. 134), p. 13.

[159] Cfr. P. Gauthier e B. Lauret, *op. cit.,* (n.40), p. 292.

As infracções nos processos de incitamento ao consumo   173

Como se sabe, no crime de burla o bem jurídico protegido é, essencialmente, o património e tal bem jurídico aparece igualmente protegido num crime como o de "abuso de fraqueza" nas vendas ao consumidor, a par, naturalmente, com a própria protecção do direito de livremente optar(160).

Na verdade, ainda que no crime de abuso de fraqueza o profissional use a fraqueza do consumidor, explorando-a, cerceando-lhe, assim, o direito de livremente escolher — pois que a acção do profissional é aqui relevante para levar o consumidor a optar de certo modo, como o profissional pretende e não como o consumidor haveria de pretender se fosse livre de escolher, ou seja, se fosse capaz de só por si poder escolher bem —, o certo é que o profissional desconhece tal acção porque, em última instância, o que ele pretende é que o consumidor contrate, agindo com vista à obtenção de ganhos e que, consequentemente, o consumidor empobreça — ou seja, lesionando o património do consumidor.

Significa, o que acabamos de ver, que por um crime como o de abuso de fraqueza de tipo francês ou, eventualmente, por um crime de burla, embora adequado à especificidade da relação *in causa,* sempre se conseguirá proteger não só o património, como a liberdade do consumidor e, portanto, se conferirá uma protecção mais adequada ao consumidor do que aquela que é conferida, em geral, pelo crime de burla *tout court.* E isso, afinal, porque — segundo J. CALAIS-AULOY — o crime de abuso de fraqueza consegue estender a repressão prevista pelo crime de burla(161).

Porém, ainda assim, algo nos faz reflectir e optar mesmo, por um tipo de crime que proteja o consumidor, ainda que não tenha ocorrido a efectiva lesão do bem jurídico — coisa que o crime de burla, como já vimos, não faz. Urge, assim, questionar se o crime, neste caso, há--de ser um crime de perigo ou um crime de dano. E para respondermos há que, a nosso ver, configurar duas hipóteses: a infracção advir

---

(160) Não podemos perder de vista que um dos objectivos a alcançar, no domínio da protecção do consumidor face às vendas não convencionais, é o da garantia do direito de opção. E no direito penal o que importará referir é que nos encontramos, segundo J. PRADEL, *op. cit.,* (n. 59), p. 93, perante, *"Les infractions contre l'atteinte directe à la liberté du contractant".*

(161) J. CALAIS-AULOY, *op. cit.,* (n. 134), p. 13.

de uma venda à distância ou de uma venda fora do estabelecimento. Se a infracção — isto é, o abuso da fraqueza, envolvendo a possibilidade de o profissional pretender enganar o consumidor — advém de uma venda fora do estabelecimento, significará que ocorreu uma situação de relação directa e pessoal entre o profissional e o consumidor. Assim sendo, será difícil, *prima facie,* na realidade, comprovar-se que em sede de proposta tenha ocorrido a intenção de abusar da fraqueza do consumidor. Tal ocorrência só se vem a comprovar quando efectuada a encomenda ou recebida a mesma e se se verificar que o consumidor foi, efectivamente, iludido — assim sendo, parece que só quando se verifica a lesão estará legitimada a intervenção jurídico-penal[162].

Parece, mas não deve ser. Efectivamente, o contacto pessoal e directo do profissional com o consumidor pode ocorrer sob diversas formas. Pode ser acompanhado por outras pessoas, pode ser acompanhado por documentos ou ilustrações, ainda que o consumidor, por qualquer motivo (v.g. por falta de recursos económicos), não tenha conseguido efectuar a encomenda. Nestes casos, então, apesar de não se ter produzido a lesão do bem jurídico, ocorreu o perigo dessa lesão, porquanto o consumidor não só conseguirá comprovar a ocorrência de tal perigo, como, ainda, tal lesão não ocorreu apenas porque o consumidor não teve capacidade para realizar a encomenda.

Nada nos impede, assim, de perspectivar a hipótese do crime de abuso de fraqueza ter ocorrido independentemente da lesão efectiva de qualquer bem jurídico, isto é, bastando apenas o perigo de lesão, ainda e mesmo que esta se venha a verificar. Caso assim não se entenda e como já afirmámos para o crime de publicidade enganosa, esperar-se-ia que ocorresse a lesão de interesses do consumidor para, depois, intervir o direito penal. Seria, no entanto, conceber uma protecção tar-

---

(162) A dificuldade em comprovar o abuso de fraqueza é, nestes casos, efectivamente patente. É, aliás, por isso, que J. Calais Auloy, *op. cit.,* (n. 134), p. 14, refere que "as condenações por abuso de fraqueza não são frequentes. A prova do abuso é, com efeito, em muitos casos, difícil". Apesar disso, como demonstramos no texto, sempre existem hipóteses em que tal prova é possível, e por isso, pelo menos, a punição do crime não é inútil, já que segundo J. Calais Auloy, *op. cit., p. 14,* "ela desempenha um papel dissuasivo pela ameça que faz pesar sobre os fornecedores pouco escrupulosos".

dia e pouco eficaz, sendo certo que de outra forma o direito penal intervirá logo com uma função preventiva e, por isso, mais eficaz([163]).

Mas se o problema aqui é sempre discutível, parece-nos que já não existirão dúvidas quanto à classificação do crime enquanto crime de perigo, nas vendas à distância. Nestes casos e como não existe contacto directo entre profissional e consumidor, haverá a possibilitar tal contacto qualquer meio comunicacional, onde está inserta a proposta do profissional. Se aí se puder atestar do perigo de lesão do património ou da liberdade de opção do consumidor, então estará consumado e comprovado o crime (de perigo). Nesses casos, aliás, muitas vezes, as situações estão mesmo já cobertas pelo crime da publicidade enganosa([164]). Ou seja, tratar-se-á de situações em que, através da publicidade, se faz a proposta ao consumidor, sendo, portanto, a própria publicidade enganosa porque fraudulenta. Sendo assim, nem haverá necessidade da criação de um outro crime que melhor proteja o consumidor porque o próprio crime de publicidade enganosa, como vimos, já cumprirá essa função.

Estamos, portanto, em crer que o crime de abuso de fraqueza ou qualquer outra forma de tipificar aquelas situações enquanto crimes de perigo, atendendo à especial situação de vulnerabilidade em que o consumidor se encontra, é o que melhor protegerá aquele, mesmo que na relação de consumo venha a ocorrer a efectiva lesão dos seus interesses.

([163]) Vide *supra*, n.º 1.2.3.1.1.

([164]) Ainda que, como é evidente — e isso nos lembra J. C. FOUGOUX e OUTROS, *op. cit,* (n. 17), p. K 2 —, a publicidade não se confunde com a venda à distância, nomeadamente com a venda por correspondência. O que importa, no entanto, é que se na publicidade vai incluída a proposta de venda e se essa proposta é falsa ou induz em erro, de certo modo, o crime de publicidade enganosa está consumado e, como tal, é suficiente para consubstanciar também, o crime, enquanto venda à distância.

CAPÍTULO II

A (DES)CRIMINALIZAÇÃO NO (INCITAMENTO AO) CONSUMO: QUESTÕES PRÉVIAS

1. Posicionamento do problema

Ainda que não seja inteiramente novo o problema da (des)criminalização das infracções no consumo, vivemos, contudo, hoje, com maior acuidade e frequência, a questão de se saber por que caminho seguir no domínio das opções. Se é certo que se tem vindo a assistir ultimamente a um movimento internacional no sentido da descriminalização em geral([165]), não menos certo é que surgem assiduamente tendências contrárias, entre outros, no domínio económico([166]).

Porém, não é fácil apontar-se com nitidez o perfil seguido no domínio do direito penal do consumo. Se ordenamentos e vozes existem que enveredam, em determinadas situações, pela descriminalização, outros se insurgem julgando como conveniente a neocriminalização de certas infracções, havendo mesmo, em cada sistema, soluções nos dois caminhos([167]).

Pelo que se torna pertinente tentar avançar com soluções nesse domínio. Tentaremos, por isso, diagnosticar rapidamente a situação do problema, procurando evidenciar os argumentos geralmente utilizados

---

([165]) Cfr. FIGUEIREDO DIAS, "O Movimento de Descriminalização e o Ilícito de Mera Ordenação Social", in *Jornadas de Direito Criminal,* Centro de Estudos Judiciários, s/d, p. 321 e ss.

([166]) Cfr. FIGUEIREDO DIAS, "Lei Criminal e Controlo da Criminalidade. O Processo Legal-Social de Criminalização e de Descriminalização", in R.O.A., Ano 36, 1976, p. 94 e ss.

([167]) Disso nos dá conta MIREILLE DELMAS MARTY, "Rapport Général", ACTES in R.I.D.P., 4 ème année, nouvelle série, 1º e 2ºº Trimestres, 1983, p. 63.

em favor de uma descriminalização e os que são apontados em favor da criminalização; em seguida, vamos medi-los, pesá-los e aferi-los pela avaliação de aspectos com eles relacionados e que são angulares na resolução do problema; finalmente, tentaremos resolver o problema, avançando com soluções.

1.1. Argumentos em favor da descriminalização no consumo.

Um dos argumentos em favor da descriminalização, não raras vezes utilizado, é o de que o direito penal do consumo mais não faz, na maioria dos casos, do que criar infracções artificiais, distintas das infracções naturais que nascem da ofensa dos grandes princípios universalmente aceites. Nesta linha de pensamento, as infracções artificiais existem por uma questão de oportunidade, ligadas à situação económica e por causarem um mal estar social; enquanto que as infracções naturais, com tendência para perdurarem, ofendem os grandes princípios morais([168]).

Um segundo argumento visa o problema da inflação legislativa, em virtude da natureza emergente e do sentido de oportunidade que têm as infracções no consumo, porquanto a sociedade de consumo em constante transformação faz com que, também, o nascimento de normas regulamentares se multipliquem e, consequentemente, as normas penais, em tal domínio, sigam o mesmo curso([169]).

([168]) Cfr. Luc Bihl, *op. cit.,* (n. 40), p. 11. É curioso notar-se que a distinção feita no texto entre infracções naturais e artificiais, e a menor importância atribuída a esta segunda categoria, aliada aos delitos económicos, não é dos nossos dias. Fala-se, já desde Beccaria, na falta do chamado *crime appeal* relativamente aos crimes anti--económicos, querendo com tal ideia significar a ausência de provocação de reacções afectivas na comunidade de carácter negativo, levando isso a que houvesse não só uma certa tolerância por parte daquela, como das estruturas encarregadas da aplicação da justiça. Daí que já nessa época, como hoje, se vislumbrasse uma certa hesitação na punição dos criminosos de colarinho branco, como se verá melhor no texto — cfr. Bajo Fernandez, "Los Intereses Colectivos: Posicón de Beccaria e Perspectivas Modernas", in *El Pensamiento Penal de Beccaria: Su Actualidad,* Universidad de Deusto, Bilbao, 1990, p. 42.

([169]) Luc Bihl, *op. cit.,* (n. 40), p. 12; e J.J. Gonzalez Rus, *op. cit.,* (n. 24), p. 31 e ss.

A (Des)criminalização no (incitamento ao) consumo: Questões prévias   179

Em terceiro lugar, pensa-se que o direito penal do consumo ou não é aplicado ou, então, é mal aplicado. Em parte, devido à inércia do consumidor, quer pelo montante dos prejuízos em causa, quer porque, em muitos sistemas, a resolução dos conflitos fica dependente do consumidor, a expensas suas[170].

Como quarto argumento, defende-se que os tribunais denotam hesitação em condenar os infractores no direito penal do consumo, dado o estrato social a que pertencem, o mesmo é dizer, pelo facto de pertencerem ao núcleo dos criminosos de colarinho branco[171].

Ainda, em estrita relação com o anterior, existe um outro argumento que consiste no facto de as infracções serem geralmente cometidas por pessoas morais (colectivas) e de, em direito penal, vigorar, ainda, em grande parte, o princípio *societas delinquere non potest"*[172].

Um sexto argumento pode ser encontrado no facto de o excesso de protecção — até mesmo a protecção penal — criar no consumidor uma certa indolência, ou seja, uma certa irresponsabilidade, na medida em que ficaria à espera de ser sempre protegido, permitindo-se, assim, com maior susceptibilidade, à fraude — tornar-se-ia menos cuidadoso e mais vulnerável[173].

Outro argumento assentará no facto de ser difícil a tutela dos interesses dos consumidores, porquanto, não sendo exclusivamente

---

[170] Cfr. Eike Von Hippel, "Defesa do consumidor", in B.M.J., n.º 273, Fevereiro, 1978, p. 15.

[171] Nesse sentido, está claramente Terrence Vandeveld, *Les Moyens D'Action des Consommateurs Face aux Pratiques Commerciales Abusives. Etude de Droit Comparé*, Genève, 1979, p. 181, considerando que, por um lado, é sempre difícil determinar o culpado numa grande multinacional e que, por outro lado, a sanção, para ser eficaz, tem que ser excessiva relativamente à infracção.

[172] Cfr. J.J. Gonzalez Rus, *op. cit.,* (n. 24), p. 36.

[173] É o que se pode inferir do pensamento de E. Lawor, *Direito de Opção e Impulso Económico. O Objectivo da Política dos Consumidores no Mercado Único*, Comissão das Comunidades, 2ª ed., 1990, p. 11, 13 e 27, ao referir: "A expressão 'defesa dos consumidores' é incorrecta, na medida em que pressupõe que centros de decisão podem e devem assumir as responsabilidades dos consumidores. Ora, não é tornando o consumidor menos responsável que se pode melhorar a sua confiança, que no entanto é essencial para a saúde do mercado". No mesmo sentido, embora apontando meios para preparar o consumidor, reforçando o arsenal jurídico individual, informativo e educativo, está Andrés de la Oliva Santos, "Sobre la Protección Jurisdicional a los Consumidores y Usuarios", in E.S.C., n.º 16, 1989, p. 164.

180   *Da protecção penal do consumidor*

individuais, poderão inviabilizar a conciliação dos interesses difusos e colectivos em ordem a uma defesa concertada([174]).

Um oitavo argumento assenta no facto de ser mais importante para a resolução dos problemas dos consumidores o recurso a meios de diversão, desjudiciarização ou conciliação, evitando assim o recurso à via judicial, por esta se revelar mais complexa, mais morosa e mais dispendiosa([175]).

Finalmente, invoca-se o facto de o direito penal dever ser aplicado como *ultima ratio* e, como tal, dever ser aplicado na protecção de bens jurídicos dignos da sua tutela, quando outros mecanismos, depois de ensaiados, se tenham revelado insuficientes([176]).

1.2. Argumentos contra a descriminalização no consumo

Por oposição, os argumentos em favor da criminalização serão, desde logo, o reverso dos anteriores, ou seja, a demonstração da inviabilidade daqueles argumentos e a apresentação de outros em favor da criminalização.

Desde logo, e relativamente ao facto de se considerarem artificiais as infracções no direito penal do consumo, defende-se que as infracções ditas naturais aparecem e desaparecem com o decorrer do tempo, sendo assim, também, o fruto das circunstâncias existentes. Aquilo que poderá ser hoje uma infracção natural e ofensiva dos princípios morais mais elementares pode, a curto prazo, deixar de o ser — lembremos, no caso português, o adultério, a prostituição e, de certa forma, o aborto([177]). Por outro lado, pretender a descriminalização das infracções no consumo com o pretexto de serem artificiais é esquecer que certas e determinadas infracções no consumo remontam

---

([174]) Cfr. J.J. Gonzalez Rus, *op. cit.,* (n. 24), p. 321 e ss.

([175]) Cfr., entre outros, Anne Morin, "Les Modes de Règlement des Litiges de Consommation en France", in *Arbitragem de Conflitos de Consumo. Que Futuro?,* DECO, 1ª ed., 1992, p. 38.

([176]) Sobre o problema, relativamente às infracções no consumo, veja-se, J.J. Gonzalez Rus, *op. cit.,* (n.24), p. 63 e ss.

([177]) Repare-se que estes têm sido domínios onde tem actuado profundamente o processo de descriminalização — cfr. Figueiredo Dias, *op. cit.,* (n. 166), p. 88 e ss.

A *(Des)criminalização no (incitamento ao) consumo: Questões prévias*   181

já há algum tempo e, ainda hoje, são consideradas como tal[178]. Por último, diga-se que uma das características do direito penal secundário é a de dar resposta aos problemas que surgem com acuidade no mundo económico-social, no domínio dos direitos sociais, da mesma forma que o direito penal clássico o faz no domínio dos direitos pessoais, embora com algumas particularidades que os distinguem e, por isso, nos permitem afirmar aquele como direito penal secundário — é dentro desta lógica que se integra o direito penal do consumo, como vimos.

Relativamente à questão da inflação legislativa imposta pelo direito penal do consumo, adverte-se que o problema não será de inflação, mas de desarmonização e de complicação, isto é, não é necessário criar uma lei sempre que exista um caso de lesão de interesses dos consumidores, nem uma lei para cada produto ou serviço posto a circular no mercado[179]. Pelo contrário, as leis devem ser feitas com uma certa orientação político-criminal, com uma certa harmonização (mesmo relativamente a outros ramos de direito, nomeadamente o direito civil e o direito administrativo) e com uma certa simplificação, nomeadamente pela codificação dos diversos textos legislativos. Essa é, de resto, a tarefa que actualmente tem vindo a ser levada a cabo um pouco por toda a parte[180].

A questão da não aplicação ou da má aplicação do direito penal do consumo e do direito do consumo não deve ser motivo para ditar a sua abolição. Advoga-se, pois, que, em vez disso, se devam procurar as formas e os meios mais adequados para a sua correcta aplicação, nomeadamente através de tribunais especiais ou com competência especializada. Essa é, por isso, uma falsa questão. Dirá mais respeito ao processo, ao *modus operandi,* do que à substância, aos direitos dos consumidores — estes inalienáveis e invioláveis[181].

---

[178] Cfr. Luc Bihl., *op. cit.,* (n. 40), p. 11, citando como tal o exemplo da venda ao domicílio sem ter sido solicitada, que já desde o século XIX é sancionada penalmente!

[179] Cfr. Luc Bihl., *op. cit.,* (n. 40), p. 12.

[180] Ainda que num estado embrionário, mas não deixando de ser sintomático, na viragem deste século, o Código de defesa do consumidor brasileiro — Lei n.º 8079 de 15-9-90. Contrário à codificação está, no entanto, A. Bercovitz Rodriguez-Cano, *Estudios Jurídicos Sobre Protección de los Consumidores,* Tecnos, Madrid, 1987, p. 101.

[181] Cfr. Luc Bihl, *op. cit.,* (n. 40), p. 12; e ainda Terence Vandeveld, *op. cit.,* (n. 171), p. 176.

Relativamente à hesitação na condenação dos chamados criminosos de colarinho branco e da irresponsabilidade criminal das pessoas colectivas ou morais, é de notar que o contrapeso com a impunidade da *white-collar criminality* é feito pela necessidade de proteger o consumidor enquanto vítima e se este tiver os meios para tal protecção não haverá pretexto para aquela impunidade. Cabe, aqui, lembrar a célebre frase de J. F. Kennedy: "consumidores somos todos nós". Pelo que, se no plano jurídico-criminal, numa concepção de justiça, se entender dever condenar os criminosos nas infracções de consumo, não se vê razão para se descriminalizar, apenas porque — empiricamente — os tribunais hesitam([182]).

E quanto à questão da irresponsabilidade criminal das pessoas colectivas, começa a ser uma falsa questão, visto que, actualmente, um pouco por toda a parte, se vêem derrogações ao princípio *societas delinquere non potest*, porquanto começa a verificar-se a possibilidade de se punir tanto a pessoa colectiva, como os que actuam em seu nome e, às vezes, conjuntamente. E este fenómeno verifica-se com maior acuidade precisamente no direito penal secundário, onde se enquadram as infracções no consumo. Assim sendo, a criminalização impõe-se precisamente porque os infractores são na sua maioria pessoas colectivas ou pessoas individuais que actuam em nome de outrem([183]).

O argumento de que o excesso de protecção levará a uma maior vulnerabilidade do consumidor é, também, rebatido, visto que a idêntica conclusão se teria que chegar relativamente a qualquer vítima criminal, fosse qual fosse a infracção, quando protegida pelo direito penal. Na verdade, não é pelo facto de as pessoas saberem que o homicídio é punido que são menos cuidadosas em certas situações. A questão deve ser encarada noutra perspectiva e é a de que o con-

---

([182]) Veja-se, sobre a necessidade de incriminação da *white collar criminality*, FIGUEIREDO DIAS, *op. cit.,* (n.24), p. 95 e J.J. GONZALEZ RUS, *op. cit.,* (n. 24), p. 37, este último dando particular destaque ao facto de a punição de tal criminalidade evitar o chamado "efeito ressaca" ou "efeito espiral" que levaria à impunidade dos infractores. No mesmo sentido estão FERNANDEZ ALBOR E MARTINEZ PÉREZ, *Delincuencia y Economía*, Santiago de Compostela, 1983, p. 39.

([183]) Cfr. LOPES ROCHA, "A Responsabilidade Penal das Pessoas Colectivas — Novas Perspetivas", in *Ciclo de Estudos de Direito Penal Económico*, Centro de Estudos Judiciários, 1ª ed., Coimbra, 1985, p. 114 e ss.

A *(Des)criminalização no (incitamento ao) consumo: Questões prévias* 183

sumidor já é de si mais leviano e menos preparado que os profissionais. Cabe, assim, ao Direito impor aqui algum equilíbrio e será pela existência de normas protectoras (que previnam e reprimam) que se evitarão mais infracções [184].

A dificuldade na tutela dos interesses supra-individuais levará, em certos casos, à criminalização e não à descriminalização, já que, como é sabido, em alguns sistemas jurídicos, é no direito penal, nomeadamente através do Ministério Público, que se faz a defesa de tais interesses, mais eficazmente, do que noutros ramos do Direito. A questão da iniciativa processual e do ressarcimento dos danos nos interesses difusos e colectivos, poderá levar à ponderação dos meios adequados, mas não exclui o recurso ao direito penal [185].

Relativamente à questão da simplicidade, celeridade e isenção de custos, aspectos importantes para o consumidor na resolução dos seus problemas, nada tem a ver ou a contender com a necessidade da protecção dos bens jurídicos, quando estes se revelem valiosos e dignos de tutela penal [186].

---

[184] Cfr. GONZALEZ RUS, *op. cit.,* (n.24), p. 37. Aí se afirma que a vítima (consumidor) é "favorecedora del delito", porque "en cuanto consumidor, no procede a una elección crítica de los productos, colaborando inconscientemente a su comision. Por el contrario, se deja convencer por estimulos publicitarios (…) por razones explicables más en función de criterios de imagen, publicidad, ofertas, rebajas, etc., que por la estricta calidad del producto. A menudo ignora, per su desconocimiento, que es victima de un fraude, por lo que no puede denunciar". No mesmo sentido, invocando vários motivos para um tratamento mais cuidado da vítima do delito económico, estão FERNANDEZ ALBOR e MARTINEZ PÉREZ, *op. cit.,* (n. 182), p. 47 e ss. Também no sentido de que os consumidores carecem de protecção através do controle público, visto ignorarem muitas vezes os seus direitos, está ROSS CRANSTON, *op. cit.,* (n. 99), p. 2.

[185] Cfr. GONZALEZ RUS, *op. cit.,* (n.24), p. 123; e VEGA RUIZ, *op. cit.,* (n. 32), p. 56, para quem "aumque normalmente el legislador busca la solución de los conflitos a través de las vías civil y administrativa, cremos que en la jurisdiccion pénal, en supuestos de caso concreto, habremos de ver perfilada la mas decidida defensa en los derechos de los usuários quizá en forma más contundente, más enérgica, más gravosa, penso por eso no menos justa".

[186] Essa é, de resto, a função do direito penal, independentemente dos custos. Nesse sentido e de forma clara, vai HANS WELZEL, *Derecho Penal Aleman, Parte General,* 11ªed., 1970, p. 11 e ss, ao referir que a "função ético-social do direito penal é a de proteger os valores elementares da vida em comunidade e fá-lo pela protecção de bens jurídicos".

184 — Da protecção penal do consumidor

Assim, também, o facto de o direito penal dever funcionar como *ultima ratio* não colide com a questão da criminalização das infracções no consumo. Tal princípio, sendo intangível, não significará, contudo, que se deva optar pela abstenção do direito penal; nem significará que se deva optar pela desprotecção do consumidor em nome de tal princípio. Significará, apenas, que o direito penal só deve intervir quando outros meios se evidenciarem ineficazes, mesmo na protecção de outros bens jurídicos que não apenas ligados ao consumo e ao consumidor, e valendo tanto para a descriminalização como para a criminalização[187].

Como se vê, a questão da (des)criminalização nas infracções cometidas no consumo não será de fácil resolução. Os argumentos avançados, quer num sentido, quer noutro, têm fundamento e apoiam-se em princípios e constatações válidas. Para uma tentativa de solução, devemos estudar aqueles argumentos e tentar analisar mais profundamente as questões envolventes do problema. Devemos, por isso, analisar os sujeitos, os interesses em presença ou os bens jurídicos, os meios de conferir tutela a tais interesses, a importância do direito penal do consumo na protecção do consumidor em face de outros meios e outras vias e, por último, os princípios que nos darão a resposta definitiva no plano jurídico-penal.

2. O Consumidor enquanto vítima

Se é certo — como nos parece — que o direito do consumo, numa das suas vertentes, visa a protecção dos consumidores[188],

---

[187] Essa é a concepção dominante no pensamento jurídico contemporâneo. Cfr. GIOVANNI FIANDACA e ENZO MUSCO, *Diritto penale. Parte Generale,* Zanichelli, Bologna, 1990, p. 2, ao referir que "il diritto penalle contribuisce tendenzialmente ad assicurare le *condizioni essenziali* della convivenza, pedisponendo la *sanzione più drastica* a difesa dei beni giuridici: sono tali i beni socialmente rilevanti ritenuti meritevoli protezione giuridica"; vide ainda no mesmo sentido, TERRENCE VANDEVELD, *op. cit.,* (n. 171), p. 182 e ss. Apesar de tudo, há quem não tenha dúvidas em afirmar uma maior consistência das normas penais na protecção do consumidor — cfr. MARIO BESSONE, "La Tutela dei Consumatori, le Riforme Legislative e l'Ordine Pubblico Economico per Tempi di Capitalismo Maturo", in R.T.D.P., n.° 1, 1983, p. 330.

[188] Cfr. G. CAS e D. FERRIER, *Traité de Droit de la Consommation,* P.U.F., Paris, 1986, p. 2.

A *(Des)criminalização no (incitamento ao) consumo: Questões prévias* 185

podendo o direito penal neste capítulo desempenhar uma função fundamental, e se tal protecção deve ser feita de forma adequada, isto é, tendo em conta que o consumidor é, geralmente, um sujeito mais fraco, leviano e menos preparado do que o profissional, impõe-se, então, a análise do sujeito consumidor. Este será, assim, um dos pontos de partida em ordem a saber se as infracções cometidas no consumo devem ou não ser criminalizadas, de molde a que se garanta uma protecção adequada.

2.1. Noção de consumidor (justificação)

Várias e diferentes são as noções de consumidor existentes nos diversos ordenamentos jurídicos e defendidas pelos mais variados autores que à presente temática dedicam a sua atenção. Todavia, tal fertilidade não é sinónimo de consenso e daí a existência nesta matéria de problemas sérios e delicados. Desde logo, a falta de unicidade no conceito de consumidor é, mesmo, motivo para questionar a autonomia do direito do consumo (ou da protecção do consumidor) e, consequentemente, do direito penal do consumo. É que, com razão, há mesmo quem interrogue se, por vezes, não se fala em direitos dos consumidores "sem que exista um núcleo personalizável que os possa assumir"([189]).

Depois, sempre questionaremos se será legítimo falar em direitos ou interesses do consumidor dignos de tutela, sem primeiro sabermos exactamente quem é o titular de tais direitos ou interesses.

E, mesmo que ultrapassássemos o desiderato anterior, isto é, mesmo que ficcionássemos a existência de uma categoria de direitos ou interesses ligados objectivamente ao consumo, sem que tivéssemos, ainda, assentado numa noção de consumidor, sempre teríamos que encontrar o sujeito no qual personalizássemos a tutela daqueles direitos ou interesses, quando estivessem em causa. E a necessidade, neste caso, de uma noção de consumidor ganha mais relevo se tivermos em conta que em diversas relações, em tudo semelhantes às de consumo *tout court,* são dispensadas pelas normas jurídicas diversas

---

([189]) Cfr. C. Ferreira de Almeida, *op. cit.,* (n. 18), p. 203.

formas de tutela, sem que, contudo, aí se refira o consumidor: é o caso, por exemplo, do art. 874.º do Código Civil português que define o contrato de compra e venda ou do artigo 1142.º em que se define o contrato de mútuo, sem que daqui se possa excluir, mas muito menos ainda neles se esgote, o consumidor, bem como o caso do crime de burla previsto no art. 217.º do Código Penal, em que, se é certo poder incluir-se o consumidor em tal previsão como vítima, não menos certo é que tal crime não foi pensado, nem exclusiva, nem predominantemente, na tutela do consumidor.

Antes, portanto, de saber, relativamente ao consumidor, quais os seus direitos, os seus interesses, a protecção que lhe deva ser conferida e, mesmo até, a existência de normas que, pela relação que com ele têm, se autonomizem, importa defini-lo como sujeito da relação de consumo e como vítima da infracção. Só assim conseguiremos falar em protecção penal do consumidor, pois que, sem a definição deste, ou, todos podem ser tidos como tais enquanto vítimas ou estas sê-lo-ão sempre numa relação semelhante à de consumo, mesmo que não sejam consumidores. Ora, esta indefinição não nos interessa.

Estamos certos da dificuldade de tal empresa. Essa mesma dificuldade de precisão já por outros foi experimentada. Mas, cremos que não podemos avançar sem ultrapassar este obstáculo.

Para tal, propomos abordar, em primeiro lugar, algumas das distinções mais relevantes que se têm feito, após o que faremos uma apreciação sobre as mesmas, para finalmente assentarmos num conceito de consumidor que sirva não só para o direito penal, mas, também e acima de tudo, como um sujeito jurídico perfeitamente individualizável.

2.1.1. Duas acepções de consumidor: sócio-económica e jurídica([190])

Parece que não exageramos se dissermos que a vida em sociedade depende, em boa parte, da capacidade que os indivíduos têm para consumir e que esta atitude, em grande parte, contribui para moldar a

---

([190]) Partimos, aqui, fundamentalmente da distinção proposta por C. Ferreira de Almeida, *op. cit.*, (n. 18), p. 204 e ss.

A (Des)criminalização no (incitamento ao) consumo: Questões prévias   187

economia de um país, sendo certo que o estado desta limita a capacidade daqueles para consumirem e que, assim também, se conformará a vida em sociedade.

Esta constatação quase silogística tem, no entanto, algo a ver com a acepção sócio-económica do consumidor. É que, para esta acepção, o acto de consumo é um acto económico, que umas vezes se destina à satisfação de necessidades do consumidor — caso em que estaríamos perante o *consumo final* — e que outras vezes resulta da utilização pelas empresas de bens e serviços — caso em que estaríamos, no dizer de CARLOS F. ALMEIDA, perante o *consumo intermédio*[191].

Consumidor seria, assim, como que um agente do mercado, que ao realizar actos de consumo interferiria na própria economia da sociedade; seria o adquirente, aquele que adquirisse por um valor achado na medida do uso ou da utilização que desse aos bens e serviços, acabando assim por ser, também, o utilizador.

Daqui, resultaria uma relação consumo-aquisição e consumo-utilização, de que o consumidor, inserido em sociedade e geralmente como trabalhador-produtor, seria o agente responsável, na medida em que alienaria a sua força de trabalho na aquisição e utilização de bens e serviços[192].

A esta acepção se contrapõe uma outra eminentemente jurídica. Uma acepção agora a levar em conta o sujeito jurídico, os actos (jurídicos) de consumo, as finalidades desses mesmos actos e os sujeitos que com o consumidor se relacionam.

Em síntese, de acordo com tais elementos, o consumidor seria a pessoa, em princípio física, que inserida numa relação jurídica, adquire bens ou serviços para seu uso pessoal ou privado a um profissional no exercício da sua actividade profissional.

Ainda, adentro desta acepção jurídica de consumidor, serão possíveis várias distinções, consoante os ordenamentos em causa, baseados sobretudo numa maior ou menor abrangência do conceito ou em aspectos particulares da relação de consumo.

---

[191] C. FERREIRA DE ALMEIDA, *op. cit.,* (n. 18), p. 204.
[192] Cfr. JEAN BRAUDILLARD, *A Sociedade de Consumo,* edições 70, s/d, p. 93.

2.1.1.1. *Noção abstracta e noção concreta de consumidor*

O Homem, enquanto cidadão a viver em sociedade, aspira a que a sua vida tenha o máximo de qualidade. Para tal, tudo o que o rodeia se torna importante — não só os bens e serviços que adquire, mas, também, o ar que respira, a educação e a informação que recebe, os serviços públicos de que se serve, etc..

Estas considerações são as que, geralmente, se fazem a propósito de uma noção abstracta de consumidor, de acordo com a qual este seria o cidadão-consumidor, podendo, portanto, nessa qualidade ser sujeito de direitos que não se circunscrevem apenas à aquisição de bens e serviços, mas, também, às várias condições de vida que lhe permitem tê-la em qualidade; direitos esses que, como é bom de ver, carecem de tutela, concedida precisamente na medida em que se trataria de um consumidor[193].

Seriam, assim, em síntese e no dizer de A. BERCOVITZ, incluídos nesta acepção "todos los ciudadanos en cuanto personas que aspiram a tener una adecuada calidad de vida"[194].

A esta noção se oporia a noção concreta de consumidor. Para tal noção apenas contaria a aquisição de bens e serviços e não já outras condições relacionadas com o cidadão, v.g. o ambiente, a educação, a informação, os serviços públicos, etc.

Seguindo, ainda, A. BERCOVITZ, neste sentido concreto, consumidores seriam "quienes adquiren bienes o servicios para uso privado"[195].

2.1.1.2. *O "consumidor-cliente" e o "consumidor final"*

Trata-se de uma distinção que, ainda, se filia na noção concreta de consumidor, isto é, ainda, no âmbito da aquisição de bens ou serviços para uso pessoal ou privado[196].

---

[193] Contra uma noção assim tão abrangente está GONZALEZ RUS, *op. cit.,* (n. 24), p. 56, ao afirmar que "tampouco creo que sea posible comprender las necesidades del sujeto que se satisfacen fuera del mercado, como es el caso del medio ambiente", e de certo modo FERNANDO PÉREZ ALVAREZ, *Protección Penal del Consumidor. Salud Pública y Alimentación,* Praxis, 1991, p. 109, n. 80.

[194] Cfr. A. BERCOVITZ RODRIGUÉZ-CANO, *op. cit.,* (n. 180), p. 106 e ss.

[195] *Idem,* p. 107.

[196] Tanto GEMMA A. BOTANA GARCIA, "Noción de Consumidor en el Derecho Comparado", in E.S.C., n.º 18, 1990, p. 53, como A. BERCOVITZ, *op. cit.,* (n. 180), p.111

A *(Des)criminalização no (incitamento ao) consumo: Questões prévias* 189

Para a noção consumidor-cliente importa partir da perspectiva do vendedor ou do prestador de serviços, uma vez que para estes será indiferente se o que adquire o faz para uso privado ou no desenvolvimento de uma actividade empresarial e, como tal, para revender — apenas se torna relevante para o empresário que quem consome, neste caso, é cliente, sendo, portanto, tal perspectiva determinante para a confusão entre consumidor e cliente.

Por oposição e como é fácil de antever, o "consumidor final" seria, apenas, aquele que adquirisse bens ou serviços para seu uso pessoal ou privado, o que significaria que um empresário que adquirisse bens ou serviços para utilização na sua actividade empresarial ou para revenda não seria considerado consumidor([197]).

2.1.1.3. *Consumidor stricto sensu e consumidor lato sensu.*

Trata-se de uma distinção que nos é, geralmente, apresentada de duas formas, sendo, no entanto, uma praticamente o desenvolvimento da outra, como veremos.

A primeira forma — que diríamos, hoje quase abandonada — consiste em definir o consumidor como aquele que adquire bens para seu uso privado ou pessoal — caso em que estaríamos perante a noção *stricto sensu* — ou aquele que, além de adquirir bens, também adquire serviços para o mesmo uso pessoal ou privado — caso em que estaríamos perante o consumidor *lato sensu* ([198]).

Desta distinção — fundada na ponderação da aquisição de bens ou serviços — nasceria uma outra de consumidor e usuário, que, se bem que em termos práticos não tenha hoje qualquer relevância — já que se aceita sem dificuldades que consumidor é o adquirente de bens e serviços — a verdade é que, ainda, em alguns diplomas legais a distinção continua a ser feita, se bem que apenas relativamente à denominação, já que quanto ao conteúdo é, também, no último sentido apon-

---

e ss consideram haver uma distinção entre noção abstracta e noção concreta, havendo depois dentro desta várias noções concretas, tal como enunciámos no texto.

([197]) Cfr. Botana Garcia, *op. cit.,* (n.196), p. 53; e A. Bercovitz Rodriguez-Cano, *op. cit.,* (n. 180), p. 111.

([198]) *Idem,* p. 54; *idem,* p. 112 e ss.

tado, isto é, *lato sensu;* [199] veja-se, como exemplo disso, a "Ley general para la defensa de los consumidores y usuários" (Lei espanhola de 26/1984, de 24 de Junho) [200].

A outra forma de fazer tal distinção parte do pressuposto de que, relativamente à noção *stricto sensu,* considerada inicial — em que o consumidor seria o que adquire bens para seu uso privado ou pessoal — haveria uma extensão para uma noção mais ampla: o consumidor passaria a ser não só o adquirente de bens, mas, também, o adquirente de serviços (o usuário), além de que, agora, seria não só o adquirente individual, mas, eventualmente, também, qualquer sujeito jurídico (incluindo determinadas pessoas colectivas) e, finalmente, sê-lo-ia não só relativamente à aquisição de bens e serviços (relação contratual), mas, também, relativamente ao incitamento ao consumo (fase pré-contratual), havendo, por isso, uma extensão qualitativa [201].

2.2. Apreciação crítica das várias acepções de consumidor

Impõe-se, agora, tentar avançar com uma noção de consumidor que sirva como pólo aglutinador de toda e qualquer protecção; com isto, queremos dizer que tal noção há-de servir tanto para o direito penal (ou direito penal especial ou secundário), como para o direito de mera ordenação social e até mesmo para o direito civil, o direito administrativo, etc..

Apreciemos, pois, criticamente as acepções enunciadas para tentar, então, avançar com uma definição.

Relativamente à distinção feita entre o consumidor numa acepção sócio-económica e numa acepção jurídica, sendo certo que tem

---

[199] J.J. GONZALEZ RUS, *op. cit.,* (n.24), p. 54; JOSÉ DE ATHAYDE TAVARES, "O Acesso dos Consumidores à Justiça nos Países da Comunidade: via Judicial e via Administrativa", in *Acesso à Justiça,* DECO, 1ª ed., 1991, p.21; e BONET NAVARRO, "Protección Eficaz y Acesso a la Justicia de los Consumidores", in E.S.C., n.º 16, 1989, p. 20 e ss.

[200] Na verdade a Ley 26/84, de 14 de julio (Ley general para la defensa de los consumidores y usuários), insiste em manter tal distinção ao referir no artigo 1.º, n.º 2 que "A los efectos de esta ley, son *consumidores o usuários* las personas (....)" — (o *itálico* é nosso).

[201] Cfr. J.J. GONZALEZ RUS, *op. cit.,* (n.24), p. 54 e ss.

A *(Des)criminalização no (incitamento ao) consumo: Questões prévias*   191

alguma importância, tem, no entanto, para o nosso problema, pouco interesse, já que, como é bom de ver, só uma acepção jurídica de consumidor nos interessará. O que, porém, não implica o seu desperdício. Por um lado, o consumidor, enquanto um dos "agentes económicos", inserido num processo económico, no chamado consumo de "massas" (produção, distribuição e consumo de bens e serviços), vem a implicar com o direito económico e este com o direito penal económico, em certa medida, como já vimos [202].

Por outro lado, a acepção sócio-económica vem a relacionar-se com a própria acepção jurídica, pela simples razão de que, dos diversos direitos e interesses a reivindicar *tutela jurídica,* figuram logo à cabeça os próprios *interesses económicos.* Essa é, de resto, uma ideia que transparece de inúmeros programas políticos e textos legislativos, podendo indicar-se a título exemplificativo o "Primeiro Programa para a Protecção do Consumidor de Abril de 1975", em que um dos cinco direitos do consumidor passou a ser o da "protecção jurídica dos interesses económicos do consumidor" [203].

Significa, o que acabámos de dizer, que a protecção jurídica dos interesses económicos do consumidor, com o ser jurídica, pressupõe que o sujeito portador de tais interesses seja sujeito jurídico (ou definido juridicamente), mas em que o objecto, podendo ser do âmbito económico, apela à consideração de uma acepção sócio-económica de consumo [204].

---

[202] Cfr. *supra,* Parte I, Cap. I, n.° 2.

[203] Cfr. Resolução do Conselho de 14 de Abril de 1975, relativa a um Programa Preliminar da Comunidade Europeia, para uma Política de Protecção e Informação dos Consumidores, in Jornal Oficial das Comunidades, edição especial, n.° C/92/1 de 25.4.75, Fasc. 01, 1985, p. 66. Veja-se ainda no mesmo sentido, Comissão das Comunidades, *Nouvelle Impulsion pour la Politique de Protection des Consommateurs,* in Bulletin des Communautés Europeénes, Supplément 6/86, Serviço das Publicações Oficiais das Comunidades Europeias, Luxemburgo, 1987, p.8.

[204] Daí que o consumidor — nomeadamente através daquele programa "Nouvelle Impulsion" (cfr. nota anterior) — viesse, de acordo com a anáilise feita por CARLOS DE ALMEIDA SAMPAIO, "Os Direitos dos Consumidores: Perspectiva Constitucional e Perspectiva Comunitária", in *Acesso à Justiça* , DECO, 1991, p. 16, a ser considerado "um agente económico", e "que esse agente económico modelava, por assim dizer, o padrão de consumo do espaço comunitário, garantindo a fiabilidade dos mercados, assegurando o crescimento da produção, permitindo a conquista de novos membros e não o definhar dos existentes". Existem, perante tais palavras, dúvidas

Passemos, agora, à apreciação crítica das várias noções possíveis adentro da acepção jurídica.

Relativamente à distinção que se faça entre noção abstracta e concreta, isto é, entre o consumidor-cidadão e o consumidor adquirente de bens e serviços, colocam-se alguns problemas. Parece--nos, com efeito, que uma noção abstracta será *demasiado* abrangente, já que ao considerar o consumidor como todo o cidadão que aspira a uma vida com qualidade e ao incluir, assim, as "vítimas" das infracções no ambiente, educação, serviços públicos, etc., acaba por confundir consumidor com cidadão (inevitavelmente), tornando impossível dilucidar quem seria afinal consumidor para efeitos de tutela jurídica. Ora, é sabido que relativamente ao ambiente, por exemplo, existem normas específicas, defendendo-se mesmo a existência de um direito penal do ambiente que, obviamente, se diferencia do direito penal do consumo ([205]).

O consumidor, desta forma, como que aparece desnudado e até descaracterizado, visto que todos seriam consumidores e, ao fim e ao cabo, ninguém seria consumidor individualizável ou personalizável.

A noção concreta é mais rigorosa. Permite personalizar os direitos e os interesses que gravitam na relação de consumo num sujeito perfeitamente personalizável, a quem, assim, é mais fácil conceder determinada protecção legal. Mas, é claro que uma noção concreta, como a que formula A. Bercovitz, também é demasiado restrita, já que ao conformar a noção aos que adquirem bens ou serviços para uso privado, acaba por excluir o consumidor potencial, ou seja, aquele que poderá vir a consumir, aquele em relação ao qual são dirigidos vários processos de incitamento ao consumo ([206]).

---

sobre a importância da consideração da acepção económica no conceito de consumidor, ainda que este seja um sujeito jurídico?

([205]) Veja-se sobre a necessidade da protecção penal do ambiente e sobre a hipótese de se configurar o direito penal do ambiente vocacionado para a protecção de bens jurídicos ligados ao ambiente em Figueiredo Dias, *op. cit.*, (n. 83), principalmente págs. 5 e 10.

([206]) Concordamos por isso com Botana Garcia, *op. cit.*, (n.196), p. 55 ao referir: "Todos somos consumidores en potencia al vivir inmersos en una sociedad de consumo, en cuanto realicemos determinados actos habremos dejado de estar en el ámbito de la noción abstracta de consumidor-ciudadano para pasar al ámbito de la noción concreta".

A *(Des)criminalização no (incitamento ao) consumo: Questões prévias* 193

Além disso, tal noção não distingue as pessoas singulares das colectivas, parecendo, por isso, poder considerar-se, de acordo com tal noção, as pessoas colectivas, nomeadamente as empresas, o que, cremos, não será o melhor caminho (207).

Por sua vez, a noção de "consumidor-cliente" parece-nos quase bizarra. Definir o consumidor à luz do empresário, do retalhista, do distribuidor, etc., é defini-lo a partir do próprio "adversário", contra quem se quer proteger, o que significaria iniciar a tutela do consumidor com um vício — o de que só se protegeria aquele que, de acordo com o infractor, fosse digno de tutela; seria proteger mais o infractor do que a vítima.

O problema que se levanta é o de que a confusão levantada pela noção de consumidor/cliente implica que qualquer um, desde que cliente, possa ser considerado consumidor, donde qualquer um pode ter protecção jurídica, nomeadamente penal. Ora, o empresário, pela sua experiência e estrutura, não é tão débil e tão mal preparado que careça de tutela, como necessitará aquele que não seja profissional. E, mesmo que configurássemos a hipótese de existirem comerciantes (nomeadamente os pequenos comerciantes) que revelem igual dose de imperícia, de debilidade, a quem, por virtude disso, se poderia conceder igual tutela jurídica, sempre se levantariam problemas. A protecção especial seria concedida aos consumidores *tout court* e àqueles que se revelassem, pela sua ligeireza, necessitados de tal protecção.

Assim sendo, pergunta-se: que critério se seguiria para definir, de entre os profissionais, aqueles que merecessem tratamento idêntico ao dos consumidores? Ou, de outra forma assaz mais atrevida, que critério se seguiria para definir, de entre os profissionais, os mais débeis e os menos preparados?

É, como se vê, questão para a qual dificilmente se encontraria resposta. Mas mesmo que se obtivesse um critério para tal definição (v.g. pelo volume de negócios, pelo número de empregados, pela categoria tributária, etc.) (208), sempre se colocaria outra questão ainda

---

(207) É curiosa, no entanto, a extensão que Vilaça Lopes, *op. cit.*, (n. 19), p. 166, faz de consumidor, incluindo o consumidor potencial e, por isso, merecendo o nosso acordo, mas incluindo também a empresa, e, portanto, merecendo a nossa discordância, como veremos melhor adiante.

(208) Em defesa da tese de que consumidor pode também em certas circunstâncias ser um empresário está, Thierry Bourgoignie, "O Conceito Jurídico de

194   *Da protecção penal do consumidor*

mais pertinente: que ganharia o consumidor com tal opção? Sabendo que uma das questões mais controversas no direito do consumo é a correcta aplicação de tal complexo de normas ou, pelo menos, da sua aplicação, questão que se levanta, precisamente, a despeito de uma certa falta de celeridade no tratamento dos problemas atinentes ao consumo, torna-se evidente que a extensão da protecção, também, aos profissionais iria aumentar significativamente o número de conflitos considerados de consumo e, portanto, tornaria mais lenta a resolução dos problemas e, aí sim, desmotivaria os consumidores no recurso à justiça.

Parece-nos que a noção de consumidor há-de ter outra amplitude mais restrita e excluir do seu âmbito a categoria dos empresários[209].

Daí que a noção de consumidor final vem a revelar-se mais adequada, se bem que, relativamente à que abordámos anteriormente, necessitaria de alguns ajustamentos — que faremos quando tentarmos avançar com uma noção.

Quanto à distinção entre consumidor *stricto sensu* e consumidor *lato sensu,* parece-nos que a exclusão do usuário de serviços não se justifica, visto que os problemas que se colocam ao adquirente de bens são os mesmos que se levantam nas relações de prestação de serviços — pelo menos, quanto à protecção dos interesses —, daí que não concordamos com a noção de consumidor *stricto sensu* que pretende excluir o usuário de serviços.

Já quanto à noção mais ampla, sendo de aplaudir, parece-nos, contudo, dever levar em conta que o consumo, para efeitos da definição de consumidor, há-de ser o consumo final e não, por exemplo, o consumo intermédio. Com tal reparo voltamos, uma vez mais, à ques-

---

Consumidor", in *Direito do consumidor 2,* p. 35 e ss. Assim, de acordo com este Autor, "uma pessoa exercendo uma actividade com carácter profissional, comercial, financeiro ou intelectual, não pode ser considerado como um consumidor, salvo se ficar estabelecido por ela que ele está agindo fora da sua especialidade e que ela realize uma cifra global de negócios inferiores a ... milhões de francos por ano".

[209] Em sentido contrário, ou seja, de que no conceito de consumidor devem ser integradas "as pessoas jurídicas, incluindo profissionais, artesãos ou pequenos empresários, quando a situação de inferioridade em que estes se encontrem seja equiparável à do consumidor" está VEGA RUIZ "La Protección del Consumidor y la Administracion de Justicia: Procedimientos Judiciales", in E.S.C., n.º 13, Abril, 1988, p. 24.

A (Des)criminalização no (incitamento ao) consumo: Questões prévias 195

tão da extensão da noção de consumidor aos empresários que, como já vimos, envolve problemas a ter em conta e aos quais voltaremos.

2.3. Tentativa de definição de consumidor

Avançar com uma noção de consumidor é tarefa difícil e, mesmo que levada a cabo, poderá não colher a simpatia de todos. Seja como for, ela impõe-se. A utilização arbitrária de conceitos diversos sem a obediência a regras que — cremos — devem existir é desaconselhá-vel. A definição que tentaremos fazer obedecerá a tais regras. Regras essas que não são, afinal, mais do que a resposta afirmativa a um teste, em relação a condições necessárias para a sua viabilidade. Vejamos.

Desde logo, há-de ser uma noção que tenha em conta não só a ocorrência de relações contratuais, mas, também, a possibilidade de tal ocorrência. Com tal premissa tocamos um dos pontos fulcrais do presente trabalho. É que a consideração apenas das relações contratuais (v.g. compra e venda, aluguer, etc.) levaria à exclusão de situações de incitamento ao consumo, em que, podendo ocorrer "ataques" aos interesses do consumidor, o deixaria numa situação de desprotecção pelo facto, irónico, de que, em tal fase, não seria sequer sujeito jurídico (veja-se, por exemplo, o problema da publicidade enganosa ou outros processos de incitamento que poderão levar o consumidor a cometer actos perfeitamente levianos para a sua vida).

Decorrente deste problema, levanta-se, ainda, um outro. Geralmente, as relações contratuais são bilaterais, obedecendo, de resto, ao figurino do contrato, situando-se, assim, no plano das relações individuais. Quando existem problemas, geralmente dizem respeito aos intervenientes nessas relações e aos mesmos preocupam. Não significa isto, que não possam preocupar terceiros. Mas, tal preocupação consiste no facto de estes desejarem que tal situação não ocorra consigo mesmos. Digamos — para encurtar caminho — que os interesses aí presentes são geralmente de natureza individual.

Ora, no incitamento ao consumo, os interesses são, contrária e geralmente, de outra natureza: difusos ou colectivos ou, ainda, dito de outra forma, supra-individuais.

Uma noção de consumidor portador de interesses individuais revela-se inadequada para a consideração da tutela dos interesses,

196   *Da protecção penal do consumidor*

rectius, de todos os interesses, desde logo, porque de fora ficariam os supra-individuais. Para além disso, é precisamente na tutela dos interesses supra-individuais que mais se justifica a intervenção do direito penal (como veremos). Razão, uma vez mais, para a consideração de uma noção que abranja o consumidor *tout court* e o consumidor potencial, isto é, que tenha em conta tanto a fase contratual, como a de incitamento.

Passemos, agora, a um outro problema: o da finalidade do consumo. O consumo ou, se preferirmos, a aquisição servirá tanto para a satisfação de necessidades pessoais ou privadas, como para a utilização em actividades profissionais ou empresariais (situação esta última em que tal utilização poderá ser, também, para satisfação de necessidades últimas de tal actividade empresarial ou para revender, renegociar, etc.). Pensamos que, quanto à primeira ideia, não existem dúvidas: qualquer noção de consumidor há-de ter em conta que o consumo há-de ser, desde logo — diríamos —, "final"; mas esgotará aí o seu âmbito? Cremos que sim, embora com alguns esclarecimentos.

O consumo final significa que, uma vez efectuado, o produto ou o serviço consumido esgotam a sua utilidade, isto é, não poderão voltar a ser usados (pelo menos aquele que foi usado, já que outros iguais ou semelhantes sempre poderão cumprir aquela finalidade). Contrariamente e como é óbvio, ele não é final se ao ser adquirido lhe for dada outra finalidade, isto é, se for, por exemplo, para revenda.

Só que, nestes termos, qualquer sujeito pode realizar actos de consumo final; tanto pessoas físicas como morais. Por exemplo, uma empresa ao adquirir géneros alimentícios para servir na sua cantina aos seus trabalhadores, fá-lo para consumo final.

E, então, pergunta-se: deverão, nestas circunstâncias, também ser integradas as pessoas morais (colectivas) ou apenas as físicas (individuais)?

Nada obstaria a que respondêssemos afirmativamente à primeira hipótese: de considerar, também, as pessoas morais. Senão por mais, pelo menos, por obediência ao princípio da igualdade, corolário do Estado de Direito Democrático e Social, como se pode concluir pelo art. 13.º da C.R.P , ao proclamar no seu n.º 1 que "Todos os cidadãos têm a mesma dignidade social e são iguais perante a lei" e no seu n.º 2 que "ninguém pode ser privilegiado, beneficiado, prejudicado, privado de qualquer direito ou isento de qualquer dever em razão de (…) situação económica ou condição social".

A (Des)criminalização no (incitamento ao) consumo: Questões prévias   197

Só que tal igualdade deve ser defendida na medida em que, por um lado, não desencadeie ela própria desigualdades e, por outro, não coloque em causa a harmonia do ordenamento jurídico — devemos, portanto, pugnar por uma igualdade material e não meramente formal([210]).

O problema que se suscita é o de tais pessoas colectivas, quando comerciantes ou com o mesmo regime dos comerciantes (sociedades civis sob forma comercial), serem regidas por normas que lhes conferem protecção adequada e distinta dos restantes particulares. É a distinção entre normas de direito mercantil e de direito civil ou de regimes diferenciados para comerciantes e não-comerciantes([211]).

Tal distinção, que constitui já um passo para a instituição de uma protecção própria e adequada a tais pessoas, implica que reservemos a noção de consumidor para as pessoas físicas ou, *maxime,* para os que consumam fora do âmbito do desenvolvimento da actividade profissional.

Apesar de tudo, o problema não fica ainda resolvido. É que existem, por um lado, pessoas colectivas que não se integram no regime daquelas com escopo lucrativo/comercial — é o caso das fundações ou associações sem fim lucrativo; por outro lado, existem pessoas físicas que são comerciantes — e que realizam actos de consumo.

([210]) Nesse sentido está claramente A. BERCOVITZ RODRIGUEZ-CANO, *op. cit.,* (n. 180), p. 28.

([211]) Pensamos, por exemplo, na diferença de regime estipulado para a prescrição do direito ao crédito nas relações entre comerciantes ou entre estes e não comerciantes. Na verdade, o próprio Código Civil português estipula, no seu art. 309.°, o prazo ordinário da prescrição, de vinte anos. Porém, admite, no âmbito de determinadas prescrições presuntivas, nomeadamente no art.° 317.°, que o prazo possa ser apenas de dois anos para situações diversas, entre as quais se destacam as dos "créditos dos comerciantes pelos objectos vendidos a quem não seja comerciante ou os não destine ao seu comércio". Assim sendo, enquanto que um comerciante devedor sujeita-se durante vinte anos a que outro comerciante credor possa exigir o pagamento do crédito, já o mesmo comerciante credor só disporá de dois anos (caso a presunção da prescrição não seja ilidida) para efectuar a cobrança do crédito, após os quais aquele direito prescreve.

Sem dúvida que na primeira situação se protege mais o comerciante quando credor do que o comerciante devedor, enquanto que, no segundo caso, se protege mais o não-comerciante do que o comerciante. Estamos, além do mais, indiscutivelmente, perante regimes diferentes para comerciantes e não-comerciantes.

As questões agora suscitadas obrigam-nos a considerar na noção de consumidor apenas o *consumo final* realizado por aqueles que o não façam no âmbito da sua actividade profissional, sejam colectivas ou individuais tais pessoas — isso porque o critério de distinção não pode passar pela natureza das pessoas, mas, sim, pela actividade que desenvolvem e pela inserção nessa actividade dos actos de consumo, quer sejam ou não para revenda. É claro que, assim sendo, um comerciante que adquire um produto para utilizar em sua casa é consumidor, já que o não faz no âmbito da empresa.

Sendo assim, parece-nos que uma fundação ou associação sem fins lucrativos, quando adquire para interesse dos seus beneficiários ou associados e sendo estes os consumidores finais poderão fazer valer os seus direitos através da própria fundação ou associação porque, em rigor, ainda que tenha sido a fundação ou a associação a adquirir, fê-lo no interesse e para servir os seus beneficiários ou associados. A ausência de fim lucrativo da actividade profissional e, ao invés, a existência de uma actividade altruísta e no interesse directo de pessoas físicas, permite-nos considerá-las, senão consumidores, pelo menos, representantes dos seus beneficiários ou associados. Não nos parece, portanto, questão de grande relevo.

Outrossim será o problema dos empresários em nome individual, porquanto, agora, estão em causa pessoas físicas. Já aflorámos a questão na apreciação crítica que fizemos anteriormente às acepções então apresentadas. Aparentemente, pelo facto de desenvolverem uma actividade empresarial e de, nesse âmbito, adquirirem produtos ou serviços, teriam a possibilidade de acederem ao estatuto de consumidor, ademais pelo facto de tais comerciantes serem geralmente de pequena envergadura e, como tal, aparecerem, grande parte das vezes, mal preparados. Mas, tal como já referimos, tal protecção a ser igual à do consumidor *tout court* inviabilizaria uma protecção adequada, eficaz, célere e fácil deste último. Pelo que não se deve estender o conceito de consumidor a tais empresários.

Uma última palavra vai para as relações entre aqueles que não exerçam qualquer actividade económica com carácter profissional, isto é, entre particulares. Trata-se de uma situação em que o consumidor não contrata com um profissional, mas, apenas, com um outro cidadão. É uma situação que exorbita da relação de consumo, já que não é efectuada entre consumidores e profissionais, o que cerceia a

A *(Des)criminalização no (incitamento ao) consumo: Questões prévias*   199

possibilidade de responsabilizar o cidadão nos mesmos moldes em que se podem responsabilizar os profissionais. Parece-nos, assim, que, pela ausência de uma verdadeira relação de consumo, não se deve sequer falar em consumidor, mas, apenas, em relação entre particulares, fora, por isso, do direito do consumo[212].

Por tudo o que fica dito, fácil é de ver qual a nossa noção de *consumidor: este há-de ser todo aquele que, fora do desenvolvimento de actividade profissional, adquire ou possa vir a adquirir, bens ou serviços para seu uso pessoal ou privado e que o faça a pessoa singular ou colectiva que exerça, com carácter profissional, uma actividade económica.*

2.4. O consumidor enquanto vítima criminal

O consumidor pode — acompanhando as teorias em volta do conceito de vítima — ser tanto a vítima de qualquer lesão, mormente dos seus interesses, provenha tal lesão donde provier, isto é, tendo ela a causa que tiver, ou, apenas, a vítima da infracção criminal ou, se preferirmos, vítima de "determinadas formas de *deviance"* [213].

A opção por um conceito mais amplo ou mais restrito tem, de resto, na sua base, duas razões. Uma que se prende com igual opção quanto ao conceito de vítima, onde, como se sabe, também se discute a possibilidade de se optar por uma vitimologia mais extensa ou mais restrita, consoante se insiram todas as expressões de vitimidade[214]

---

[212] Cfr., neste sentido, A. Bercovitz Rodriguez-Cano, *op. cit.,* (n. 180), p. 118.

[213] Cfr. Costa Andrade, *A Vítima e o Problema Criminal,* in Separata do volume XXI do suplemento ao B.F.D.U.C., Coimbra, 1980, p. 24. Sobre a pertinência da utilização de um termo como o de desviação e não apenas o de crime e, analisando várias formas de desviação (como anormalidade estatística, como comportamento violador das regras normativas, das intenções ou das expectativas do sistema social, como determinação das normas cuja valoração se entende como comportamento desviado, ou simplesmente como um problema de definição), veja-se Roberto Bergalli, *La Recaida en el Delito: Modos de Reaccionar Contra Ella,* Barcelona, 1980, p. 170 e ss.

[214] Nomeadamente a teoria de B. Mendelson, "Vitimology and Contemporary Society's Trends", Victim, 1976, p. 9, para quem o que importaria seriam todas as situações de *vitimidade,* cujas causas seriam não só o crime, mas outros factores, nomeadamente, o ambiente, a tecnologia, etc. Veja-se também sobre a análise de tal teoria, Hans Göppinger, *Criminología,* Reus, S.A., 1975, p. 362.

200   *Da protecção penal do consumidor*

(tenham elas a causa que tiverem) ou, apenas, se circunscrevam às infracções criminais ou afins. A outra razão prende-se com o facto de o consumidor poder ser vítima não só da infracção criminal, mas também de outras acções que, não integrando o conceito de crime ou sequer de *deviance* afim, provocam a lesão de interesses (considerados de menor valor e, portanto, sem a dignidade para serem tutelados pelo direito penal) ou, mesmo até, de actos da sua vontade, independentemente da acção externa, nomeadamente por ignorância ou falta de preparação.

Tal distinção deve ser feita e deve acompanhar aquela outra proposta para o conceito de vítima *tout court*. É que, como vimos, a consideração do consumidor como vítima, independentemente da causa subjacente a tal situação, isto é, a opção por um conceito extensivo, levar-nos-ia inevitavelmente à consideração indiscriminada do consumidor como vítima (penal), fosse por que razão fosse.

Ora, procurando aqui resolver o problema da descriminalização no consumo, não podemos tratar como iguais situações que são, efectivamente, diferentes. Não podemos adoptar um conceito de vítima (criminal) tão extensivo que inclua, simultânea e indiscriminadamente, os consumidores que sofram uma lesão proveniente de infracção criminal, bem como os consumidores cuja lesão provém de uma acção não criminal ou até de um acto da sua vontade. São situações tão diversas e a merecer um tratamento tão distinto, que apelam a um conceito de vítima, em termos jurídico-penais, mais restrito.

Qual será, então, esse conceito restrito? Julgamos conveniente partir do "conceito útil" proposto por Costa Andrade, considerando *"vítima* toda a pessoa física ou entidade colectiva directamente atingida, contra a sua vontade — na sua pessoa ou no seu património —, pela *deviance"* [215], para o relacionar com o conceito de consumidor.

O consumidor, enquanto pessoa física, é abrangido pelo conceito de vítima agora analisado, e o facto de, no conceito de vítima, se requerer a afectação da própria pessoa ou do património também absorve o conceito de consumidor, porquanto este, na verdade, é portador de interesses intimamente ligados à sua pessoa (saúde, segurança, qualidade de vida, higiene, etc.) ou ao seu património (melhor

---

[215] Cfr. Costa ANDRADE, *op. cit.,* (n. 213), p. 34.

A *(Des)criminalização no (incitamento ao) consumo: Questões prévias* 201

preço, maior quantidade, melhor qualidade, etc.). Pelo que, não existem, neste aspecto, questões importantes a salientar.

Outrossim será o problema, quando procurarmos fazer corresponder a violação dos interesses do consumidor com a noção de *deviance* e daí pretender extrair a existência da vítima. Por outras palavras, o problema complicar-se-á se pretendermos ligar ao crime a vítima e esta àquele.

É que, na verdade, como vimos pelo conceito de consumidor, este poderá ser considerado não só o que contrata, mas, também, o que pode vir a contratar, sendo para tal incitado. Ora, assim sendo, os interesses do consumidor podem vir a ser lesados aquando da aquisição ou do cumprimento contratual (por burla, usura, etc.), mas, também, no momento anterior a tal contrato, nomeadamente pela publicidade enganosa que, afectando a verdade, põe em causa a confiança e, em última análise, a ordem económica, e, senão mais, através do perigo que constitui para certos interesses intimamente ligados ao consumidor, salientando-se a saúde, a segurança, o património, etc..

Quer isto significar que podem ocorrer duas situações: o crime dar-se sem vítimas, no sentido de que não se identifica o titular do interesse jurídico-penal tutelado; ou, então, o crime afectar vítimas potenciais ou, até mesmo, vítimas *tout court*. Vejamos.

A primeira hipótese, que configuraria a existência de crimes sem vítima(²¹⁶) ou de vítimas difusas, seria aceite se efectivamente não fôssemos capazes de identificar a vítima do interesse jurídico-penal violado e tutelado. De facto, *à priori,* assim parece acontecer: se é

(²¹⁶) A existência de crimes sem vítimas é, aliás, defendida com grande tenacidade para domínios como o do direito penal económico. Aqui, efectivamente, e de acordo com W. Hassemer e F. Muñoz Conde, *Introduccíon a la Criminología y al Derecho Penal,* Valencia, 1989, p. 31, fala-se na existência de crimes *"sem vítima",* ou de *"vítimas difusas",* querendo significar a existência de crimes sem a existência de dano, mas apenas em que existe o perigo da sua existência, substituindo os crimes de resultado por crimes de perigo abstracto e os bens jurídicos individuais por bens jurídicos universais — situação que se adequa de certo modo ao direito penal do consumo, se bem que tal visão não impeça a tutela dos interesses dos consumidores como veremos no texto. É que, na verdade, o crime tem vítimas ou potenciais vítimas, embora estas sejam "difusas" e o facto de o serem levam a que se não possa individualizar e personalizar o dano na vítima. Todavia, o facto de serem difusas não permite afastar a hipótese de lhes conferir protecção.

feita uma determinada publicidade enganosa e se os consumidores não chegam a adquirir em função daquela publicidade, parece que, apesar de a acção, neste caso, pôr em perigo certos interesses jurídico-penais tutelados, não será possível indicar os consumidores concretamente afectados. Parece-nos, no entanto, que tal visão seria configurar os interesses tutelados como individuais e individualizáveis[217]. Só que, nem sempre é assim. Em grande parte dos casos (e nas relações de consumo com grande predominância) os interesses são de natureza supra-individual, podendo ser — como veremos de seguida — colectivos ou difusos. Ora, estes últimos — os interesses difusos — ainda que não possibilitem a determinação concreta do número de portadores, não implicam a sua inexistência e nem implicam que não se consiga saber quem são os consumidores[218], ainda que sejam vítimas difusas (levando, por isso, a falar-se em crimes sem vítima).

Pretendemos com isto significar que na relação de consumo os visados são, efectivamente, os consumidores, ainda que inseridos na ordem económica e ainda que esta seja, também, "vítima". Mas não é necessário — a nosso ver — transferir a ideia de vitimidade para a ordem económica (admitindo, por isso, a ideia de crimes sem vítima em sentido lato) para resolvermos tal questão. Basta sabermos que os consumidores são os destinatários da acção dos infractores e que, como tais, têm interesses que, ainda que difusos, são tutelados pelo Direito e, como tal, passíveis de violação, nomeadamente através de acções que simplesmente ponham em perigo tais interesses tutelados penalmente — o *modus,* através do qual se tutelam tais interesses adequando-os aos lesados, diz respeito às formas de tutela que estudaremos adiante[219].

Vale isto por dizer, que, a um só tempo, os consumidores são vítimas potenciais (se optarmos por uma visão demasiado patrimonialista e individualista da relação de consumo, colocando a vítima ante o

---

[217] É de notar que a visão tradicional do conflito entre delinquente e vítima começa a ficar ultrapassada pelo actual direito penal. Hoje fala-se em "neutralização da vítima", tornando o crime um problema da comunidade, susceptível de acção penal pública, em caso da existência de crimes sem vítima ou de vítimas difusas, afastando a visão individualizada delinquente/vítima — cfr. W. HASSEMER e F. MUÑOZ CONDE, *op. cit.,* (n.216) ,p. 29 e ss.

[218] Sobre a forma de tutelar tais interesses, veja-se *infra,* n.° 3.2., p. 214 e ss.

[219] Cfr., *infra,* n.° 3.2.

A (Des)criminalização no (incitamento ao) consumo: Questões prévias   203

nascimento da efectiva lesão, ou seja, perante o perigo da mesma), ou vítimas *tout court,* ainda que portadores de interesses difusos (considerando, agora, que embora não determinados, os seus interesses, porque tutelados, são afectados ou susceptíveis de serem afectados)([220]).

Que interesse prático têm tais constatações?

Se considerarmos que em tais situações deveríamos optar pelo conceito de vítima *lato sensu* e, por isso, localizar entidades ou valores abstractos (neste caso, a ordem económica), seríamos forçados a desconsiderar o consumidor como vítima e, consequentemente, a centrar a nossa atenção na protecção da ordem económica. Negaríamos,

---

([220]) Estamos, no entanto, em crer, como já fizemos referência, que num primeiro tempo, nos processos de incitamento, os consumidores sejam apenas consumidores potenciais e, portanto, obviamente também vítimas potenciais. Todavia, vistas as coisas na perspectiva da protecção do bem jurídico, e configurando grande parte dos crimes verificados no incitamento ao consumo como crimes de perigo, a verdade é que, verificando-se o crime independentemente do dano e, portanto, sendo suficiente o pôr em perigo o bem jurídico, se poderá falar logo em vítimas, ainda que difusas. E, repare-se que a relação que fazemos entre consumidor potencial/vítima (e não necessariamente entre consumidor potencial/vítima potencial) não é de todo em todo desinteressada, porquanto, na verdade, ao consumidor potencial, enquanto vítima do crime (quando se trate de crime de perigo), não lhe é exigido sequer certos *cuidados* como os que são enunciados para a vítima potencial — impedir a possibilidade de vir a ser vítima usando certas medidas coactivas jurídico-administrativas (Cfr. Hans Joachim Shneider, "La Posicion Juridica de la Victima del Delito en el Derecho y en al Proceso Penal. Nuevos Desarrollos en la Politica Criminal de los Estados Unidos, de la Republica Federal de Alemania, del Consejo de Europa y de Naciones Unidas" in *Criminologia y Derecho Penal al Servicio de la Persona,* San Sebastian, 1989, p. 390 e ss) — pelo simples motivo de que o consumidor aqui é tratado como um indivíduo mais fraco, uma vítima por excelência, não se lhe exigindo que possa evitar o crime, uma vez que este dá-se sem que a vítima o possa evitar — por razão da sua fraqueza — e daí ser mesmo um crime de perigo.

Por último, parece-nos ter de citar aqui o pensamento de Antonio Garcia-Pablos de Molina, *Manual de Criminología. Introducción y Teorías de la Criminalidad,* Espasa Calpe, 1988, p. 86, ao referir-se ao fenómeno dos delitos que afectam vítimas que transcendem as pessoas físicas (individuais), diz-nos este autor o seguinte: "Ello no significa, desde luego, que existan delitos 'sin víctima'; significa que en estos campos de la criminalidad (criminalidad 'financeira', de 'cuello blanco', etc.), la acepción tradicional de 'víctima', muy restrictiva, carece de operatividad, dado el proceso de 'despersonalización', 'anonimato' 'colectivización' de la víctima que se ha producido en los mismos".

por isso, aos consumidores a possibilidade de desencadear tal protecção, já que essa seria uma preocupação e uma tarefa, nomeadamente das entidades encarregadas de velar por isso (Provedor de Justiça e Ministério Público); pelo contrário, com a consideração neste caso do consumidor como vítima, possibilitar-se-á a este desencadear acções de prevenção e repressão daquelas condutas lesivas (ou que põem em perigo de lesão) (d)os seus interesses. Será, assim, admitir em tais casos que, como vítimas, possam zelar pela protecção dos seus interesses, ainda que difusos!

Evitar-se-á, assim, cair naquilo que Costa Andrade entende dever--se evitar: levar-se o conceito de vítima tão longe que se chegue a identificá-la com abstracções como "a ordem jurídica", "moral" ou "económica" [221].

2.5. Reflexão conclusiva

Depois de tudo o que acabámos de ver, julgamos legítimo tirar duas conclusões. A primeira é a de que o conceito de consumidor, tal como o perspectivamos, deve ser aceite em termos jurídico-penais, ou seja, não deve abranger pessoas ou entidades diversas daquelas que indicámos como consumidores — isto em razão do especial estatuto que têm estes, por se mostrarem mais fracos, menos preparados e mais levianos — ainda que possam ser também vítimas de actos abusivos dos (outros) profissionais.

A outra é a de que o conceito de vítima, em termos criminais, acolhe aquele conceito de consumidor, de tal sorte que não será necessário, em casos de maior dificuldade na identificação concreta dos visados nos interesses tutelados — isto é, no caso em que em causa estejam interesses difusos — recorrer ao crime sem vítima em sentido lato, porquanto é válido, para todos os efeitos, o conceito de vítima potencial ou simplesmente, de vítima *tout court*.

E, assim sendo, o consumidor enquanto vítima penal há-de ser todo o consumidor (potencial ou) directamente atingido, contra a sua vontade — na sua pessoa ou no seu património — pela *deviance*.

---

[221] Cfr. Costa Andrade, *op. cit.*, (n. 213), p. 30.

3. Os Interesses dos Consumidores para efeitos de tutela

Questão, como se verá, relevante para a análise do tipo de protecção a conceder ao consumidor é a da tutela dos seus interesses. Considerando que o consumo é um fenómeno de massas, os interesses não são, nem podem ser, vistos, apenas, como individuais. São simultaneamente de todos os consumidores, são, por isso, multi-individuais ou supra-individuais, umas vezes colectivos, outras difusos. Como proceder à tutela de tais interesses? Que papel poderá desempenhar o direito penal em tal tutela?

É o que vamos ver.

3.1. A Importância da consideração dos interesses em vez de direitos — razão explicativa

O conceito de direito subjectivo tradicionalmente aliado ao indivíduo concretamente situado não é suficiente para a consideração de outros eventuais direitos ou interesses que respeitem ao indivíduo sim, mas em sociedade, em grupo e enquanto tal.

No entanto, surge-nos logo uma questão: será legítimo ou até conveniente falar-se em interesses, querendo com isso abarcar uma realidade distinta dos direitos (subjectivos)?

A tal questão entendemos dever dar uma resposta afirmativa. Na verdade, o conceito de interesses é para nós mais amplo que o conceito de direito subjectivo. É, de resto, essa a linha de pensamento de vários autores, entre os quais MOTA PINTO [222].

> MOTA PINTO, efectivamente, considera que o direito subjectivo consiste no "poder jurídico (reconhecido pela ordem jurídica a uma pessoa) de livremente exigir ou pretender de outrem um comportamento positivo (acção) ou negativo (omissão) ou de por um acto livre da vontade, só de per si ou integrado por um acto de uma autoridade pública, produzir determinados efeitos jurídicos que inevitavelmente se impõem a outra pessoa (contraparte ou adversário)" [223].
>
> Entende que tal definição, ao partir do *poder jurídico,* é feita considerando o seu aspecto *estrutural,* excluindo-se assim uma consideração do

---

[222] Cfr. MOTA PINTO, *Teoria Geral do Direito Civil,* 3ª ed. actualizada, 6ª reimpressão, Coimbra Editora, 1992, p. 167 e ss.

[223] *Idem,* p. 169.

206 *Da protecção penal do consumidor*

interesse visado pelo direito subjectivo, caso em que seria visto pelo seu lado funcional. Começa, assim, logo por distinguir o próprio direito subjectivo (enquanto poder jurídico) do seu interesse visado [224]. Mas vai mais longe, ao criticar IHERING — já que este confunde o direito subjectivo com o interesse, ao considerar aquele como o "interesse juridicamente protegido" — acaba por evidenciar as diferenças, salientando (também) o elemento funcional.

Ao carrear argumentos contra a doutrina de IHERING, acaba por realçar que o *interesse também pode e deve ser juridicamente tutelado* — não necessariamente como direito, podendo sê-lo independentemente deste, enunciando exemplos de casos em que se tutelam interesses sem que existam direitos; seriam situações em que os interesses seriam tutelados pelo Direito objectivo, por outros meios que não a concessão de direitos subjectivos [225].

MOTA PINTO, ao considerar a possibilidade de tutela do interesse para além e independentemente do direito subjectivo, abre-nos caminho para afirmarmos a maior amplitude dos interesses em relação aos direitos (subjectivos). Não que não faça sentido falar-se em direitos. Mas, antes, porque nos parece mais adequado falar-se em interesses, sendo certo que ao falarmos destes, também temos em vista os direitos, quando estes existirem expressamente previstos pelo Direito objectivo [226] e, por outro lado, parece evidente que em qualquer direito (subjectivo) vai implícito um interesse do seu titular — senão mais, considerando neste o seu lado funcional.

Por outro lado, a consideração apenas dos direitos (subjectivos) ligados ao indivíduo, esqueceria a existência dos interesses que existem independentemente de tais direitos. Mas, esqueceria mais; esqueceria os interesses que se ligam não aos indivíduos de *per si,* mas aos grupos de indivíduos ou, ainda — indo mais longe —, às massas, à

---

[224] *Idem,* p. 170.

[225] *Idem,* p. 170 e ss.

[226] Relativamente ao consumidor, não existem dúvidas quanto a tal extensão. Disso nos dá conta GONZALEZ RUS, *op. cit.,* (n.24), p. 48 e ss, na esteira de SGUBBI, ao referir que "no puede hablarse de «derechos», porque apelar a esa categoria en estos casos, es inpreciso y equívoco, dado que la manifestación técnico jurídica de los mísmos no puede ser la del derecho subjetivo; por lo menos en la medida en que esa categoria suscita la idea de una posición «atomizada» del individuo apreciado en abstracto, «accionable» y tutelable juridicamente en terminos individuales, y adquirida según determinadas reglas formales. Por el contrario (...) la dimensión en que aquellas instancias viven es la social, donde actúan sujetos «colectivos», y cuyas aspiraciones, por eso, pueden ser calificadas con mayor exactitud de «intereses».

A (Des)criminalização no (incitamento ao) consumo: Questões prévias   207

sociedade. Ou seja, dos direitos subjectivos e dos interesses individuais seremos assim levados para os interesses colectivos e difusos e, ainda, para os interesses gerais da comunidade.

E é tendo em conta esta última consideração que somos obrigados a chamar à colação o direito penal. É que, na verdade, o direito penal, na medida em que tem em conta a protecção de bens jurídicos, reprimindo as suas violações em defesa do interesse geral da comunidade, é, desde logo, chamado a reprimir aquelas infracções que afectam interesses supra-individuais. Não que não o faça, também, em relação a interesses individuais (227). Mas, antes, porque na tutela destes últimos podem concorrer outros meios, para além ou ao lado do direito penal, enquanto que na salvaguarda dos interesses supra-individuais, o direito penal pode chegar até onde esses meios nem sempre chegam.

Sem querer ir mais longe nesta questão — até porque ainda não é o momento para nos pronunciarmos definitivamente sobre a adequação do direito penal na protecção de tais interesses — somos, no entanto, levados a ponderar daquela forma e, ainda muito mais, se tivermos em conta que, como nos diz FIGUEIREDO DIAS, "ao direito penal compete uma *exclusiva* função de protecção de bens jurídicos, entendendo-se por estes os interesses fundamentais que se apresentam ao direito penal como valiosos" (228).

Fica, assim, a seguinte questão: será difícil considerarmos como valiosos os interesses que são de um grupo indeterminado de cidadãos, interesses de massas?

Sem querer responder já em definitivo, diríamos, todavia, que serão, pelo menos, tão valiosos como os individuais, na medida em que, também, são de cada indivíduo e, talvez mais, do que os individuais, na medida em que são simultaneamente de muitos indivíduos (229) — diríamos, supra-individuais.

Vejamos, assim, que tipos de interesses dignos de tutela têm os consumidores.

---

(227) Por isso já VON LISZT, *Tratado de Derecho Penal,* tomo 2.°, 3ª ed., (20.° ed. alemã), Madrid, p. 6, considera bens jurídicos, os interesses juridicamente protegidos, sendo certo que todos os bens jurídicos seriam interesses vitais do indivíduo ou da comunidade.

(228) Cfr. FIGUEIREDO DIAS, *op. cit.,* (n. 83), p. 8.

(229) Cfr. GONZALEZ RUS, *op. cit.,* (n.24), p. 32 e ss.

208 *Da protecção penal do consumidor*

3.1.1. *Os interesses e direitos ditos individuais.*

É inegável, antes de mais, a existência de interesses de cada consumidor de *per si*. Quando um consumidor, ao adquirir um bem a partir de informação que recebeu, vem a constatar, mais tarde, que afinal tal bem não tem a utilidade que lhe era anunciada, sente-se defraudado e lesionado. Contudo, o problema é apenas seu. O interesse em adquirir daquela forma era seu, e o interesse em agir, eventualmente contra tal conduta lesiva, é, ainda, seu. Estamos, assim, adentro do que diríamos ser o domínio estritamente individual de interesses. Geralmente — como já frisámos — tais interesses andam associados a direitos subjectivos.

Nestes casos, os indivíduos podem agir individualmente. Apresentam-se como lesados, aos quais poderá assistir o direito de reparação (civil) do dano causado ou o direito de apresentarem queixa, com vista ao procedimento criminal, se o facto integrar uma infracção criminal ([230]).

3.1.2. *Interesse geral da comunidade ou interesse público.*

Outra categoria de interesses, antípoda da anterior, é a que incorpora o chamado interesse geral da comunidade ou interesse público ([231]).

([230]) Nestes casos, estamos em presença do "exercício individual de acções de interesse pessoal" como muito bem as denomina A. BONET NAVARRO, *op. cit.,* (n. 199), p. 33, estendendo-se quer pelo processo civil, quer pelo processo penal, mas donde, no domínio da protecção do consumidor, se salienta o processo de *injunção* de pagamento. Tal processo, sinteticamente, começa pelo requerimento judicial ao devedor perante a existência de crédito fraudulento para que satisfaça o pagamento, e uma segunda fase impondo que o devedor contradiga, havendo debate contraditório, ou se abstenha, dando assim título executivo ao credor, como se se tratasse de uma sentença — cfr. Comissão das Comunidades, *L'Accès des Consommateurs à la Justice,* in Bulletin des Communautés Européennes, supplément 2/85, 1985, p. 55 e ss.

([231]) Interesse público que, como muito bem nota COLAÇO ANTUNES, *A Tutela dos Interesses Difusos em Direito Administrativo: Para uma Legitimação Procedimental,* Almedina, Coimbra, 1989, p. 35, nos aparece frequentemente sob a mais variada terminologia: "Interesse geral", "utilidade pública", "bem público", "necessidade publica", "fim social", "função social", "justiça social" etc., termos nem sempre rigorosamente aplicados — concordamos. Faz-se mister termos presente tal distinção por razões

A *(Des)criminalização no (incitamento ao) consumo: Questões prévias* 209

Trata-se de um tipo de interesse comum a todos os cidadãos elevado à categoria de público, precisamente porque abrange toda a comunidade. Diz respeito a todos sem excepção, e a sua violação afecta ou poderá afectar a todos. São interesses extremamente valiosos, de cuja tutela o direito penal se assume como grande e quase único guardião[232].

Assim, por exemplo, a existência de reservas de sangue contaminado com o vírus HIV em hospitais, que poderá ser usado por qualquer pessoa, em situações diversas, nomeadamente de emergência, é lesivo ou constitui perigo de lesão do interesse geral da comunidade, que, por sua vez, assenta no direito à saúde e à segurança.

São interesses cuja tutela cabe a instâncias encarregadas de zelar pelo interesse geral da comunidade, nomeadamente o Ministério Público, o Provedor de Justiça[233], o *Ombudsman*[234], etc..

---

pragmáticas, mais do que dogmáticas, até porque começa a ser cada vez mais difícil estabelecer a linha de fronteira entre infracções no domínio dos interesses individuais e infracções no domínio do interesse geral, ou seja, àquela que historicamente ficou conhecida como sendo a *magna divisio* entre *delicta privada* e *delicta publica* em que como refere André Laingui, *Histoire du Droit Pénal,* in Que sais-je?, 1ª ed., P.U.F., Paris, 1985, só os segundos seriam considerados como lesando o interesse geral. Porém, ao analisarmos a tipologia de infracções que corresponde àquela distinção, verificamos que tal referência já não é actual, porquanto, hoje, se distingue a natureza dos crimes por critérios diferentes, assentando na tipologia dos crimes particulares, semi-públicos e públicos, e por razões diversas do tipo de interesses em questão.

Repare-se que o dizer-se antípoda (no texto), não significa uma relação de incompatibilidade. Pelo contrário, o interesse público está na base do próprio direito subjectivo ou do interesse (legítimo). Na verdade, concordamos, neste particular aspecto, com autores como Ana Prata, *A Tutela Constitucional da Autonomia Privada,* Almedina, Coimbra, 1982, p. 191 e ss, para quem "o direito objectivo é (...) elemento interno e estrutural do poder jurídico da vontade (direito subjectivo)", pelo que a ser assim, e porque "o direito (objectivo) obedece fundamentalmente a finalidades de interesse público" em que "o direito (subjectivo) privado concretiza-se na protecção de um sujeito privado, mas a protecção é, ela própria, de interesse público", facilmente concluimos que o direito subjectivo não pode ser visto isoladamente sem se atender ao interesse público (pelo menos quanto à sua protecção).

[232] Por isso, concordamos inteiramente com Colaço Anunes, *op. cit.,* (n. 231), p. 31, na esteira de Scaparone, ao considerar "o interesse público em estado quimicamente puro (...) que se verifica apenas no âmbito penal".

[233] O Provedor de Justiça, entenda-se, na sua função atribuída pelo artigo 23.º da C.R.P. e que consiste em receber "queixas por acções ou omissões dos poderes

210   *Da protecção penal do consumidor*

3.1.3. *Interesses difusos e colectivos*

Se, relativamente às categorias de interesses anteriores, não existem dúvidas, nem quanto à natureza (individual, no primeiro caso, e pública, no segundo caso), nem quanto à legitimidade para agir em caso de violação (dos indivíduos de *per si,* no primeiro caso, podendo intentar acção ou exercer direito de queixa em caso de procedimento criminal, e legitimidade dos órgãos administrativos, do Provedor de Justiça ou, ainda, do Ministério Público, no segundo caso), já outro tanto se não pode dizer quanto aos interesses difusos e colectivos.

Trata-se, efectivamente, de uma questão onde as águas se dividem, não só devido à dificuldade na qualificação e classificação de tais interesses, mas, também, pela falta de reconhecimento que ainda existe relativamente a tais interesses, quer doutrinal, quer jurisprudencial, quer legal[235] ou, simplesmente, pela novidade do tema[236].

---

públicos" queixas essas que "as apreciará sem poder decisório, dirigindo aos órgãos competentes as recomendações necessárias para prevenir e reparar injustiças".

[234] Fazemos questão de mencionar o *Ombudsman* e de distingui-lo do Provedor de Justiça, porquanto, ainda que o nosso país, assim como outros, "tenham recorrido à personagem do *Ombudsman* nórdico, considerado como um magistrado imparcial e incorruptível, como o socorrista dos indefesos e dos oprimidos" (Alves Correia, *Do Ombudsman ao Provedor de Justiça,* in Separata do número especial do B.F.D.U.C. — "Estudos em Homenagem ao Prof. Doutor José Joaquim Teixeira Ribeiro",Coimbra, 1979, p. 28) não deixou de lhe dar atribuições diferentes das do *Ombudsman* "adaptando-o ao seu ambiente político-administrativo". Vejamos melhor adiante.

[235] Disso nos dá conta Colaço Antunes, "Subsídios Para a Tutela dos Interesses Difusos, in R.O.A., Ano 45, 1985, p. 924 e ss; e ainda Hernandez Sayans, "Perspectivas de la Tutela Judicial en los Derechos del Consumidor", in E.S.C. , n.º 13., Abril, 1988, p. 42. Mais recentemente, e a propósito do aparecimento do Código de Procedimento Administrativo, aprovado pelo Decreto-Lei n.º 442/91, de 15 de Novembro, Colaço Antunes, "A Tutela dos Interesses Difusos no Novo Código do Procedimento Administrativo Português", in R.T.D.P., n.º 4, (estratto), 1993, p. 1, n. 1, referia: "Não obstante a densidade teorética da temática do procedimento administrativo e dos interesses difusos, a verdade é que não têm merecido grande atenção da doutrina Portuguesa".

[236] Com toda a razão, Camargo Mancuso, "Defesa do Consumidor: Reflexões Acerca da Eventual Concomitância de Ações Coletivas e Individuais", in *Direito do Consumidor 2,* p. 155, refere: "Estamos, portanto, diante de *novos interesses,* que contrapõem, não mais os individuais isoladamente considerados, senão que verdadeiras

Desde logo, quanto à natureza de tais interesses. É notório que não são direitos subjectivos *tout court,* sendo certo que não pertencem aos indivíduos de *per si* e, logo, não serão, também, interesses individuais. Mas, também, não são públicos ou, pelo menos, não o são no seu estado quase "quimicamente puro" — isto é, como interesse geral da comunidade ([237]). Serão assim, talvez, um *tertium genus* entre aquelas duas categorias. Mas tal constatação não é, nem de longe, nem de perto, suficiente.

De facto, a questão pode ser levantada do seguinte modo: serão direitos subjectivos de vários indivíduos que se posicionam da mesma forma, como que existissem somados, ou serão, antes, interesses públicos mas subjectivos?

Se enveredássemos pela primeira hipótese, continuaríamos no domínio dos interesses individuais, embora agora existentes, ao mesmo tempo, em vários indivíduos. No entanto, continuariam a ser individuais e os seus titulares poderiam agir independentemente dos outros em caso de violação — é como se se tratasse da soma 1+1+1+1=4, mas em que 1 é individual e distinto dos outros, podendo agir independentemente dos restantes, podendo levar a que a soma deixasse de ser 4 e passasse a ser, por exemplo, 3.

---

massas de interesses, individuais por natureza e concernentes a titulares indeterminados (…)". Daí considerar que "são portanto *novos desafios,* a espicaçar a argúcia dos juristas e em particular dos cultores da ciência processual". Apesar disso, é de salientar alguns ordenamentos onde se começa a encarar o problema seriamente. É o caso do Direito Português, dentro do direito administrativo, onde como é sabido, recentemente, foi aprovado o Código de Procedimento Administrativo, e onde no seu artigo 53.º prevê a tutela dos interesses difusos, conferindo legitimidade para a protecção de tais interesses, aos "cidadãos a quem a actuação administrativa provoque ou possa previsivelmente provocar prejuízos relevantes em bens fundamentais como a saúde pública, a habitação, a educação, o património cultural, o ambiente, o ordenamento do território e a qualidade de vida". De acordo com José Luis Araujo e João Abreu da Costa, *Código do Procedimento Admininistrativo. Anotado,* Estante Editora, 1993, p. 292, esta forma de tutela, apareceu por se ter reconhecido "agora insuficientes os mecanismos administrativos até agora admitidos pelo ordenamento e, por outro lado, porque se pretende ainda, não apenas legitimar pela participação de outras entidades a resolução de certos procedimentos, mas também sensibilizar e educar a opinião pública para determinados problemas das sociedades industriais".

([237]) Cfr. Colaço Antunes, *op. cit.,* (n 231), p. 20 e ss.

Ora, esta não é a natureza correspondente aos interesses difusos ou colectivos. Será a de interesse subjectivo público?

Os interesses difusos ou colectivos caracterizam-se, desde logo, por pertencerem em simultâneo a um grupo mais ou menos (in)determinável de pessoas[238]. Mas esse grupo poderá não esgotar, ou não tem que esgotar, todas as pessoas de uma comunidade — se assim fosse estaríamos em presença do direito público *qua tale* ou interesse geral da comunidade.

A verdade, no entanto, é que consoante se possa ou não determinar o grupo de indivíduos que encabeçam tais interesses, também se poderá classificá-los de uma ou de outra forma. E eis que se impõe distinguir os interesses colectivos dos difusos, sem o que não podemos avançar.

O principal elemento diferencial parece estar no sujeito portador dos interesses. Com efeito, se for possível determinar com certeza o portador de tais interesses, isto é, desde que o grupo, entidade, associação, fundação ou outro tipo de pessoa juridicamente constituída tenha um número (plural) de indivíduos, mas delimitado, estamos em presença de interesses colectivos; contrariamente, estaremos em presença de interesses difusos sempre que aquele número de indivíduos for indeterminável, mas em que de comum tenham, justamente, o facto de serem titulares de tais interesses[239].

---

[238] Assim entende HERNANDEZ SAYANS, *op. cit.*, (n. 235), p. 42, considerando que estamos em presença de "uns intereses no vulnerados, insatisfechos, comuns a una generalidad de individuos-masa, con alcance colectivo y concreción determinada, fragmentada o difusa (...)". Veja-se ainda, NORBERT REICH, *Internal Market and Diffuse Interests. An Introduction to EC Trade Law.*, in Collection Droit et Consommation XXV, Story Scientia, 1990, p. 107.

[239] Cfr. COLAÇO ANTUNES, *op. cit.*, (n.231), p. 31. No mesmo sentido está FRANCESCO GALASSO, "Interessi Diffusi e Interessi Collectivi nel Nuovo Processo Penale" in *Nuova Rassegna de Legislazione Dottrina e Giurisprudenza*, Anno LXVI, n.º 6. Marzo, 1992, p. 666 ; e ainda, ANTONIO FRANCISCO DE SOUSA, *Código do Procedimento Administrativo. Anotado,* Lisboa, 1993, p. 177, sendo aqui de salientar a referência que faz à defesa do consumidor: "**Interesses difusos,** são interesses comuns a um grupo de pessoas não individualizáveis. Trata-se de interesses merecedores da protecção legal, dada a importância dos interesses em causa, como o direito a um ambiente sadio e ecologicamente equilibrado, a defesa do consumidor, a defesa do património cultural, etc.".

A *(Des)criminalização no (incitamento ao) consumo: Questões prévias*   213

Como se vê, quanto à natureza, continuamos em presença de interesses que não são subjectivamente individuais, nem são objectivamente públicos *tout court,* embora nos pareça defensável afirmar serem interesses subjectivos, já que pertencem a algumas pessoas e só porque lhes são adstritos fazem sentido; mas, também, não sendo individuais — quanto a isso é ponto assente — não são inteiramente públicos (pelo menos no seu sentido puro — caso em que seriam objectivamente públicos) porque não pertencem a todos indistintamente. Serão, assim, em princípio, subjectivamente públicos, porque pertencentes a um número indeterminado de pessoas.

Na verdade, os interesses colectivos, com o possibilitarem a determinação dos seus sujeitos portadores, poderão, também, possibilitar, com mais facilidade, a legitimação para agir em caso de violação de tais interesses. Pense-se, por exemplo, num grupo de indivíduos que se associam para beneficiar de um serviço em situação vantajosa e em que, mais tarde, vêem a sua situação prejudicada, v.g. por má prestação desse serviço. Trata-se de uma situação em que os interesses fazem sentido quando pertencentes àquele grupo, porque foi em função dele que apareceram. Nada obstaria a que se concedesse a tal grupo legitimidade para agir (quer civilmente — intentando acção para reparação e ressarcimento dos danos — quer criminalmente — exercendo colectivamente o direito de queixa e podendo nessa acção penal deduzir pedido cível).

Já os interesses difusos, pelo facto de não possibilitarem a determinação exacta (diferente da sua identificação, enquanto massa de consumidores que é sempre possível) dos seus portadores, levantam o problema de se saber quem tem legitimidade, neste caso, para agir.

Várias hipóteses serão possíveis: ainda conceder a possibilidade a cada um de *per si* de agir, acabando-se, assim, por na prática conferir a mesma disciplina, quer se trate de interesses individuais ou difusos; conceder a uma entidade competente o direito de agir em nome de todos os portadores de tais interesses, como se se tratasse de um interesse público, mas que, na verdade, apenas interessaria a um grupo, embora indeterminado, mas limitado, de pessoas; ou ainda, finalmente, conceder a possibilidade de qualquer um dos titulares poder tutelar tais interesses em seu nome e em nome dos restantes titulares.

É uma questão delicada. Não vamos já responder a ela, pelo menos sem que introduzamos um outro elemento para a discussão de tal problema: consideremos os interesses dos consumidores nos processos de incitamento ao consumo e analisemos a necessidade da intervenção do direito penal na tutela de tais interesses.

3.2. As diversas formas de tutela dos interesses dos consumidores nos processos de incitamento ao consumo.

Os processos de incitamento ao consumo, apresentem-se como quer que se apresentem, são *ab initio* dirigidos a todos, enquanto potenciais consumidores.

É claro que, já na fase da formação do contrato, as partes se individualizarão, assim como durante o cumprimento do contrato ou até nos momentos posteriores. Nestes casos, surgindo um problema, parece claro que o consumidor individualmente poderá agir e, nesse caso, continuamos no seio dos interesses individuais[240].

Mas poderá acontecer que, quer em virtude de situações ocasionadas pelos processos de incitamento, contudo só vindas à luz aquando já da fase contratual, mas que, pela sua existência, alertam para a natureza — dir-se-á por enquanto — perigosa de tais processos, porque susceptíveis de lesionar os interesses dos consumidores, quer mesmo porque, embora não tendo sequer levado à existência de deficiências na fase contratual, são, no entanto, evidentes e, portanto, ainda enquanto processos de incitamento ao consumo, poderão ocorrer — digamos — situações que ponham em causa os interesses de um número indeterminado de consumidores[241].

Tome-se como ponto de partida um exemplo concreto. Suponha-se que um hipermercado, aonde acorrem diariamente centenas de consumidores, coloca um cartaz numa secção contendo, por exemplo, os seguintes dizeres: "vinho de X 500$00/Lt" (ou seja da marca X da região X); imagine-se que, no entanto, o vinho vendido por referência àquele cartaz é, não o famoso vinho de X, mas, sim, um vinho de

---

[240] Apesar, claro está, de toda a fraqueza que um tipo de processo dessa natureza envolve na tutela dos interesses dos consumidores. Daí haver quem como Vega Ruiz, *op. cit.*, (n. 209), p. 32, entende que "la realidad es que el consumidor individual no tiene apenas ninguma posibilidad de defender sus legitimos intereses".

[241] Situações essas abordadas já na II Parte, capítulo I.

A *(Des)criminalização no (incitamento ao) consumo: Questões prévias*   215

muito inferior qualidade. Sendo certo que o vinho de X é de muito melhor qualidade, mas, por isso mesmo, de preço mais elevado que o outro tipo efectivamente vendido, e sendo certo que o preço anunciado no cartaz é o que geralmente corresponde a este último, visto que o vinho de X custaria, por exemplo, 1000$00/Lt, não há dúvidas que os consumidores acorreriam imediatamente na compra daquele produto, induzidos em erro.

O interesse económico de cada consumidor viria a ser lesado porque este não só comprou um produto de fraca qualidade, mas, também, porque se soubesse que assim seria, mesmo por aquele preço, não teria comprado, preferindo em tal situação pagar um preço mais elevado pelo verdadeiro e genuíno vinho de X .

Mas, mesmo que não viesse a adquirir o produto anunciado, ainda assim, só pelo facto de tal produto ser colocado à venda naquelas condições — isto é, acompanhado de publicidade enganosa —, representaria o perigo de vir a ser adquirido e com isso de poder lesar, efectivamente, os interesses dos consumidores. Trata-se, aqui, de uma infracção de perigo, que já analisámos, relacionada com a publicidade enganosa e sobre a qual ainda deteremos a nossa atenção. Quedemo--nos, agora, no problema da legitimidade para agir, supondo que estamos em presença de uma infracção que constituiria um crime (de publicidade enganosa), que poderia ou não ser configurado como crime de perigo.

Ora, lesados seriam todos os consumidores ou, se preferirmos, os potenciais consumidores daquele produto. Mas não todos os consumidores da comunidade, nem tão-somente os indivíduos de *per si* que, eventualmente, adquirissem aquele produto, nem, também, um grupo determinado a que fosse dirigida aquela publicidade ou aquele incitamento.

Não é difícil perceber que se trata de um caso de lesão de interesses difusos. Como agir em tal caso?[242]

Este problema, a par com outros de semelhante natureza, torna imperiosa uma resposta adequada quanto ao tipo de acção a adoptar.

---

[242] Sem pretendermos já responder a tal questão, admitamos, contudo, que a Comissão da Comunidades, *op. cit.,* (n. 230), p. 6, colocando idêntica questão, entende que logo que uma publicidade enganosa respeita a um grande número de pessoas, uma acção colectiva pode ser mais apropriada do que uma acção intentada por um só indivíduo.

216   *Da protecção penal do consumidor*

Não que se trate de uma questão decisiva em termos substantivos, mas porque a opção por uma ou outra forma implicará com o tipo de solução correlativamente avançada em termos substantivos: ou seja, os meios ou processos de tutela visam dar prossecução adequada aos direitos previstos substancialmente. Assim sendo, tais processos vêm a ser o reflexo das medidas substantivas que se apresentem, ora no direito penal (criminalização), ora fora do direito penal (descriminalização).

Analisando, em termos de Direito Comparado, e considerando a análise da Comissão das Comunidades[243], serão, em princípio, quatro as grandes categorias de acção na tutela de interesses supra-individuais: a) a tradicional acção desenvolvida pelo Ministério Público; b) a acção desenvolvida por organismos especializados; c) a acção desenvolvida pelas associações de defesa dos consumidores; d) e, finalmente, a acção desenvolvida pelos próprios consumidores. Analisemo-las.

3.2.1. *A defesa dos interesses dos consumidores pelo Ministério Público.*

Dum modo geral, a protecção dos interesses dos consumidores pelo direito penal é realizada através das regras do processo penal clássico. Quer isto significar que, as infracções, uma vez constatadas, na maioria dos casos por entidades específicas de carácter fiscalizador, levam ao auto de notícia que, por sua vez, é remetido ao Ministério Público[244], entidade competente para fazer prosseguir o respectivo processo penal. O Ministério Público aparece, ainda, como o grande guardião dos interesses dos consumidores[245], quando em causa estejam infracções de natureza penal e, em alguns casos, mesmo de natureza extra-penal — como é o caso no Direito português.

Em Portugal, na verdade, as infracções no consumo, de um modo geral, ou são criminais ou são contra-ordenacionais. Naquele primeiro caso, seguem o

---

[243] Cfr. Comissão das Comunidades, *op. cit.,* (n.230), p. 21 e ss.

[244] *Idem,* p. 22.

[245] A Comissão das Comunidades, *op. cit.,* (n.230), p. 21, refere-se nesse sentido, como o defensor do "interesse geral" e da "sociedade".

A *(Des)criminalização no (incitamento ao) consumo: Questões prévias* 217

processo penal clássico, no segundo, seguem, em princípio, o processo previsto no regime geral das contra-ordenações, prescrito pelo Decreto-Lei 433/82, de 27 de Outubro. De acordo com este diploma, no seu artigo 33.°, "o processamento das contra-ordenações e a aplicação das coimas competem às autoridades administrativas", exorbitando, por isso, da competência, quer do Ministério Público, quer do Juiz. Porém, nos casos de concurso de infracções (previsto nos artigos 20.° ([246]) e 38.° ([247])), o Ministério Público, aproveitando o desenvolvimento do processo criminal, pode proceder relativamente à contra-ordenação ou chamar a si o prosseguimento pelo mesmo motivo, pelo que, afirmamos que o Ministério Público é não só a entidade competente por excelência para a prossecução do processo criminal, mas, também, naqueles casos pelo processo de contra-ordenação.

Apesar do poder que é confiado, em geral, ao Ministério Público, não está de todo excluída a hipótese de haver acção penal independentemente da acção do Ministério Público. É o que acontece no direito francês, onde, a propósito da constituição de parte civil, o consumidor pode mover acção penal devido à abstenção do Ministério Público ([248]), ou no Reino Unido, onde todo o consumidor ou qualquer associação de defesa dos consumidores podem desenvolver a acção penal, nos casos de violação do *Trade Description Act* de 1968 e 1972 ([249]).

([246]) O artigo 20.° diz o seguinte: "Se o mesmo facto constituir simultaneamente crime e contra-ordenação, será o agente sempre punido a título de crime, sem prejuízo das sanções acessórias previstas para a contra-ordenação". Trata-se, segundo BEÇA PEREIRA, *op. cit.,* (n. 68), p. 40, de seguir o critério da gravidade da natureza da infracção e não da gravidade das penas previstas.

([247]) O artigo 38.°, n.° 1, diz o seguinte: "Quando se verifique concurso de crime e contra-ordenação, ou quando pelo mesmo facto, uma pessoa deva responder a título de crime e outra a título de contra-ordenação o processamento da contra-ordenação caberá à autoridade competente para a instrução criminal»; e o n.° 2 prescreve: "Quando se verifiquem os pressupostos do número anterior e assim o justificar razões de economia processual ou relativas à prova, poderá a autoridade competente para a instrução criminal chamar a si o processo da contra-ordenação se ainda não tiver havido lugar à aplicação da coima". Para BEÇA PEREIRA, *op. cit.,* (n. 68), p. 40, "o n.° 2 até é inútil dado o disposto no n.° 1" ("quando se verificarem os pressupostos do número anterior"). Segundo ele, seria "caso para dizer, em relação ao n.° 2, que *quando se verifiquem os pressupostos do número anterior,* aplica-se o disposto no número anterior".

([248]) Cfr. BONET NAVARRO, *op. cit.,* (n. 199), p. 34 e Comissão das Comunidades, *op. cit.,* (n. 230), p. 21.

([249]) Cfr. BONET NAVARRO, *op. cit.,* (n. 199), p. 34 e Comissão das Comunidades, *op. cit.,* (n. 230), p. 21.

O Ministério Público, na defesa dos interesses dos consumidores, tem, no entanto, uma particularidade que o liga de forma especial a tal defesa. Ele pode, efectivamente, defender os consumidores civilmente, através daquilo a que se chama *acção civil pública*[250]. Não é, obviamente um tipo de acção cuja competência caiba exclusivamente ao Ministério Público. Pelo contrário, de um modo geral, ela pode ser levada a cabo pelos consumidores. Só que, na verdade, em certos países, onde Portugal assume uma feição vanguardista, tal possibilidade está atribuída ao Ministério Público.

É um tipo de acção de grupo, embora mais restrita, visto que serve para matéria civil, exigindo a intervenção do Ministério Público e circunscrevendo-se à tutela dos interesses colectivos. Tal é o que resulta do artigo 10.º, n.º 3, da Lei Portuguesa de Defesa do Consumidor, ao determinar que "O Ministério Público tem intervenção principal nas acções civis tendentes à tutela dos interesses colectivos dos consumidores".

Lamentavelmente, este tipo de acção não está devidamente regulamentada, pelo que se levantam, por ora, problemas na questão da sua tramitação, motivo pelo qual, provavelmente, não tem havido, em Portugal, manifestações deste tipo de acção.

---

[250] Não se confunda aqui a *acção civil pública* com outras formas de acção para a tutela de interesses colectivos ou difusos, muito próximas, mas que dela se distinguem. Lembremo-nos aqui concretamente da acção de *public interest,* que é uma acção próxima da *class action* em que um particular a pode desencadear sem a intervenção do *Attorney General,* quando o interesse pertence a uma determinada colectividade. Também nos países de "direito romano-germânico" existem a "acção civil", que permite ao consumidor intentar acção sem a intervenção do Ministério Público, e a acção de cessação que um consumidor pode intentar, sobretudo na Bélgica (Cfr. Comissão das Comunidades, *op. cit.,* (n. 230), p. 23 e ss e Bonet Navarro, *op. cit.,* (n. 199), p. 34). Também muito diferente é a acção civil de interesse colectivo francesa em que não é a acção em si que é colectiva nem o seu exercício, mas o interesse em que se funda e que fica a cargo das organizações de defesa dos consumidores, de acordo com a Lei de 5 de Janeiro de 1988. Repare-se ainda que, de acordo com Anni: Morin, "L'Action D'Intérêt Collectif Exercée par les Organisations de Consommateurs Avant et Après la Loi du 5 Janvier 1988", in R.E.D.C., n.º 1 de 1991, p. 5, o legislador, ao confiar aquela acção aos agrupamentos privados (nomeadamente às associações de consumidores), compreende as "insuficiências funcionais do Ministério Público na defesa dos interesses específicos de certas categorias de cidadãos: representando o interesse geral, o delegado não tem vocação para representar os interesses colectivos específicos provavelmente divergentes".

A (Des)criminalização no (incitamento ao) consumo: Questões prévias   219

3.2.2. A defesa dos interesses dos consumidores por organismos especializados.

Este tipo de defesa não é muito frequente, embora, em certos países, goze até de alguma tradição. É aqui de salientar a tradição jurídica nórdica, o Reino Unido e a Irlanda.

Os países nórdicos, através da implementação do *Ombundsman* dos consumidores (*Forbugeroubudsman*)[251]· garantem uma protecção contínua ao consumidor, na medida em que o *Ombundsman* não se limita à mera fiscalização ou à simples apreciação, mas vai mais longe, dispondo de poderes especiais nesse sentido[252]. Como alto funcionário administrativo que é[253], vela pela correcção das práticas comerciais podendo, por negociação entre profissionais e consumidores, levar à resolução de conflitos, mas podendo, também, requerer ao tribunal uma injunção de interdição de certas práticas ilegais e até de prosseguir criminalmente relativamente a certas infracções verificadas no comércio.

O *Ombundsman*, contrariamente ao Provedor de Justiça em Portugal, tem, assim, poderes tão amplos quanto o necessário para desenvolver a defesa dos interesses dos consumidores, quer a nível individual, quer colectivo[254].

---

[251] Repare-se que o *Ombudsman* dos consumidores (*Forbugeroubudsman*) mais não é do que o desenvolvimento da figura do *Ombudsman*, inicialmente criada na Suécia — em 1809 — e "exportada" para outros países, nomeadamente, para a Finlândia — em 1919 — para a Dinamarca— em 1954 — e para a Noruega — em 1952. Daí vários países introduziram nos seus sistemas figuras semelhantes ao *Ombundsman*, em virtude daquilo a que Alves Correia, *op. cit.,* (n. 234), p. 31, apelida de "Ombudsmania", mas com diferenças. Tal tendência revelou-se logo na República Federal Alemã e daí para a Nova Zelândia, Irlanda do Norte e até Portugal em 1986 com a criação do Provedor de Justiça.

[252] Principalmente na Suécia e Finlândia, como refere Alves Correia, *op. cit.,* (n. 234), p. 63, e na Dinamarca como referem N. Reich e H.- W. Micklitz, *Verbraucherschutzrecht in den E.G. -Staaten. Eine Vergleichende Analyse,* Van Nortrand Reinhold, Munchen, 1981, p. 9 e ss.

[253] Cfr. Comissão das Comunidades, *op. cit.,* (n. 230), p. 23 e N. Reich e H.-W. Micklitz, *op. cit.,* (n. 252), p. 10.

[254] Cfr. Comissão das Comunidades, *op. cit.,* (n.230), p. 23; N. Reich e H.-W. Micklitz, *op. cit.,* (n. 252), p. 10; e Vega Ruiz, *op. cit.,* p. 29.

220   *Da protecção penal do consumidor*

Igualmente importante é, no Reino Unido, o *Director General of fair trading,* instituido pelo *Fair Trading Act* de 1973. Trata-se de uma figura administrativa semelhante ao *Ombundsman*[255], cujas funções se inserem, fundamentalmente, no âmbito da fiscalização de práticas comerciais desleais e de situações de monopólio[256].

No exercício de tais funções, o *Director General* pode formular ao Secretário de Estado da tutela da área respectiva, recomendações, informações e prestar esclarecimentos. Assim sendo, o *Director General* trabalha em estrita ligação com o *Common Protection Advisor Committee,* com vista à protecção dos consumidores. Nesse âmbito, pode o *Director General* recolher provas de práticas desleais e lesivas dos interesses dos consumidores, quer civil, quer criminalmente. Em caso de persistência por parte do profissional, o *Director* pode mesmo prosseguir contra ele, perante o *Restrictive Practics Court* ou o *County Court* respectivo e quando se trate de publicidade enganosa pode requerer a cessação de tal publicidade no *High Court*[257].

Como se vê, o *Director General of fair trading* tem, no âmbito da protecção do consumidor, poderes amplos que, a par com outros meios ao dispor do consumidor, constituem mais um meio eficaz na defesa dos seus interesses.

Semelhante ao *Director General,* apareceu em 1978, através do *Common Information Act,* na Irlanda, o *Director of Common Affairs,* embora, agora, com competências mais específicas e ligadas ao consumo. Na verdade, ele pode tentar a resolução de conflitos de consumo amigavelmente, pode tentar pôr termo a práticas comerciais lesivas dos consumidores, pode tentar obter uma injunção ou cessação de tais práticas e pode, ainda, intentar acções com vista à protecção dos interesses dos consumidores[258]. A sua acção desenvolve-se, nomeadamente, em matéria de publicidade ou informação falsa ou enganosa e de informação ou indicação de preços falsos[259].

---

[255] Todavia, diferentes, até porque, segundo N. Reich e H.-W. Micklitz, *op. cit.,* (n.252), p. 10, o legislador britânico não aceitou a solução do *Ombudsman.*

[256] Cfr. Comissão das Comunidades, *op. cit.,* (n. 230), p. 22.

[257] Cfr. Michael Wincup, "La Protection du Consommateur au Royaume Uni: Développements Récents", in R.E.D.C., n.º 1, 1990, p. 15 e ss. e Comissão das Comunidades, *op. cit.,* (n. 230), p. 22.

[258] Cfr. Comissão da Comunidades, *op. cit.,* (n. 230), p. 23.

[259] Cfr. N. Reich e H.W.-Micklitz, *op. cit.,* (n. 252), p. 10.

A *(Des)criminalização no (incitamento ao) consumo: Questões prévias* 221

Estes são os órgãos especializados mais importantes, para além de outros — tais como a *Direction Générale de la Concurrence et la Consommation*, na França, e do *Defensore Civico*, na Itália —, que conferem uma protecção adequada, tanto no âmbito civil, como criminal, ao consumidor[260].

3.2.3. A defesa dos interesses dos consumidores pelas associações de defesa dos consumidores

As associações de consumidores podem desenvolver um papel importante na defesa dos consumidores, sendo, no entanto, variável o *modus operandi* de sistema para sistema.

Assim, na Alemanha, têm as associações de consumidores a possibilidade de intentar acções em dois casos: por um lado, de acordo com a lei sobre a concorrência desleal (UWG de 1909), podem, desde 1965, intentar acções contra profissionais, em virtude de práticas desleais e prejudiciais para os consumidores, no âmbito, nomeadamente, da publicidade enganosa — a associação, nestes casos, agirá com o interesse de obter a reparação individual, embora de forma "colectivista", ou seja, o consumidor ao recorrer à associação "cede" o seu direito de reparação à associação para que esta prossiga a acção, uma vez que a associação age em nome de vários consumidores que representa; por outro lado, no âmbito da lei sobre condições de venda (AGB de 1976)[261], as associações podem judicialmente exigir a cessação da utilização de cláusulas abusivas contratuais.

Na Bélgica, é permitido, desde a Lei de 14 de Julho de 1971, às associações de consumidores, juridicamente, obter a cessação de actos que constituam infracção às disposições aí contidas, com vista à protecção tanto dos consumidores, como dos profissionais. É curioso que o grosso da matéria em que podem agir recai sobre publicidade, vendas com prejuízo, em liquidação, em saldos, vendas com redução de

---

[260] NORBERT REICH e H.W.-MICKLITZ, *op. cit.,* (n. 252), p. 101 e ss. e MANUEL ORTELLS RAMOS, "Una Tutela Jurisdiccional Adecuada para los Casos de Daños a Consumidores", in E.S.C., n.º 16, 1989, p. 178.

[261] Cfr. N. REICH E H.W.-MIKLITZ, *op. cit.,* (n. 252), p. 70; e Comissão das Comunidades *op. cit.,* (n. 230), p. 24 e ss.

preços, etc. [262], ou seja, no âmbito dos processos de incitamento ao consumo.

Igualmente, no Luxemburgo, é permitido às associações de defesa dos consumidores exercer dois tipos de acção, com vista à protecção dos interesses colectivos dos consumidores. Podem intentar acções com vista à cessação de práticas de concorrência desleal ou tornarem-se parte civil nas acções — com vista a obter a reparação dos danos dos consumidores que representam [263].

Em França, existem certas associações (principalmente as que assim são reconhecidas pela Lei de 1 de Julho de 1901) que podem agir enquanto representantes dos consumidores, tanto nos tribunais civis, como administrativos, e podem apresentar queixa relativa a infracção criminal ao Ministério Público.

Igualmente, nos Países Baixos, as organizações de consumidores podem, a partir de 1980, intentar acções civis para obter a interdição ou rectificação de publicidade enganosa [264].

Em Portugal, a defesa dos consumidores é assumida, em parte, pelas associações de consumidores [265], embora com poderes limitados, nomeadamente de "se constituirem parte acusadora nos processos por infracções anti-económicas e contra a saúde pública", bem como de "intervirem como parte assistente nos processos referidos no n.° 3 do artigo 10.°" (da Lei 29/81, de 22 de Agosto), ou seja, de acordo com o artigo 13.°, als. g) e h), respectivamente da Lei de Defesa do Consumidor, bem como pelo Instituto Nacional de Defesa do Consumidor, mas com poderes muito limitados [266].

---

[262] Cfr. N. Reich e H.W.-Miklitz, *op. cit.,* (n.252), p. 70; e Comissão das Comunidades *op. cit.,* (n. 230), p. 25 e ss.

[263] *Idem,* p. 70; *idem ,* p. 25.

[264] Cfr. Niels Frenk e E. Hondius, "L'Action D'Intérét Collectif en Droit de la Consommation. Vers une Réforme du Droit aux Pays-Bas", in R.E.D.C., n.° 1, 1991, p. 26, onde se refere que a acção para cessação da publicidade enganosa é civil porque nos Países-Baixos a publicidade enganosa constitui um "delito civil".

[265] Em Portugal, a defesa dos interesses dos consumidores pelas associações de consumidores (e também a existência de cooperativas de consumo) inserem-se, no dizer de Jorge Miranda, *Manual de Direito Constitucional, Direitos Fundamentais,* tomo IV; Coimbra Editora, 1988, p. 339 e 390, no âmbito da democracia *participativa,* previsto pelo art.° 2.°, *in fine* da C.R.P.. Desta forma, é inegável a sua importância no Direito Português.

[266] Na verdade, repare-se que em Portugal, o Instituto Nacional de Defesa do Consumidor, (organismo estatal), pode apenas informar e aconselhar, tentar a solução

3.2.4. A defesa dos interesses dos consumidores pelos próprios consumidores.

Como é bom de ver, o consumidor, desde logo, dispõe, nos casos analisados anteriormente, da possibilidade de fazer valer os seus direitos, quer através do Ministério Público (principalmente em acções de natureza penal), quer através das associações de defesa dos consumidores.

Porém, análise diferente e importante é a que se fará agora, tendo em conta o modo como o consumidor ou os consumidores podem actuar protegendo os seus próprios interesses enquanto grupo de consumidores. Não vamos aqui, como é evidente, analisar a acção que um consumidor pode intentar para defesa dos seus direitos — essa é a acção clássica (A contra B) e sobre ela seria ocioso falarmos, uma vez que nos propusemos analisar, principalmente, a tutela dos interesses supra-individuais.

Iremos, pois, cingir-nos à "acção de grupo" ou "acções de grupo" e relativamente às quais deitaremos um olhar mais atento ao Direito português.

a) *A Class action e a Acção popular* *

A *Class action* conheceu o seu início nos Estados Unidos da América, onde, ainda hoje, goza de grande popularidade [267]. É a acção de grupo de mais fácil acesso para o consumidor e onde os interesses difusos alcançam maior protecção. Consiste no facto de um

---

amigável dos conflitos de consumo, mas tendo que "remeter os interessados ou para entidades administrativas ou penais competentes, nos casos de delitos contra-ordenativos, contravencionais ou penais; ou, noutros, de natureza contratual ou negocial, para o Centro de Arbitragem de Lisboa (se o conflito eclode no respectivo concelho) e, finalmente, aconselhando o recurso a advogado e aos tribunais judiciais" — cfr. Instituto Nacional de Defesa do Consumidor, *Livro Branco de Defesa do Consumidor,* Ministério do Ambiente e dos Recursos Naturais, Secretaria de Estado do Ambiente e Defesa do Consumidor, 1991, p. 133 e ss.

  * Veja-se a ADENDA.

  [267] Não significa que não exista noutros países, ainda que sob outras designações. É, nomeadamente o caso da Inglaterra e País de Gales onde se chama *Representative action* — cfr. Bonet Navarro, *op. cit.,* (n. 199), p. 33.

só consumidor poder intentar acção em nome de todos os consumidores que se encontram na mesma situação, pretendendo com isso obter uma sentença que seja favorável a todos eles.

É um tipo de acção que tem a vantagem de, através do exercício individual, se poder tutelar os interesses supra-individuais, sem que obrigue a que os restantes consumidores participem nela, uma vez que a força de caso julgado vem a beneficiar todos os demais.

Ora, considerando que o consumidor é a parte mais fraca na relação de consumo e que, geralmente — como vimos —, se inibe de recorrer à justiça, quer porque o dano de cada um, pela sua insignificância, não se revelaria suficiente, quer porque indubitavelmente comportaria custos e incómodos desajustados em face do dano em causa[268], a *class action* vem, assim, a revelar-se como a mais adequada, já que permite obter resultados favoráveis poupando aos consumidores grande parte daqueles inconvenientes.

Existe, no entanto, relativamente a este tipo de acção, um problema algo delicado: trata-se da questão da "adequacy of representation"[269]. Quer isto significar que não basta prever a possibilidade de um membro de uma classe intentar acção no interesse de todos. É necessário que esse membro represente, efectivamente, o mesmo tipo de interesses, isto é, que haja uma adequação na representação[270]. Essa é uma tarefa que cabe ao Juiz[271], em relação ao qual

---

[268] Neves Ribeiro, "Dificuldades de Acesso dos Consumidores aos Tribunais (Análise de Duas Causas Principais. Propostas para Reflexão)", relatório apresentado em folhas policopiadas no I.º Congresso Europeu sobre Condições Gerais dos Contratos, Coimbra, 1989, p.2 e ss., faz um levantamento daqueles problemas, tentando demonstrar como os modelos tradicionais do processo civil e penal (ou mesmo administrativo) não respondem com eficácia e prontidão aos problemas levantados pelo consumidor privado.

[269] Sobre uma análise de tal problema com mais profundidade, veja-se Colaço Antunes, *op. cit.,* (n. 231), p. 154 e ss.

[270] Colaço Antunes, *op. cit.,* (n. 231), p. 155.

[271] Repare-se que para ser possível o recurso à *class action* é necessário que se preencham certos requisitos: a) que o dano do demandante seja típico relativamente aos dos membros da categoria que representa; b) que os membros da categoria sejam em tal número que inviabilize outra solução. Vale isto por dizer que os interesses hão-de ser do mesmo tipo — homogeneidade de interesses — e de vários individuos indeterminadamente — difusos, portanto (cfr. Comissão das Comunidades, *op. cit.,* (n. 230), p. 23 e Bonet Navarro, *op. cit.,* (n.199), p. 33, que para além daqueles requisi-

A *(Des)criminalização no (incitamento ao) consumo: Questões prévias* 225

recaiem poderes amplos e discricionários, no sentido de averiguar através de diversos aspectos se os interesses em presença se apresentam homogéneos para poderem ser interligados naquela acção[272].

A *class action* vem, assim, apesar das dificuldades, de resto impostas pela própria natureza dos interesses em questão, a revelar-se como um tipo de acção eficaz na resposta às pretensões de grupos portadores de interesses difusos, de tal sorte que tem mesmo servido de modelo para outros sistemas, com vista à tutela, uniformização e adequação dos interesses[273].

Semelhante à *class action* pretende ser a "acção popular", prevista no artigo 52.º, n.º 3, da C.R.P.: "É conferido a todos, pessoalmente ou através de associações de defesa dos interesses em causa, o direito de acção popular nos casos e termos previstos na lei, nomeadamente o direito de promover a prevenção, a cessação ou a perseguição judicial das infracções contra a saúde pública, a degradação do ambiente e da qualidade de vida ou a degradação do património cultural, bem como de requerer para o lesado ou lesados a correspondente indemnização".

O modo como a nossa Constituição prevê o direito de acção popular, permite-nos não só integrar nela a forma típica da *class action* ("É confiado a todos, pessoalmente (...) requerer para o lesado ou lesados a correspondente indemnização"), como introduzir aqui particularidades que passam a diferenciá-la da *class action* tipicamente americana. Tal possibilidade dependerá dos "termos previstos na lei", assim como, igualmente, dependerá da lei a sua introdução no Direito português. Lamentavelmente, desde a última revisão da Constituição, ocorrida em 8 de Julho de 1989, que tal direito se acha consagrado constitucionalmente, sem que, na verdade, se encontre

---

tos formulam ainda o da necessidade dos membros terem recebido notificação da actuação do membro individual).

Ora, a determinação da verificação de tais requisitos é, de facto, um problema importante e que levanta na prática alguns entraves à protecção daqueles interesses, cabendo ao juiz a sua verificação. O que, no entanto, não deixa de se revelar como uma das acções mais adequadas na protecção dos interesses difusos dos consumidores.

[272] Nesse sentido, veja-se Colaço Antunes, *op. cit.*, (n. 231), p. 158.

[273] Nesse sentido, veja-se Niels Frenk e E. Hondius, *op. cit.*, (n. 264), p. 36 e ainda Guido Alpa, "Responsabilità dell'impresa e Tutela del Consummatore", in Annali, Giuffrè editore, Anno XIII, 1974, p. 273.

vertido em legislação ordinária, que preveja concretamente em que casos e em que termos deva ser exercido tal direito[274]. Pelo que, neste domínio, o consumidor português ainda não dispõe da possibilidade (prática) de, através da acção popular, fazer valer os seus interesses, requerer indemnização para si e para os demais lesados e — sublinhe-se — "promover a prevenção, cessação ou a perseguição judicial das infracções", naqueles termos.

É, no entanto, um direito que, a ser consagrado legalmente, possibilitaria ao consumidor não só a acção civil para reparação de danos, tanto seus como dos restantes membros que nas mesmas condições se encontrem afectados, como, ainda, de, através do procedimento criminal, nomeadamente exercendo o direito de queixa, poder acompanhar o processo penal no seu interesse e no dos demais, podendo ele próprio em tal processo exercer o pedido de indemnização civil naquelas condições, aproveitando, por isso, os restantes membros.

Trata-se de uma situação que, como se vê, quer na acção civil, quer até na acção penal com pedido civil, é estranha ao nosso Direito, mas que a ser implementada permitirá ao consumidor defender os seus interesses[275].

b) *A acção colectiva (plena).*

Se a *class action* e a acção popular são acções especialmente vocacionadas para a tutela de interesses difusos, já para os interesses colectivos estarão indicadas a acção colectiva ou a acção colectiva plena[276].

Trata-se de acções em que estão em causa interesses, cujos portadores são determináveis e em que um membro da instituição age em

---

[274] De tal sorte que há quem fale a este propósito da existência de um "direito em branco" — cfr. Instituto Nacional de Defesa do Consumidor, *op. cit.,* (n. 266) , p. 136.

[275] Instituto Nacional de Defesa do Consumidor, *op. cit.,* (n. 266), p. 136.

[276] Desde logo, as diferenças resultam, quer da indeterminação dos sujeitos no caso da *Class action* e da determinação na acção colectiva, quer do facto de num caso haver um consumidor a intentar a acção no interesse de todos e no segundo caso haver a possibilidade de uma associação de consumidores instaurar a acção no interesse de consumidores previamente determinados — cfr. Anne Morin, *op. cit.,* (n. 250), p. 4 e ss e ainda Jean Calais-Auloy, "Le Projet Français de Code de la Consommation" in R.E.D.C., n.° 3, 1990, p. 186.

A (Des)criminalização no (incitamento ao) consumo: Questões prévias   227

seu nome e em nome dos restantes — acção colectiva — (semelhante à *class action*, mas diferente na medida em que ali se determinariam os sujeitos *à priori*) ou, então, em que todos os seus membros intentam a acção em nome de todos ou através de uma associação que os represente — acção colectiva plena.

Tais hipóteses, em Portugal, dificilmente têm aplicação, visto que as associações têm poderes limitados, a menos que se veja no artigo 13.°, al. g) e h), da Lei de Defesa do Consumidor (Lei n.° 29/81, de 22 de Agosto), um caminho para tal tipo de acção, comparando com o artigo 10.°, n.° 3, em que ao Ministério Público caberá o papel principal, se bem que limitado aos casos de acções civis.

A hipótese de acção colectiva pode configurar, também, aquilo que os ingleses chamam *Relator Action*, através da qual um consumidor, que individualmente não pode exercitar uma acção em nome próprio, o possa fazer em nome da colectividade e enquanto membro da mesma, dirigindo-se para tal ao *Attorney General* ([277]).

3.3. Apreciação crítica das diversas formas de tutela e posição adoptada

Como é bom de ver, existe uma certa dificuldade em escolher a forma mais adequada para tutelar os interesses dos consumidores, sobretudo quando considerados na sua veste da supra-individualidade, mormente enquanto difusos.

Na verdade, relativamente aos interesses considerados individualmente, nada obsta ao recurso da acção individual, quando em causa esteja o acesso à via judicial. No que se refere aos interesses colectivos, porque determináveis e porque pertencendo a um grupo determinado de consumidores, nada obsta à via da acção colectiva plena ou até à representação conjunta. Julgamos tratar-se de acções que razoavelmente correspondem às necessidades dos consumidores, considerando — sublinhamos — o tipo de interesses em causa. O problema levantar-se-á relativamente à tutela dos interesses difusos.

Parece-nos que para tutelar tais interesses só existe uma forma de o fazer: a acção popular ou a *class action* e, aqui, salientando algumas

---

([277]) Cfr. BONETT NAVARRO, *op. cit.*, (n. 199), p. 33 e ss.

notas que reforçarão, provavelmente, a legitimação do direito penal no consumo.

A acção popular, tal como está consagrada no artigo 52.° da CRP, vale tanto para as infracções, como para o ressarcimento de danos, isto é, abre portas tanto para o procedimento criminal, como para o requerimento da indemnização, em caso da existência de danos.

Por outro lado, este tipo de acção permite não só intervir em caso de existência de infracções, quer se verifiquem lesões aos interesses dos consumidores ou apenas se verifique o perigo de tais lesões, quer, ainda, em caso de apenas existir a susceptibilidade de se verificar a infracção. Ou seja, é uma acção que serve não apenas para reprimir a infracção (seja ela de resultado ou de perigo), como, também, para prevenir no sentido de evitar que a mesma aconteça.

Ademais, é uma acção que pode ser exercida pessoalmente, aproveitando aos demais que se achem em igual situação ou através da associação de interesses, vale dizer, através das associações de defesa dos consumidores.

Assim sendo, como já referimos, importará uma diminuição de custos, uma diminuição de perda de tempo e de incómodos, uma desnecessidade de multiplicação de processos pelas diversas vítimas. Poderá mesmo evitar que qualquer consumidor tenha a iniciativa, porquanto as associações de consumidores poderão fazê-lo.

Parece, por isso, reunir todas as características que a torna na acção mais indicada para a tutela daquele tipo de interesses.

Poder-se-ia contra-argumentar, afirmando que a acção civil pública já realiza, em parte, aquele tipo de pretensão. Porém, para além de outras insuficiências, a acção civil pública não permite a repressão penal da infracção, pelo simples motivo de que o seu objectivo é, apenas, o ressarcimento dos danos. O que vem a importar numa dupla condição: tal acção só pode ser exercida para o ressarcimento dos danos e só pode ser exercida quando tais danos se verifiquem. A aceitação de uma acção desse tipo implicaria, igualmente, a aceitação por parte do consumidor de duas condições: o desinteresse pela repressão de infracções que violem os seus direitos e a aceitação da acção, apenas, quando se verifiquem danos.

Perguntar-se-á então: quando ocorram infracções lesando os interesses dos consumidores (bens jurídicos), ainda que não ocorram danos, ou quando simplesmente exista o perigo de lesão daqueles interesses, ficará o consumidor desprotegido?

A *(Des)criminalização no (incitamento ao) consumo: Questões prévias*   229

A resposta, sendo negativa, pode, no entanto, assentar num pressuposto: o de que para a repressão de tais infracções seria suficiente que o Ministério Público procedesse criminalmente. Teríamos, então, a acção penal dependente do Ministério Público e a acção civil pública dependente da vontade dos consumidores e intentada pelo Ministério Público. Mas, para quê esta duplicidade? Que vantagens adviriam daqui? Uma e outra coisa não poderão ser executadas de uma só vez, ainda que pela mão do Ministério Público?

A esta última questão pensamos dever-se responder afirmativamente. Com efeito, através da acção popular, qualquer consumidor poderá apresentar queixa ao Ministério Público para que este, dentro das suas competências, leve a efeito o respectivo procedimento criminal; mas pode, igualmente, requerer o ressarcimento dos danos na acção (penal popular), uma vez que utilizaria a possibilidade que lhe é conferida na última parte do artigo 52.°, n.° 3, da C.R.P. e não a via sugerida pelo artigo 10.°, n.° 3, da Lei de Defesa do Consumidor.

Esta hipótese é diferente da configurada anteriormente, isto é, a de o Ministério Público proceder criminalmente como normalmente faz e de intentar acção civil pública em separado. Na verdade, pertencendo o direito de queixa ao ofendido na acção tradicional, só o ofendido que a apresenta é considerado no processo penal. Coisa diferente é esse mesmo ofendido poder apresentar queixa por todos ou que todos possam beneficiar dela. Com efeito, sendo a acção popular, os consumidores lesados, ainda que não tenham participado na acção penal, nem tenham formulado o pedido de indemnização civil, vêm a beneficiar da sentença condenatória, tanto relativamente à sanção criminal, como à indemnização, visto que se trata de uma acção popular. Outrossim seria o resultado se a acção fosse individual, já que após a sentença, seria necessário a qualquer outro consumidor intentar uma acção para poder deduzir pedido de indemnização civil.

Repare-se que o problema acabado de enunciar, isto é, o de saber se a indemnização civil deve ser feita independentemente da acção penal ou em relação com esta, não é nova e é de grande importância.

Sinteticamente e seguindo aqui de perto a análise feita por Figueiredo Dias[278], podemos dizer existirem "três grandes sistemas": o sistema da *"con-*

---

[278] Figueiredo Dias, "Sobre a Reparação de Perdas e Danos Arbitrada em Processo Penal", in *Separata do vol. XVI do suplemento do B.F.D.U.C.- Estudos "In Memoriam", do Prof. Beleza dos Santos,* Coimbra, 1963, p. 6 e s.

230   *Da protecção penal do consumidor*

fusão total das acções penal e civil", não havendo qualquer distinção entre ambas, como se tudo se reduzisse a "uma oposição de interesses entre uma vítima e um possível culpado". Tal confusão, advinda ainda de uma outra confusão mais grave — entre o direito penal e o direito civil — pelo seu estádio primitivo, "há séculos ultrapassado", não merece grandes desenvolvimentos; outro sistema é o da *"absoluta independência* ou separação das acções penal e civil", constituindo, por isso, o contraposto do anterior; e outro, ainda, é o sistema da *"interdependência* das acções", onde se junta a acção civil à acção penal, permitindo-se que nesta se possa pronunciar sobre o objecto da acção civil. Assim sendo, neste último caso será legítimo falar-se de um *processo de adesão* da acção civil à acção penal(279).

O sistema que tem feito carreira ao nível do Direito Comparado tem sido este último(280), por todos os benefícios que daí advêm e, desde logo, o de evitar a existência de duas acções, quando, na verdade, numa só se satisfaz ambos os interesses sem os confundir.

O problema, visto na óptica da defesa do consumidor, vem a revelar-se importante e a importar na existência da acção penal (popular, especialmente no caso de interesses difusos), com a possibilidade de nela os consumidores virem a beneficiar da indemnização civil em termos semelhantes à *Class Action*(281).

Repare-se que tal solução não só garante a indemnização dos consumidores — excepto nos casos em que o infractor não tenha capacidade para

---

(279) Figueiredo Dias, *op. cit.,* (n. 278), p. 8; e Ribeiro de Faria, *Indemnização por Perda e Danos Arbitrada em Processo Penal — o Chamado Processo de Adesão,* Colecção Teses, Almedina, Coimbra, 1978, p. 47 e ss.

(280) Cfr. Figueiredo Dias, *op. cit.,* (n. 278), p. 17.

(281) Acreditamos em tal opção apesar do actual sistema português estar concebido, *grosso modo,* para a tutela dos interesses individuais. É aliás, a esse respeito paradigmática a forma como Ribeiro de Faria, *Direito das Obrigações,* Vol. I, Almedina: Coimbra, 1990, p. 534, se refere a tal problema: "isso sucede, em princípio, sempre que a tutela dos interesses 'individuais' lesados se faz à sombra de uma norma de protecção (art. 483.º, segunda variante de ilicitude) de natureza penal". Parece-nos que Ribeiro de Faria tem inteira razão ao fazer tal afirmação, porque, tal como já referimos, o sistema actual (tanto civil, como penal, ainda que contendo o pedido cível), está gizado para a tutela dos interesses individuais. Tal facto não impede, contudo, que se faça uma certa abertura para uma acção popular (penal) com a possibilidade de — em obediência ao processo de adesão — se poder arbitrar indemnização civil naquele processo, não individualmente mas a um universo de consumidores, no sentido visto para a *class action.* É com essa convicção que fazemos tal proposta, em termos de direito constituendo, no texto.

Sobre a indiscutível importância, cada vez mais acentuada, do direito penal na tutela dos interesses difusos, veja-se Roberto Bergalli, "Justicia Formal y Participativa: La Cuestión de los Intereses Difusos", in *Doctrina Penal. Teoría y Práctica en las Ciencias Penales,* Año 6, n. 22, Abril-Junio, 1983, p. 208 e ss.

A (Des)criminalização no (incitamento ao) consumo: Questões prévias   231

indemnizar, havendo quem advogue a criação de fundos de garantia para as vítimas([282]) —, como evita que o Ministério Público tenha de recorrer à acção civil pública e à acção penal para proteger o consumidor nas duas vertentes — civil e penal —, como garante, ainda, que a acção civil possa, eventualmente, ser exercida em separado, visto que mesmo quando feito o pedido civil na acção penal, ele é de natureza estritamente civil([283]). No fundo, são vantagens a

---

([282]) É a hipótese levantada, nomeadamente, por Mario Bessone, "Disciplina Dell'illecito. Distribuzione dei Richi e Costo 'Sociale' Dei Sistemi di Resarcimento" in Annali, Anno XIII, Milano, 1974, p. 368, a propósito dos "fondi 'nazionali' alimentati da imposte" ou dos *"Special funds for any accident-caused injury";* é a hipótese analisada também por Aida Tarditti "Proyeto de Creación de um Centro de Asistencia a la Víctima del Delito", in *Doctrina Penal, Teoría y Prática en las Ciencias Penales,* Ano 8, n.º 32, Outubro-Dezembro, 1985, p. 693 e ss, enunciando as dificuldades que a vítima tem em conseguir a indemnização do infractor (p. 695) e ao enunciar o tipo de assistência que o Centro de Assistência pode confiar à vítima. No mesmo sentido é também relevante que o COMTÉ ECONÓMICO E SOCIAL, no seu parecer sobre "A Realização do Mercado Interno e a Protecção dos Consumidores", CES 1115/91, F-IJ/MS/LO/IV/em/cf/va/, Bruxelas, 1991, p. 20, reivindica a criação de "um fundo europeu de indemnização das vítimas de produtos defeituosos".

Relativamente à importância da acção popular penal acompanhada da possibilidade da sentença, quanto à indemnização civil, poder beneficiar mesmo os que nela não tenham participado, parece-nos a via mais adequada, sobretudo se atendermos às dificuldades que as vítimas têm em deduzirem o pedido cível se efectivamente o tiverem que fazer individualmente. A esse propósito é de registar o pensamento de Maria Rosa Crucho de Almeida, "As Relações entre Vítimas e Sistema de Justiça Criminal em Portugal", in R.P.C.C., Ano 3, fac. 1, Janeiro-Março, 1993, p. 112: "O actual Código de Processo Penal (em vigor a partir de Janeiro de 1988) veio requerer que fosse a vítima a deduzir o pedido e a apresentar as provas necessárias. Esta modificação parece ser desvantajosa para as vítimas, que têm dificuldade em sustentar as suas pretensões, nas hipóteses em que podem agir por si próprias. Quando a lei não lhes permita, têm de aparecer representadas pelo M.P. ou por advogado. Mas o M.P. só tem de ocupar-se dos pedidos das vítimas economicamente carenciadas; e recorrer a um advogado implica despesas. (…) o facto é que muitas vítimas se sentem alheias ao meio dos tribunais e têm dificuldades em agir por si próprias".

Tais reflexões são importantes e de ter em conta, sobretudo perante asserções como as de Hans Joachim Shneider, *op. cit.,* (n. 220), p. 381 e ss, afirmando que: "Reconocer los intereses de la víctima no significa en absoluto que se esté ligado a una politica criminal represiva que dañe al autor y que restrinja sus derechos constitucionales. Se trata, en verdad, de una compensación de intereses, de una paficicación entre el autor, la víctima y la sociedad".

([283]) Cfr. Ribeiro de Faria, "Da Reparação do Prejuízo Causado ao Ofendido. Reflexões à Luz do Novo Código Penal", in *Para Uma Justiça Penal,* Ciclo de Conferências no Conselho Distrital do Porto da Ordem dos Advogados, Almedina, Coimbra, 1986, p. 151 e ss. e, ainda, Ribeiro de Faria, *op. cit.,* (n. 279), p. 152.

232 Da protecção penal do consumidor

ponderar e a ditar o interesse na existência de uma acção popular (penal) com possibilidade de nela se fazer o pedido civil ou de se beneficiar da sentença condenatória na parte civil (sistema da *class action*) sem que isso se traduza numa maior condenação do infractor pela manutenção da distinção entre acção penal e pedido civil.

Assim sendo, julgamos que se devia consagrar a acção popular para tutela dos interesses difusos, em que ao consumidor, pessoalmente ou através das associações de defesa de consumidores (ou até através de organismos especializados), seria possível participar criminalmente da infracção, apresentando a acção penal a todos os consumidores em idênticas circunstâncias, podendo os mesmos beneficiarem do resultado da sentença, quer criminal, quer civilmente, sem ter sequer participação em tal acção.

4. Responsabilidade e punição criminal das pessoas colectivas: Assomo em prol de uma protecção adequada dos consumidores

A questão da responsabilidade criminal das pessoas colectivas, *rectius,* de se saber se estas devem ou não responder criminalmente e a que tipo de punição devem ficar sujeitas, não é inteiramente nova, embora, também, não tenha adormecido completamente.

Aceitando-se, como se vai aceitando um pouco por toda a parte, a derrogação do princípio *societas delinquere non potest* [284], quase

---

[284] Segundo Marino Barbero Santos "¿Responsabilidad Penal de las Personas Jurídicas?", in *Doctrina Penal. Teoria y Prática en las Ciencias Penales,* Año 9, n.º 35, Julio-Setiembre, 1986, p. 401, tem havido, na evolução tendente à aceitação do princípio da responsabilização criminal da empresa, três vias a seguir: 1) reconhecimento da responsabilidade penal da empresa; 2) sistemas mistos de sanções penais e não penais; 3) responsabilidade social (ou seja, previsão de um sistema de sanções independente do tradicional conceito da culpabilidade).

Perante tal cenário, tem-se verificado, ainda segundo a análise de Barbero Santos, o posicionamento dos sistemas por três modos diferentes: o grupo dos países da *Common Law*, que admite, em linhas gerais, a responsabilidade penal das pessoas jurídicas; o grupo dos restantes países europeus, que tem vindo a revelar-se mais arreigado ao princípio da irresponsabilidade criminal de pessoas colectivas; e um terceiro grupo, no sentido de a vir a acatar plenamente ou utilizando vias alternativas como sejam "contravencions al orden" (ou contra-ordenações).

A *(Des)criminalização no (incitamento ao) consumo: Questões prévias*   233

nada haveria a dizer no presente trabalho relativamente à protecção do consumidor, não fosse o facto de questionarmos o problema da (des)criminalização das infracções no consumo e de serem estas, na sua maioria, cometidas por pessoas jurídicas (colectivas), significando, por isso, que a inadmissibilidade da responsabilização criminal de tais pessoas levaria *ipso iure* à descriminalização quanto às mesmas.

Importa, assim, sem ir a montante, nem ficar a jusante, do que tem sido dito, tecer algumas considerações sobre tal questão, circunscritas ao problema da (des)criminalização das infracções em causa.

4.1. A Questão da Responsabilidade Criminal das Pessoas Colectivas em Geral.

Desde o momento em que o pensamento individualista do iluminismo, e em parte pela mão de Savigny, entendeu ser a pessoa moral uma ficção carente de unidade espiritual e corporal que caracteriza as pessoas (físicas), que se vem repudiando tal concepção assente no princípio *societas delinquere non potest* [285].

Terá sido, porém, em momentos posteriores à Iª Grande Guerra, em virtude das transformações económico-sociais que, desde então, se começaram a verificar e do facto de se ter constatado, pela erupção das empresas, serem estas as principais responsáveis pelas infracções no domínio económico e social, que se começou a abandonar aquele famoso princípio [286].

---

[285] Na verdade, tanto o pensamento individualista do iluminismo, fundamentalmente patente na Lei francesa de Março de 1791, suprimindo as "corporações", e em que se acolhe o princípio *societas delinquere non potest*, como ainda o pensamento de Savigny, contribuiram para a prevalência daquele princípio. E, como anuncia Barbero Santos, *op. cit.,* (n.284), p. 398, só decénios mais tarde "as teorias orgânicas que têm em Gierke o seu máximo representante, para quem a pessoa jurídica é uma pessoa real (realer Gesantperson), (...) iniciaram uma tendência favorável à sua responsabilidade penal". Terá sido, no entanto — com afirmamos no texto — só depois da Iª Guerra Mundial que tal tendência ganhou força. Veja-se, ainda, sobre aquele desenvolvimento histórico, Frederico Isasca, *Responsabilidade Civil e Criminal das Pessoas Colectivas (Conteúdo da Ilicitude),* Associação Académica da Faculdade de Direito de Lisboa, 1988, p. 29 e ss.

[286] Cfr. Barbero Santos, *op. cit ,* (n. 284), p. 398.

234 *Da protecção penal do consumidor*

Tal transformação, ainda hoje, sofre algumas resistências e, em certos ordenamentos, apenas a "medo" se vai enveredando antes pelo princípio *societas delinquere potest* [287].

Vários argumentos são possíveis para justificar a irresponsabilidade criminal das pessoas colectivas, assentes quer no princípio da personalidade das penas, tanto enquanto princípio da individualidade da responsabilidade criminal, como, ainda, enquanto princípio da intransmissibilidade da pena e da culpa [288]. Dois argumentos de peso parecem, no entanto, estar na base da construção segundo a qual as pessoas colectivas não podem responder criminalmente.

Um primeiro argumento assente no conceito de *acção criminal,* segundo o qual sendo esta típica, ilícita e culposa e consistindo tal acção na negação dos valores ou interesses pelo Homem, levaria a que só as pessoas singulares ou, mais rigorosamente, o Homem, pudesse desenvolver um tal tipo de acção [289]. Na verdade, entendia-se que

---

[287] É manifestamente o caso do ordenamento português, onde se é verdade que se admite já a possibilidade de as pessoas colectivas serem susceptíveis de responsabilidade criminal, tal possibilidade ainda só é possível a título excepcional, visto que a regra, ainda, é a da responsabilidade individual. Tal é o que decorre do art.º 11.º do Código Penal de 1995: "Salvo disposição em contrário, só as pessoas singulares são susceptíveis de responsabilidade criminal". No sentido da admissibilidade do princípio da responsabilidade criminal das pessoas colectivas vão ordenamentos como os anglo-saxónicos ou o japonês — cfr. Esteban Righi, *Derecho Penal Economico Comparado.* Editoriales de Derecho Reunidas, Buenos Aires, 1991, p. 252.

[288] O princípio da personalidade das penas, de um modo geral, parte da ideia de que só é punível aquele que executou materialmente o acto constitutivo da infracção, havendo, no entanto, derrogações, nomeadamente nos casos da responsabilidade penal por actuação em nome de outrem — cfr. Dupont Delestraint, *Droit Pénal des Affaires,* Dalloz, Paris, 1974, p. 21. De um modo geral, o princípio da personalidade das penas vem a desdobrar-se em dois outros princípios: o da individualidade da responsabilidade criminal, em que "a responsabilidade criminal recai única e individualmente sobre os autores das infracções", e o da intransmissibilidade das penas e da culpa, em que "as penas não deverão em caso algum passar da pessoa que individual, ilícita e culposamente praticou a infracção" para outra pessoa, nomeadamente aquela no seio da qual o indivíduo actuou — Cfr. Castro e Sousa, *As Pessoas Colectivas em Face do Direito Criminal e do Chamado "Direito de Mera Ordenação Social",* Coimbra Editora, 1985, p. 118.

[289] Fala-se, então, a propósito, da *capacidade de acção.* "A acção — segundo Barbero Santos, *op. cit.,* (n. 284), p. 404 — no âmbito penal, exige uma conduta volun-

"visando o Direito Criminal a defesa daquele mínimo ético essencial à vida" — são palavras de Castro Sousa —, a acção deveria ser *"levada a cabo pela personalidade ética do homem singular,* única capaz de compreender o sentido e alcance dos valores éticos fundamentais que o direito criminal visa proteger"([290]).

Tal modo de ver as coisas levaria, ainda, a uma outra conclusão, de acordo com Castro Sousa: a de que "situando-se, porém, o direito civil e o direito de mera ordenação social no âmbito do eticamente indiferente, compreende-se que a violação das suas normas possa ser levada a cabo, tanto por pessoas singulares, como colectivas, pelo que se lhes poderá reconhecer capacidade de acção nestes domínios e negar-lha no direito criminal"([291]).

Um outro argumento, intimamente ligado àquele primeiro, assentaria no conceito de *culpa* e na impossibilidade de se poder formular um juízo de culpa jurídico-penal relativamente às pessoas colectivas([292]). Argumentava-se([293]), com efeito, que "a culpa, como censura ético-jurídica do agente por não ter actuado de modo diverso, pressupõe a ideia de que o seu destinatário é um sujeito livre e responsável, que podia e devia ter actuado de outra maneira", e faltando às pessoas colectivas a "imputabilidade", isto é, "o conjunto de qualidades *pessoais* necessárias para se censurar o agente por não ter actuado de outro modo"([294]), logo, não seria possível, também, por esta via, responsabilizar criminalmente as pessoas colectivas.

---

tária". Assim sendo, enquanto que a acção humana seria um acontecer natural, o actuar dos entes colectivos exige uma construção jurídica

Já, pelo contrário, V. Liszt, *op. cit.,* (n. 227), p. 287, defendia que as pessoas jurídicas têm efectivamente capacidade de acção, na medida em que quem pode contratar pode, também, realizar contratos usurários ou fraudulentos ou, simplesmente, não os cumprir.

([290]) Cfr. Castro e Sousa, *op. cit.,* (n. 288), p. 113.

([291]) *Idem,* p. 113.

([292]) É a questão da culpabilidade como inerente à infracção criminal, consistindo num juízo de reprovação que se faz ao autor por ter actuado anti-juridicamente apesar de poder actuar conforme o Direito. Problema este que constitui, segundo Barbero Santos, *op. cit.,* (n.284), p. 404, "una de las mayores dicultads — no la única — para el reconocimiento de la responsabilidad penal de las personas jurídicas".

([293]) Seguimos, ainda, Castro e Sousa, *op. cit.,* (n. 288), p. 111 e ss.

([294]) *Idem,* p. 114, n. 7.

236   *Da protecção penal do consumidor*

Por último e de certo modo como consequência daqueles argumentos, entendia-se não ser aconselhável aplicar uma pena criminal a uma pessoa colectiva, pelo simples facto de que tal pena "é, sobretudo, expressão de uma censura ética de que o agente se tornou passível pela prática da infracção"[295] e, consequentemente, pelas razões aduzidas nos dois argumentos anteriores, não se conseguindo censurar eticamente quem não pode levar a cabo uma acção eticamente reprovável, concluir-se-ia, também, que "a aplicação de penas às pessoas colectivas é não só dogmaticamente impossível, como contrária à ideia de justiça"[296], optando-se, ao invés, pela aplicação de medidas de segurança[297].

Em jeito de conclusão, pode-se, então, dizer que dos argumentos usados contra a responsabilidade criminal das pessoas colectivas resultava a possibilidade tanto da aplicação a tais pessoas de medidas de segurança, como da sua responsabilidade ao nível do direito civil e do direito de mera ordenação social.

Porém, mesmo assim, em termos de política criminal, havia a rendição a um reconhecimento: o de que existe uma "criminalidade de pessoas colectivas" e que, em "face da crescente industrialização e do subsequente desenvolvimento do poderio económico e social das pessoas colectivas na época contemporânea, o volume dessas infracções é de molde a justificar uma resposta afirmativa à questão da necessidade" de "sanções contra as pessoas colectivas"[298].

E foi, na verdade, todo um movimento de crescimento das actividades delituosas por parte das pessoas colectivas, bem como pelo facto de as tradicionais reacções criminais, aliadas ao princípio da responsabilidade criminal individual dos órgãos, que sob a capa da colectividade e da impunidade cometeriam as mais variadas infracções, que começou, com alguma força, a notar-se a derrogação do princípio *societas delinquere non potest*.

Essa ultrapassagem foi possível, desde logo, pelo facto de político-criminalmente se ter reconhecido a necessidade da respon-

---

[295] *Idem*, p. 115.
[296] *Idem*, p. 122.
[297] *Idem*, p. 122 e ss.
[298] Um reconhecimento feito, ainda, por CASTRO E SOUSA, *op. cit.*, (n. 288), p. 91.

A *(Des)criminalização no (incitamento ao) consumo: Questões prévias* 237

sabilização criminal das pessoas colectivas e de, perante tal necessidade, não se ver "razão dogmática de princípio a impedir que elas se considerem *agentes* possíveis dos tipos-de-ilícito respectivos"([299]).

De entre os autores que se lançaram na construção de uma formulação capaz de vencer aqueles obstáculos jurídico-dogmáticos, urge aqui citar FIGUEIREDO DIAS. Na verdade, consegue desmistificar a questão da acção e/ou da culpa relativamente à responsabilidade criminal das pessoas colectivas, entendendo que, relativamente ao tipo-de-ilícito, deveria pensar-se na sua formulação em termos que normativamente o possamos conformar "como uma certa unidade de sentido social"([300]); e, assim sendo, considerando como certo que "na acção como na culpa, tem-se em vista um ser-livre como centro ético-social de imputação jurídico-penal e aquele é o homem indivíduo"([301]), não deixa, contudo, de acrescentar dizendo que "não deve esquecer-se que as organizações humano-sociais são, tanto como o próprio homem individual, "obras da liberdade" ou "realização do ser-livre", parecendo-lhe "aceitável que, em certos domínios especiais e bem delimitados, (...) ao homem individual se possa substituir, como centros ético-sociais de imputação jurídico-penal, as suas obras ou realizações colectivas e, assim, as pessoas colectivas, associações, agrupamentos ou corporações, em que o ser-livre se exprime"([302]). Sem querer romper com os princípios do direito penal clássico onde considera que a "máxima da responsabilidade individual deve continuar a valer sem limitações", FIGUEIREDO DIAS consegue, no entanto, fazer vingar aquela tese, por respeito a tais princípios, através de um *"pensamento analógico* relativamente aos princípios do direito penal clássico"([303]).

([299]) FIGUEIREDO DIAS, *op. cit.*, (n. 85), n.° 3720, p. 73.

([300]) *Idem*, p. 73.

([301]) *Idem*, p. 73.

([302]) *Idem*, p. 73.

([303]) *Idem*, p. 73 e 74 e, ainda, FIGUEIREDO DIAS, "Breves Considerações Sobre o Fundamento, o Sentido e a Aplicação das Penas em Direito Penal Económico", *in Ciclo de Estudos de Direito Penal Económico,* Centro de Estudos Judiciários, 1ª ed., Coimbra, 1985, p. 35, referindo: "Não me parece impossível, por outro lado, que através dum pensamento analógico se possam e devam considerar as pessoas colectivas (no direito penal económico e diferentemente do que deve suceder no direito penal geral) como capazes de culpa".

238   *Da protecção penal do consumidor*

Ficou, assim, traçado o caminho indispensável para passar do mero reconhecimento da necessidade político-criminal da responsabilização criminal das pessoas colectivas, à sua instituição dogmática. Tal pensamento foi sendo acompanhado por outros, quer jurisprudencial, quer doutrinal, quer legalmente, um pouco por toda a parte. É, assim que hoje é quase comum ouvir-se falar no princípio *societas delinquere potest*([304]) e assegurar-se que as pessoas colectivas, também, podem ser responsabilizadas criminalmente, sem se utilizar a estratégia da responsabilização dos que actuam em nome de outrem([305]), apesar da resistência ainda duma grande parte dos ordenamentos e da doutrina([306]).

([304]) Terão estado na base de tal tendência, essencialmente, *"razões de ordem pragmática,* derivadas da necessidade de prevenção e repressão criminal" — cfr. CASTRO E SOUSA, *op. cit.,* (n. 288), p. 203. Constatando-se, por um lado, que "o número de pessoas colectivas aumenta constantemente e as suas actividades criminais constituem para a colectividade um perigo tanto mais grave quanto é certo que tais actividades dimanam de associações que, frequentemente, representam forças sociais extremamente poderosas (holdings, sociedades, multinacionais, etc)" — cfr. LOPES ROCHA, *op. cit.,* (n. 183), p. 118 — ou seja, "promovendo hoje as mais graves e frequentes ofensas aos valores protegidos pelo direito penal secundário, em muitos âmbitos, não de pessoas individuais mas colectivas" — FIGUEIREDO DIAS, *op. cit.,* (n. 85), p. 74 — fácil é de ver que se "passasse a admitir, cada vez mais, a responsabilização criminal das colectividades" — cfr. CASTRO SOUSA, *op. cit.,* (n. 288), p. 203.

([305]) FIGUEIREDO DIAS, *op. cit.,* (n.85), p. 74 é peremptório em repudiar "transferências" de responsabilidade que caiba a pessoa colectiva *qua tale,* para o nome individual de quem actue como seu órgão ou representante, já que isso conduziria muitas vezes "à completa impunidade, por se tornar impossível a comprovação do nexo causal entre a actuação de uma ou mais pessoas individuais e a agressão do bem jurídico produzida ao nível da pessoa colectiva".

Por seu turno, LOPES ROCHA, *op. cit.,* (n. 183), p. 118, faz saber: "A responsabilidade penal dos órgãos e dos prepostos da pessoa colectiva é, por vezes, inoperante, porque se os tribunais lhe aplicarem uma pena privativa de liberdade, esta sanção não tem nenhum efeito dissuasor relativamente ao ente colectivo".

Por último, no sentido de que devem ser "as próprias pessoas colectivas e não os titulares dos seus órgãos a sofrer as consequências da infracção cometida", está FREDERICO ISASCA, *op. cit.,* (n. 285), p. 58.

([306]) Na verdade, se é possível descortinarem-se ordenamentos como o francês, o belga e o sueco, onde se vão notando algumas brechas no princípio da responsabilidade individual, outros como o espanhol, o suíço, o italiano e o alemão, mostram-se

A *(Des)criminalização no (incitamento ao) consumo: Questões prévias*   239

4.2. **A questão da responsabilidade criminal das pessoas colectivas na protecção dos consumidores.**

Impõe-se, agora, partindo daqueles pressupostos, verificar a situação de uma tal questão na protecção dos consumidores

Parece, desde logo, inquestionável que, pertencendo o direito penal do consumo ao direito penal secundário e sendo neste que se tem verificado o terreno mais fértil para a legitimação da responsabilidade criminal das pessoas colectivas, deve-se, *a priori,* pugnar por igual caminho relativamente às infracções cometidas por tais pessoas contra os consumidores. Mas, analisemos qual tem sido a tendência.

Podemos afirmar com alguma segurança, que, em boa parte, se hoje é comummente aceite o princípio da responsabilidade criminal das pessoas colectivas, tal modo de ver as coisas se deve a um reconhecimento anterior do mesmo princípio, no âmbito da protecção penal do consumidor([307]). Sinais disso vêm-nos, por exemplo, do Direito europeu.

---

contrários à conjugação da responsabilidade criminal das pessoas colectivas — cfr., para mais desenvolvimentos, Castro e Sousa, *op. cit.,* (n. 288), p. 206 e ss.

Por outro lado, doutrinalmente é de ter em conta sobretudo autores como Tiedemann, *Poder Economico y Delito,* Ariel, 1985, p. 154 e ss, que entendendo que a "pessoa jurídica não constitui uma ficção, senão uma realidade social", propõe, todavia, o recurso a normas extra-penais (administrativas), tais como a contra-ordenação; e, ainda, Bajo Fernandez, *op. cit.,* (n. 76), p. 119, para quem "la vigencia del *societas delinquere non potest* no entraña contradicción con la imposición de sanciones administrativas a las personas jurídicas. Para un Derecho futuro en que se devuelva al poder judicial las facultades sancionadoras que hoy impropiamente ostenta la Administración pública, hay mecanismos preventivos suficientes para tratar eficazmente la peligrosidad de las personas jurídicas, sin que se violente el principio de su irresponsabilidad criminal, cuya vigencia reviste interés al reafirmar los principios de culpabilidad y de personalidad de las penas". É assim que autores como Perez Alvarez, *op. cit.,* (n. 193), p. 167 e ss., na senda de Tiedemann e Bajo Fernandez, considera como político-criminalmente acertada a solução que implica dois tipos de medidas: de carácter penal para os indivíduos (pessoas físicas) que levem a cabo a execução e a realização do tipo penal; e outras de índole administrativo, dirigidas ao ente social. No fundo, a responsabilidade para as pessoas físicas que actuam em nome de outrem.

([307]) É curioso verificar-se que um desses primeiros passos, dado no Direito belga através do artigo 1.° da Lei de 29 de Junho de 1946, previa a primeira excepção, naquele ordenamento, ao princípio *societas delinquere non potest,* justamente intro-

240   *Da protecção penal do consumidor*

Na verdade, ainda que, em geral, o Conselho da Europa, tivesse, através da sua Recomendação n.° R(81)12 formulado a necessidade de estudar a possibilidade de instituir a responsabilidade penal das pessoas morais e tivesse inserido na lista de infracções, objecto de tal recomendação, as "infracções contra os consumidores", viria a ser, contudo, a Recomendação R(82) 15, sobre o papel do direito penal na protecção do consumidor, a concretizar num domínio específico das infracções económicas — o das infracções no consumo — tal princípio da responsabilização criminal das pessoas colectivas [308].

Leva-nos isto, sem mais delongas, a admitir, e desde já, que pelas razões anteriormente expostas da necessidade de um tal princípio no âmbito geral das infracções económicas, começou a notar-se a necessidade de instituir o princípio *societas delinquere potest*, no domínio da protecção dos consumidores. Mas, tal constatação leva-nos a questionar se será, assim mesmo, necessário tal princípio.

Pensamos dever-se responder afirmativamente por algumas razões: uma, em virtude do desequilíbrio existente entre empresas e consumidores e, consequentemente, pelo facto de o direito civil, por exemplo, não alcançar aquele equilíbrio; outra, pelo facto de o direito civil e até o direito de mera ordenação social não augurarem os resultados que o direito penal possibilita; por último, porque verificando-se a necessidade da criminalização das infracções, se torna, também,

---

duzindo a possibilidade de se responsabilizar criminalmente a pessoa moral, em certas situações de distribuição de produtos, cujos intermediários (nas vendas directas ao consumidor) seriam injustificados — cfr. Jean Constant, "Quelques Aspects du Droit Pénal Économique Belge", in *Travaux de L'Association Henri Capitant,* Tomo XIII, 1959-1960, Paris, 1963, p. 663.

[308] Sobre a previsão daquela primeira recomendação, veja-se, Conselho da Europa, Recommandation N.° R(81)12 du Comité des Ministres aux États Membres sur la Criminalité des Affaires (adoptée par le Comité des Ministres le 25 juin 1981, lors de la 335 ème Réunion des délégués des ministres), 1981, p. 10 e 12. No entanto, anote-se que, posteriormente, viria a surgir a recomendação n.° R(88), de 18 de Outubro de 1988 — cfr. Conselho da Europa, *Responsabilité des Entreprises pour Infractions,* Recommandation n.° R(88) 18 Adoptée par le Comité des Ministres du Conseil de L'Europe, le 20 octobre 1988 et exposé des motifs, Strasbourg, 1990 — onde, claramente, se admitia ter sido a recomendação n.° R(82) 15, sobre o papel do direito penal na protecção do consumidor, a iniciativa "responsável" por aquela tendência, formulando-se, uma vez mais, a necessidade da responsabilização criminal das pessoas colectivas (p. 6).

A *(Des)criminalização no (incitamento ao) consumo: Questões prévias* 241

necessária a responsabilização criminal das pessoas colectivas, visto serem estas as principais protagonistas daquele tipo de infracções. Analisemo-las.

O primeiro argumento leva-nos ao confronto entre consumidor e profissional: aquele como parte mais fraca, débil economicamente e menos preparada tecnicamente, como, enfim, a vítima a carecer de protecção adequada, e o segundo como pertencente a um grupo mais forte, quer pela grandeza económica que geralmente possui, quer pela preparação técnica que tem, mas, principalmente por pertencer a um grupo a que alguns chamam *white collar criminality*[309] e que nos leva a algumas reflexões.

Dois dos argumentos que aduzem os defensores da descriminalização consistem, justamente, na não aplicação ou má aplicação do direito penal do consumo e no facto de os Juízes hesitarem na condenação dos criminosos de colarinho branco[310]. Por um lado, aquela não aplicação ou aplicação deficiente pode ter a ver com esta hesitação e sendo, efectivamente, a *white collar criminality* uma explicação para esta hesitação, convém desmistificar tal situação, começando

---

[309] Ao aplicarmos aqui o termo *white collar criminality*, queremos referir-nos aos crimes económicos, embora no particular aspecto tratado no texto seja conveniente realçar a conotação que o *white collar crime* tem com uma certa impunidade que lhe é imputável, precisamente por se tratar de "delinquência cometida por pessoas de elevado estrato sócio-económico, no domínio de uma profissão" — Cfr. Figueiredo Dias, *op. cit.*, (n. 166), p. 95.

No sentido ali proposto, isto é, no de uma certa distinção entre crimes económicos e "white collar crimes" e no de que aqueles constituem uma noção mais rigorosa e abrangente do que estes, mas de que estes evidenciam algumas das categorias dos crimes económicos (precisamente os ligados a uma actividade desenvolvida por pessoas de estrato económico elevado), está Edelhertz, citado por Simon Dinitz ,"Economic Crime" in *Criminology in Perspective. Essays in Honor of Israel Drapkin.* Lexington Books, 1977, p. 45.

Claramente no sentido de que a *white collar criminality* constitui "el mucho más llamativo y transcendente de la delincuencia economica, pero esta no se agota en aquella", está César Herrero Herrero, *op. cit.,* (n. 124), p. 48. Temos, no entanto, consciência da relativa imprecisão do termo e nisso estamos de acordo com M. G. Kellens, "Aspects Sociologiques et Psychologiques de la Délinquance d'Affaires" in *Aspects Criminologiques de la Délinquance d'Affaires,* Douzième Conférence de Directeurs d'Instituts de Recherches Criminologiques, 1976, Strasbourg, 1978, p. 41, ao limitar aquela expressão.

[310] Cfr. *supra*, II Parte, Cap. II, n.º 1.1..

242 *Da protecção penal do consumidor*

por dar aos Juízes uma "arma" para tal tarefa: justamente, a responsabilização criminal das pessoas colectivas.

A teoria da *white collar criminality* que nasceu com E. Sutherland com o célebre trabalho "White Collar Crime", apresentado em 1939, marcou, na história da criminologia, o início de uma visão diferente do crime[311], explicado, agora, não só a partir de uma "etiologia criminal assente nas classes inferiores", mas de acordo com a "teoria da associação diferencial", segundo a qual uma pessoa torna-se delinquente quando os factores favoráveis para a violação prevalecem sobre os desfavoráveis[312].

Entendia, assim, Sutherland, que o delito de colarinho branco, se podia definir, "aproximadamente, como um delito cometido por uma pessoa respeitável e de status social alto no curso da sua ocupação"[313]. Em torno de tal definição giravam duas características: por um lado, os criminosos de colarinho branco, com o serem pessoas de classe sócio-económica alta, são mais poderosos política e financeiramente e escapam, assim, com mais facilidade à condenação da justiça

---

[311] Cfr. Simon Dinitz, *op. cit.*, (n. 309), p. 41; e Peter Lejins, "Theory, History and Current Policy. Issues Segunding Economic Crime", in *The Sanctions in Field of Economic Criminal Law*, Proceedings of the Meeting of Kirtinjand, Norway, 1983, International Penal and Penitentiary Foundation, 1984, p. 12 e ss.

[312] Cfr. Juan Pegoraro Taiana, "Señores y Delincuentes de Cuello Blanco (Hacia un Enfoque Alternativo de Sociologia Criminal)", in *Doctrina Penal. Teoría y Práctica en las Ciencias Penales*, Año 8, n.º 29, Enero-Mayo, 1985, p. 49; e Julio E. S. Virgolini, "Delito de Cuello Blanco. Punto de Inflexion en la Teoría Críminologica", in *Doctrina Penal. Teoría y Práctica en las Ciencias Penales*, Año 12, Abril-Setembro, n.º 46/47, 1989, p.335. E é de notar, neste particular aspecto, que estudos feitos têm revelado que, "em muitos casos, os pressupostos para a perpetração de um delito contra vítimas colectivas em sentido amplo são muito mais favoráveis do que os de delitos contra vítimas individuais", de acordo com Hans Göppinger, *op. cit.*, (n. 214), p. 373.

[313] E. Sutherland, White Collar Crime, N. York, 1961, p. 9. Refira-se, na esteira de Hermann Mannheim, *Criminologia Comparada*, Vol. II, Fundação Calouste Gulbenkian, 1985, p. 724, que a definição de crime de colarinho branco, enunciada por Sutherland, ainda que aproximada, "tem sido, em geral, pacificamente aceite". Ou seja, tem vindo a servir para explicar aquele tipo de criminalidade, que se não mais, pelo menos, se caracteriza pela conjugação de "cinco elementos: a) é um crime; b) cometido por pessoas respeitáveis; c) com elevado *status* social; d) no exercício da sua profissão"; e) constituindo, para além disso, "normalmente, uma *violação da confiança*".

A (Des)criminalização no (incitamento ao) consumo: Questões prévias   243

(nomeadamente porque podem contratar advogados mais hábeis, além de que podem levar a cabo, outras formas de influir na administração da justiça em seu benefício); por outro lado, e mais importante, seria a parcialidade da administração da Justiça penal e das leis que se aplicam aos negócios que são, geralmente, referidos (com tal parcialidade) às classes sócio-económicas altas ([314]).

Tal modo de ver as coisas legitima, de facto, um pensamento orientado no sentido da não aplicação ou da má aplicação do direito penal do consumo ou da hesitação dos tribunais em condenar os profissionais.

Só que o pensamento de E. SUTHERLAND, se é válido para determinadas questões, não nos parece válido para levar à descriminalização no consumo — desde logo, pela implementação do princípio *societas potest delinquere* e da consequente responsabilização e punição das pessoas colectivas. Vejamos.

Em primeiro lugar, o próprio E. SUTHERLAND, ao formular a sua teoria, não advogou que em função da associação diferencial, os juízes devessem ter maior brandura no julgamento dos criminosos de colarinho branco. O que SUTHERLAND pretendeu foi, apenas, advertir para a existência de uma criminalidade distinta da que provém dos estratos sociais pobres e que parecia esquecida, pelo menos pelas estatísticas ([315]). Porém, ele próprio entendeu que as leis, em vez de parciais e favoráveis aos delinquentes de colarinho branco, deviam impor um certo equilíbrio e proteger, quando deveriam proteger, tanto os mais fortes como os mais fracos. É mesmo de salientar que teve a preocupação de apelar à protecção simultânea dos concorrentes e dos consumidores contra fraudes provenientes de alguns profissionais, nomeadamente na publicidade enganosa ([316]).

Ou seja, a nosso ver, o que SUTHERLAND fez foi chamar a atenção para a existência de um grupo de delinquentes geralmente esquecido pelas estatísticas e que deveria ser tratado penalmente como os restantes. O que nos leva, desde já, a advogar a necessidade de os

---

([314]) E. SUTHERLAND, *op. cit.*,(n. 313), p. 8 e ss.

([315]) E. SUTHERLAND, *op. cit.*, p.8 e ss, principalmente ao afirmar: "The thesis of this book, stated positively is that persons of the upper socio-economic class engage is much criminal behavior".

([316]) E. SUTHERLAND, *op. cit.*, (n. 313), p. 32.

244   *Da protecção penal do consumidor*

juízes terem em conta a existência de tal criminalidade e de usarem os meios ao seu dispor para reprimir tais crimes[317].

É claro que a existência de um princípio de irresponsabilidade criminal das pessoas colectivas implicará um obstáculo na aplicação da Justiça penal, porquanto muitos dos infractores são entes colectivos. Mas, tal constatação apenas vem comprovar a necessidade da instituição do princípio contrário, isto é, da possibilidade da responsabilização criminal de tais pessoas, de molde a que, assim, se alcance não só a repressão da *white collar criminality*, como, também, o esbater do desequílibrio que se instauraria se vigorasse o princípio da irresponsabilidade criminal[318].

---

[317] Em sentido concordante com o nosso está ESTEBAN RIGUI, *op. cit.*, (n.287), p. 272, ao analisar a teoria de SUTHERLAND e ao concluir que o indivíduo converte-se em delinquente num processo de aprendizagem, o que ocorre quando os factores favoráveis, na violação da lei, prevalecem sobre os desfavoráveis. Significa assim que, se existe uma certa abstenção por parte da justiça, tal abstenção traduzir-se-á num factor favorável à delinquência. JULIO E. S. VIRGOLINI, *op. cit.*, (n. 312), p. 366 e ss, chega a igual conclusão da análise que faz do delito de colarinho branco, afirmando: "Una consideración ingenua del problema lleva a considerar que la inmunidad del delito de cuello blanco aparece como consecuencia de que la naturaleza de los hechos los hace impropios o inadecuados para su penalización (...). Al contrario, parece que el planteo debe ser invertido: son ciertos hechos y ciertos agentes de la vida social los que van creando inmunidades a los mecanismos de control, o dando forma a esos mecanismos, a despecho de la novidad social de esos actos".

Veja-se, por último, no mesmo sentido, PETER P. LEJINS, *op. cit.*, (n. 311), p. 13.

[318] FARIA COSTA, "A Responsabilidade Jurídico-Penal da Empresa e dos seus Órgãos (ou uma Reflexão Sobre a Alteridade, nas Pessoas Colectivas, à Luz do Direito Penal)", folhas policopiadas, Coimbra, p. 7 e ss , dá-nos uma perspectiva de como a empresa se coloca ao mesmo nível do infractor individual no campo da criminalidade, ou seja, atendendo a que "a empresa aparece-nos em lugar paralelo àquele que o agente assume ao nível da doutrina geral da infracção penal". Donde: "A empresa (...) surge no campo da discursividade jurídica e jurídico-penal, como uma entidade capaz de suportar legitimamente o fluxo de direitos e deveres decorrentes de qualquer centro de imputação, por mais simples e rudimentar que seja". Se assim não for, isto é, "se se não puder punir a própria pessoa colectiva, muita da eficácia antes propugnada perde-se na impossibilidade da correcta determinação dos verdadeiros agentes que consubstanciaram a infracção penal". E, assim sendo, não só passa a existir um desequílibro entre infractor e vítimas e entre infractor individual e pessoa colectiva como, também, — segundo FARIA COSTA, *op. cit.*, p. 10 — "demonstrada fica a inoperância, no que se refere exclusivamente a este aspecto de coisas, do ordenamento penal no momento em que se considera insusceptíveis de punição as pessoas colectivas".

A (Des)criminalização no (incitamento ao) consumo: Questões prévias   245

Por outro lado, estamos em crer que, sendo a opção pela infracção feita pela ponderação entre factores favoráveis e desfavoráveis e pela predominância daqueles sobre estes (teoria da associação diferencial), não se duvidará que o direito penal pode contrariar tal opção, mais que o direito civil ou o direito de mera ordenação social. Na verdade, se em termos de motivação individual, o que os profissionais pretendem é, em última análise, o *lucro*. em termos de valoração sociológica acabam por atribuir pouca importância ao desvalor de uma eventual conduta prejudicial à comunidade. Por isso, lançam mão de diversos meios, acabando mesmo por infringir. Ora, se da ponderação dos lucros que auferem sobre os prejuízos pelo risco ([319]) (v.g. indemnização civil ou coima) advier a predominância dos primeiros sobre os segundos, certamente que o profissional não hesitará em correr o risco, sobretudo porque todos os aspectos negativos, em termos sociológicos, emergentes da sua conduta, não chegam a desmobilizá--lo. Relativamente ao direito civil, o profissional sabe que, na maioria dos casos, os consumidores, pelas razões que já vimos, não acorrem ao Tribunal: o prejuízo de cada consumidor é geralmente baixo e insignificante, enquanto que o lucro do profissional é o correspondente à soma dos prejuízos dos consumidores, o que se torna, sem dúvida, nessas circunstâncias compensador para o profissional. Relativamente ao direito de mera ordenação social, ainda que possa ter maior impacto que o direito civil, não atingirá o impacto do direito penal, porquanto daquele resulta uma sanção pecuniária, que não criminal e cujos efeitos são diferentes — existem, na verdade, diferenças, cuja análise já se fez em parte e a que se voltará, que tornam insubstituível o direito penal quanto ao alcance dos seus resultados na protecção de bens jurídicos valiosos.

([319]) No sentido de que as infracções cometidas ainda permitem obter certos benefícios que justificam aquele risco, devendo então usar-se mais o sistema repressivo, está GEORGES LEVASSEUR, "La Responsabilidad Objetiva en el Derecho Penal Francés", in *Doctrina Penal. Teoría e Práctica en la Ciencias Penales,* Año 6, n.° 22, Abril-Junho, 1983, p. 250 e ss, ao constatar uma maior intervenção em certos domínios, nomeadamente no da protecção ao consumidor, e ao afirmar que "los delincuentes son por lo general grandes empresas a quienes las infracciones cometidas les han permitido obtener importantes beneficios; el adagio *'ubi emolumentum ibi onus'*, tiende a desbordar entonces del plano civil al plano represivo".

246 *Da protecção penal do consumidor* ⸱

Mas, a verdade é que, se vigorar o princípio da irresponsabilidade criminal, a protecção penal acabará por quase nunca ser conferida aos consumidores, visto que, na maior parte das vezes, o infractor é pessoa colectiva. Motivo este para se pugnar pelo princípio da responsabilidade criminal das pessoas colectivas.

Tudo o que acabámos de ver vem, afinal, a confluir numa conclusão e terceiro argumento: a opção pela criminalização das infracções no consumo implicará, sempre, a responsabilização criminal das pessoas colectivas visto serem estas que levam a cabo, geralmente, aquelas infracções.

4.3. A concreta punição das pessoas colectivas pelas infracções no (incitamento ao) consumo: a possibilidade de aplicação de sanções adequadas.

Apesar do que já dissemos — da verificação de que se torna necessária e possível a responsabilização criminal das pessoas colectivas no direito penal secundário e de que tal necessidade se verifica com grande acuidade no direito penal do consumo — subsiste um problema para o qual urge responder: o da concreta punição das pessoas colectivas nas infracções cometidas no incitamento ao consumo, entendida que seja a responsabilização criminal de tais pessoas.

Na verdade, o presente problema é até levantado à guisa de argumento em favor do princípio *societas delinquere non potest,* devido ao facto de, por um lado, não se poderem aplicar certas penas às pessoas colectivas e de, por outro, estas não compreenderem o sentido daquelas. Tal modo de ver o problema deve ser repudiado, não só porque ficou demonstrado que tal posição advém de uma concepção dogmática dos conceitos de acção, culpa e pena inadequada para responder ao desafio que nos coloca a necessidade político-criminal da responsabilização criminal das pessoas colectivas, mas, também, porque — ficou demonstrado, na esteira do pensamento de Figueiredo Dias — ser possível ultrapassar aqueles obstáculos dogmáticos([320]).

A nosso ver, porém, acrescentaríamos algo mais. Pensamos que as concepções que não admitem aquele tipo de responsabilização

---

([320]) Figueiredo Dias, *op. cit.,* (n. 85), p. 74, e *vide supra,* n.° 4.1.

A *(Des)criminalização no (incitamento ao) consumo: Questões prévias* 247

criminal estão, ainda, demasiado arreigadas ao princípio da individualidade das penas, pretendendo medi-las (apenas) pelo Homem (singular) e pensando-as unicamente em função deste. Tal redutivismo, quiçá ainda reminiscente do individualismo iluminista que lhe deu causa, leva mesmo a afirmar que "as penas, em sentido próprio, são também inaplicáveis às pessoas colectivas. Quanto não fosse pela impossibilidade prática da sua aplicação ..." ([321]), salientando-se como exemplo o facto de ser "materialmente impossível prender uma pessoa colectiva..." ([322]).

É certo — concordamos — que determinadas penas são inaplicáveis às pessoas colectivas — uma delas é, justamente, a pena de prisão. Mas não será por isso que advogaremos a impossibilidade de se aplicarem penas a tais pessoas. É que a pena de prisão é, de entre as várias penas aplicáveis aos indivíduos, uma das poucas que não se pode aplicar às pessoas colectivas, já que a privação de liberdade só é possível relativamente ao Homem; mas, em contrapartida, à pessoa colectiva é possível aplicarem-se penas que não são possíveis nas pessoas singulares e que são para aquelas tão graves como se se tratasse de privação da liberdade — pensamos, por exemplo, na dissolução da pessoa colectiva ou no encerramento do estabelecimento, que levam à "morte" de tal pessoa ([323]). Ademais, sendo a pena de prisão aplicável

---

([321]) Cfr. Frederico Isasca, *op. cit.*, (n. 285), p. 59.

([322]) *Idem*, p. 59, n. 61.

([323]) Repare-se, por exemplo, no que prescreve a esse propósito o artigo 7.º do Decreto-Lei n.º 28/84, de 20 de Janeiro (Infracções anti-económicas): "1 - Pelos crimes previstos neste diploma são aplicáveis às pessoas colectivas e equiparadas, as seguintes penas: a) admoestação; b) multa; c) *dissolução*" — (o itálico é nosso).

Mas, não só a dissolução revela a possibilidade de aplicação de penas "próprias" às pessoas colectivas. O citado Decreto-Lei 28/84, no artigo 8.º, dá-nos uma lista de penas acessórias cujos efeitos indubitavelmente serão os mesmos que outros de idêntico alcance nas pessoas singulares. São elas as seguintes: perda de bens; caução de boa conduta; injunção judiciária; interdição temporária do exercício de certas actividades ou profissões; privação temporária do direito de participar em arrematações ou concursos públicos de fornecimentos; privação do direito a subsídios ou subvenções outorgadas por entidades ou serviços públicos; privação do direito a participar em feiras ou mercados; privação do direito de abastecimento através de órgãos da Administração Pública ou de entidades do sector público; encerramento temporário do estabelecimento; encerramento definitivo do estabelecimento; e publicidade da decisão condenatória.

apenas quando outras mais leves não cumpram os fins desejados, isto é, geralmente como *ultima ratio*, não nos parece decisivo o facto de não podermos aplicar às pessoas colectivas, justamente aquela pena que se deve evitar aplicar às pessoas singulares [324]. Por último e importante, é o facto daquela concepção esquecer que, também, as pessoas colectivas não podem levar a cabo determinadas acções delituosas (como o homicídio, por exemplo) e nem por isso deixarem de cometer outras igualmente graves.

Quer isto significar, que a tipologia de crimes que geralmente pode ser levada a cabo por acção de uma pessoa colectiva, situa-se no âmbito do direito penal secundário (não totalmente, como é óbvio, havendo, pelo contrário, alguns crimes próprios do direito penal clássico que não são exclusivamente realizados por pessoas singulares e são-no por pessoas colectivas).

Esta constatação leva-nos a tirar duas ilações: uma é a de que faz sentido autonomizar o direito penal secundário (e, dentro deste, inserir o direito penal do consumo) — questão que já abordámos; a outra é a de que, situando-se a criminalidade das pessoas colectivas no direito penal secundário, é possível ou, *rectius,* desejável, encontrar aqui meios adequados à repressão de tal criminalidade que, podendo ser diferentes dos tradicionalmente usados no direito penal clássico, atingem o mesmo objectivo que atingem estes últimos — proteger os bens jurídico-penais, agora ligados ao giro económico.

---

[324] Veja-se, no sentido dessa tendência, quer em termos de direito comparado quer no direito penal português, EDUARDO CORREIA, "As Grandes Linhas da Reforma Penal" in *Para uma Nova Justiça Penal*, Ciclo de Conferências no Conselho Distrital do Porto da Ordem dos Advogados, Almedina, Coimbra, 1983, p. 19. Não deixa de ser sintomático, como consta BUENO ARUS, "Sanciones Penales en los Delitos Contra los Consumidores", in E.S.C., n.º 15, 1989, p. 75, que "o movimento doutrinal (e incluso o legislativo) generalizado nos nossos dias [esteja] contra as penas curtas privativas de liberdade", como decorrência da utilização da pena de prisão como a *ultima ratio* e do interesse na *diversão* ou substituição daquelas penas curtas de prisão; mas, é interessante quando BUENO ARUS revela que, na delinquência económica, ainda que se opte pela aplicação de uma pena de prisão (a uma pessoa singular, necessariamente), essa deverá ser de curta duração, por ser a que por motivos de prevenção geral melhor se adequa a tal tipo de criminalidade. O que significa a menor importância que terá a pena de prisão neste tipo de criminalidade do que no direito penal geral, implicando assim, também, uma minimização do argumento relativo à impossibilidade de aplicação da pena de prisão às pessoas colectivas, como impeditivo da sua responsabilização criminal.

A *(Des)criminalização no (incitamento ao) consumo: Questões prévias*   249

De entre tais meios, hão-de salientar-se as reacções criminais. Sendo certo que podem consistir na aplicação de medidas de segurança, é, também, certo que podem consistir na aplicação de penas. Penas essas que estarão pensadas adequadamente para tais pessoas. Com isto, evita-se pretender aplicar *coimas* como sanções de *acções criminais* ([325]), isto é, evita-se a disparidade de reconhecer a existência de crimes e puni-los com coimas, descriminalizando-os, apenas porque se entende que não se podem aplicar penas às pessoas colectivas, esquecendo-se, assim, que os indivíduos pertencentes aos órgãos de uma pessoa colectiva podem, sob tal impunidade, sentir uma certa

---

([325]) Essa é, de resto, a solução encontrada por CASTRO E SOUSA, *op. cit.,* (n.288), p. 149, perante o desespero de às infracções criminais cometidas por pessoas colectivas não poderem corresponder penas, nem as medidas de segurança se revelarem adequadas, em alguns casos, aos objectivos em vista.

A proposta que faz é a seguinte: "se a coima só pode ser preferida relativamente a acções anti-ordenativas, parece-nos que a solução poderá estar em se criar um tipo legal de acção anti-ordenativa que sancione a falta de vigilância da pessoa colectiva que tornou possível a prática de *infracções civis* no seu domínio de actividade. Caso em que a coima será preferida, não em virtude da infracção criminal praticada pelos órgãos ou representantes legais da colectividade, mas, sim, em virtude duma acção anti-ordenativa — *ónus da vigilância devida* — cometida pela colectividade" — o itálico é nosso. Ou seja, o que propõe é que se transformem aquelas *infracções criminais* em *infracções contra-ordenativas* para se poder aplicar uma coima, tudo, afinal, porque às pessoas colectivas culpadas não se poderiam aplicar penas.

Far-se-ia, assim, a descriminalização, não em virtude da natureza da infracção, do bem jurídico ou da função do direito penal (ou do direito de mera ordenação social), mas, apenas, em virtude de princípios dogmáticos segundo os quais às pessoas colectivas não seria possível aplicar penas.

Porém, de acordo com tal entendimento, quando as mesmas infracções fossem praticadas por pessoas singulares, não havendo aqui o problema da irresponsabilidade criminal, já poderiam estas responder criminalmente e, como tal, aquelas infracções seriam consideradas de natureza criminal. Ou seja, tratar-se-ia duas situações iguais de modo diferente, a despeito de certos princípios dogmáticos, resultando, assim, uma situação de injustiça. A opção, neste campo, por descriminalizar as condutas também cometidas por pessoas singulares não seria aceitável, não só porque a descriminalização não seria feita em virtude da natureza da infracção, do bem jurídico em causa ou da função do direito penal, mas porque, devido à impossibilidade de aplicar sanções criminais às pessoas colectivas, as condutas levadas a cabo pelos particulares não seriam, também, punidas. Não se pode, de facto, aceitar uma tal solução, que importa numa situação de injustiça material inaceitável.

motivação para, sob a capa daquela, cometerem infracções criminais, já que as pessoas colectivas não seriam punidas criminalmente.

Ora, parece-nos que este esforço, esta retracção no sistema punitivo (punindo com coima um crime) é contrária à ideia de justiça. E se tivermos em conta ser possível enunciar um conjunto de sanções criminais adequado às pessoas colectivas, facilmente concluiremos pela necessidade e possibilidade de responsabilizar e punir criminalmente tais pessoas ([326]).

([326]) Na verdade, já não é, hoje, difícil descortinarem-se diplomas legislativos ou importantes contributos doutrinais contendo vários tipos de sanções aplicáveis às pessoas morais. A esse propósito, por exemplo, RAYMOND SCREVENS, "Les Sanctions Applicables aux Personnes Morales", in *The Sanctions in the Field of Economic Criminal Law*, Proceedings of the Meeting of Kristiansand, Norway, 1983, International Penal Penitentiary Foundation, 1984, p. 29 e ss, enuncia várias sanções, entre as quais algumas são essencialmente penais: "Amende", "Confiscation", "Avertissement", "Privation de droits ou d'avantages", "Interdiction professionnelle", "Fermeture de l'établissement et sanctions voisines", "Déchr*éance de la qualité de personne morale", "Dissolution" e "Publicité".

Por seu turno, K. TIEDEMANN, "Le Système des Sanctions en Matière de Délinquance Économique dans les Divers Ordres Juridiques, en Particulier L'Application de la Peine Privative de Liberté Ainsi que les Mesures de Sûreté", in *The Sanctions in the Field of Economic Criminal Law*, Proceedings of the Meeting of Kristiansand, Norway, 1983, International Penal Penitentiary Foundation, 1984, p. 60 e ss., indica como possíveis sanções, para além da pena de prisão às pessoas singulares — naturalmente — a interdição profissional, o encerramento da empresa, a publicidade da condenação, a multa, a revogação da licença de exploração, a exclusão de certos direitos, vantagens ou possibilidades, etc..

CAPÍTULO III

A (DES)CRIMINALIZAÇÃO DAS INFRACÇÕES COMETIDAS NO (INCITAMENTO AO) CONSUMO: QUESTÕES ESSENCIAIS.

1. Conceitos básicos e preliminares para uma tentativa de solução político-criminal.

Ao falarmos de *descriminalização* temos que estar conscientes de que o termo assim enunciado, sem mais, pode levar-nos a vários sentidos que, embora convergentes, não são inteiramente sinónimos e, uma vez distintos, emprestam àquele algum sentido polissémico. Impõe-se, assim, desnudá-lo, de maneira a compreendermos transparentemente que a coberto daquele termo jazem soluções político-criminalmente diferentes[327].

Desde logo, a *descriminalização* pode ser *de iure* ou *de facto*[328]. A primeira, também identificada pelo seu sentido estrito, consiste simplesmente na "desqualificação duma conduta como crime"[329], que pode, contudo, dar-se por razões diversas e, consequentemente, operar por diversas formas.

Pode ocorrer em virtude de o sistema penal reconhecer legal e socialmente um comportamento que, anteriormente, era indesejável e, portanto, considerado como crime. Trata-se, assim, de uma alteração

---

[327] FIGUEIREDO DIAS e COSTA ANDRADE, *Criminologia. O Homem Delinquente e a Sociedade Criminógena,* Coimbra Editora, 1984, p. 399, reconhecem a existência de uma certa insegurança no plano conceitual.

[328] Tal distinção é feita, nomeadamente, por FIGUEIREDO DIAS e COSTA ANDRADE, *op. cit.,* (n. 327), p. 399 e ss. e pelo *Rapport sur la Décriminalisation,* do Conselho da Europa, Strasbourg, 1980, p. 19 e ss.

[329] Cfr. FIGUEIREDO DIAS e COSTA ANDRADE, *op. cit.,* (n. 327), p. 399.

252 Da protecção penal do consumidor

total, operada através da supressão legal da conduta como crime e da sua admissão social e legal([330]).

Pode, no entanto, o sistema considerar uma conduta como indesejável, mas, por razões diversas, implicar uma certa abstenção ou neutralidade do Estado face a tais condutas e, portanto, optar por não as criminalizar. Contrariamente à situação anterior, neste caso, o Estado não reconhece legal e socialmente a conduta — visto ser indesejável — mas, também, não a criminaliza, por ser mais conveniente tal solução([331]).

Por fim, a descriminalização *de iure* pode ocorrer, apesar de a conduta continuar a ser indesejável, mas, apenas, porque o sistema penal se revela inadequado para resolver o problema, transferindo a sua resolução para outros sistemas. Nuns casos, tal resolução fica a cargo dos próprios interessados, evitando, assim, os custos advindos da intervenção do direito penal, enquanto que noutros se faz mister a intervenção de outros ordenamentos, como o civil ou o direito de mera ordenação social([332]).

([330]) Tratar-se-á de uma redução formal da competência do sistema penal — no dizer de Figueiredo Dias e Costa Andrade, *op. cit.,* (n. 327), p. 399 e ss — mas em que, para além disso, há claramente a aceitação dessa conduta socialmente; veja-se, ainda, Conselho da Europa, *op. cit.,* (n. 328), p. 21 e ss.

([331]) Trata-se, aqui, efectivamente, de condutas consideradas indesejáveis e, portanto, onde está legitimada a intervenção do direito penal e onde este desempenharia fins de política criminal, nomeadamente pôr termo a tais condutas por serem socialmente indesejáveis. Simplesmente, o direito penal aqui não deve intervir, porque, apesar dos efeitos positivos que atingiria, teria efeitos negativos, na medida em que, contendendo com limites ético-políticos impostos constitucionalmente à intervenção do Estado, tornar-se-ia — o direito penal — um elemento socialmente desestabilizador e provocador, daí que seja preferível a abstenção do Estado. O exemplo sugerido por Figueiredo Dias e Costa Andrade, *op. cit.,* (n. 327), p. 403, é o de certas práticas sexuais, onde reconhecendo-se a sua indesejabilidade social, reconhece-se que mais indesejável ainda seria o Estado intervir com o seu aparato sancionatório na repressão de tais condutas.

([332]) Note-se que, nesta última hipótese, contrariamente à anterior — veja-se nota anterior — o problema não é o de que o Estado não deva intervir em virtude de limites ético-políticos, mas, antes, o de que o Estado não deve intervir com o direito penal, visto que este, por razões várias — nomeadamente em nome do princípio da intervenção penal mínima — não se revela adequado, sendo aconselháveis outros mecanismos de intervenção.

(Des)criminalização no (incitamento ao) consumo: Questões essenciais 253

Todas as formas mencionadas constituem descriminalização *de iure*, uma vez que consistem na redução formal da competência do sistema penal face a condutas que deixam de ser criminosas, quer passem a ser reconhecidas legal e socialmente ou não, quer, ainda, se mostrem indesejáveis, mas apelem a outro tipo de resolução que não o sistema penal.

Porém, a descriminalização pode ser *de facto*, isto é, pode ocorrer sem que a conduta deixe de ser qualificada como crime, mas, apenas, porque é o próprio sistema penal que intra-sistematicamente oferece meios para que se não aplique a punição penal. Umas vezes, permitir-se-á à vítima escolher entre a perseguição criminal ou não; outras vezes, com base no próprio princípio da oportunidade, deixa-se tal poder de escolha ao acusador público; outras, ainda, é a própria polícia criminal que não intervém, agindo com uma certa indiferença, face a condutas delitivas que vêm a incorporar as chamadas cifras negras do crime[333].

Da descriminalização vem a distinguir-se a despenalização. Enquanto que aquela consiste na supressão da conduta delitiva do direito penal ou na "não aplicação da lei incriminatória", a despenalização vem a consistir numa redução da sanção penal aplicável sem que se deixe de considerar como criminosa a conduta ou sem que se deixe de aplicar a lei incriminatória. A conduta mantém-se como cri-

---

[333] Aqui, existe alguma dificuldade, senão mesmo impossibilidade, em distinguir a descriminalização *tout court* de outras formas muito próximas desta, como é o caso da diversão. É que, na verdade, sendo certo que não existem dúvidas sobre a distinção entre descriminalização, enquanto subtracção de determinada infracção do mundo da dignidade penal, e a diversão, enquanto reconhecimento da infracção, mas através de uma solução processada de forma divertida, desjudiciarizada, o certo é que, na descriminalização de facto, continuamos em presença do reconhecimento formal de uma conduta como criminosa, embora havendo uma não intervenção apenas porque as entidades competentes o não fazem ou porque a vítima assim prefere. Esta realidade é muito próxima (e em certos casos igual) à da diversão, sobretudo se tivermos em conta que, a propósito do princípio da oportunidade, num caso como noutro, poderá não haver prosseguimento criminal. A diferença poderá, no entanto, estar no facto de na diversão ser o próprio sistema, através de entidades formais, a prever e a encetar tal processo, enquanto que, na descriminalização de facto, a não perseguição penal fica-se a dever às "folgas" que o próprio sistema dá no sentido de tal renúncia ou desconhecimento — cfr. FIGUEIREDO DIAS e COSTA ANDRADE, *op. cit.,* (n. 327), p. 401.

254 Da protecção penal do consumidor

minosa, a aplicação da lei incriminatória mantém-se, o que vem a variar em maior ou menor grau é a sanção criminal a aplicar[334].

Ainda diferentes da descriminalização, mas com ela tendo alguma relação, quer como formas embrionárias desta, quer como extensões dela, são os fenómenos da diversão, da desjudiciarização, da não-intervenção radical ou *due process*. São conceitos com afinidades, mas com algumas particularidades que os distinguem.

A não intervenção radical, sendo uma das formas adentro do novo paradigma político-criminal de *não-intervenção* (criminal) — de acordo com FIGUEIREDO DIAS[335] — emerge da necessidade de contemplar margens de tolerância perante certas condutas que, se em abstracto se apresentam como delituosas, em concreto, requerem um repensar do direito penal na sociedade ("aberta e plural", no dizer de FIGUEIREDO DIAS e COSTA ANDRADE)[336] e que ditam a não intervenção, mais do que a intervenção.

É uma forma de não-intervenção, dizíamos, distinta de outras — da não-intervenção moderada ou judiciosa, onde cabem mais facilmente os fenómenos da descriminalização e diversão — e que coenleva

---

[334] Cfr. FARIA COSTA, "Diversão (Desjudiciarização) e Mediação: Que Rumos?", in Separata do Vol. LXI (1985), do B.F.D.U.C., Coimbra, 1986, p. 24; FIGUEIREDO DIAS e COSTA ANDRADE, *op. cit.,* (n. 327), p. 401 e ss. Veja-se, ainda, MARC ANCEL, "«De L'Individualisation de la Peine a la Dépénalisation» — Un Courant Moderne de Politique Criminelle", Estudos em Homenagem ao Prof. Doutor Eduardo Correia, III, in B.F.D.U.C., número especial, Coimbra, 1984, p. 167 e ss., onde se pode constatar a existência de várias correntes no sentido da despenalização, principalmente da pena de prisão, em várias situações, e onde é possível verificar-se o fenómeno da descriminalização, com a transferência da competência do direito penal para o direito administrativo. Saliente-se, contudo, que MARC ANCEL aplica, também, quanto a este último fenómeno, o termo despenalização como sendo o mesmo que a descriminalização. Ainda que a sua opção terminológica seja essa e, portanto, não coincidente com aquela que enunciámos no texto na esteira de FIGUEIREDO DIAS e COSTA ANDRADE, a verdade é que o conteúdo de tal fenómeno é analisado por aquele autor de forma tão inteligível quanto nos permita falar de descriminalização, referindo-se mesmo aos exemplos da Alemanha, Itália e Portugal. Sobre o problema, por último, veja-se, Conselho da Europa, *op. cit.,* (n. 328), p. 23.

[335] Cfr. FIGUEIREDO DIAS, *Direito Penal 2. Parte Geral. As Consequências Jurídicas do Crime, Lições ao 5.° ano da Faculdade de Direito,* Coimbra, 1988, p. 42 e ss. ainda que salientando o maior interesse em falar-se de *não-intervenção moderada* ou *judiciosa* do que em *não-intervenção radical*.

[336] FIGUEIREDO DIAS e COSTA ANDRADE, *op. cit.,* (n. 327), p. 360.

(Des)criminalização no (incitamento ao) consumo: Questões essenciais 255

um pensamento vanguardista orientado para dar resposta a certas situações particulares relacionadas com determinados grupos concretos, nomeadamente as gerações mais novas.

A diversão constitui já uma forma "prática" de dar resposta aos problemas postos pela *deviance,* mas em que se procura a resolução dos mesmos através de procedimentos ou meios alternativos ao direito penal tradicional e a partir dele, uma vez que tem como ponto de partida, ainda, o ilícito criminal[337].

Fenómeno imbricado igualmente numa perspectiva de desjudiciarização é o que consiste no *due process,* em regra praticado, especialmente, nos países anglo-saxónicos, seguindo as linhas básicas das perspectivas interaccionistas de política criminal, propondo ainda que o processo de selecção da delinquência seja operado por *"instâncias de controlo social"* e não através de processos jurídicos informais — estes nem sempre garantindo segurança no tratamento criminal de certas camadas sociais — mas, também, sem submeter os seus principais destinatários — salientando-se aqui os jovens delinquentes — "a experiências reprodutivas das instituições totais"[338].

Mas, se é importante considerar o problema na perspectiva de uma não-intervenção moderada, não menos importante é vê-lo na perspectiva da necessidade de uma neocriminalização. Há, assim, que definir, neste âmbito, alguns conceitos.

Desde logo, a neocriminalização consistirá na qualificação criminal de uma conduta, quer o seja pela primeira vez, por necessidade de protecção de bens jurídicos (novos) carentes de tutela penal, quer já tenha sido tal bem protegido pela justiça penal e, por isso, tenha sido descriminalizado, quer, ainda, ocorra a passagem de um qualquer tipo de ilícito para o ilícito criminal.

A neocriminalização tem duas fases: a criminalização primária e a criminalização secundária.

A criminalização primária consiste na formação da lei penal, momento em que ponderam factores importantes, tais como a selecção

---

[337] Cfr. Faria Costa, *op. cit,* (n. 334), p. 21 e ss.

[338] Cfr. Figueiredo Dias e Costa Andrade, *op. cit.,* (n. 327), p. 360 e ss; Figueiredo Dias, *op. cit.,* (n. 166), p. 72 e ss; e sobre várias experiências no domínio do chamado *due process ,* Gérald Gunther, *Individual Rights in Constitutional Law,* 4ª ed., Foundation Press, New York, 1986, p. 108 e ss.

256 *Da protecção penal do consumidor*

de bens jurídicos dignos de tutela penal, e o tipo de lesão que se prevê vir a existir relativamente a tais bens. Naturalmente que numa selecção deste tipo interferirão vários princípios do direito penal, sobretudo o princípio da intervenção penal mínima, considerando que o direito penal é a *ultima ratio* do sistema implicando que a protecção de bens jurídicos não deva ser feita de forma a que seja ela, também, uma ofensa. Já na criminalização secundária, estarão presentes, por um lado, o procedimento ou processo para pôr em prática a norma penal, e, por outro, a acção que o Estado dotado do seu *ius puniendi* exerce no controlo da aplicação da mesma [339].

2. A relação descriminalização/neocriminalização sopesada na actualidade.

Depois da análise sumária efectuada sobre os conceitos básicos relativos ao problema da (des)criminalização, impõe-se analisar a relação existente entre descriminalização e neocriminalização, para alcançarmos as coordenadas da resolução do problema que procuramos resolver.

FIGUEIREDO DIAS e COSTA ANDRADE, considerando a descriminalização como "uma constante na história das instituições penais", afirmam que, "sempre, com efeito, o processo de evolução do direito criminal, correspondente à dialéctica da superação duma definição oficial da realidade por outra, se traduziu em medidas de descriminalização articulada com soluções de neocriminalização" [340].

---

[339] Note-se que a criminalização primária (consagração formal de uma conduta como crime) não significa que não possam ocorrer fenómenos de descriminalização (de facto) ao nível da segunda fase — a da criminalização secundária — se o Estado permitir que não se aplique a lei incriminatória ou se ocorrerem fenómenos semelhantes aos da descriminalização, como sejam os da diversão.

Assim sendo, tirando a hipótese da descriminalização de *iure,* em sentido estrito, isto é, a da redução formal da conduta criminosa e de um reconhecimento social através do Direito, a verdade é que, se não se verificar a criminalização secundária, podemos deparar com fenómenos de descriminalização a esse nível, apesar das condutas se encontrarem previamente criminalizadas — sobre o assunto, em geral, e sobre a distinção entre criminalização primária e secundária, em particular, veja-se, JUAN ANTONIO MARTOS NUÑES, "El Principio de Intervención Penal Mínima", in ANNUARIO, Tomo XL, Fascículo I, Enero-Abril, 1987, p. 104.

[340] Cfr. FIGUEIREDO DIAS e COSTA ANDRADE, *op. cit.,* (n. 327), p. 398.

(Des)criminalização no (incitamento ao) consumo: Questões essenciais   257

Na verdade, acompanhando o direito penal a evolução da própria vida, sendo um dos sistemas que garante a convivência em sociedade, fácil é de ver que ele próprio se vai moldando às exigências de tal convivência.

Certos valores ou certas instituições vão ganhando maior importância, em detrimento de outros que a vão perdendo. A defesa de tais valores e tais instituições é, por vezes (quando valiosos), efectuada pelo direito penal e, assim sendo, é óbvio que, acompanhando este aquela evolução, vai conferindo hoje protecção a alguns valores que, no futuro, acabarão por desnecessitar desta protecção, passando em seu lugar a existir outros — é a dialéctica da vida.

Assim sendo, ainda que se desenhe hoje uma tendência no sentido da descriminalização ou no sentido da neocriminalização, não significa que essa tendência seja irreversível e total.

Ela não é irreversível ou, *rectius,* infinita, porquanto sempre existiram, na História, movimentos de reversão em cada momento; por outro lado, não é total, porque, ainda que a tendência seja naquele sentido, sempre acontecem excepções no sentido contrário.

Uma tendência assim irreversível e total, no sentido da descriminalização, levaria inevitavelmente ao abolicionismo do direito penal. É, de resto, uma teoria pugnada por alguns autores, desde RUDBRUCH, que não escondeu a pretensão de substituir o direito penal por coisa melhor e diferente ([341]), passando por RAMON CAPELLA, cujo radicalismo levou não só a advogar a extinção do direito penal, mas, também, de todo o Direito e até dos juristas (!) ([342]) e, mais recentemente, por

---

([341]) Cfr. RUDRUSCH, *Filosofia do Direito* [3] II, pág. 102.

([342]) Segundo RAMON CAPELLA, *Sobre a Extinção do Direito e a Supressão dos Juristas,* Perspectiva Jurídica, Centelha, Coimbra, 1977, p. 9, duas constatações são importantes: a) o Direito não satisfaz porque não responde às necessidades actuais; b) o Direito não satisfaz por ser ideológico. O seu radicalismo parte da exigência e formação de um novo tipo de especialista. A este propósito é assim expressivo (*op. cit.,* p. 55): "Talvez já não seja preciso, neste momento, dizer que o barco da tradicional faculdade de direito mete mais água da que é possível fazer baldear pela tripulação impecavelmente formada na coberta. Também a mete o barco da teoria. Aqui, mais do que nunca, é necessário inventar. Nem só de normas legais vive o jurista, pois o aparelho produtivo e administrativo exige dele novas actuações. E nem só de normas pode viver se, nalgum *dies irae,* tiver de teorizar ou apetrechar um novo aparelho que se liquide a si mesmo, cujos instrumentos de controlo estejam sob o domínio das firmes mãos do poder popular".

258   *Da protecção penal do consumidor*

L. Hulsman, cuja pretensão — e no seguimento das ideias lançadas por Edwin Schur, a propósito da sua "radical non-intervention" — levaria a propor a substituição do direito penal na sua feição autoritária, repressiva, estadual e centralista, por um sistema de respostas sociais às situações-problema, expressão que propõe para substituir a noção de crime [343].

---

[343] Veja-se a teoria abolicionista de Louk Hulsman e J. Bernart de Celis, *Peines Perdues. Le Système Pénal en Question.* Paris, Le Centurion, 1982, onde, constatando uma certa saturação ou um certo estado de crise do sistema penal, avançam com soluções diferentes, nomeadamente propondo um novo vocabulário (p. 109 e ss) em torno da infracção criminal, fazendo substituir os termos *"crime", "criminel", "criminalité", "politique criminelle"*, por *"actes regrettables", "comportements indéniables", "personnes impliquées"* e *"situations-problèmes"*

Sobre o estado de crise do Direito, parece-nos interessante a análise feita por Juan Del Rosal, *Cosas de Derecho Penal*, Universidad Complutense, Madrid, 1973, p. 26 e ss. Este autor, vislumbrando uma certa crise do Direito — embora não advogando a sua abolição como faz Hulsman — alude a vários factores concorrentes para esse estado de crise: a) desarmonização da ordem jurídica, traduzida na produção de leis sem atender primordialmente ao Ser humano; b) a certeza do Direito ou, *rectius,* a incerteza provocada por uma linguagem ambígua e concedendo efeitos retroactivos, quebrando, assim, os postulados essenciais do Direito; c) o predomínio do aspecto finalista sobre a justiça; d) o desequilíbrio entre os elementos do Direito, isto é, a concessão de um maior pendor sobre a *utilitas* do que sobre a *justiça* e a *segurança jurídica;* e) a actividade ordenancista do Estado; f) o reforço e a ampliação do sistema de sanções; g) o relançamento do aspecto dogmático do Direito; h) a declinação da ideia de justiça; i) o divórcio entre a moral e o Direito; j) o tecnicismo da linguagem jurídica. Consequentemente, estes factores de crise viriam a ter reflexos no direito penal, descortinando-se, aqui, também alguns aspectos dessa crise: a) o esquecimento da realidade espiritual do delinquente em prol de um direito penal convertido num simples instrumento de protecção, com a consequente aplicação de sanções preventivas e um forte atendimento ao mero perigo; b) o rompimento com o dogma *nullum crimen sine lege;* c) a orientação finalista ditada pelo relativismo histórico, sem atender à ideia de justiça; d) a utilidade como chave da ordem penal; e) a inflacção das normas penais, em consequência da sua penetração em todos os sectores da vida; f) a excessiva crença de que a pena cumpre, essencialmente, uma função de intimidação e exemplificação para a comunidade política; g) a existência de uma certa "Elefantiasis" da dogmática do direito penal; h) a submissão ao realismo político; i) a carência da dimensão humana do direito penal; j) o excessivo formalismo. Convém, por último, salientar que muitos destes factores de crise — a obrigar a uma reflexão crítico-construtiva e não abolicionista — buscam o seu fundamento — segundo Juan Del Rosal, *op. cit.,* p. 25 — numa "serie de fenómenos recientes" e em que "la evolución industrial ha alterado las bases sociológicas de Occidente, y en la sociedad de masas de nuestro tiempo se observaron no pocos síntomas de lo que Ripert llama «declinación del Derecho»".

(Des)criminalização no (incitamento ao) consumo: Questões essenciais 259

À descriminalização, com efeito, seguem-se, por vezes, momentos de neocriminalização, e esta, ao atingir uma certa hipertrofia do direito penal — uma hipercriminalização, por isso — impõe uma certa descriminalização [344]. Para além destes movimentos e retrocessos, há que acrescentar que nem sempre o movimento foi no mesmo sentido, uniformemente pelos vários países.

Desde logo, porque em relação com os processos de criminalização e descriminalização estão outros conceitos, como os de bem jurídico e infracção, conceitos hoje impregnados de algum relativismo. Na verdade, são conceitos que variam, não só "duma sociedade para outra, como mesmo no interior da mesma sociedade, em diferentes épocas, ou de um grupo social para outro" e, de tal modo, que fazem variar as opções em termos de (des)criminalização, valendo por dizer — e aqui concordando com HULSMAN — que aquilo que é "delituoso" num dado contexto, é aceitável noutro [345].

Ou seja, uma vez mais, a sociedade de massas, onde mergulham as relações de consumo — essas, relações de massas, inequivocamente — a impor uma séria reflexão no sentido de adequar o direito às necessidades da vida. E ainda que esta ideia possa parecer demasiado utilitarista ou finalista, podendo *a priori* suscitar algum incómodo, alguma crise, não implica a denegação de justiça e, consequentemente, a não intervenção do direito penal, desde que em moldes conformes a uma justiça material.

Por último, sobre o estado de crise do direito penal, principalmente na Grã--Bretanha, veja-se MICHAEL CAVADINO e JAMES DIGNAN, *The Penal System. An Introduction.* Sage publication, London, 1992, p. 4 e ss.

[344] GÜNTHER KAISER, *Criminologia. Una Introduzione ai Suoi Principi,* Milano: Giuffré Editore, 1985, p. 108 e ss, explica-nos perfeitamente a relação entre hipercriminalização, descriminalização e neocriminalização, à luz da actualidade. Assim, atribui a causa de uma certa hipercriminalização à evolução da moderna sociedade industrial, contribuindo para a desintegração das estruturas de controlo informal de tipo pessoal no âmbito da família, do bairro ou da comunidade. Tal fenómeno faz com que o número de normas penais aumente consideravelmente, levando à hipercriminalização. Porém, tal tendência leva inevitavelmente ao aumento da criminalidade, o que faz com que se lance mão da descriminalização. E como, por aumento dessa descriminalização, cresce o temor do prejuízo à liberdade pessoal, tendo em conta certos factos socialmente danosos, começa-se a verificar, apesar da descriminalização, uma certa neocriminalização em certos meios, nomeadamente a dos crimes de colarinho branco, os crimes ecológicos, os crimes no âmbito do trabalho, etc. .

[345] Cfr. HULSMAN , "Défense Sociale Nouvelle et Critères de Décriminalisation", in *Aspects Nouveaux de la Pensée Juridique. Recueil d'Études en Homage à Marc Ancel. II* . Études de Science Pénale et de Politique Criminelle, Paris, 1975, p. 19 e ss.

260 *Da protecção penal do consumidor*

Neste momento, no entanto, um pouco por toda a parte, vive-se uma concepção orientada no sentido da descriminalização e com alguma novidade. Não se trata, como afirmam Figueiredo Dias e Costa Andrade, de "um epifenómeno" ou não resulta de um "processo normal de transformação jurídico-cultural, antes aparecendo como um programa autónomo, reflexivamente assumido, na base de postulados filosóficos, políticos, dogmáticos e empírico-criminológicos específicos" ([346]).

> Uma análise profunda das áreas onde se tem desenvolvido a descriminalização tornar-se-ia demasiado extensa. Desde a descriminalização, imposta pelo abandono de concepções moralistas que levaram à criminalização de determinadas condutas — nomeadamente no domínio das práticas sexuais — passando por idêntica solução nas situações de "evasão subcultural ou *marginalidade social*" — tais como a *vadiagem, rufianaria, mendicidade* — suscitando, como sempre tem acontecido, um tratamento mais favorável e de certo modo descriminalizador relativamente à criminalidade juvenil e indo, por fim, às infracções que constituem a pequena criminalidade e onde funciona, notavelmente, o princípio da oportunidade, portanto, operando soluções de consenso ([347]).

Apesar da tendência no sentido da descriminalização, é no campo económico que, com particular acuidade, se faz sentir o reverso daquela tendência, isto é, uma inversão no sentido da neocriminalização ([348]).

Parece-nos que esta tendência, numa área como é a da regulamentação da vida económica, se justifica, fundamentalmente, por dois motivos: a importância crescente das relações económicas e da economia na vida moderna; e, ligada à primeira, o aparecimento de novos bens jurídicos dignos de tutela jurídico-penal.

Quanto ao primeiro, é indiscutível que se vem assistindo a uma certa "monopolização" das questões económicas nos vários sectores

---

([346]) Cfr. Figueiredo Dias e Costa Andrade, *op. cit.,* (n. 327), p. 399. Veja-se, no mesmo sentido, contrapondo o final deste século gizado para a descriminalização (ou despenalização) ao século anterior, orientado para a individualização da pena, Marc Ancel, *op. cit.,* (n. 334), p. 161 e 171 e ss.

([347]) Cfr. Figueiredo Dias e Costa Andrade, *op. cit.,* (n. 327), p. 429 e ss.; Eduardo Correia, *op. cit.,* (n. 334), p. 34 e ss.

([348]) Figueiredo Dias e Costa Andrade, *op. cit.,* (n. 327), p. 436 e ss.

(Des)criminalização no (incitamento ao) consumo: Questões essenciais 261

da vida. A "questão social" passa a ser a *questão económica,* através da qual passam a ser medidas outras questões, como a saúde, a educação, a habitação, etc. Assim sendo, a ordem económica vai tendo cada vez mais valor, de tal forma que começou a ser encarada juridicamente como algo a proteger criminalmente. E assim é que sobem à categoria de valores constitucionais, aspectos ligados à ordem económica, de tal sorte que a "Constituição económica — no dizer de AFONSO VAZ — mostrar-nos-á que a interacção jurídico-económica é, hoje, assumida ao nível da valoração fundamental e unificadora de manifestações das forças político-sociais" [349].

Quanto ao aparecimento de novos bens jurídicos, isso é visível, principalmente no que respeita aos bens jurídicos supra-individuais. Não só é evidente que deixa de ser líquido existirem certos bens jurídicos indiferentes à mudança ou à reforma, como é visível o aparecimento de outros bens jurídicos, que gradualmente vão assumindo uma importância cada vez maior no direito penal.

Se é certo que, tradicionalmente, o direito penal se tem virado, em grande parte, para a protecção de bens jurídicos individuais — nomeadamente no que respeita aos *crimes contra as pessoas* — e parecendo aqui haver uma certa imutabilidade no que é imputável à função do direito penal, a verdade é que esses mesmos bens jurídicos são, por vezes, postos em perigo, em situação de ataque plurindividual, nomeamente pela forma, hoje comum, dos *crimes contra a saúde pública,* em que a saúde, sendo um bem jurídico individual (de cada Homem), ganha relevo, quando considerada na perspectiva da comunidade, sendo esta ou podendo ser atacada por determinadas formas criminosas [350].

---

[349] Cfr. AFONSO VAZ, *Direito Económico. A Ordem Económica Portuguesa,* 2ª ed., Coimbra Editora, 1990, p. 40 e ss.

[350] Não deixa de ser curiosa, neste sentido, a distinção que BUENO ARUS, "Sanciones Penales en Los Delitos Contra los Consumidores", in E.S.C., n.º 15, 1989, p. 73, faz, a propósito dos bens jurídicos individuais e supra-individuais (colectivos ou difusos), para efeitos de protecção penal, integrando naqueles primeiros a vida, a integridade e a propriedade, e nos segundos a saúde pública e a ordem sócio-económica. Tal perspectiva só vem confirmar que nestes últimos (ou supra-individuais) concorrem aqueles individuais, uma vez que, ligados a um universo de consumidores, deixa de fazer sentido a sua consideração individual, mas a verdade é que não deixam, também, de afectar cada indivíduo. Tal visão permite a BUENO ARUS concluir que a característica

É, precisamente, devido à fragilidade da convivência em sociedade ante a possibilidade de tal convivência poder ser posta em causa pela acção desencadeada por certos agentes, relativamente a um universo de pessoas em simultâneo e não, apenas, a indivíduos situados isoladamente que, para além da importância daqueles bens jurídicos individuais a um nível meta-individual, surgem bens jurídicos estritamente supra-individuais, nomeadamente o ambiente, a relação de consumo no seu todo, em suma, a ordem económica.

É, a este propósito, sintomático que, num momento em que assim se pensa e assim se vive, surjam vozes em sentido concordante com aquele, a propósito da recente revisão do Código Penal de 1982. Na verdade, Costa Andrade([351]) reconhece e faz questão de salientar a existência de *"novos bens jurídicos supra-individuais,* como os atinentes à regulamentação da vida económica ou à protecção do ambiente, a reivindicar a sua inscrição na constelação dos bens jurídico-penais".* E sendo certo — como afirma Costa Andrade — que, "nos nossos dias(...) os programas de neo-criminalização são precedidos da conversão em bens jurídicos de instituições ou funções indispensáveis à manutenção e ao desempenho eficaz do sistema e dos sub-sistemas sociais", bom é de ver que o reconhecimento do aparecimento de novos bens jurídicos supra-individuais patenteia bem a importância dos crimes que levam à ofensa de tais bens. E, estando nessa situação os crimes anti-económicos, compreendendo estes — em sentido amplo, como vimos([352]) — as infracções cometidas no consumo, será legítimo, por ora, concluir que estas infracções vão assumindo cada vez mais importância. A tal ponto que justifiquem já a sua incondicional criminalização?

Antes da resposta, em geral e porque nos é impossível abordar o problema minuciosamente, vejamos qual é a relação criminalização/descriminalização no consumo e, no que respeita ao Direito

---

da supra-individualidade dos bens jurídicos ligados ao consumidor torna as infracções no consumo integrantes dos delitos sócio-económicos.

([351]) Costa Andrade, "Sobre a Reforma do Código Penal Português. Crimes Contra as Pessoas: Gravações e Fotografias Ilícitas", Relatório em folhas policopiadas, apresentado nas Jornadas Hispano-Portuguesas sobre *Revision del Código Penal,* Madrid, 1993, p. 6 e ss.

([352]) Vide *supra,* I Parte, Cap. I, n.º 2.

(Des)criminalização no (incitamento ao) consumo: Questões essenciais   263

português, tendo em conta, nomeadamente, os ventos que sopram relativamente ao recente projecto de revisão do Código Penal([353]), donde veio a resultar a aprovação do actual Código de 95.

2.1. O problema da (des)criminalização das infracções no consumo na actualidade portuguesa: a perspectiva do recente Projecto de Revisão do Código Penal de 1982 e a consequente aprovação do actual Código Penal.

Já aquando do aparecimento do Código Penal de 1982, se apostava na exclusão do direito penal económico do Código Penal, por se considerar o seu "carácter pontual e, em larga medida, a necessidade da sua despenalização, ou substituição por outras formas de ilícito"([354]).

Na verdade, o que veio a acontecer foi o surgimento de um diploma — o Decreto-Lei n.º 28/84, de 20 de Janeiro — que comporta uma parte geral (prevendo a responsabilidade criminal das pessoas colectivas, a responsabilidade por actuação em nome de outrem, a punição da tentativa e a existência de penas acessórias especiais para tal tipo de criminalidade) a par com uma parte especial tão extensa quanto o suficiente para se poder afirmar que o legislador português enveredou "por uma política legislativa diferente e especial relativamente aos delitos contra a economia".

Por certo e como já vimos, dada a "homogeneidade do chamado direito penal secundário" — e dada a existência de uma "distinção material entre o direito penal clássico ou de justiça e o direito penal administrativo extravagante, secundário ou económico-social"([355]) — impôs-se que aquele fosse minimamente condensado, de forma a que exorbitasse do Código Penal, contendo em alguns aspectos, uma disciplina assaz diferente da que existe no direito penal geral.

([353]) Referimo-nos ao Projecto de Revisão do Código Penal de 1982, apresentado em Fevereiro de 1991 pela Comissão de Revisão.

([354]) Cfr. EDUARDO CORREIA, *op. cit.,* (n. 324), p. 36.

([355]) Reconhecimento feito, e a nosso ver bem, por CUNHA RODRIGUES, "Os Crimes Patrimoniais e Económicos no Código Penal Português", Relatório em folhas policopiadas, apresentado nas Jornadas Hispano-Portuguesas sobre *Revision del Código Penal,* Madrid, 1993, p. 32 e ss.

264 *Da protecção penal do consumidor*

Pretende-se, agora, que tal tendência continue[356]. E assim é, que tanto no Projecto de Revisão do Código Penal, como na versão deste agora aprovada, em rigor, não existem crimes económicos. Estes encontram-se, assim, praticamente no Decreto-Lei 28/84, de 20 de Janeiro, e em vários outros diplomas dispersos.

Repare-se, contudo, que a intenção de manter afastados os crimes económicos do Código Penal não envolve qualquer propósito no sentido da descriminalização[357]. A realidade impõe que tal tipo de infracções constitua um grande número de infracções criminosas com uma certa autonomia e, se é certo que ao direito penal económico é apontado um certo carácter "precário", "contingente"[358], "conjuntural e pontual"[359], o certo é que isso não é sinónimo de descriminalização. Assim sendo, embora se tenha pensado que "o lançar mão da aparelhagem criminal para reprimir condutas anti-económicas corresponde a uma hipercriminalização contrária às ideias que a política criminal moderna aposta"[360], a verdade é que o decorrer do tempo — tempo sempre condicionante da própria importância do direito penal económico, dado, precisamente, o seu carácter pontual — veio a mostrar que, não só tal criminalização não correspondia a uma hipercriminalização, como, ainda, se reconhecia uma excepção ao processo

---

[356] Agora, contrariamente ao que se antevia de certa forma aquando da Revisão de 1982. Aí, na verdade, sopraram ventos, mais no sentido da despenalização e descriminalização, ainda que através da remissão para o ilícito de mera ordenação social, defendendo-se esta última hipótese para a protecção dos consumidores — veja--se, em concreto, Eduardo Correia, *op. cit.,* (n. 324), p. 36 e ss. Hoje, porém, e em parte devido à constatação de que a evolução da vida impôs uma certa criminalização naquelas áreas, através do aparecimento, logo em1984, do Decreto-Lei n.° 28/84, de 20 de Janeiro, atinente às infracções anti-económicas, advoga-se a separação do direito penal clássico e do direito penal secundário, por razões de especialidade e não de descriminalização — veja-se, nesse sentido, Cunha Rodrigues, *op. cit. ,* (n. 355), p. 32 e ss.

[357] Cfr. Figueiredo Dias, "O Código Penal Português de 1982 Posto à Prova", relatório em folhas policopiadas apresentado nas Jornadas Hispano-Portuguesas sobre *Revision del Código Penal,* Madrid, 1993, p. 7 e ss.

[358] Faria Costa, "Breves Reflexões sobre o Decreto Lei n.° 207-B/75, e o Direito Penal Económico", in R.D.E., Ano II, n. 1, Janeiro/Junho, 1976, p. 36.

[359] Cfr. Eduardo Correia, "Notas Críticas", *op. cit.,* (n. 38), p. 14.

[360] Eduardo Correia, "Introdução ao Direito Penal Económico", *op. cit.,* (n. 38), p. 7.

(Des)criminalização no (incitamento ao) consumo: Questões essenciais 265

de descriminalização, excepção essa imposta pela "transformação do mundo em que vivemos (transformação tecnológica, económico--social, política e cultural)"(361).

Sendo assim, parece-nos salutar a opção pela exclusão dos crimes económicos do Código Penal, sem que isso signifique um passo no sentido da descriminalização. Importa, por isso, ver qual é a relação estabelecida em legislação extravagante, nos últimos tempos, a propósito das infracções verificadas no consumo e, mais concretamente, nos processos de incitamento ao consumo.

2.2. A actual tendência para a descriminalização no direito português, nos processos de incitamento ao consumo.

No Decreto-Lei 28/84, de 20 de Janeiro, é possível surpreenderem-se diversas infracções que, ainda que não pensadas, exclusivamente, na protecção do consumidor, indiscutivelmente, também, cumprem esse objectivo.

São, no entanto, de salientar(362), deste diploma, três artigos: um — o artigo 40.º — alusivo à "Publicidade fraudulenta"; outro — o art.º 62.º — relativo ao "Envio de bens não encomendados"; e outro — o artigo 72.º — relativo à "Violação da confiança em matéria de saldos e práticas semelhantes".

Daqui se evoluiu em dois sentidos: por um lado, criando diplomas que vieram regulamentar aquelas matérias contidas nos artigos acabados de mencionar, de forma mais abrangente, minuciosa e detalhada — tal foi o que aconteceu com a publicação do Código da Publicidade (Decreto-Lei n.º 330/90, de 23.10), com o Decreto-Lei n.º 253/86, de 25 de Agosto, alusivo a vendas com redução de preços, vendas com prejuízo, vendas directas ao consumidor, com o Decreto--Lei n.º 272/87, de 3 de Julho, relativo a vendas ao domicílio, vendas por correspondência, vendas em cadeia e vendas forçadas , e, ainda, se

---

(361) Cfr. FIGUEIREDO DIAS e COSTA ANDRADE, *op. cit.,* (n. 327), p. 435 e ss.

(362) São de salientar — anote-se — apenas porque ligados aos processos de incitamento ao consumo, uma vez que outros artigos ali estão vertidos, sobre infracções ao consumidor, mas que não estão ligados aos processos de incitamento, antes à própria venda em si — é o caso, nomeadamente, da fraude sobre mercadorias, prevista no artigo 23.º.

266   *Da protecção penal do consumidor*

bem que não relacionado com aquelas matérias, mas enquanto processo de incitamento ao consumo, o Decreto Lei n.º 359/91, de 21 de Setembro, relativo ao crédito ao consumo; por outro lado, essa evolução registou uma tendência no sentido contrário ao que se tem verificado nos crimes económicos, isto é, no sentido da descriminalização. Vejamos.

O artigo 40.º do Decreto-Lei n.º 28/84, de 20 de Janeiro, criminaliza toda a publicidade que se traduza em comparações enganosas ou depreciativas, em falsas afirmações relativas a outros bens ou serviços, bem como a publicidade enganosa ou desleal que desrespeite normas específicas contidas em legislação especial, além de que, no n.º 1, considera criminosa a publicidade que viole dolosamente as diposições contidas nos artigos 7.º, 12.º e 16.º do Decreto-Lei n.º 303/83, de 28 de Junho. A sanção consiste em pena de prisão até 1 ano e multa não inferior a 50 dias. Era, até há muito pouco tempo, ainda que de forma muito sintética e de certo modo lacunosa, o único preceito que regulava este tipo de infracções.

Recentemente, porém, surgiu o Decreto-Lei n.º 330/90, de 23 de Outubro (Código da Publicidade), regulando, nomeadamente, sobre a publicidade ilícita (art. 7.º), publicidade enganosa (art. 11.º), saúde e segurança do consumidor na publicidade (art. 13.º) e determinando, no seu artigo 34.º, que a infracção ao disposto naquele diploma constituiria contra-ordenação punível com coima. Só que, na aplicação deste novo diploma, surgiram dois problemas, só recentemente sanados: por um lado, quando se refere *pormenorizadamente* o direito que é revogado (expressamente), não se faz referência ao citado artigo 40.º do Decreto-Lei n.º 28/84, de 20 de Janeiro [363]; por outro lado, o Decreto-lei n.º 330/90 é um diploma aprovado no uso da competência que é confiada ao Governo pelo artigo 201, n.º 1, al. a) da C.R.P. [364].

Porém, como é sabido, a opção pela criminalização ou descriminalização pertence à Assembleia da República [365]. Parece, de facto,

---

[363] Aí se refere, no artigo 2.º do Preâmbulo do Decreto-Lei n.º 330/90, de 23 de Outubro: "É revogado o Decreto-Lei n.º 303/83, de 28 de Junho, com excepção do seu artigo 25.º e alíneas c) e d) do n.º 1 do artigo 30.º, na redacção dada pelo Decreto-Lei n.º 266/89, de 18 de Agosto".

[364] Competência para "fazer decretos-leis em matéria não reservada à Assembleia da República".

[365] Nesse sentido, indiscutivelmente, Faria Costa, "Les Problèmes Juridiques et Pratiques Posés par la Différence entre le Droit Criminel et le Droit Administratif-

ser esse o alcance da Constituição ao determinar, no artigo 168.°, n.° 1, al. c), que: "É da exclusiva competência da Assembleia da República legislar sobre (...) definição dos crimes, penas, medidas de segurança e respectivos pressupostos, bem como processo criminal".

Parece, assim, que o Governo só poderá descriminalizar com autorização legislativa da Assembleia da República, atendendo a que esta tem a competência exclusiva para *definir crimes,* ou seja, para definir se um facto é ou *não* crime e, portanto, se deve ou não descriminalizar, sendo, por isso, certo que o Governo não poderá contrariar uma tal definição, descriminalizando aquilo que a Assembleia criminalizou. Sucede, porém, que se se pretendesse revogar o art. 40.° do Decreto- Lei n.° 28/84, nomeadamente pelo artigo 11.° do Decreto-Lei 330/90 (na parte em que ambos regulam sobre publicidade enganosa), tal revogação, implicando uma descriminalização (pela substituição do crime pela contra-ordenação), careceria de autorização legislativa, porque se trata de uma matéria da exclusiva competência da Assembleia. Ora, a verdade é que tal autorização não se verificou e, tendo aparecido o citado artigo 11.°, duas hipóteses são possíveis: ou o artigo 11.° não revogou o artigo 40.°, mantendo-se este em vigor e, por isso, ficando justificada a atitude do legislador em não ter referido a revogação expressa do citado artigo 40.° no Decreto-Lei n.° 330/90; ou, então, o legislador entendeu que o artigo 40.° passaria a estar tacitamente revogado com a entrada em vigor da nova lei[366] *(lex posterior derrogat legi priori).*

No primeiro caso, o artigo 11.°, bem como os artigos 7.° e 13.° (em parte), seriam letra morta, porquanto, da sua violação, não haveria

---

-Pénal", in B.F.D.U.C., Vol. LXII, Coimbra, 1986, p. 150, ao referir que "le législateur constitutionnel a décidé, et à notre avis très bien, que la définition concrète de chacun des crimes et de leurs sanctions respectives, à cause de son poids éthico-juridique, devrait être de la compétence réservée (rélative) de l'Assemblée de la République. L'intention est de laisser bien clair du point de vue politico-constitutionnel — d'ailleurs en suivant la tradition législative démo-liberal — que c'est la Communauté juridique, représentée organiquement et fonctionnellement en assemblée, en tant qu'expression de la «volonté» d'un peuple historiquement situé, qui doit définir par une loi sûre et précise, l'illicite et le licite penaux".

[366] Esse é, nomeadamente, o ententimento de Pedro Quartin Simão José e Antonio Corte Real Cruz, *Colectânea de Direito da Publicidade Anotada e Comentada,* Rei dos Livros, 1991, p. 58 e ss, em anotação ao artigo 34.° do citado Código da Publicidade.

qualquer punição, nos termos do Decreto-Lei 330/90, já que em vigor estaria o artigo 40.° do Decreto-Lei 28/84. O que significa que o legislador de 90 nada trouxe de novo quanto a esta matéria, mantendo-se a opção pela criminalização. Mas, se optou pelo segundo caso, então será estranho que o legislador de 90 não se tenha pronunciado expressamente quanto à revogação do artigo 40.°, podendo, claro, alegar a desnecessidade de tal indicação, visto que a lei posterior revoga a anterior — revogação tácita — sendo certo, todavia, que nunca tal revogação seria possível, visto que não podendo o Governo, nos termos da Constituição, descriminalizar sem autorização da Assembleia, haveria em tal revogação uma inconstitucionalidade. Pelo que não deveria ser aplicado o novo diploma nessa parte, mantendo-se em vigor, como nos parece ser a melhor solução, o artigo 40.° do Decreto--Lei 28/84, à luz do Código da Publicidade.

Hoje, porém, tal situação está resolvida, uma vez que o Decreto--Lei n.° 6/95, de 17 de Janeiro, diploma este decretado pelo Governo no uso da autorização legislativa concedida pela Lei n.° 16/94, de 23 de Maio, veio, no seu artigo 4.°, revogar, expressamente, o artigo 40.° do Decreto-Lei n.° 28/84 de 20 de Janeiro.

Independentemente, agora, da melhor solução do problema, enunciámo-lo para atestar, por um lado, a tendência total no sentido da descriminalização, já que todas as infracções alusivas à publicidade, segundo o Código da Publicidade, deveriam ser *ilícitos* de mera ordenação social, mas, por outro lado, para evidenciar a existência de uma certa nebulosidade no domínio das opções político-criminais nesta matéria, não se chegando a inteligir qual a linha de pensamento que segue, actualmente, o legislador português, de forma a descortinar qual o sentido do movimento político-criminal em tal matéria.

Quanto aos outros artigos, isto é, os relativos ao envio de bens não encomendados e à violação da confiança em matéria de saldos e práticas semelhantes, ambos vieram a beneficiar de um maior desenvolvimento por diplomas posteriores— como já referimos — nomeadamente em virtude do aparecimento dos artigos 8.° e seguintes do Decreto-Lei 253/86, de 25 de Agosto, e pelo artigo 15.° do Decreto-Lei 272/87, de 3 de Julho, e, ainda, pelo facto de nesses diplomas se terem introduzido outras matérias com aquelas relacionadas. Ambos os diplomas, contudo, mantiveram a opção pela descriminalização, na medida em que consideram os ilícitos como sendo de mera ordenação social.

(Des)criminalização no (incitamento ao) consumo: Questões essenciais 269

Para além do aparecimento do Código da Publicidade, com uma regulamentação exaustiva da matéria, mas com as dúvidas que aqui ficam registadas no que tange à (des)criminalização, é de salientar, no citado Decreto-Lei 272/87, de 3 de Julho, (relativo às vendas ao domicílio, por correspondência, vendas em cadeia e forçadas), a sua tendência no sentido da descriminalização, exceptuando as infracções referentes à publicidade neste tipo de vendas, que são consideradas criminais ([367]).

Por último, é de salientar o aparecimento do Decreto-Lei n.º 359/91, de 21 de Setembro, relativo ao crédito ao consumo, com a disciplina desenvolvida desta matéria, embora no sentido da descriminalização, considerando, por um lado, a existência de algumas contra-ordenações e, por outro, a invalidade e nulidade de algumas claúsulas e, por isso, remetendo, *grosso modo,* para o direito civil.

Este é o quadro que se nos afigura e que, *brevitatis causa,* nos é possível traçar.

Mergulhemos, agora, no seio das questões que nos hão-de levar a terreno firme e comecemos por questionar da função do direito penal na protecção do consumidor.

3. A (In)validade da função do direito penal na protecção do consumidor: protecção de bens jurídicos (?)

3.1. O princípio da protecção de bens jurídicos como corolário do direito penal.

Para sabermos se a protecção do consumidor merece a tutela do direito penal, impõe-se saber se tal protecção cabe dentro da função do direito penal.

A função do direito penal, como é consabido e geralmente aceite ([368]), é a de assegurar as condições essenciais para a convivência

---

([367]) Segundo reza o artigo 16.º, n.º 1, do Decreto-Lei 272/87, de 3 de Julho, por remissão para o Decreto-Lei 303/83, de 28 de Junho.

([368]) Ainda que os autores variem um pouco no modo como formulam tal função, dum modo geral, é àquela que vai apontada no texto que se referem. Assim, FIGUEIREDO DIAS, *op. cit.,* (n. 38), p. 13, entende que o direito penal só deve intervir *"com os seus instrumentos próprios de actuação ali onde se verifiquem lesões insu-*

270   *Da protecção penal do consumidor*

em sociedade, colocando para tal o seu aparato de sanções, com vista à protecção de bens jurídicos. Vale isto por dizer que a convivência em sociedade só é possível com o respeito pelos bens jurídicos, visto serem aqueles os bens socialmente relevantes e dignos de tutela penal[369].

Logo, esta função nobre do direito penal vem a traduzir-se num dos limites materiais do *ius puniendi,* uma vez que o direito penal só pode intervir quando se tornar necessária a protecção dos bens jurídicos[370]. Trata-se do respeito pelo *princípio da protecção de bens*

---

portáveis das condições comunitárias essenciais da livre realização e desenvolvimento da personalidade de cada homem". Repare-se, contudo, que, em rigor, duas ideias andam associadas à função do direito penal: a de que este terá como tarefa a protecção de *bens jurídicos* — função essa, como se verá no texto, que ganha relevo, especialmente a partir do século XIX — e a de que ao direito penal caberá investigar com precisão as condições da vida humana em comum e a possibilidade de assegurá--las mediante normas jurídico-penais, independentemente daquela primeira função — teoria esta que é sobretudo emergente do Iluminismo.

Se é certo que ambas as funções são indiscutivelmente importantes, não menos certo é que nem sempre foram encaradas com a mesma importância — cfr. Günter Stratenwerth, *Derecho Penal. Parte General I, El Hecho Punible,* Edessa, Madrid, 1982, p. 3 e ss. Porém, estamos em crer, como decorrerá do texto, que tais funções devem ser vistas de forma indissociada, isto é, a protecção de bens jurídicos permitirá a convivência em comum e esta, por sua vez, é possível através do respeito pelos bens jurídicos. E, nesse sentido, parece-nos paradigmático o raciocínio sintético de Bernd Schünemann, "La Política Criminal y el Sistema de Derecho Penal", in Annuario, Tomo XLIV, Fascículo III, Sept.Dec., 1991, p.704, ao afirmar que "a missão do Direito penal consiste em evitar comportamentos socialmente danosos, como a *ultima ratio* da protecção de bens jurídicos". No mesmo sentido, veja-se, ainda, C. Roxin, Gunhter Arzt e K. Tiedemann, *Introdución al Derecho Penal y al Derecho Penal Procesal,* Ariel Derecho, Barcelona, 1989, p. 22.

[369] No fundo, pretende-se que o direito penal possibilite ao cidadão «o livre desenvolvimento da sua personalidade». É, portanto, aqui de realçar a análise que Claus Roxin, *Problemas Fundamentais de Direito Penal,* Vega, p. 270 e ss, faz do direito penal no Estado moderno. Entende aquele autor que, para além da protecção de bens jurídicos, é necessário "o cumprimento das prestações de carácter jurídico de que dependa o indivíduo no quadro da assistência social por parte do Estado" e para tal, o direito penal pode intervir aquando do incumprimento dessas prestações. Significa isto que o direito penal tanto pode ter como função a prestação de bens jurídicos, como a garantia das prestações públicas necessárias para o desenvolvimento da personalidade do Homem.

[370] Veja-se, neste sentido, Santiago Mir Puig, *op. cit.,* (n. 66), p. 100 e ss e Juan Bustos Ramirez, *Manual de Derecho Penal Español-Parte General,* Ariel Derecho, 1ª ed. 1984, p. 49 e ss.

(Des)criminalização no (incitamento ao) consumo: Questões essenciais   271

jurídicos, a par com outros princípios — o princípio da necessidade da intervenção (intervenção penal mínima), o princípio da dignidade da pessoa — que constituem a base, a sustentação e a legitimação da intervenção do direito penal.

Importa, por isso, definir, aqui, o que se entenda por bem jurídico e relacioná-lo com as infracções verificadas no consumo, de molde a equacionar-se da validade daquela função quanto a tais infracções.

Tendo por certo que ao direito penal cabe proteger bens jurídicos, não significa isso que o direito penal deva proteger todos os bens jurídicos, nem, por outro lado, que a verificação de ataque a um bem jurídico penalmente relevante, implique a intervenção do direito penal. Pelo contrário, por um lado, o direito penal não deve proteger todo e qualquer bem jurídico, mas, apenas, o bem jurídico-penalmente relevante; por outro lado, ainda que se verifique o ataque a tal tipo de bem, dever-se-á evitar a intervenção do direito penal se outros mecanismos forem eficazes para a sua protecção([371]).Sobre esta última parte pronunciar-nos-emos mais adiante([372]). Importa, agora, ver o que se entende por bens jurídico-penais.

3.1.1. *Resenha histórica sobre o entendimento de bem jurídico e sua protecção penal.*

A ideia do bem jurídico começou a ser propalada no início do século XIX. Surgiu como expressão do jusnaturalismo penal e assentava, sobretudo, na defesa de direitos, sendo o crime uma lesão de um direito e, portanto, numa lesão jurídica([373]).

Foi, porém, com BIRNBAUM que se começou a desenhar o conceito de bem jurídico, apesar de nem sequer ter sido, por ele, usada propriamente a expressão bem jurídico.

A sua perspectiva, de resto, define-se por um certo compromisso entre o Jusnaturalismo e o historicismo ou o racionalismo([374]).

([371]) Nesse sentido, claramente, está SANTIAGO MIR PUIG, *op. cit.* (n. 66), p. 101.

([372]) Vide *infra,* n.º 3.4.

([373]) Cfr. J. BUSTOS RAMIREZ, *op. cit.,* (n. 370), p. 50.

([374]) *Idem,* p. 51; e, MANUEL DA COSTA ANDRADE, *Consentimento e Acordo em Direito Penal,* Coimbra Editora, 1991, p. 53.

Assim, para aquele autor, como "crime, punível pelo Estado, de acordo com a natureza ou a coisa ou conforme a razão, deve entender-se toda a lesão ou perigo de lesão, imputável à vontade humana, de um *bem* que o poder do Estado tenha garantido a todos de forma igual" [375]. Ou seja, Birnbaum entende que é a partir da lei que se define o bem jurídico, sendo para ele, os próprios *bens* que pertencem ao Homem, dados a este pela natureza ou como o resultado do próprio desenvolvimento social, que vêm a constituir o bem jurídico [376].

Posteriormente, uma concepção imanente jurídico-positiva seria invocada por Binding, onde, contrariamente a Birnbaum, o bem jurídico se encontraria *estabelecido* na norma jurídica (e não reconhecido), fazendo parte imanente da norma jurídica, sendo impensável a separação entre norma e bens, porquanto a norma levaria em si o seu próprio bem jurídico [377]. Não seria possível, assim, segundo esta concepção, estabelecer os bens jurídicos para além do Direito ou do Estado, porque o bem jurídico estaria na norma, no Direito e giraria não em torno do Homem, mas, sim, do próprio Estado. Tratava-se de uma visão muito formalista, assente no conteúdo da norma e compreendendo-a como uma regra de "obediência", constituindo a sua violação a desobediência formal e, consequentemente, constituindo essa "desobediência" a lesão do bem jurídico [378].

Viria, posteriormente, uma concepção, de forte cunho político-criminal, encabeçada por Franz V. Liszt [379]. Contrariamente aos conceitos anteriores de sentido dogmático, V. Liszt apontou um conceito material, conotando o bem jurídico com o interesse, afirmando que "todos os bens jurídicos são interesses vitais, interesses do indivíduo ou da comunidade" [380]. Porém, o interesse só seria relevante se situado concretamente na vida, sendo certo que, para V. Liszt, "não é o ordenamento jurídico que gera o interesse, mas sim a vida" [381], pelo que o

---

[375] Birnbaum, citado por J. Bustos Ramirez, *op. cit.*, (n. 370), p. 51.

[376] J. Bustos Ramirez, *op. cit.*, (n. 370), p. 5; Santiago Mir Puig, *op. cit*, (n. 66), p. 101; e, ainda, Manuel da Costa Andrade, *op. cit.*, (n. 374), p. 53.

[377] Cfr. J. Bustos Ramirez, *op. cit.*, p. 52 e ss.

[378] *Idem*, p. 53.

[379] *Idem*, p. 53.

[380] Cfr. F. Von Liszt, *op. cit.*, (n. 227), p. 6.

[381] *Idem*, p. 6.

(Des)criminalização no (incitamento ao) consumo: Questões essenciais   273

interesse para ascender à categoria de bem jurídico teria que ser um interesse vital.

Decidir, porém, quais são esses interesses vitais que nascem das relações sociais, aptos a serem bens jurídicos, era tarefa do Direito ou, mais rigorosamente, do direito penal. Mas não só. Na verdade, faz inserir aqui a política criminal, uma vez que o direito penal protege o bem jurídico, mas a política criminal definiria o seu conteúdo. É evidente que, agora, e contrariamente a BINDING, o bem jurídico não está na norma, mas é a norma que o há-de proteger[382].

Posteriormente, viria a tendência neokantiana, tentando fundamentar materialmente o bem jurídico, mas que contrariamente a V. LISZT, tal fundamentação estaria não nos interesses sociais, mas, sim, no mundo espiritual e subjectivo dos valores culturais[383]. Ainda que se vivesse, então, num período de algum "confronto" entre neokantianos e nacionalsocialistas, estes propondo o desaparecimento do conceito de bem jurídico por ser inútil, de cunho liberal, individualista, contrário, por isso, ao "espírito do povo" que advogam[384], viria, finalmente, a dar-se o ressurgimento do conceito de bem jurídico, pela mão de WELSEL[385].

WELSEL define o bem jurídico como "todo o estado social desejável que o direito penal quer proteger de lesões", entendendo-o como um "bem vital da comunidade ou do indivíduo, que pelo seu significado social é protegido penalmente"[386]. Logo, a soma dos bens jurídicos traduz a própria ordem social, não devendo ser vista isoladamente, senão por referência à ordem social[387].

WELSEL volta a colocar o bem jurídico em torno do Homem, da dignidade da pessoa humana, concretamente situada na sociedade, sendo certo que, para este Autor, a missão do direito penal consistiria

---

[382] SANTIAGO MIR PUIG, *op. cit.,* (n. 66), p. 101, estabeleceu a distinção com o período anterior a V. LISZT, cujo sentido de bem jurídico era dogmático e constituindo o objecto de protecção eleito pela lei — nomeadamente para BIRNBAUM —, enquanto que para V. LISZT se tratava de um conceito material, como se verá no texto.

[383] Cfr. J. BUSTOS RAMIREZ, *op. cit.,* (n. 370), p. 54.

[384] SANTIAGO MIR PUIG, *op. cit.,* (n. 66), p. 101 e ss; e ainda J. BUSTOS RAMIREZ, *op. cit.,* (n. 370), p. 56.

[385] *Idem,* p. 101; *idem,* p. 56.

[386] Cfr. HANS WELZEL, *op. cit.,* (n. 186), p. 15.

[387] HANS WELZEL, *op. cit.,* p. 15.

na protecção dos valores elementares da consciência e de carácter ético-social e, só por inclusão, a protecção de bens jurídicos particulares. Em conclusão, para WELSEL, só a norma e, com ela, os deveres ético-sociais têm importância, pelo que neste ponto há algumas semelhanças com BINDING [388].

3.1.2 *O entendimento actual do conceito de bem jurídico: perspectivas político-criminais.*

Depois desta breve resenha histórica em torno do conceito de bem jurídico, importa analisar as perspectivas actuais sobre o mesmo que, como se verá, serão perspectivas político-criminais, com referências muito acentuadas à Constituição, apresentando-se assim, umas vezes, estritamente jurídico-constitucionais e, outras, sociológicas ou sociais [389].

Hoje, efectivamente, relaciona-se a teoria do bem jurídico com os fins do ordenamento jurídico, implementando, assim, uma certa perspectiva político-criminal, de certo modo semelhante à concepção de V. LISZT.

Uma forma para fixar os fins do ordenamento é fazê-lo referir a uma instância formalizadora, de uma certa grandeza superior, que é a Constituição. Aí estão constelados os fins do ordenamento e do próprio Estado. Nada mais fácil, portanto, do que relacionar o direito penal à Constituição para, aqui, vir buscar aqueles fins, para a prossecução dos quais caberá ao direito penal proteger os bens jurídicos a eles ligados [390].

Nessa caminhada, duas tendências fortes se desenham: uma, estritamente jurídico-constitucional e, outra, sociológica (ainda que tendo como referente a Constituição). Vejamos.

Quanto à primeira, a Constituição funcionará como referente para o direito penal, quer porque aí estaria fixada a ordem de valores mais importantes que o direito penal, também, acolheria, quer porque, ainda que ali não estivessem expressamente consagrados tais valores,

---

[388] Cfr. J. BUSTOS RAMIREZ, *op. cit.,* (n. 370), p. 57 e ss.
[389] *Idem,* p. 58.
[390] *Idem,* p. 68.

(Des)criminalização no (incitamento ao) consumo: Questões essenciais 275

estariam, contudo, consagrados no direito penal, funcionando a Constituição como orientação para o direito penal.

É certo que o modo como se estabelece tal relação varia muito de ordenamento para ordenamento, pelo simples facto de que também são variáveis as concepções doutrinais a esse propósito.

Certos autores [391], como BRICOLA, tendem a ver, no direito penal, o caminho para proteger direitos considerados fundamentais pela Constituição e, portanto, confundindo bens jurídico-penais com direitos fundamentais; outros, entendem ser a Constituição apenas o reconhecimento prepositivo de bens jurídico-penais, na medida em que um dos fins do Estado é o de proteger bens valiosos para a vida em comum (que o direito penal se encarregaria de proteger) [392].

Quanto às tendências sociológicas ou sociais, apresentam-se, de um modo geral, funcionalistas ou interaccionistas, mas não dogmáticas ou até garantistas. Quer isto significar que, nestas tendências, o que sobressai é o facto de se indicarem as condições para a existência de um bem jurídico, dentro da sociedade (democrática), mas não a sua definição concreta [393].

Desde logo, porque o bem jurídico, assim concebido — juridicamente — só pode ser um bem que já o era anteriormente como valor social. Assim sendo, o que ressalta da sua violação é, antes de mais, a *danosidade social* provocada, na medida em que os bens jurídicos visam o pressuposto para a convivência social e para a autorealização na vida social [394].

---

[391] Autores como ROXIN, RUDOLPHI, GONZALEZ RUS, etc., ainda que dentro daquela concepção — cfr. BUSTOS RAMIREZ, *op. cit.,* (n. 370), p. 58.

[392] Veja-se, ainda, GONZALEZ RUS, "Seminário sobre Bien Juridico y Reforma de la Parte Especial, in ANNUARIO, tomo XXXV, fascículo III, Sept. - Dic., 1982, p. 706 e ss.

[393] Nomes como JÄGER, AMELUNG, HASSEMER, MUÑOZ CONDE, MIR PUIG, etc., são impulsionadores desta tendência que, todavia, como faz notar BUSTOS RAMIREZ, *op. cit.,* (n. 370), p. 60, estabelecem as condições para a existência do bem jurídico sem propriamente o definir. Veja-se, ainda, GONZALEZ RUS, *op. cit.,* p. 707.

[394] Essa é pelo menos a perspectiva de AMELUNG.

3.1.3. Posição adoptada

Posto o que acabamos de ver, estamos em condições de afirmar que o bem jurídico constitui para o direito penal a sua luz e razão de ser, visto ser missão deste a protecção daquele.

O modo como é concebido tem variado, contudo, de época para época e de acordo com várias concepções doutrinais. Sujeito à própria temporalidade, ele carece de alguma definição por forma a saber-se quais são exactamente os limites daquela missão. Sendo como é um *ius puniendi*, o direito penal deve ser sujeito a limites, limites esses que, se, por um lado, advirão dos contornos do bem jurídico, não afastam — antes reforçam — a ideia de que o bem jurídico há-de ser o fundamento para a intervenção do direito penal.

Este, por certo, tem que eleger os bens jurídicos susceptíveis da sua tutela. Pensamos ser hoje de defender que a Constituição deve, efectivamente, funcionar, pelo menos, como o referente axiológico-normativo que sirva para definir político-criminalmente os trilhos por onde passará a intervenção do direito penal([395]).

([395]) Nesse sentido, no domínio da criminalidade económica, está, entre outros, Carlo Paternitti, *Diritto Penale Dell'Economia,* Giappichelli-Editore, Torino, 1988, p. 39, e relativamente a todo o direito penal, veja-se, entre outros, Francesco Antolisei, *Manuale de Diritto Penale, Parte Generle,* 12ª ed., aggiornata e integrata, a cura di Luigi Conti, Giuffré Editore, 1991, p. 5 e Charles W. Thomas e Donna M. Bishop, *Criminal Law. Understanding Basic Principles,* vol. 8, Law and Criminal Justice series, Sage Publications, London, 1987, p. 88 e ss..

A própria Constituição — não o esqueçamos — é a constelação de tais valores, mas não é obra de criação de um ente superior e supra-natural capaz de aí prever todos esses valores de forma perfeita. A Constituição é obra do Homem, de um poder constituinte e, como tal, sujeita às contingências impostas pela vida. Ao plasmar-se os valores ditos mais valiosos na Constituição, há que proceder a um juízo sobre a selecção de tais valores. Esses, nesse momento, ainda não estão na Constituição, porque esta não existe. Daí que o critério terá que estar tanto na importância e dignidade do Homem, como na situação deste na sociedade. É a partir daqui que se elegem os valores fundamentais, como sendo os indispensáveis para a vida daquele na sociedade. Se a Constituição segue aquele critério, ao legislador penal mais não resta do que seguir a Constituição, mas, também, seguir o critério que a própria Constituição seguiu. Nesse sentido, paradigmaticamente, veja-se Giovanni Fiandaca e Enzo Musco, *op. cit.,* (n. 187), p. 3 e ss, para quem a Constituição é tanto referência expressa, como implícita, para o direito penal.

Na Constituição, estão, em abono da verdade, os valores que, ligados ao Homem, são tidos como os mais valiosos e invioláveis. Se o direito penal tem a função de proteger os bens jurídicos valiosos, desde logo a Constituição será o ponto de partida. Mas tal constatação não é para nós suficiente. Julgamos que o afirmar-se ter a Constituição a consagração dos valores mais valiosos é insuficiente, porque ela própria não nos diz o que se deve entender por isso, ou seja, a própria Constituição, ao consagrar aqueles valores como os mais importantes, tem que se servir de critérios que estão, naturalmente, fora da Constituição. Esses critérios pensamos estarem quer no Homem, quer na sociedade e, portanto, no Homem enquanto ser social.

Na verdade, o Homem, como ser ambicioso, conflituoso, movido por sentimentos, carece, para viver, de certas condições. Uma dessas condições é a inexistência de ataques à sua própria pessoa directa ou indirectamente. Só assim estarão garantidas as condições para a convivência em sociedade. **Os bens jurídicos hão-de ser, assim, os valores ou interesses que, ligados ao Homem enquanto ser sociável, tornam possível a convivência social e de cuja violação resultará a impossibilidade de uma tal convivência.**

É por este critério que se fará a eleição, ao nível da Constituição, dos valores tidos como mais importantes para o funcionamento pleno das regras da vida. Temos, pois, por certo que na Constituição estarão alguns desses valores e outros, ainda que não estejam na Constituição, repousam na sociedade onde se encontra o Homem, mas têm a mesma dignidade dos que estão na Constituição, porque é por igual critério que se afere da sua importância [396].

3.2. A indubitável dignidade penal dos bens jurídicos ligados ao consumidor nos processos de incitamento ao consumo.

Depois do que acabámos de ver, resta-nos confirmar a hipótese levantada e em parte respondida na I Parte, Capítulo I, n.º 5.1.1., a propósito da autonomia do direito penal do consumo.

---

[396] Será certamente com o sentido exposto no texto — essa é, pelo menos, a nossa interpretação — que C. Roxin, G. Arzt e K. Tiedemann, *op. cit.,* (n.368), p. 21, ao referirem-se a este problema afirmam que "o moderno direito penal não se vincula hoje à imoralidade da conduta, se não à sua *danosidade social,* ou seja, à sua incompatibilidade com as regras de uma próspera vida em comum".

278 *Da protecção penal do consumidor*

Aí, de facto, referimos — e para lá remetemos — que os direitos dos consumidores têm dignidade constitucional e, nomeadamente no Direito português, têm vindo a conquistar um espaço cada vez mais significativo e explícito na Constituição. Não só porque no Título III — "Direitos e deveres económicos sociais e culturais" — se faz menção, em diversos artigos, à necessidade de uma certa protecção de bens jurídicos ligados ao consumidor e a qualquer cidadão — nomeadamente a saúde, o ambiente e a qualidade de vida, etc.— mas, também, e porque acima de tudo se consagra expressamente no artigo 60.º — "Direitos dos consumidores" —,o direito à qualidade de bens e serviços, à formação, à informação, à protecção da saúde, da segurança, dos interesses económicos, da reparação de danos, bem como da necessidade de disciplinar a publicidade, proibindo todas as formas de publicidade oculta, indirecta ou dolosa.

Pergunta-se então: há alguma dúvida sobre a intencionalidade do legislador constituinte (português) quanto à importância a atribuir aos valores ligados ao consumidor, como ao sentido político a implementar na sua protecção?

Parece-nos que a resposta é óbvia: o legislador constituinte optou, claramente, por consagrar, ao nível da Constituição, certos valores ligados ao consumidor e, portanto, às relações de consumo, como sendo indispensáveis para a própria vida, valores esses sem o respeito pelos quais não seria possível o entretecimento de tais relações.

Então, perguntar-se-á: não constitui tal consagração e tal intencionalidade a indicação suficiente para que político-criminalmente se prossiga na protecção de tais valores enquanto bens jurídicos dignos de tutela penal?

Parece-nos que sim. Mas, não apenas porque a Constituição o diz. Efectivamente, não podemos perder de vista o critério há pouco enunciado. A tal propósito, já referimos anteriormente, na sequência do pensamento de autores como Faria Costa ([397]), que a Constituição deve ser o referente para o direito penal, mas isso não significa que todos os valores constitucionais sejam criminalizados, nem que não possam existir bens jurídicos protegidos criminalmente sem que estejam consagrados expressamente na Constituição. Mas já significará,

---

([397]) Faria Costa, *op. cit.,* (n. 33), p. 189.

(Des)criminalização no (incitamento ao) consumo: Questões essenciais 279

com certeza, que a Constituição constitui uma eleição prévia e exaustiva daqueles valores considerados fundamentais para a convivência em sociedade, levando em conta que esses são os valores, que ligados ao Homem, situado concretamente na sociedade, no sentido de estabelecer a mais variada gama de relações, entre as quais as relações de consumo, e sendo estas relações essenciais para a vida, implicarão que a Constituição constitua para o legislador ordinário a referência axiológico-normativa para a sua consagração penal[398].

Podemos, por isso, concluir para já, que os bens jurídicos ligados às relações de consumo, nomeadamente no que tange ao incitamento ao consumo, têm dignidade suficiente para serem tutelados pelo direito penal, devendo, por isso, serem considerados bens jurídico-penais[399].

Porém, tal constatação ainda não basta para advogarmos a criminalização das infracções cometidas no (incitamento ao) consumo. Importa aludir a outros princípios, enquanto critérios para tal via.

3.3. O princípio da necessidade da intervenção ou da intervenção penal mínima

Acabamos de ver que, pelo respeito ao princípio da protecção de bens jurídicos, o direito penal deve intervir quando em causa esteja o ataque a tais bens. A observância apenas deste princípio levar-nos-ia à conclusão de que, sempre que ocorresse uma situação de lesão ou perigo de lesão de bens jurídicos, o direito penal seria logo chamado a intervir. Assim sendo, o direito penal poderia traduzir-se num elemento desestabilizador da vida em sociedade. Quanto mais não fosse, porque a vida desenvolver-se-ia toda sob a ameaça do direito penal. Qualquer acto, por mais insignificante que fosse, na medida em que pudesse colocar em causa bens jurídicos, seria pelo direito penal espreitado para legitimar a sua intervenção.

---

[398] Ainda, como se sabe, que o legislador ordinário, e como já fizemos referência anteriormente na I Parte, Capítulo I, n.º 5.1., não tenha, por ora, entendido assim.

[399] Referimo-nos concretamente ao património, à saúde, à segurança, à informação (verdadeira, como é óbvio) e, portanto, também, à confiança enquanto bem jurídico fundamental para o desenvolvimento das relações de consumo.

Tal hipercriminalização levaria a que a sociedade vivesse constantemente sob a ameça, provocando a insegurança e levando a que o direito penal aparecesse como um elemento aterrorizante na sociedade ([400]).

Impõe-se, por isso, limitar materialmente a intervenção do direito penal, estipulando que, apesar de poder intervir quando em causa estejam bens jurídicos, todavia, só o deve fazer quando se revele *necessária* a sua intervenção. Vale isto por dizer que, estando em causa bens jurídicos, o direito penal não deve intervir se não for necessária a sua intervenção, ou seja, se outros mecanismos o puderem fazer sem prejuízo para a tal convivência social ([401]).

Formulado, assim, em termos gerais, este princípio desdobra-se, contudo, em três vertentes distintas: o carácter fragmentário do direito penal; a consideração deste como *ultima ratio;* e a sua natureza acessória.

O direito penal não tem que defender todos os bens jurídicos, ainda que sejam os essenciais para a vida em sociedade, e mesmo que o faça não tem que o fazer sempre da mesma forma, isto é, pode tratar os bens jurídicos de forma fragmentada ([402]). Ainda que a sua função seja a de proteger os bens jurídicos, ao direito penal não é exigido que dedique um e só único tratamento na prossecução dessa função. Pode efectivamente fraccioná-los, eleger de entre eles os mais importantes e punir apenas as acções mais graves com uma intensidade diferente — nisto consiste o seu carácter fragmentário.

É, assim, a constatação, de acordo com Muñoz Conde ([403]), de que se trata de um princípio limitador do direito punitivo do Estado, na medida em que, da forma de acção proibida e dos bens jurídicos protegidos pelo ordenamento jurídico, o direito penal só se ocupa de uma parte, fragmentos, se bem que de maior importância.

O direito penal constitui, por outro lado, no âmbito de todos os meios disponíveis num Estado de Direito (democrático), o meio mais

---

([400]) Cfr. Martos Nuñez, *op., cit.,* (n.339), p. 111 e ss.

([401]) Cfr. Martos Nuñez, *Derecho Penal Económico,* Madrid, 1987, p. 229 e ss.

([402]) Cfr. Santiago Mir Puig, *op. cit. ,* (n.370), p. 98 e ss; Bustos Ramirez, *op. cit.,* (n. 370), p. 49 e ss.

([403]) Cfr. Muñoz Conde, *Introduccion al Derecho Penal,* Editorial Boch S.A., Barcelona, 1975, p. 71 e ss.

(Des)criminalização no (incitamento ao) consumo: Questões essenciais 281

gravoso, mais violento e mais restritivo dos direitos do Homem. A utilização do *ius puniendi* implica, sempre, o exercício de uma "violência estatal" para pôr cobro a situações de danosidade social graves. Assim sendo, o recurso a um controle desta natureza só se deve fazer quando outros menos gravosos e igualmente eficazes não atinjam os objectivos que se pretendam, de forma menos onerosa[404].

Há, assim, que estabelecer como que uma equação entre a gravidade do facto danoso, a gravidade do meio a aplicar no seu combate e o resultado a atingir. O meio a aplicar há-de ser o que com menor gravidade consiga sanar o problema, repondo, assim, a situação ideal, isto é, a ordem jurídica. Fala-se, então, no direito penal como *ultima ratio* ou última instância do ordenamento, na medida em que só se deve recorrer a ele quando outros meios formais ou informais tenham falhado[405].

Deve-se, portanto, em sede de (des)criminalização, começar por ensaiar meios informais, reunidos numa política de carácter social, passando depois ao direito civil, administrativo ou sancionatório mas extra-penal e, só finalmente, quando todos se revelem inadequados, ao direito penal.

Daqui se compreenderá que, ao referirmos que o direito penal só deve proteger os bens jurídicos mais importantes e indispensáveis para a convivência social, e que só o deve fazer quando outros mecanismos não se revelem adequados para cumprir tal objectivo, entendemos que o direito penal é aplicado subsidiariamente, uma vez que, só depois da intervenção ou da tentativa da interacção de outros mecanismos, entra o direito penal, tentando este chegar onde os outros não puderam.

Nada de novo, no fundo, tem este aspecto, a não ser o reafirmar de um direito sancionatório existente ao lado de outros ramos do direito, e que funcionará na protecção de certos bens jurídicos quando outros não funcionarem. Não quer isto significar que os outros sejam principais e o direito penal secundário. Tal sentido tem levado a algumas discussões em torno da autonomia ou da dependência do direito penal que, quanto a nós, não só são despropositadas, como nada têm a ver com o carácter acessório do direito penal, no que respeita ao princípio da intervenção penal mínima.

---

[404] Cfr. Martos Nuñes, *op. cit.,* (n. 339), p. 110 e ss.

[405] Cfr. Martos Nuñez, *op. cit. ,* (n. 339), p. 110 e ss; e Ennio Fortuna, *Manualle de Diritto Penale Dell'Économia,* Padova, 1988, p. 3 e ss.

Há mesmo quem, desconfiando das interpretações que podem suscitar o falar-se no carácter acessório do direito penal (enquanto desenvolvimento do princípio da intervenção penal mínima) e criticando os que tendem a posicionar o direito penal como secundário, prefira não fazer referência ao seu carácter acessório ou subsidiário, porquanto, com o sentido que deve ser tomado e que é aquele que apontámos, ele confunde-se com a ideia, também, de que é a *ultima ratio* [406].

Concordamos inteiramente e julgamos que só é de admitir falar-se em natureza acessória ou subsidiária do direito penal se, partindo da sua indiscutível autonomia e do facto de ser um direito repressivo, restritivo e "violento", for utilizado depois e ao lado de outros que, eventualmente, tenham falhado, mas, nesse caso, afastando-os por se terem evidenciado inadequados.

Por isto, bom é de ver que, apesar da dignidade dos bens jurídicos envolvidos nas relações de consumo, apesar da importância que lhes é confiada, nomeadamente pela nossa Constituição, nem por isso fica assente que se deva recorrer de imediato ao direito penal.

Desde logo, porque varia de ordenamento para ordenamento a orientação político-criminal seguida; por outro lado, porque, também, varia o conjunto de mecanismos apresentado para resolução de conflitos de consumo e, portanto, para protecção do consumidor; e, também, porque, mesmo dentro de cada ordenamento, dado o carácter fragmentário do direito penal, os bens jurídicos ligados ao consumo não têm todos o mesmo tratamento.

Importa, assim, para tentarmos uma solução final do *thema decidendum,* analisar outras vias, ainda que sumariamente, já que, ao longo do presente trabalho, fomos apontando pontualmente algumas dessas alternativas.

3.4. Alternativas ao direito penal na protecção ao consumidor, considerado aquele como *ultima ratio* do sistema.

Na pesquisa às vias alternativas ao direito penal, quanto à protecção do consumidor, impõe-se um processo desenvolvido em dois

---

[406] Cfr., nesse sentido crítico, Bustos Ramirez, *op. cit.* , (n.370), p. 49 e ss.

(Des)criminalização no (incitamento ao) consumo: Questões essenciais 283

níveis: o da descriminalização e o da diversão (desjudiciarização) ou mediação.

No primeiro caso, o fundamento para a descriminalização há-de estar no facto de a infracção, apesar de violadora de bens jurídicos, não dever ser tutelada pelo direito penal em nome do princípio da intervenção penal mínima ou, então, simplesmente por se tratar do tipo de infracções em que *ab initio* estará demonstrada a sua falta de dignidade penal — caso em que nunca estariam em causa bens jurídico-penais. Neste caso, estaríamos em face da exclusão do direito penal e da existência em seu lugar de outros tipos de tutela, nomeadamente os meios clássicos e tradicionais que dele se distinguiriam: o direito civil, o direito administrativo e o direito de mera ordenação social([407]).

No segundo caso, o fundamento seria o de que a infracção, apesar de existir e ser de natureza penal, reivindicaria um outro tipo de tutela que não o conferido pelo tradicional direito penal e direito processual penal, ou seja, em que interessaria — como refere FARIA COSTA([408]) — que fosse "solucionada *diversamente, divertidamente* do processamento formal-regular; isto é, sem judiciarização". Neste caso, entrarão várias formas divertidas de resolver a questão e onde normalmente se faz uso do princípio da oportunidade em sede processual penal. Analisemo-las.

3.4.1. *Os meios tradicionais na protecção do consumidor*

Quer o direito civil, quer o direito comercial — ressalvadas aqui as respectivas distâncias e relações de autonomia, questão que, obviamente, para o que nos interessa, não é sequer essencial e por isso não a discutiremos([409]) — congregam, sem dúvida, regras relativas às rela-

---

([407]) São expressivas, naquele sentido, as palavras de C. ROXIN, *op. cit.,* (n. 369), p. 28: «Onde bastem os meios do direito civil ou do direito público, o direito penal deve retirar-se».

([408]) Cfr. FARIA COSTA, *op. cit.,* (n. 334), p. 24.

([409]) No sentido de que o direito comercial, assim como o direito do trabalho, são ramos autónomos do direito civil, apesar de haver entre este e aqueles uma relação de subsidiariedade, está MOTA PINTO, *op. cit.,* (n. 222), p. 35; explícito a este propósito é, também, FERRER CORREIA, *Lições de Direito Comercial,* vol I, Coimbra, 1973, p. 32,

284   *Da protecção penal do consumidor*

ções de consumo, bem como soluções para os respectivos conflitos de consumo, a que não podemos ficar alheios.

Logo na fase da formação do negócio, regulando sobre a forma contratual, sobre a declaração negocial e sua perfeição, interpretação ou integração, ou sobre a falta e vícios da vontade[410] ou, ainda, sobre o objecto negocial, salientando-se os negócios usurários[411], bem como a proibição de certas cláusulas gerais contratuais[412]. Quer, ainda, sobre a nulidade ou anulabilidade do negócio jurídico e respectivos efeitos, quer sobre o cumprimento ou incumprimento do contrato e suas consequências, quer sobre os prazos de tal cumprimento e as respectivas regras de caducidade e de prescrição[413], quer estipulando normas sobre o ressarcimento dos danos[414], o direito civil — e, em certos casos especiais, o direito comercial — apresenta vários mecanismos aptos a proteger o adquirente, o prestatário, o locatário, o

---

ao referir que "o direito comercial será aquele específico ramo do direito privado que, centrando-se na empresa ou dela irradiando, abrange ainda todos aqueles domínios em que se faça sentir a necessidade de uma regulamentação autónoma em face dos princípios gerais do direito civil".

[410] Veja-se o Código Civil português, Parte geral, nomeadamente os artigos 217.º e seguintes.

[411] A disciplina sobre negócios usurários vem estabelecida no artigo 282.º do Código Civil português, de acordo com a redacção dada pelo Decreto-Lei n.º 262/83, de 16 de Junho, bem como os artigos 559.º-A e 1146.º do mesmo Código. Como se sabe, tal disciplina não só terá como um dos objectivos o de proteger o consumidor, como ainda serve de base à aplicação da lei penal quanto ao crime de usura — cfr. MAIA GONÇALVES, *op. cit.*, (n. 130), p. 685 — se bem que a alteração introduzida no Código Civil, de molde a abranger não só a usura de crédito, mas, também, a usura material, tenha ocorrido por necessidade de "albergar na lei civil, pelo menos, a gama de hipóteses caídas sob a alçada do recém-publicado Código Penal" — cfr. ABILIO NETO e HERLANDER MARTINS, *op. cit.*, (n. 128), p. 151, n. 2 ao artigo 282.

[412] Cfr. o Decreto-Lei n.º 446/85, de 25 de Outubro, sobre Cláusulas Contratuais Gerais e em que é de salientar uma certa tendência no sentido de favorecer o *aderente*, como releva do artigo 11.º, n. 2 e do artigo 13.º, e todo um dispositivo apto a proteger especialmente os consumidores, na secção II, sob a epígrafe "Relações com consumidores finais".

[413] Vide, ainda, os artigos 285.º e seguintes do Código Civil.

[414] A este propósito é de salientar, para além dos artigos 483.º e seguintes (secção V da parte relativa ao direito das obrigações) do Código Civil, o Decreto-Lei n.º 383/89, de 6 de Novembro, sobre responsabilidade civil do produtor por produtos defeituosos.

(Des)criminalização no (incitamento ao) consumo: Questões essenciais   285

mutuário, enfim, o beneficiário([415]) da relação civil ou mercantil perante eventuais "abusos" cometidos pela contraparte, situando-se aqui, em grande parte, o comerciante.

Porém, o direito civil assenta, geralmente, em concepções individualistas, visualizada a relação negocial como bilateral — podendo daqui fazer-se derivar outro tipo de relação, como é óbvio — mas apresenta-se enformado pelo princípio da liberdade contratual, tanto enquanto liberdade de conclusão ou celebração dos contratos, como enquanto liberdade de modelação do conteúdo contratual([416]). Tal princípio, dominante no direito português, parte do pressuposto da existência de uma certa igualdade ou dum certo equilíbrio inter partes, o que, como já vimos, não sucede nas relações de consumo([417]). Na verdade, as relações de consumo não se encaixam adequadamente na tradicional relação civil, já que naquelas estamos em presença de um profissional e de um consumidor, enquanto que no direito civil estamos em presença de duas partes, podendo ser dois profissionais, dois

---

([415]) Aqui, evitamos aplicar o termo consumidor porque em rigor, e como se verá adiante no texto, o contraente em causa tanto pode ser um consumidor *tout court,* como um qualquer indivíduo que, numa daquelas posições (adquirente, prestatário, locatário, etc.), negoceie.

([416]) Nesse sentido duplo está o artigo 405.° do Código Civil: "Dentro dos limites da lei, as partes têm a faculdade de fixar livremente o conteúdo dos contratos, celebrar contratos diferentes dos previstos neste código ou incluir nestes as cláusulas que lhes aprouver". Veja-se, ainda, na mesma linha, Mota Pinto, *op. cit.,* (n. 222), p. 88 e ss., bem como Nick Huls, "La Falité du Consommateur aux Pays-Bas: Problèmes et Solutions à la Lumière des Expériences Européennes", in R.E.D.C., n.° 1, 1990, p. 32.

([417]) Não queremos com isto significar que no direito do consumo o princípio da liberdade contratual não deve estar presente. Aqui, tal como no direito civil, as partes podem e devem ter liberdade de contratar e de fixar livremente o conteúdo do seu contrato. Simplesmente, se no direito civil as partes são abstractamente iguais, no direito do consumo partimos do pressuposto de que as partes são diferentes e desproporcionais, apresentando-se uma mais fraca que a outra. Não nos espanta, por isso, que no direito do consumo o princípio da liberdade contratual possa ser mais facilmente invocado pelo consumidor do que pelo contraente civil no direito civil, em casos em que esteja em causa a violação da ordem pública ou dos bons costumes, onde, como demonstra Baptista Machado, "Do Princípio da Liberdade Contratual. Anotação" in *Obra dispersa, vol. I, Scientia Ivridica,* Braga, 1991, p. 640 e ss., tal invocação no direito civil nem sempre é consensual, nem fácil, coisa que no direito do consumo — pensamos — será mais fácil atendendo ao desequilíbrio das partes.

não-profissionais ou, eventualmente, um profissional e um consumidor[418].

Vale isto por dizer que o direito civil não está elaborado a pensar nas relações de consumo ou, pelo menos, não especialmente, bem se justificando assim a criação de um direito autónomo e diferente a que se chame direito do consumo.

Por outro lado, e este talvez sendo o ponto fundamental, emerge o facto de o direito civil ser acompanhado pelo direito processual civil, através do qual os lesados fazem processualmente valer os seus direitos. O direito processual civil apresenta-se, geralmente, e como é consabido, com uma estrutura complexa, morosa e dispendiosa. Além disso, o recurso aos tribunais judiciais, dum modo geral, depende da vontade das partes, bem como o curso do processo que fica dependente da disponibilidade das mesmas[419].

Ora, é sabido que o valor económico do problema que pode dar causa a um processo desta natureza, quando em causa esteja um conflito de consumo, é, geralmente, muito baixo. Significa isto que, estando o processo dependente da vontade do consumidor, este terá que ponderar os custos do processo, a morosidade do mesmo e a sua complexidade com o valor do objecto e, feita esta equação, ele optará, muitas vezes, pela abstenção, escolhendo nada fazer[420].

---

[418] No sentido mesmo de que o desequilíbrio entre partes será uma das causas da superação do direito civil (tradicional) pelo direito do consumo na tutela dos interesses do consumidor está CALVÃO DA SILVA, *A Responsabilidade Civil do Produtor,* Coimbra, Almedina, 1990, p. 37, para quem "o direito tradicional mostra-se inadequado a assegurar protecção idónea ao consumidor", visto que, "em vez de dois sujeitos livres e iguais a pugnarem por relações contratuais equilibradas, temos agora dois *partenaires* de desigual estatuto económico, social, cultural, formativo e informativo".

[419] É exemplo disso o artigo 264.º do Código de Processo Civil português sob a epígrafe "Princípio dispositivo. Poder inquisitório do juiz", ao referir no n.º 1 que "a iniciativa e o impulso processual incumbem às partes". Sobre o alcance deste princípio veja-se, ABÍLIO NETO, *Código de Processo Civil Anotado,* 9ª ed., reimpressão com apêndice de actualização, 1989, p. 190 e ss., e, sobretudo, ANTUNES VARELA e OUTROS, *Manual de Processo Civil,* 2ª ed., revista e actualizada, Coimbra Editora Ldª, nomeadamente, p. 71 e ss. (onde se contrapõe o processo de jurisdição contenciosa — dominado pelo princípio dispositivo — ao processo de jurisdição voluntária — dominado pelo princípio do inquisitório) e p. 474.

[420] Cfr. Comissão das Comunidades, *op. cit.,* (n. 230), p. 6; no mesmo sentido, no de que o "recurso aos tribunais, pelo seu formalismo, pela morosidade das

(Des)criminalização no (incitamento ao) consumo: Questões essenciais 287

Sendo assim, o consumidor não é protegido, enquanto que o profissional fica impune e isso acontece ainda que não haja uma denegação formal de justiça, mas, apenas, porque os meios (tradicionais) não justificam os fins, na perspectiva do consumidor.

Daí que se afirme([421]) que o direito civil não serve para a resolução dos conflitos, visto ser de natureza individual, moroso, custoso e difícil no que respeita à prova, sendo, portanto, complexo.

Por sua vez, a via administrativa ou, *rectius,* o direito administrativo, oferecendo um prestimoso contributo na protecção do consumidor, sobretudo ao nível da punição e da fiscalização, não é nem suficiente, nem adequado([422]).

Na verdade, a protecção dos consumidores pode, desde logo, ser concebida em termos de protecção jurisdicional dos cidadãos perante a administração pública, principalmente quando em causa esteja o reconhecimento de um direito ou interesse legítimo ou um acto material([423]). É o que, na verdade, se encontra estabelecido no Direito português, através do artigo 69.° da Lei de Processo dos Tribunais Administrativos (Decreto-Lei n.° 267/85, de 16 de Julho, com as alterações da

---

suas decisões, pelos custos ao acesso à justiça e por diversas outras razões menores, se revela muitas vezes inadequado à solução de conflitos que, pelo seu pequeno significado económico, ocorrem no dia-a-dia do cidadão comum ou dos agentes económicos", está José de Athayde de Tavares, "O Acesso dos Consumidores à Justiça nos Países da Comunidade: Via Judicial e Via Administrativa", in *Acesso à Justiça,* DECO, 1991, p. 21.

([421]) Cfr. Luc Bihl, *op. cit.,* (n. 40), p. 15.

([422]) Críticos relativamente ao poder da administração pública e indo mesmo no sentido de que este terá, por vezes, contribuido para abusos em matéria económica e para uma certa crise do sistema judicial penal, estão Fernandez Albor e Martinez Pérez, *op. cit.,* (n. 182), p. 21.

([423]) Veja-se Barbosa de Melo, *Direito Administrativo* II *(A Protecção Jurisdicional dos Cidadãos Perante a Administração Pública),* Coimbra, 1987, onde se estabelece uma relação entre as formas de acção e os meios de protecção jurisdicional no contencioso administrativo, correspondendo ao regulamento a acção de impugnação de normas, ao acto administrativo o recurso contencioso e a acção de reconhecimento, ao contrato administrativo a acção contenciosa e aos actos materiais a acção contenciosa e a acção de intimação. Como se vê, no entanto, as acções que se encontram ao alcance do cidadão-consumidor em virtude de conflitos de consumo nas relações entre a administração pública e o consumidor — se se integrarem os serviços públicos na categoria dos profissionais que podem opor-se aos consumidores — serão as acções de reconhecimento de direito e as acções contenciosas.

288 *Da protecção penal do consumidor*

Lei n.º 12/86, de 21 de Maio) e do artigo 3.º e 51.º, n.º 1, al. f), do Estatuto dos Tribunais Administrativos e Fiscais (Decreto-Lei n.º 129/84, de 27 de Abril)[424]. Só que, como se reconhecerá, a possibilidade de ocorrer uma acção daquele tipo, colocando um consumidor perante a administração pública devido a um conflito de consumo, é muito escassa[425], quer porque tais situações são raras, quer devido aos motivos aduzidos há pouco, relativamente ao direito processual civil e que, aqui, igualmente, desmobilizarão o consumidor, tanto mais que agora há a acrescentar o facto de a contraparte ser uma entidade desequilibradamente mais forte. Não significa isto, claro está, que o direito administrativo não tenha já oferecido soluções — de certo modo até precursoras — para a tutela dos interesses plurindividuais, onde avultam os interesses difusos e onde, em certos casos, estarão ou poderão estar em causa os interesses dos consumidores. Sendo certo, todavia, que tais soluções ficarão sempre conformadas à sua própria raridade — quanto à tutela dos interesses dos consumidores, mas não, certamente, relativa a outros interesses, como sejam os dos cidadãos face ao ambiente, por exemplo — não deixa de ser significativo que, quando verificados certos conflitos de consumo envolvendo a administração pública, os consumidores poderão, para além do mero reconhecimento de interesse ou de direito, fazer valer os seus próprios direitos e bem assim tutelar os seus interesses através de acções específicas, onde avultam as acções populares para tutela de interesses difusos.

---

[424] De acordo com o artigo 3.º do Decreto-Lei n.º 129/84, de 27 de Abril, "Incumbe aos Tribunais administrativos e fiscais, na administração da justiça, assegurarem a defesa dos direitos e interesses legalmente protegidos, reprimir a violação da legalidade e dirimir os conflitos de interesses públicos e privados no âmbito das relações jurídicas administrativas e fiscais", sendo certo que da leitura do artigo 51.º, daquele diploma e do artigo 69.º do Decreto-Lei 267/85, de 16 de Junho, resulta que a competência para conhecer "das acções para obter o reconhecimento de um direito ou interesse legalmente protegido", cabe aos tribunais administrativos de círculo.

[425] No sentido de que "parece bastante limitado, actualmente, o campo reservado a esta acção" estão Artur Mauricio e Outros, *Contencioso Administrativo*, Rei dos Livros, 1988, p. 179 (n.4) do artigo 69.º; repare-se ainda que é o próprio artigo 69.º do Decreto-Lei n.º 267/85, de 16 de Junho, que impõe uma certa limitação ao referir: "As acções só podem ser propostas quando os restantes meios contenciosos, incluindo os relativos à execução de sentença, não assegurarem a efectiva tutela jurisdicional do direito ou interesse em causa".

(Des)criminalização no (incitamento ao) consumo: Questões essenciais 289

É paradigmático, a esse respeito, como já fizemos notar, a previsão integrada no recente Código do Procedimento Administrativo, de acordo com o qual, para além de se reconhecer legitimidade para iniciar o procedimento administrativo e nele intervirem os titulares de direitos subjectivos ou interesses legalmente protegidos, reconhece-se ainda, legitimidade para protecção de interesses difusos aos cidadãos afectados pela administração pública em vários domínios, tais como a saúde pública e a habitação, que directamente podem envolver consumidores[426].

Porém, a via admnistrativa pode ser útil quando a administração se coloca em defesa dos interesses dos consumidores, exercendo uma função preventiva ou fiscalizadora. Na verdade, as entidades administrativas podem intervir no mercado, exercendo uma função de vigilância, de molde a que os profissionais não infrinjam as regras básicas do mercado, tendentes à defesa dos concorrentes e consumidores. Quer ao nível da concessão de licenças de exploração de certos estabelecimentos comerciais, bem como da venda de certos produtos ou da prestação de certos serviços, quer ao nível do cumprimento das regras previstas para o desenvolvimento da actividade, através de uma fiscalização cuidada, quer, ainda, pela possibilidade da coacção administrativa directa, a via administrativa pode, efectivamente, constituir um meio para proteger, ainda que indirectamente, o consumidor[427].

É, mesmo, de salientar, a esse propósito, a coacção administrativa directa, no âmbito da inspecção do consumo, como sendo aquela que "vem caracterizada pelo emprego da força no desenvolvimento de funções administrativas, motivadas por uma situação de urgência que legitima a acção imediata com fundamento numa decisão não procedimental, a qual, em todo o caso, se encontra submetida ao princípio da

---

[426] Na verdade, o n.º 2 do artigo 53.º do Código de Procedimento Administrativo estipula que se consideram dotados de legitimidade para a protecção de interesses difusos "os cidadãos a quem a actuação administrativa provoque ou possa previsivelmente provocar prejuízos relevantes em bens fundamentais como a saúde pública, a habitação, a educação, o património cultural, o ambiente, o ordenamento do território e a qualidade de vida". No sentido de que em tal previsão também se integra a defesa do consumidor está Antonio Francisco de Sousa, *Código de Procedimento Administrativo Anotado* , Lisboa, 1993, p. 187.

[427] Veja-se, nesse sentido, Giuseppe Bozzi, "Consumo – I – Disciplina dei Consumi", in Enciclopeida del Diritto, IX, Giuffrè Editore, 1961, p. 547.

290   *Da protecção penal do consumidor*

legalidade e guiada pelos princípios da oportunidade, congruência e proporcionalidade"([428]).

Trata-se, portanto, de situações em que existindo o perigo da lesão de bens jurídicos como a saúde, a segurança ou o património (interesses económicos) dos consumidores, como condição de urgência, enquanto necessidade de actuar imediatamente, suscitam a intervenção da administração, com vista a pôr logo termo a tais situações([429]).

Como é bom de ver, no entanto, é necessário, neste segundo caso, que a situação seja urgente e, portanto, justificadora da intervenção da administração, situações essas de difícil e rara nitidez, já que, na maioria dos casos, tais situações encontram-se, muitas vezes, encobertas ou envolvem processos pouco evidentes. O que significa ainda que, se em sede de fiscalização se vislumbrem irregularidades, isso levará a que as entidades administrativas recorram ao direito sancionatório (direito de mera ordenação social ou direito penal), ficando logo reduzida a eficácia da via administrativa; e, nos outros casos, isto é, em que a administração intervenha directa e coactivamente, torna-se necessária a verificação dos requisitos para tal intervenção, muitas vezes sendo necessária autorização judicial([430]), atrofiando, também, a eficácia das entidades administrativas, para além da própria raridade de tais situações.

Por último e como via para a descriminalização, está o direito de mera ordenação social([431]). Para além do que já se disse sobre a diferença entre o direito penal e o direito de mera ordenação social e das

---

([428]) Cfr. Iñaki Agirreazkuenaga, "La Coación Administrativa Directa en el Àmbito de la Inspección de Consumo. Límites en el Acceso a Locales a Inspeccionar", in Civitas, R.E.D.A., 69, enero/marzo, 1991, p. 45.

([429]) Iñaki Agirreazkuenaga, *op. cit.,* (n. 428), p. 45 e ss, entende, contudo, que os interesses económicos não suscitam uma intervenção daquela natureza, porquanto a sua protecção deve ser efectuada através de outros procedimentos ordinários, entendendo que igual falta de clareza quanto à necessidade e urgência se poderá questionar relativamente à segurança, mas que indubitavelmente a saúde será o bem jurídico que, por excelência, deve constituir o bem jurídico susceptível daquele tipo de intervenção.

([430]) Problema este suscitado, desenvolvidamente, por Iñaki Agirreazkuenaga, *op. cit.,* (n. 428), p. 53 e ss.

([431]) Cfr. Peter Hünerfeld, "A Pequena Criminalidade e o Processo Penal", in RDE, ano IV, n.° 1, Janeiro-Junho, 1978, p. 31.

(Des)criminalização no (incitamento ao) consumo: Questões essenciais 291

considerações que já fizemos(^{432}) acerca deste último como via descriminalizadora, nada melhor para compreender a importância deste ramo do Direito como alternativa ao direito penal, do que as palavras de Faria Costa(^{433}). Na verdade, este Autor, considerando a "imperiosa urgência de uma aplicação mais célere e mais equitativa da justiça penal", entende que "isso pode passar (...) pela efectivação de uma estratégia político-criminal cujo eixo gire em torno da ideia de transformação de ilícitos penais de pequena gravidade em ilícitos de mera ordenação social *(Ordnungswidrigkeiten)*". Com tal operação, conseguir-se-ia desanuviar o direito penal de certas infracções que, todavia, não ficariam excluídas do direito sancionatório, porquanto a elas se lhes.aplicaria o direito de mera ordenação social. Com efeito, é o que se pode claramente concluir das palavras de Faria Costa(^{434}), ao referir que, daquela forma conseguem-se "dois efeitos: por um lado, o direito penal retoma a sua vocação de tão-só punir, ainda que fragmentariamente, o pôr em perigo ou a violação de bens jurídico-penais que ultrapassem o mínimo de tolerabilidade que a consciência ético--jurídica da comunidade considera como suficiente para lhes emprestar dignidade penal *(Strafwürdigkeit),* enquanto, por outro, e agora na vertente do direito de mera ordenação social, se não deixam de sancionar condutas, se bem que em primeira linha, pelas autoridades administrativas, que o Estado vê como merecedora de uma censura tão-só social".

Para o que agora importa, estamos indubitavelmente perante a via alternativa mais próxima do direito penal, cujas diferenças são, não raras vezes, de difíceis contornos, como, de resto, o demonstra a polémica existente em torno da distinção (quantitativa, qualitativa, material ou formal) destes dois ramos do Direito.

Parece poder, no entanto, afirmar-se que a opção por um ou por outro passa, em termos genéricos, pela classificação daquilo a que se possa fazer, reportando ao direito penal, como sendo ilícitos de pequena gravidade. Tais ilícitos, considerando o princípio da protecção de bens jurídicos, poderiam ser considerados ilícitos penais (ainda que de pequena gravidade), uma vez que, em causa, estariam,

---

(^{432}) Cfr. *supra,* I Parte, Capítulo, n.º 4.
(^{433}) Faria Costa, *op. cit.,* (n. 334), p. 42 e ss.
(^{434}) *Idem,* p. 43.

292   *Da protecção penal do consumidor*

ainda, bens jurídicos — se assim não fosse não se poderia falar na "transformação de ilícitos penais de pequena gravidade em ilícitos da mera ordenação social". Só que, uma análise de tais ilícitos, agora já à luz do princípio da intervenção penal mínima, implicará que os mesmos, por não terem a dignidade penal suficiente e mínima ditada pela consciência ético-jurídica da comunidade, mas por não deixarem de contender com a vida social — justamente porque, ainda, ofendem bens jurídicos — são passíveis de uma censura social [435].

3.4.2. *Os meios propostos para a superação dos meios tradicionais jurídico-formais.*

Um outro plano em que se pode efectuar a opção por certos processos exorbitantes do direito penal e do processo penal tradicional, quer partindo da descriminalização *de facto*, quer partindo de uma descriminalização *de iure,* mas relativamente a condutas indesejáveis, que o Estado remete para outro tipo de intervenção, é o plano da diversão ou da não intervenção moderada.

Trata-se, todavia, de situações em que o Estado reconhece a existência de condutas como indesejáveis, constituindo, portanto,

---

[435] A este propósito, parecem-nos expressivas as palavras de ALESSANDRA ROSSI VANNINI, *Illecito Depenalizzato-Amministrativo Ambito di Applicazione,* Milano, Giuffré Editore, 1990, p. 290, ao afirmar: "L'uso della sanzione penale, cioè, quand'anche proporzionato al disvalore dell'illecito, viene giustificato soltanto se inevitabile: in tutti gli altri casi, la pena dovrà 'cedere il passo' alla sanzione amministrativa".

Elucidativo é, também, FRANCESCO PALAZZO, "I Criteri di Riparto Tra Sanzioni Penali e Sanzioni Ammnistrative", in Convegni Giuridici e Richerche — Atti e Documenti, sobre L'illecito Penale Amministrativo. Verifica di un sistema, Cedam, Padova, 1987, p. 25 e ss., ao anunciar, na sequência da "circolare della Presidenza del Consiglio dei Ministri del 19 Dicembre 1983", dois critérios de aplicação e distinção entre sanção penal e sanção administrativa: "quello di *proporzione,* in osservanza del quale la sanzione penale dovrebbe essere riservata agli illeciti di maggiore gravità" e "quello di sussidierietà, in osservanza del quale la sanzione criminale potrebbe essere utilizzata solo quando non ve ne fossero di maggiormente, o anche solo parimenti, efficaci". No mesmo sentido C. ROXIN, G. ARZT e K. TIEDEMANN, *op. cit.,* (n. 368), p. 23, ao afirmarem: "O direito penal serve subsidiariamente para a protecção dos bens jurídicos e que a sua existência se justifica exclusivamente quando a convivência pacífica dos cidadãos pode garantir-se tão-só com o recurso a sancionar com uma pena a conduta socialmente danosa".

(Des)criminalização no (incitamento ao) consumo: Questões essenciais   293

infracções, embora relativamente às mesmas, em vez de optar pelas penas tradicionais, mas, também, sem as remeter para outros ramos (nomeadamente o direito de mera ordenação social), sem as desqualificar totalmente, encontra vias alternativas e divertidas para a sua resolução [436].

A diversão, enquanto "tentativa de solução do conflito jurídico-penal fora do processo normal de justiça penal" [437], é uma via interessante, sobretudo para situações de pequena criminalidade, pretendendo-se com isso evitar uma certa sobrecarga de trabalho material sempre existente pela via judiciarizada, conseguindo-se tal objectivo através de uma certa desconcentração do processo penal e poupando-se o infractor a uma certa estigmatização [438]. Por outro lado, alcança-se a protecção do lesado, ainda adentro de uma concepção jurídico-penal [439].

A diversão pode, no entanto, ser levada a cabo por diversas formas. Desde logo, pode ser *simples,* na medida em que, quer a polícia,

---

[436] FARIA COSTA, *op. cit.,* p. 334.

[437] Cfr., *supra,* n.º 1 e FIGUEIREDO DIAS e COSTA ANDRADE, *op. cit.,* (n. 327), p. 402 e ainda FARIA COSTA, *op. cit.,* (n. 334), p. 24.

[438] FARIA COSTA, *op. cit.,* (n.334), p. 5.

[439] PETER HÜNERFELD, *op. cit.,* (n. 431), p. 27 e ss., elenca três ordens de exigências para a luta efectiva contra a pequena criminalidade: a *maximização da eficácia, a optimização da reacção político-criminal e o alívio da justiça.*

Quanto à maximização da eficácia no controlo da pequena criminalidade, PETER HÜNERFELD, chama a atenção para o problema que se criaria quanto à média e pequena criminalidade, entendendo que "o alastramento dum sentimento colectivo de ausência de direito e de tutela nesta zona [da pequena criminalidade] levaria, a longo prazo, a consequências incontroláveis". Quanto à optimização político-criminal, haveria que colocar o agente ao lado do facto no centro das questões, sendo certo que "subsiste a exigência fundamental de assegurar ao delinquente primário, ainda não perigoso, as mais amplas oportunidades, sem que isso implique o amolecimento no que toca à protecção dos valores em causa". Por último, o objectivo do maior alívio da justiça trata-se de "uma aspiração já velha", se bem que acabe por "esbarrar com as fronteiras conaturais ao dever do Estado de garantir a realização da justiça".

Advogando o interesse na diversão ou na transacção jurídico-penal para a resolução de conflitos de consumo, assim como em toda a delinquência económica, e em concordância com TIEDEMANN, está, de forma expressiva, BUENO ARUS, *op. cit.,* (n.324), p. 79. No mesmo sentido, vai, ainda, a Recomendação n.º R(87) 18, sobre "Simplification de la Justice Pénale", adoptada pelo Comité de Ministros do Conselho da Europa e respectiva Exposição de Motivos, Estrasburgo, 1988, p. 11.

quer o Ministério Público, podem, em tal caso, solucionar o problema[440]. Pode, no entanto, ao pretender levar-se adiante uma forma divertida de solução, fazer-se intervir um órgão formal — v.g. o Ministério Público — para que sejam cominadas certas injunções com vista ao seu cumprimento — estamos, nesse caso, face à *diversão com intervenção*[441]. Existe, ainda, a diversão levada a cabo através da *mediação*, caso em que uma terceira pessoa é chamada a tentar a conciliação entre infractor e vítima, excluindo, por isso, a intervenção de processo judicial[442]. Por último, existe a *diversão encoberta*, que se caracteriza pelo facto de o infractor aproveitar a abertura do sistema à prática de certos actos, atendendo aos quais o processo ou não prosseguirá ou, então, o Ministério Público não o acusará com base no princípio da oportunidade, como é, normalmente, o caso do infractor indemnizar ou reparar os danos provocados na vítima ou no seu património, com vista a que não exista acusação[443]. A diversão encoberta poderá ter interesse nos conflitos de consumo, se o consumidor, estando interessado numa indemnização em resultado de danos provocados pelo profissional, se satisfizer com tal indemnização, levando a que o processo não prossiga. Em tal situação — para além de considerações jurídico-criminais — o consumidor beneficiaria do facto de não ter de recorrer a um processo complexo e custoso como é o exigido para obter uma indemnização — por vezes, de montantes baixos e injustificáveis face aos custos processuais — que pode facilmente obter — em face da iminência de um processo criminal contra o infractor.

---

[440] É o que resulta do pensamento de Faria Costa, *op. cit.,* (n.334), p. 18 a 20.

[441] Cfr. Faria Costa, *op. cit.,* (n. 334), p. 21.

[442] Cfr. Faria Costa, *op. cit.,* p. 22 e, ainda, Peter Hünnerfeld, *op. cit.,* (n.430), p. 38 e ss., para quem, considerando o princípio da oportunidade e recorrendo aos conceitos de "culpa ligeira" e "interesse público" na perseguição penal, seria possível na pequena criminalidade evitar o processo penal-formal, através da imposição de "injunções e regras de conduta", com o que se conseguiria atingir um certo objectivo: "o arguido [com tal aceitação voluntária] confirma a validade da norma que eventualmente tenha desrespeitado, o que faz em relação a ele próprio como em relação à comunidade jurídica em geral".

[443] Faria Costa, *op. cit.,* (n. 334), p. 23. Veja-se, ainda, sobre a importância do princípio de oportunidade na simplificação da justiça penal, a Recomendação n.° R (87) 18, *op. cit.,* (n. 438), p. 8.

(Des)criminalização no (incitamento ao) consumo: Questões essenciais   295

Para além destes processos divertidos relativos a infracções penais e para além das vias anteriormente apontadas no sentido da descriminalização, há, ainda, no domínio dos conflitos de consumo, a salientar certas formas de resolução desses conflitos, sem que na base estejam infracções criminais. Analisamo-las agora por estarem muito próximas de alguns métodos divertidos anteriores, com a diferença de que, agora, efectivamente, nada têm que ver com a infracção criminal, constituindo, ainda assim, uma via alternativa no direito penal. Pensamos, nomeadamente, na conciliação, mediação ou arbitragem e, muito particularmente, a este propósito, nos tribunais ou juízes de competência especializada.

Começando por esta última hipótese, é de salientar experiências que têm sido realizadas especialmente nos países de inspiração anglo--saxónica, na tentativa de criar processos judiciários simplificados e a desenvolver em tribunais judiciais para a resolução de pequenos conflitos, onde avultam os famosos *county courts* ou os *small claim courts* ([444]). Trata-se de tribunais cuja competência se circunscreve à resolução de pequenos conflitos e em que, por isso, os juízes apenas se dedicam a tais tipos de processos, exercendo assim, também, uma competência especializada. É evidente que este tipo de processo e de tribunal, não raro, levantam algumas questões de difícil resolução.

([444]) Os *Small Claim Courts*, que apareceram em 1913 nos Estados Unidos da América, considerados também tribunais de 1ª instância, atendem às reclamações derivadas de contratos de consumo que não excedam 1000 dólares, ainda que esse valor possa variar de estado para estado. Aí, com efeito, como faz notar VEGA RUIZ, *op. cit.*, (n. 32), p. 37, o processo é simplificado, sem que seja necessária a intervenção de advogado, a petição é concisa, visto não haver um procedimento rígido a seguir.

A Grã-Bretanha seguiu os mesmos passos dos Estados Unidos, instituindo os *County Courts*, para reclamações inferiores a 2.000 libras. Diga-se que soluções idênticas têm sido experimentadas noutros países, como na Suécia, por exemplo, onde aquelas reclamações até 4.000 coroas são aceites e atinentes aos conflitos de consumo.

Refira-se, contudo, que experiências do mesmo género têm sido levadas a cabo em outros países e com algum sucesso. Disso nos dá conta GILLES STRAEHLI, "Observation sur l'expérience de règlement judiciaire des litiges de la consommation et du logement près du Tribunal d'Instance de Dijon", in R.E.D.C., n.º 3, 1988, p. 24 e ss., analisando a experiência encetada no Tribunal d'Instance de Dijon, quanto à resolução de conflitos cujo valor não exceda 13.000 francos, e em que, segundo ele, "ces procédures ne seront pas exclusivement réservées aux consommateurs mais seront pour eux d'un intérêt évident".

296 — Da protecção penal do consumidor

Assim, desde saber se se devem circunscrever aos conflitos de consumo ou a todo e qualquer pequeno conflito, seja ele de consumo ou não; se podem recorrer a tais tribunais apenas os consumidores ou, também, os profissionais contra os consumidores por questões atinentes a pequenos conflitos de consumo; se deverá ser fixado um valor máximo para a consideração do pequeno conflito; se as regras do processo e a própria linguagem técnico-jurídica devem ser simplificadas, de molde a que todos possam aceder a tais tribunais, mesmo sem a intervenção de um advogado que tornaria o processo mais dispendioso; se o processo deve ser apenas oral, apenas escrito, ou misto; se o papel do juiz deve ser passivo ou deve ter um papel activo e conciliador; se das decisões deve ou pode haver recurso [445].

A resposta a todas estas questões levar-nos-ia a uma análise profunda e extensa da matéria, que, todavia, não é do maior interesse para o nosso problema. Independentemente da resposta a tais questões, parece evidente que a criação de tribunais especiais e de juízes com competência especializada, desde que garantidos os direitos das partes dentro de um processo simplificado e que em causa esteja *apenas* a resolução de pequenos conflitos, resolúveis por essa via, sem contenderem com a notoriedade de um outro tipo de processo ou tutela, é de aplaudir [446].

Outra via é a da criação de Centros ou Tribunais de arbitragem e de conciliação [447]. Aqui, é possível surpreender-se uma imensa variedade de centros de arbitragem e de conciliação, públicos ou privados, relativos a qualquer matéria relacionada com o consumo ou apenas a matérias restritas (v.g. publicidade). Trata-se de Tribunais ou Centros

---

[445] Cfr. Comissão das Comunidades, *op. cit.,* (n. 230), p. 7 e ss.

[446] É claro que tal posição pode parecer egoísta se considerarmos que outras áreas da vida e do Direito reivindicam igual especialização. Não se duvida do quão ideal seria possuirmos sempre tribunais criminais, civis, laborais, administrativos, de família, de menores, de pequenos litígios, etc., e sabemos que isso nem sempre é possível, nomeadamente pelos custos e pelos recursos humanos que imporia. Mas tal impossibilidade não nos impede que manifestemos o *nosso* ideal e esse, sem dúvida, é o de haver tribunais especiais com juízes especializados.

[447] A via da arbitragem tem sido seguida em países como a Bélgica, o Reino Unido, a Holanda, a Alemanha — através de sistemas de arbitragem privados — e a França, a Espanha, a Itália e Portugal — através de organismos públicos de arbitragem — cfr. José de Athayde Tavares, *op. cit.,* (n. 199), p. 32 e ss.

(*Des*)*criminalização no (incitamento ao) consumo: Questões essenciais* 297

idênticos aos *county courts,* embora, aqui, estritamente vocacionados para a arbitragem ou para a conciliação e, portanto, ficando dependentes de uma condição prévia e essencial: a *voluntariedade das partes*([448]). Têm, contudo, a vantagem de possibilitar a resolução de conflitos evitando o recurso aos tribunais judiciais, dentro de processos céleres e pouco formais e, portanto, menos dispendiosos.

Em Portugal, a via da arbitragem é relativamente recente e encontra-se instituída para a resolução de conflitos de consumo: são os Centros de Arbitragem de Conflitos de Consumo, compreendendo os Tribunais Arbitrais.

> Aprovada a sua criação em 23 de Janeiro de 1990, o Centro de Arbitragem de Conflitos de Consumo para o município de Lisboa, através do art. 5.º do seu regulamento, visa a resolução de conflitos, cujo valor não ultrapasse os 250.000$00, sendo para tais efeitos considerados conflitos de consumo os que decorrem do fornecimento de bens ou serviços destinados a uso privado por profissionais que exerçam com carácter profissional e fins lucrativos.
>
> São de salientar, de entre os vários casos apresentados a resolução no Tribunal Arbitral no que tange à formação do conflito, os casos que envolvem problemas com cláusulas gerais contratuais e os casos de venda por catálogo, como sendo dos mais frequentes([449]).

4. Reflexão final: tentativa de solução.

Chegados a este momento e tendo já oferecido todos os contributos considerados essenciais para uma resolução da questão da (des)criminalização no incitamento ao consumo, o mesmo é dizer, para a aferição da importância do direito penal na protecção do consumidor, na fase do incitamento ao consumo, tão movediça, parece-nos podermos avançar então para esse último contributo.

Dizemos contributo e não decisão final porque, na verdade, uma solução definitiva é, nesta matéria, difícil e sujeita a contingências várias, nomeadamente à sua *subordinação* temporal, que poderiam tornar qualquer solução — por enquanto — incipiente.

([448]) Cfr. Comissão das Comunidades, *op. cit.,* (n. 230), p. 6.

([449]) Cfr. C. FERREIRA DE ALMEIDA, "Contratos de Consumo. Análise de Alguns Casos Decididos no Centro de Arbitragem de Conflitos de Consumo de Lisboa", in *Arbitragem de Conflitos de Consumo. Que Futuro?,* DECO, 1992, p. 18 e ss.

Mais importante do que termos uma solução envolta em todas estas forças, que tanto funcionam justificando-a, como contrariando-a, é podermos conhecer os pressupostos e postulados relativos a uma matéria como é a da protecção do consumidor, complexa, pluridisciplinar, peculiar, em suma, diferente, de molde a que possamos, acompanhando o desenvolvimento económico-social ditado pelas transformações do mundo em que vivemos e em que nos assumimos como produtores, distribuidores, mas em que *todos* somos consumidores, de maneira a que possamos, dizíamos, apresentar soluções que se vão adequando a tais transformações e que dessa forma vão garantindo protecção ao consumidor.

Neste particular, o Direito apresenta-se como um constituendo e, como tal, ele também se deve ir moldando às necessidades, respondendo a estas eficazmente. E se é verdade que o direito penal tem como função a protecção de bens jurídicos, de molde a garantir a convivência em sociedade, ele deve ser evitado quando coloque em causa essa convivência.

O que valerá, assim, por dizer, que não bastará a manifestação da dignidade penal da conduta e dos bens jurídicos que a mesma afecta, tornando-se, outrossim, necessária a revelação da carência de tutela penal para que a intervenção penal se faça, em obediência, de resto, ao princípio da intervenção penal mínima, nos seus vários desdobramentos (450).

Constatamos assim que, nas relações de consumo, muitos são os mecanismos propostos para a resolução dos problemas, antes mesmo do recurso ao direito penal. Para além dos tradicionais meios (direito civil, direito administrativo e direito de mera ordenação social), novos meios (a arbitragem, a mediação e a conciliação) e as próprias normas que específica e autonomamente compõem o direito do consumo, como vimos, oferecem soluções várias para a resolução dos conflitos emergentes das relações de consumo.

Só que a bondade dessas soluções nem sempre é suficiente para garantir protecção aos consumidores.

---

(450) Sobre a relação entre dignidade penal ("Strafwürdigkeit") e carência penal ("Strafbedürftigkeit") veja-se, entre outros, Costa Andrade, "Contributo para o Conceito de Contra-Ordenação (A Experiência Alemã)", in R.D.E., anos VI-VII, 1980-81, p. 118.

(Des)criminalização no (incitamento ao) consumo: Questões essenciais 299

Parece-nos, agora, fácil, que a melhor solução e a eventual intervenção do direito penal devem ser aferidas em dois níveis distintos (ainda que, em concreto, seja difícil fazer tal diferenciação, mas que para a formulação teorética de uma solução, neste momento, se nos afigura possível e desejável): o das relações meramente individuais e individualizáveis e o das relações trans-individuais, *rectius,* supra--individuais.

Visto o problema ao nível do consumidor individual, tal como o podemos ver ao nível do adquirente, do mutuário, do prestatário, diríamos serem suficientes as propostas feitas pelo direito penal clássico. Assim, quer o crime de burla, quer o crime de usura, quer os crimes contra a saúde ou segurança e muitos dos crimes contra o património, já respondem a muitos dos problemas colocados nas relações de compra-venda, mútuo, locação, prestação de serviços, etc.. Se, na verdade, o consumidor, na relação individual, pode ser visto como um qualquer contraente e se naquelas relações negociais é sempre possível que qualquer lesado possa recorrer ao direito penal, tutelando os seus próprios interesses, apelando assim às instâncias formais de decisão para a tutela de determinados bens jurídicos, valendo por dizer que, se nessas relações são possíveis infracções constitutivas do crime de burla ou de usura, e se qualquer lesado, não importando a sua categoria jurídica, pode recorrer a tais tipos de ilícito para obter protecção jurídico-penal, então, também o consumidor, como um qualquer lesado, pode, em idênticas situações, recorrer aos mesmos meios.

Estamos, no entanto, apenas a referir que o consumidor *também* pode recorrer aos meios formais e, nomeadamente, ao direito penal, para a tutela de bens jurídicos a ele intimamente ligados. Mas, o poder fazê-lo não significa que seja o melhor meio. Principalmente, não será o melhor meio se tivermos em conta que, para prossecução daqueles intentos, é necessário — dum modo geral — o recurso ao processo penal — processo formal, complexo e tecnicista — cujos custos e incómodos de modo algum justificam os resultados a obter se se tiver em conta a importância (patrimonial, necessariamente) diminuta do conflito, ao nível das relações individuais — sublinhe-se.

E mesmo que se avançasse com outras formas de processo, nomeadamente as acções populares para a tutela de certos e determinados bens jurídicos, ainda através daqueles tipos de ilícito clássicos, esbarraríamos com outro obstáculo: o de que — como vimos em

300   *Da protecção penal do consumidor*

determinadas infracções ligadas ao incitamento ao consumo — tais tipos de ilícito nem sempre atendem à particular e concreta situação de fraqueza em que se encontra o consumidor face ao profissional, bem como o de que a função repressiva a exercer pelo direito penal, nestes casos, seria infimamente inferior à função de que outros meios poderiam desempenhar, tendo em conta que, uma vez afectados os bens jurídicos, já o direito penal teria perdido a importância e a oportunidade de evitar tal ofensa.

Este último problema, a constituir o *punctum crucis* do nosso trabalho, será objecto de uma próxima análise. Antes, porém, importa aludir — coisa que, de resto, já fizemos parcialmente — à intervenção de outros meios alternativos ao direito penal e que, numa relação criminalização/descriminalização por que perpassa a solução do nosso problema, impõe mais uma breve referência.

Na verdade, no domínio das relações de consumo em que estejam em causa interesses perfeitamente individualizáveis, é possível conceder-se ao consumidor meios que o ajudem a solucionar o seu problema, evitando o recurso aos meios tradicionais, sejam estes o direito penal ou outros (o direito civil, o direito administrativo ou o direito de mera ordenação social) — embora relativamente a estes últimos, pelas razões já apresentadas e algo semelhantes às que acabamos de enunciar para o direito penal, se pressinta alguma inadequação, ainda que, admitamos, sendo o direito penal a *ultima ratio* do sistema, devam aqueles meios intervir antes (e se possível) do direito penal.

Sem aprofundarmos tal questão, parece-nos que, em sede de reflexão final, nos basta a ideia de que aqueles meios tradicionais, pelas limitações que implicam, podem, de facto, ser superados por meios novos e adequados à protecção do consumidor.

Acreditamos e aceitamos, assim, que sejam de criar soluções divertidas que assentam na conciliação, na mediação e onde os centros de arbitragem podem ter um papel importante na resolução de um conflito entre um profissional e um consumidor; acreditamos e aceitamos que desde que o consumidor seja devidamente informado dos seus direitos, nomeadamente quanto à estipulação de regras que determinem a anulação de um contrato num prazo de alguns dias após a celebração do mesmo, apenas porque aquele se arrependeu após alguma ponderação, resolve parte dos problemas, quanto às vendas agressivas e vendas a crédito; acreditamos e aceitamos que certas

(Des)criminalização no (incitamento ao) consumo: Questões essenciais 301

regras a obrigarem o profissional relativamente às ofertas feitas em anúncios publicitários, também contribuem para a solução de certos problemas; acreditamos, em suma, que a estipulação de normas que anulem cláusulas insertas em contratos considerados abusivos e ofensivos dos interesses dos consumidores, a estipulação de normas que obriguem à inclusão de certas cláusulas e à sua informação nos contratos, levando à criação de mecanismos diferentes dos tradicionais para a resolução dos conflitos resultantes do incumprimento dessas normas, resolvem boa parte dos problemas. Com isso alcançar-se-á a protecção dos interesses dos consumidores por meios extra-penais e, portanto, evitando-se o recurso ao direito penal e mesmo até a outros meios tradicionais.

Só que nem sempre tais questões são resolúveis dessa forma. Ali, estamos no domínio mais fértil das relações individuais e de conflitos, envolvendo valores (patrimoniais) fixos. Outras, contudo, são as relações, que envolvem um número indeterminado de consumidores e em que, em causa, estão interesses supra-individuais, cujos valores patrimoniais oscilam, mas quando considerados ao nível desse universo de consumidores tornam-se elevados. Mas não só. Aqui, sobressai o perigo de lesão dos interesses dos consumidores, enquanto consumidores potenciais. E, aqui, aquelas soluções nem sempre se revelam adequadas [451].

Nesta fase, é legítimo concluir que, no plano meramente individual — plano que, ainda que não sendo o adequado para traçar qualquer modelo de protecção dos consumidores, é, pelo menos, uma das vias a atentar, se o consumidor o pretender, funcionando assim como *mais* uma via a considerar e, por vezes, mesmo a única —, naquele plano, dizíamos, será possível encarar a concorrência do direito penal clássico e de outros meios tradicionais na solução dos problemas, cientes, no entanto, que tais meios devem surgir tais como são, sem qualquer esforço para adequá-los à relação do consumo; especificamente vocacionados para a resolução dos conflitos de consumo, em que oponham os consumidores aos profissionais em relações isoladas, individualizadas, devem intervir aqueles meios especiais, principalmente assentes na mediação, na arbitragem e na criação de normas

---

[451] Veja-se Vassili Christianos, "Accès du Consommateur à la Justice et Code de Procédure Civile Hellénique", in B.F.D.U.C., vol. LXII, Coimbra, 1986, p. 357.

especialmente orientadas para proteger o consumidor, em caso de incumprimento ou de infracção por parte do profissional.

Julgamos assim, por enquanto — e a esse nível — poder recorrer a meios que se apresentem como vias de superação dos meios tradicionais e, portanto, também, do direito penal, constituindo por isso soluções divertidas mais adequadas, mas não propriamente excludentes dos restantes meios.

O problema inverte-se, de certo modo, quando o consideramos num plano trans-individual, aquele em que julgamos ser de considerar com vista a um modelo adequado para a protecção do consumidor. Vejamos.

Uma acção levada a cabo por um profissional, principalmente no domínio dos processos de incitamento ao consumo, levando em si a intencionalidade da ofensa dos interesses dos consumidores ou ainda que a não levando, provocando tal ofensa, e a concretizar-se tal atitude, pode, na verdade, provocar a afectação de um número indeterminado de consumidores.

Qual a atitude esperada do legislador perante a constatação de uma tal hipótese? Parece-nos que a resposta é relativamente simples: o legislador há-de tentar impedir ou, pelo menos, evitar, que se desencadeiem tais acções. Trata-se, nestes casos, de levar a cabo estratégias preventivas e onde — cremos — o direito penal, contrariamente a outros meios, pode desempenhar um papel valiosíssimo.

Qualquer sanção de natureza civil ou administrativa, ou ainda qualquer sanção pecuniária extra-penal — como será o caso da coima — pode não dissuadir o profissional que, pesados os factores favoráveis e os desfavoráveis, poderá considerar ainda interessante praticar a infracção. Por outro lado, tais sanções podem, ainda, existir e serem eficazes como meios igualmente repressivos, isto é, pressupondo a consumação da infracção enquanto produtora de um dano ou de um resultado e considerando a sua descriminalização. Nestes casos, certamente que poderão também intervir todos os meios que há pouco enunciámos como adequados para as relações individuais.

Porém, o que aqui se pretende é evitar chegar a tal ponto; o que se há-de impor é que tais condutas, podendo constituir um perigo para a ofensa dos interesses dos consumidores, sejam como tal consideradas, isto é, como condutas de perigo e como tal tratadas juridicamente.

Se é certo que "L'effet dissuasif de l'action de la justice réside

(Des)criminalização no (incitamento ao) consumo: Questões essenciais   303

plus dans la certitude de sanctions que dans leur application"[452], torna-se imperioso não descurar a existência de relações, que assumindo aquela particular feição plurindividual e impondo uma séria reflexão quanto ao perigo da ofensa de bens jurídicos a elas ligados e que, portanto, assumem, também, importância plurindividual, torna-se imperioso, dizíamos, encontrar soluções mais eficazes e essas julgamos repousarem no âmbito do direito penal[453].

Partindo dos ensinamentos de Faria Costa[454] — no seu recente e majestoso trabalho alusivo à temática do *Perigo no Direito Penal* — "haverá uma situação de perigo sempre que a produção do resultado desvalioso é mais provável que a sua não produção", valendo por dizer que tal situação ocorre "quando, relativamente aos resultados possíveis descritos na lei penal, a probabilidade do resultado desvalioso é superior à probabilidade da sua não produção, quer dizer, é superior à probabilidade da produção do resultado valioso".

Transpondo, pois, para os processos de incitamento ao consumo e fazendo um esforço — não redutível — no sentido de apurar quando é que estamos perante uma situação de perigo, podemos, pelo menos, concluir que, assentando aqueles processos em meios comunicacionais, densamente persuasivos, realizados com intenção de, em sede de probabilidades, serem os destinatários convencidos por tais processos em maior número do que os não influenciados, e sendo, por outro lado, o consumidor, dum modo geral, menos preparado e, portanto, mais vulnerável, diríamos que, em geral e numa primeira aproximação, é fácil surpreenderem-se situações de perigo na realização daqueles processos. Diríamos, assim, com Faria Costa, que em tal tipo de situação há perigo porque "há perigo sempre que, através de um juízo de experiência, se possa afirmar que a situação em causa comportava uma forte probabilidade de o resultado desvalioso se vir a desencadear ou a acontecer"[455].

O problema, no entanto, leva-nos a um outro tipo de questões:

---

[452] Raymond Screvens, "Sanctions pénales et Protection de la Societé", no B.F.D.U.C., número especial, Estudos em Homenagem ao Prof. Doutor Eduardo Correia, II, Coimbra, 1984, p. 55.

[453] Veja-se tal ideia, patente no pensamento de Tiedemann, "Entwicklung und Begriff des Wirtschaftsstrafrechts", in G.A., 1969, p. 71.

[454] Faria Costa, *op. cit.*, (n. 33), p. 596.

[455] *Idem*, p. 600.

304   *Da protecção penal do consumidor*

qual é o perigo causado pelos processos de incitamento ao consumo? Ou, dito de outra forma, o que é que os processos de incitamento põem em causa ou em que medida constituem um perigo?

Pretendermos individualizar bens jurídicos que estivessem imediatamente em causa em tais situações, seria tarefa incipiente, na medida em que, por um lado, em causa *poderão* estar vários bens jurídicos e, por outro, a mediaticidade e a afectação de cada um não é igual à dos restantes. Certamente que a publicidade enganosa poderá levar à afectação da saúde, mas, também, pode colocar em perigo a vida ou simplesmente o património.

Pretendermos fazer ligar (em sede de perigo) o tipo legal de crime a certos e determinados bens jurídicos, ou seja, pretendendo criar crimes de perigo concreto em que o perigo fosse elemento do ilícito-típico, levar-nos-ia à criação e multiplicação de vários tipos legais de crime, atendendo à diversidade de bens jurídicos envolventes naquelas relações de consumo.

Verdadeiramente, isso não é o que está em causa na relação de consumo nem o que se pretende em sede de criminalização. É toda a relação de consumo, na qual estão em causa vários bens jurídicos, mas, também, relativamente à qual não têm que ser individualizados ou eleitos bens jurídicos mais ou menos relevantes, que se revela determinante.

Pensamos, pois, dever aludir neste tipo de relações aos crimes de perigo abstracto. Aqui, o que está em causa não é a ofensa de bens jurídicos concretos, mas, antes, "o desvalor de cuidado-de-perigo" fundamentador do "ilícito típico" dos crimes de perigo abstracto. Não quer isto significar que, no referente aos crimes de perigo abstracto, o direito penal se desvirtua da sua função nobre: a protecção de bens jurídicos. Tal visão conduzir-nos-ia a conceber a categoria dos crimes de perigo abstracto como algo distinto do direito penal — seria uma visão completamente descabida e errada.

Se é certo que os crimes de perigo abstracto se fundamentam no desvalor do cuidado-de-perigo enquanto base do ilícito típico, o certo é que, como ainda reconhece Faria Costa, "os crimes de perigo abstracto só se podem, verdadeiramente, justificar quando, se bem que unicamente através de um cuidado-de-perigo, se quer ainda proteger um bem jurídico com dignidade penal"[456].

Ligando, agora, o que acabámos de ver com os processos de

---

[456] *Idem*, p. 641.

(Des)criminalização no (incitamento ao) consumo: Questões essenciais 305

incitamento ao consumo e sendo certo que aqui estão em causa vários bens jurídicos, a forma mais adequada, se não a única, de conceder protecção a tais bens jurídicos, há-de ser através da figura dos crimes de perigo abstracto. Aqui, em abono da verdade, importa ter consciência de que tais processos, podendo pôr em perigo bens jurídicos, não nos oferecem com clarividência a intencionalidade e o propósito de tal possibilidade. Pelo que, não sendo possível descortinar claramente o perigo da ofensa de determinados bens jurídicos — sobretudo se tivermos em conta que "o perigo fundamentador da ilicitude e da punibilidade, não se encontrando referido no tipo, pode, em concreto, deixar de constituir parte integrante da conduta"(457) — mas não sendo sequer desejável exigir-se tal determinação — isso equivaleria à constituição de crimes de perigo concreto numa realidade tão movediça e heterogénea quanto é a dos processos de incitamento ao consumo — será suficiente sentir-se a existência de um certo perigo (ainda que oculto) relativamente a vários e indistintos bens jurídicos.

Assim, a publicidade enganosa, uma vez realizada, pode não se apresentar suficientemente clara quanto ao perigo de lesão do bem *vida*, nuns casos (v.g., porque em causa não estejam produtos susceptíveis de lesar aquele bem), mas legitimar tal possibilidade, noutros casos, sendo certo que, quer nuns, quer noutros, outros bens poderão estar em causa. Tal oscilação é por si só suficiente para se abandonar a ideia de fazer ligar, nesta matéria, os crimes de perigo à concreta protecção de bens jurídicos (determinados), o que levaria à transformação dos crimes de perigo abstracto em crimes de perigo concreto ou somente em crimes de perigo abstracto-concretos.

Para nós, será suficiente, em sede legiferante, formular o tipo legal de crime, de forma a contemplar-se o desvalor do cuidado de perigo, sem a preocupação de o fazer ligar à existência de um perigo (como integrante do tipo-de-ilícito), nem à concreta protecção de bens jurídicos. É como se bastasse a mera desobediência às prescrições enunciadas, visto que da violação de tais prescrições poderá, de acordo com a experiência, ocorrer o perigo de lesão dos interesses dos consumidores, *rectius,* a efectiva lesão de tais interesses, sem que seja

---

(457) São palavras de Figueiredo Dias, *O Problema da Consciência da Ilicitude em Direito Penal,* 3ª ed., Coimbra Editora, 1987, p. 406.

necessário — repita-se — enunciá-lo, claramente, no tipo de ilícito.

Tal modo de ver as coisas levou já a que — como referimos anteriormente — se propusesse a criação dos crimes de desobediência às ordens e prescrições dos órgãos encarregados de velar pela realização de certas condutas. Como já fizemos sentir, só pela falta de órgãos centrais no âmbito do incitamento ao consumo e porque, por outro lado, a existência dos crimes de desobediência, no sentido proposto por FIGUEIREDO DIAS [458], alcançaria para nós o mesmo objectivo dos crimes de perigo abstracto — separando-os questões mais de ordem dogmática do que de política criminal, aceitando-se, porém, que a utilização da figura dos crimes de desobediência dispensaria o recurso à figura dos crimes de perigo abstracto ou presumido, de sempre difíceis contornos, como vimos [459] — pelo que não nos parece, neste momento, importante discorrer sobre tal problema.

Chegados a este ponto, há que sublinhar, uma vez mais, que no domínio dos interesses supra-individuais, faz mister adoptar uma postura preventiva do sistema, com vista à protecção de tais interesses, e tal postura será certamente assumida pelo direito penal através da sua função preventiva, materializada na criação dos crimes de perigo abstracto (ou dos crimes de desobediência) e respeitando, entre outros,

---

[458] Para além do que já se disse sobre tal proposta de FIGUEIREDO DIAS, urge aqui citar as suas palavras, expressivas e claras, sobre o assunto: "Por fim, as maiores (e irrecusáveis) dificuldades de comprovação judicial da culpa neste campo podem ser ultrapassadas por vários meios, entre os quais destacarei (...): uma adequada técnica legislativa de transformação das incriminações, chamadas de perigo abstracto, que visam só mediatamente a protecção de bens jurídicos individuais, em verdadeiros delitos de desobediência, que protegem ou promovem imediatamente, se bem que só por forma indirecta, bens jurídicos sociais". — Cfr. op. cit., (n. 303), p. 35.

[459] Em sentido concordante com FIGUEIREDO DIAS, está FARIA COSTA, op. cit., (n. 33), p. 315 e ss., ao referir que "se se julgar que é político-criminalmente salutar intervir nestas áreas quando não estejam ainda definidos os específicos bens jurídicos que os interesses difusos indicam ou sugerem (...), então, a forma mais curial deve ser levada a cabo através da tipificação dos chamados crimes de desobediência. Por outras palavras: deixa-se a outros ramos do direito a tarefa de definirem criteriosamente a regulamentação — certamente através da definição de deveres — das áreas da vida colectiva em que os interesses difusos se reflectem, e concede-se ao direito penal a punição das violações mais graves dos deveres anteriormente impostos".

o princípio da intervenção penal mínima[460].

Estamos cientes da relatividade de tal solução. Julgamos mesmo que não deve constituir uma proposta de solução definitiva. A nossa posição deve ser entendida, pelo menos, no direito português, como um dos pontos de partida para uma reflexão mais profunda sobre os meios mais adequados com vista à protecção do consumidor.

Com esse propósito, julgamos constituir o direito penal, ainda como *ultima ratio,* um dos meios a contar como dissuasor quanto a condutas levadas a cabo por profissionais e susceptíveis de lesar os interesses dos consumidores. Nesse sentido, e só nesse, o direito penal assumir-se-á, não só como essencial, mas, também, como o *leit motiv* para a criação de normas jurídico-penais a que se chamará direito penal do consumo.

---

[460] Não podemos deixar de citar, neste momento, o pensamento de FARIA COSTA, *op. cit.,* (n. 33), p. 315, ao referir: "Assim, se estivermos manifestamente perante interesses difusos, julgamos que, em primeira linha, o direito de mera ordenação social, o direito administrativo e mesmo o direito civil, são os meios adequados à defesa daqueles interesses ou «valores», tendo em conta o já tantas vezes invocado princípio do mínimo de intervenção estadual ao nível da criminalização e consequente penalização. No entanto, quando se puder, o que o mesmo é dizer, a partir do momento em que se possa delimitar o conteúdo normativo de um qualquer interesse — e consegue-se um tal desiderato, como sabemos, recorrendo, entre outros critérios, à específica danosidade que a violação ou perigo de violação daquele preciso interesse provoca na comunidade — e se se entender que os comportamentos que levam à violação ou ao pôr-em-perigo daquele bem jurídico merecem ser punidos, então, não vemos razões, bem pelo contrário, para que o direito penal não intervenha".

PROPOSTAS CONCLUSIVAS

Julgamos legítimo poder formular algumas propostas em jeito de conclusão. Cientes, todavia, que mais do que soluções definitivas serão contributos para o (re)lançamento da discussão em torno de um problema relativamente novo e ao qual nem sempre tem sido dedicada a atenção devida, mas indiscutivelmente importante, como é o da protecção (penal) do consumidor. Vejamos.

1 — As normas penais a conferirem protecção ao consumidor podem formar um corpo especial (relativamente autónomo) de normas, ao qual se poderá chamar direito penal do consumo, cuja autonomia se justifica quer pela peculiaridade da relação de consumo quer pelo facto de encontrar na Constituição a referência axiológico-normativa para esse efeito.

2 — A autonomia do direito penal do consumo deve atender a que este faz parte daquilo a que se chama direito penal secundário, onde se conjugam normas de direito penal económico e de direito penal administrativo com características próprias e que diferem relativamente ao direito penal clássico.

3 — A relação de consumo deve ser entendida não só na sua fase contratual mas também na fase anterior, do incitamento ao consumo, onde intervêm os chamados processos de incitamento e onde sobressaiem os interesses supra-individuais.

4 — Os conflitos de consumo, não sendo de hoje, e remontando já há alguns séculos suscitam, porém, na actualidade, o interesse de diversas áreas no seu estudo e concretamente apelam a uma protecção adequada do consumidor, onde, naturalmente, pode intervir o direito penal.

5 — Nos processos de incitamento ao consumo desencadeiam-se infracções cuja subsunção a tipos legais de crime já existentes para outro tipo de relações não impede, antes convida à reflexão sobre a criação de tipos legais concretamente pensados em função da relação

de consumo, sendo aqui de destacar a relação entre o crime de burla e o crime de publicidade enganosa ou o crime de usura no crédito em geral e no crédito ao consumo, bem como o crime de burla e o crime de "abuso de fraqueza" (de tipo francês).

6 — O consumidor distingue-se perfeitamente de outros sujeitos com ele afins, quer juridicamente, quer porque se trata de um sujeito geralmente mais fraco, débil e profano, a requerer uma atenção especial e a reivindicar uma protecção adequada e especial.

7 — Uma noção jurídica de consumidor servirá para o distinguir de outros sujeitos e não colide com a ideia do consumidor enquanto vítima criminal, porquanto aqui se têm em conta os consumidores potenciais, bem como os consumidores *tout court,* por isso lhes conferindo protecção nos crimes aparentemente sem vítimas em razão da natureza supra-individual dos interesses em questão.

8 — Os interesses dos consumidores, podendo ser configurados como individuais, colectivos ou difusos, convocam a uma reflexão e "angariação" de meios processuais adequados à sua tutela e onde acções populares, como a *class action*, desempenharão um papel valioso, para além, naturalmente, da possibilidade — ainda que não a melhor — da tutela tradicional assente nas acções individuais.

9 — Apesar de no direito penal clássico, em larga medida, vigorar o princípio *societas delinquere non potest,* não impede que a protecção penal do consumidor, por se inserir no direito penal secundário e por aqui se verificar uma maior aceitação e instituição da responsabilidade criminal das pessoas colectivas, seja feita com a possibilidade destas poderem efectivamente ser responsabilizadas e punidas criminalmente.

10 — A defesa da impossibilidade da responsabilização criminal das pessoas colectivas levaria à desprotecção do consumidor por serem aquelas as principais protagonistas das infracções verificadas no consumo, além de que tal defesa só se compreenderia em função de princípios dogmáticos ultrapassáveis em prol de uma justiça efectiva.

11 — Os bens jurídicos ligados ao consumidor e concretamente situados no incitamento ao consumo são suficientemente importantes de cujo respeito depende também a convivência em sociedade e que, elevados à categoria de direitos Constitucionais e sendo a Constituição o referente axiológico-normativo para o direito penal, aqueles bens jurídicos são penalmente relevantes.

Propostas conclusivas

12 — Apesar de legitimada a intervenção do direito penal, esta não deve acontecer se outros meios forem suficientes para garantir a convivência em sociedade e, portanto, a protecção do consumidor.

13 — Certos meios, certos organismos especializados, certos tribunais especializados podem e devem intervir na protecção do consumidor evitando a intervenção do direito penal, devendo por isso instituir-se e preservar-se certas acções de grupo que protejam os interesses supra-individuais dos consumidores, mesmo sem estes terem um papel activo na acção.

14 — É indubitável o papel positivo que aqueles meios podem ter na protecção do consumidor, particularmente ao nível das relações individuais, mas é insuficiente a sua intervenção principalmente ao nível da tutela dos bens jurídicos supra-individuais e, aqui, pode efectivamente ser chamado o direito penal, como *ultima ratio* do sistema.

15 — A opção naquela última hipótese, ainda por um direito de mera ordenação social, não deve ser totalmente arredada mas não devem subsistir preconceitos na intervenção do direito penal, ainda que acompanhada de formas divertidas de resolução, quando efectivamente se mostre útil, como é o caso das infracções verificadas nos processos de incitamento ao consumo em que em causa esteja o perigo de lesão de bens jurídicos supra-individuais.

16 — O que importa salientar, sobretudo, nas infracções verificadas no incitamento ao consumo é, não tanto a protecção concreta e determinada de bens jurídicos individualizáveis, mas a violação de um dever-de-cuidado, que põe em perigo toda a relação do consumo, podendo compreender diversos bens jurídicos, ou, se preferirmos, podendo, nesta perspectiva, a relação jurídica aparecer com o bem jurídico a proteger.

17 — Assim sendo, o recurso à criminalização através da figura dos crimes de perigo (abstracto) será a via adequada, para além de outras a que só casuisticamente será possível referir.

18 — A adopção da figura dos crimes de perigo abstracto não impede a concepção dos crimes de desobediência a ordens e prescrições emanadas de órgãos centrais e tutelares do consumo em geral e dos processos de incitamento em particular.

19 — Quer uma, quer outra via, levar-nos-ão sempre a uma reflexão atenta e séria sobre uma área da vida social e económica, como é a das relações de consumo, à qual nem sempre tem sido dedi-

cada a atenção devida e necessária, mas onde, estando em causa relações de massas nas quais todos participamos, encontramos terreno fértil para a intervenção jurídica (penal).

ADENDA

Na al. a), do n.º 3.2.4., do Capítulo II, da IIª parte, do presente trabalho, sob o título "A *Class Action* e a Acção Popular", abordamos o direito à acção popular no direito português vigente, por referência ao artigo 52.º, n.º 3, da C.R.P., e referimos aí que tal direito não se encontra ainda regulamentado por legislação ordinária, o que, obviamente, seria de lamentar.

Precisamente quando o presente trabalho se encontrava em fase final de publicação, veio a público a Lei n.º 83/95, de 31 de Agosto, que regulamenta o "direito de participação procedimental e a acção popular".

Ora, como é bom de ver, tal publicação obriga-nos à presente adenda, não só porque seria muito difícil a correcção do texto naquela parte, mas também porque preferimos mantê-lo tal como está, acompanhado, contudo, da presente explicação. E a razão é simples: tal como se pode constatar, o que afirmamos aí veio a ser confirmado pela Lei n.º 83/95.

Na verdade, para além de aquela lei referir expressamente no seu artigo 1.º que se destina a definir os casos em que, nos termos do artigo 52.º, n.º 3, da C.R.P., se pode recorrer ao direito de acção popular, veio determinar no n.º 2, daquele artigo, que "são designadamente interesses protegidos pela presente lei a saúde pública, o ambiente, a qualidade de vida, a protecção do consumo de bens e serviços, o património cultural e o domínio público".

Quer isto significar que os consumidores portugueses passam finalmente a ver regulamentado o direito de acção popular, justamente nos casos em que os seus interesses são ou possam ser afectados.

Tal lei, que aqui não pode ser abordada na íntegra, enuncia, contudo, vários aspectos importantes que, sumariamente, não podemos deixar de enunciar: a) a legitimidade das associações e fundações, em certos casos, para além dos próprios indivíduos (art. 3.º); b) a possibi-

314 Da protecção penal do consumidor

lidade de uma acção popular civil (art. 12.°); c) o direito, do autor da
acção, de representação por iniciativa própria, com dispensa de
mandato ou autorização expressa (art. 14.°); d) o direito de auto-
-exclusão, aos que não pretendam intervir na acção (art. 15.°); e) o
poder de fiscalização, nuns casos, e representação, noutros, conferido
ao Ministério Público (art. 16.°); f) a eficácia geral do caso julgado das
sentenças, excepto relativamente aos que tenham exercido o direito de
auto-exclusão (art.19.°); g) a isenção de preparos e de custas, no caso de
procedência parcial do pedido (art.20.°); h) o dever de indemnização
que recairá sobre o agente causador se tiver havido responsabilidade
por violação dolosa ou culposa dos interesses mencionados no artigo
1.° (art. 22.°, n.° 1); i) a indemnização pela violação de interesses de
titulares não individualmente identificados que será fixada global-
mente (art. 22.°, n.° 2); j) a existência de eventual responsabilidade
civil objectiva (art. 23.°); k) e, finalmente, o direito de denúncia,
queixa ou participação ao Ministério Público, aos titulares do direito
de acção popular, por violação dos interesses presentes no artigo 1.°
que revistam natureza penal, bem como o de se constituírem assis-
tentes nos respectivos processos.

Perante isto, não podemos deixar de registar a nossa satisfação
pela publicação da presente lei e esperar que no futuro venha a ser utilizada com a frequência desejada e necessária, para que os consumidores possam, assim, diminuir a situação de fraqueza em que, de certo
modo, se encontram.

BIBLIOGRAFIA

A.A.V.V. — Código Brasileiro de Defesa do Consumidor Comentado e Anotado pelos Autores do Anteprojecto, Forense Universitária, 2ª ed., 1992.

A.A.V.V. — Redactor Geral Karel Vasak, *As Dimensões Internacionais dos Direitos do Homem*, Editora Portuguesa de Livros Técnicos e Científicos, Unesco, 1983.

Agirreazkuenga, Iñaki — "La Coacción Administrativa Directa en El Ámbito de La Inspeccíon de Consumo. Límites en ei Acceso a Locales a Inspeccionar." in R.E.D.A., 69, Enero, Marzo, 1991.

Almeida, Carlos Ferreira de — *Direito Económico, II Parte*, Associação Académica da Faculdade de Direito de Lisboa, 1979.

— *Os Direitos dos Consumidores*, Almedina, Coimbra, 1982.

— "Negócio Jurídico de Consumo, Caracterização, Fundamentação e Regime Jurídico", *in* B.M.J., n.° 347, Junho, 1985.

— "Conceito de Publicidade", in B.M.J., n.° 349, Outubro, 1985.

— "Contratos de Consumo. Análise de Alguns Casos Decididos no Centro de Arbitragem de Conflitos de Consumo de Lisboa", in *Arbitragem de Conflitos de Consumo. Que Futuro?*, DECO, 1992.

Almeida, J. C. Moitinho de — *Publicidade Enganosa*, Arcádia, 1974.

Almeida, Maria Rosa Crucho de — "As Relações entre Vítimas e Sistema de Justiça Criminal em Portugal", in R.P.C.C., Ano 3, fasc. 1, Janeiro-Março, 1993.

Alonso Rivas, Javier — *El Comportamiento del Consumidor. Una Aproximación Teorica con Estudios Empiricos*, Instituto Nacional del Consumo, Madrid, 1983.

Alpa, Guido — "Responsabilità dell'impresa e Tutela del Consummatore", in Annali, Giuffrè Editore, Anno XIII, 1974.

Alpa, Guido; bessone, Mario e Roppo, Enzo — "Una Politica del Diritto per la Publicità Commerciale, in Annali, Anno XIII, 1974.

Amaral, Luiz — *Relações de Consumo*, vol. 8, Tomo I, Brasília, 1983.

Ancel, Marc — "Les Sanctions en Matière de Droit Pénal Économique", in *Rapports Généraux Au Vᵉ. Congrès International de Droit Comparé*, Bruxelles, 1960.

— "«De L'Individualisation de La Peine à La Dépénalisation» — Un Courant Moderne de Politique Criminelle", in *Estudos em Homenagem ao Prof. Doutor Eduardo Correia*, III, Número Especial do B.F.D.C., Coimbra, 1984.

ANDRADE, Manuel da Costa — *A Vítima e o Problema Criminal,* in Separata do Volume XXI do Suplemento ao B.F.D.U.C., Coimbra, 1980.

— "Contributo Para o Conceito de Contra-Ordenação (A Experiência Alemã)", *in* R.D.E., Anos VI/VII, 1980-81.

— "A Nova Lei dos Crimes Contra a Economia (Dec.-Lei n.º 28/84 de 20 de Janeiro) à Luz do Conceito de «Bem Jurídico»" *in Ciclo de Estudos de Direito Penal Económico,* Centro de Estudos Judiciários, 1ª ed., Coimbra, 1985.

— *Consentimento e Acordo em Direito Penal,* Coimbra Editora, 1991.

— "Sobre a Reforma do Código Penal Português. Crimes Contra as Pessoas: Gravações e Fotografias Ilícitas", Relatório em folhas policopiadas, apresentado nas Jornadas Hispano-Portuguesas sobre *Revision del Codigo Penal,* Madrid, 1993.

ANDRADE, Manuel da Costa e DIAS, Jorge Figueiredo — *Criminologia. O Homem Delinquente e a Sociedade Criminógena,* Coimbra Editora, Coimbra, 1984.

ANTOLISEI, Francesco — *Manuale di Diritto Penale. Parte Generale,* 12ª ed., aggionarta e integrata, a cura di Luigi Conti, Giuffré Editore, 1991.

ANTUNES, Colaço — "Subsídios Para a Tutela dos Interesses Difusos", in R.O.A., Ano 45, 1985.

— *A Tutela dos Interesses Difusos em Direito Administrativo: Para Uma Legitimação Procedimental,* Almedina, Coimbra, 1989.

— "A Tutela dos Interesses Difusos no Novo Código do Procedimento Administrativo Português", in R.T.D.P., n.º 4 (estratto), 1993.

ARAÚJO, José Luis e COSTA, João Abreu da — *Código do Procedimento Administrativo. Anotado,* Estante Editora, 1993.

ASÚA BATARRITA, Adela — "Reinvindicacion o Superacion del Programa de Beccaria", in *El Pensamiento de Beccaria: su Actualidad,* Universidad de Deusto, Bilbao, 1990.

AZEMA, Jacques, — "La Protection des Intérêts Économiques des Consommateurs par le Droit Français de la Concurrence", in *Droit des Consommateurs: Sécurité, Concurrence, Publicité*, Collection Droit et Consommation, J.P. Pizzio ed.

BAJO FERNANDEZ, Miguel — *Derecho Penal Economico. Aplicado a la Actividad Empresarial,* 1ª ed., Editorial Civitas, 1978.

— "Rapport National", ACTES, in R.I.D.P., 4 ème année, Nouvelle Série, 1º e 2º Trimestres, 1983.

Bibliografia

— *Manual de Derecho Penal (Parte Especial). Delitos Patrimoniales y Económicos,* Editorial CEURA, 1987.

— "Los Intereses Colectivos: Posición de Beccaria y Perspectivas Modernas", in *El Pensamiento Penal de Beccaria: su Actualidad.* Universidad de Deusto, Bilbao, 1990.

Bajo Fernandez, M. e Mendonza Buergo, Blanca — "Hacial Una Ley de Contravenciones. El Modelo Portugues", in Annuario, Tomo XXXVI, Fsc. III, Sep.-Dic., 1983.

Balate, Eric — "Des Modes Ludiques de Promotion in Droit Belge", in R.E.D.C., n.° 1, 1989.

Barbero Santos, Marino — "¿Responsabilidad Penal de Las Personas Jurídicas?", in *Doctrina Penal Teoría e Prática en Las Ciencias Penales,* Año 9, n.° 35, Julio-Setiembre, 1986.

Batista, Nilo — "Rapport National", Actes, in R.I.D.P., 4 ème année, Nouvelle Série, 1." e 2." Trimestres, 1983.

Bellenger, Lionel — *Qu'est-ce qui Fait Vendre? Comment Sortir du Malentendu Entre Vendeurs, Acheteurs et Consommateurs,* Collection Gestion, PUF, Paris, 1984.

Benjamin, António Herman V. — "O Direito Penal do Consumidor: Capítulo do Direito Penal Econômico", in *Direito do Consumidor, 1.*

— "Crimes de Consumo no Código de Defesa do Consumidor", in *Direito do Consumidor, 3.*

— "El Derecho del Consumidor", in E.S.C., n.° 24, Agosto, 1992.

Bergalli, Roberto — *La Recaida en el Delito: Modos de Reaccionar Contra Ella,* Barcelona, 1980.

— "Justicia Formal y Participativa: La Cuestión de Los Intereses Difusos", in *Doctrina Penal Teoría y Prática en Las Ciencias Penales,* Año 6, n.° 22, Abril-Junio, 1983.

Bessone, Mario — "Disciplina Dell'Illecito, Distribuzione dei Rischi e Costo 'Sociale' Dei Sistemi di Risarcimento" in Annali, Ano XIII, Milano, 1974.

— "La Tutela dei Consumatori Le Rifome Legislative e L'Ordine Pubblico Économico Per Tempi di Capitalismo Maturo", in R.T.D.P., n.° 1, 1983.

Bihl, Luc — *Le Droit Pénal de La Consommation,* Nathan, 1989.

Borges,J. Marques — *Direito Penal Económico e Defesa do Consumidor,* Rei dos Livros, Lisboa, s/d.

— *Dos Crimes de Perigo Comum e dos Crimes Contra a Segurança das Comunicações,* Rei dos Livros, Lisboa, 1985.

Boscarelli, Marco — *Compendio di Diritto Penale. Parte Generale,* 7ª ed., riveduta e aggiornata, Giuffrè Editore, 1991.

Bosly, Henry e Spreutels, Jean — "Rapport National", *Actes,* in R.I.D.P., 4ème année, Nouvelle Série, 1e e 2e Trimestres, 1983.

Botana Garcia, Gemma A. — "Noción de Consumidor en El Derecho Comparado", in E.S.C., n.º 18, Agosto, 1990.

Bourgoignie, Thierry — "Deslealtad y Control Abstracto de los Abusos en las Relacions Comerciante-Consumidor", in E.S.C., n.º 24, Agosto de 1982.

— "O Conceito Jurídico de Consumidor", in *Direito do Consumidor, 2, s/d.*

Bozzi, Giuseppe — "Consumo — I — Disciplina dei Consumi", in *Enciclopedia del Diritto,* IX, Giuffrè Editore, 1961.

Braudillard, Jean *-A Sociedade de Consumo ,* Edições 70, s/d.

Bueno Arus, Francisco — "Sanciones Penales en los Delitos Contra los Consumidores" in E.S.C., n.º 15, 1989.

Bustos Ramirez, Juan — *Manual de Derecho Penal Español — Parte General.* Ariel Derecho, 1ª ed., 1984.

Calais-Auloy, Jean — "Publicidad Comercial y Condiciones Generales de los Contratos", in E.S.C., n.º 16, 1989.

— *Droit de la Consommation,* Dalloz, 2ª ed., 1989.

— "Le Projet Français de Code de La Consommation", in R.E.D.C., n.º 3, 1990.

— "Vente par Démarche et Vente à Distance en Droit Français", in R.E.D.C., n.º 2, 1992.

Carrara, Francesco — *Programa de Derecho Criminal. Parte Especial,* Volumen IV, 6, 2ª ed., Temis, 1966.

Carvalho, Américo A. Taipa de — *Condicionalidade Sócio-Cultural do Direito Penal. Análise Histórica. Sentido e Limites.* Separata do número especial do B.F.D.U.C.— "Estudos em Homenagem aos Profs. Manuel Paulo Merêa e Guilherme Braga da Cruz"—, 1983, Coimbra, 1985.

— *Pessoa Humana-Direito-Estado-e Desenvolvimento Económico (Estado-de-Direito Social e Doutrina Social da Igreja),* Coimbra Editora, 1991.

Carvalho, Orlando de — *Direito das Coisas (do Direito das Coisas em Geral),* Coimbra, 1977.

Cas, Gérard — *La Défense du Consommateur,* in Que Sais-Je?, 2ª ed., s/d.

Cas, Gérard e Ferrier, Didier — *Traité de Droit de La Consommation,* PUF, Paris, 1986.

Cavadino, Michael e Dignan, James — *The Penal System. An Introduction.* Sage Publication, London, 1992.

Cembranos Diaz, Fernando , "Consumo, Publicidad y Defensas", in E.S.C. n.º 5, Septiembre, 1985.

Bibliografia 319

Cervenca, Giuliano — "Usura -a) Diritto Romano", in *Enciclopedia del Diritto*, XLV, Giuffrè Editore, 1992.

Christianos, Vassili — *Accès Du Consommateur à La Justice et Code de Procédure Civile Hellénique*, in B.F.D.U.C., vol. LXII, Coimbra, 1986.

Código Penal, Actas e Projecto da Comissão de Revisão, Ministério da Justiça, 1993.

Comissão das Comunidades Europeias — *L'Accès des Consommateurs à La Justice* in Bulletin des Communautés Européennes, Supplément 2/85, 1985.

— *Nouvelle Impulsion Pour La Politique De Protection Des Consommateurs*, in Bulletin des Communautés Européennes, Supplément 6/86, Serviço das Publicações Oficiais das Comunidades Europeias, Luxemburgo, 1987.

— *Proposta de Directiva Relativa à Publicidade Comparativa que Altera a Directiva 84/450/CEE do Conselho de 10 de Setembro de 1984, Relativa à Publicidade Enganosa*, COM(91) 147 final- SYN 343, Bruxelas, 1991.

— *Proposta de Directiva Relativa à Protecção dos Consumidores em Matéria de Contratos Negociados à Distância* (Apresentada Pela Comissão), COM(92) 11 final — SYN 411, Bruxelas, 20 de Maio de 1992.

Comité Económico e Social — *Parecer Sobre "A Realização do Mercado Interno e a Protecção dos Consumidores"*, CES 1115/91 F-IJ/MS/LO/IV/em/cf/va, Bruxelas, 26 de Setembro de 1991.

Conselho da Europa — *Décriminalisation. Rapport du Comité Européen sur Problèmes de la Criminalité*, Estrasburgo, 1980.

— Recommandation N.° R(81) 12 du Comité des Ministres aux États Membres sur la Criminalité des Affaires (adoptée pour le Comité des Ministres le Juin 1981, lors de la 335e. réunion des délégués des Ministres), Conselho da Europa, 1981.

— *Simplification de La Justice Pénale. Recommandation n.° R (87) 18 adoptée par le Comité des Ministres du Conseil de L'Europe de 17 Septembre de 1987 et Exposé des Motifs*, Strasbourg, 1988.

— *Responsabilité des Entreprises Pour Infractions. Recommandation n.° R(88)18 Adoptée Par Le Comité des Ministres du Conseil de l'Europe le 20 Octobre de 1988 et Exposé des Motifs*, Strasbourg, 1990.

Conselho (Das Comunidades Europeias) — *Resolução do Conselho (de 14 de Abril de 1975), Relativa a Um Programa Preliminar da Comunidade Económica Europeia Para Uma Política de Protecção e Informação dos Consumidores)* in Jornal Oficial das Comunidades Europeias, ed. Especial, n.° C/92/1 de 25.4.75, Fas. 01, 1985.

320 *Da protecção penal do consumidor*

CONSTANT, Jean — "Quelques Aspects du Droit Pénal Économique Belge", in *Travaux de l'Association Henri Capitant,* Tomo XIII, 1959-1960, Paris, 1963.

CONTENTO, Gaetano — *Corso di Diritto Penale ,* Editore Laterza, 1990.

CORREIA, A. Ferrer — *Lições de Direito Comercial,* vol. I. Coimbra, 1973.

CORREIA, Eduardo — *Direito Criminal,* vol. I, com a colaboração de Figueiredo Dias, Almedina, Coimbra, 1971.
— *Direito Criminal,* vol. II, com a colaboração de Figueiredo Dias, com a colaboração de Figueiredo Dias, Almedina, Coimbra, 1971.
— "Direito Penal e Direito de Mera Ordenação Social", in *Separata do Vol. XLIX,* 1973, do B.F.D.U.C., 1973.
— "Introdução do Direito Penal Económico", in R.D.E., Ano III, n.° 1, Janeiro-Junho, 1977.
— "As Grandes Linhas da Reforma Penal", in *Para Uma Nova Justiça penal.* Ciclo de Conferências no Conselho Distrital do Porto da Ordem dos Advogados, Almedina, Coimbra, 1983.
— "Notas Críticas à Penalização de Actividades Económicas" in *Ciclo de Estudos de Direito Penal Económico,* Centro de Estudos Judiciários, 1ª ed., Coimbra, 1985.
— *Unidade e Pluralidade de Infracções. Caso Julgado e Poderes de Cognição do Juiz,* (reimpressão), Coimbra, 1986.

CORREIA, Fernando Alves — *Do Ombudsman ao Provedor de Justiça* in Separata do número Especial do B.F.D.U.C., "Estudos em Homenagem ao Prof. Doutor José Joaquim Teixeira Ribeiro", Coimbra, 1979.

COSTA, Faria — "Breves Reflexões sobre o Decreto-Lei n.° 207-B/75, e o Direito Penal Económico, in R.D.E., Ano II, n.° 1, Janeiro-Junho, 1976.
— "A Importância da Recorrência no Pensamento Jurídico. Um Exemplo: a Distinção Entre o Ilícito Penal e o Ilícito de Mera Ordenação Social", in R.D.E., Ano IX, n.°s 1-2, Janeiro/Dezembro, 1983.
— *Les Problèmes Juridiques et Pratiques Posés par La Différence Entre Le Droit Criminel et le Droit Administratif-Pénal,* in B.F.D.U.C., vol. LXII, Coimbra, 1986.
— "Diversão (Desjudiciarização) e Mediação: Que Rumos?", in Separata do vol. LXI (1985), do B.F.D.U.C., Coimbra, 1986.
— *O Perigo em Direito Penal,* Coimbra, 1992.
— "A Responsabilidade Jurídico-Penal da Empresa e dos Seus Órgãos (ou Uma Reflexão Sobre a Alteridade, nas Pessoas Colectivas, à Luz do Direito Penal), folhas policopiadas, Coimbra, s/d.

CRANSTON, Ross — *Consumers and the Law,* 2ª ed., London, 1984.

CUESTA RUTE, José Maria de la — "La Directiva de la CEE Sobre Publicidad Engañosa", in E.S.C., n.° 7, Abril, 1986.

Bibliografia

CUTE, Giuseppe La — "Truffa-b) Diritto Vigente", in *Enciclopedia del Diritto, XLV,* Giuffrè Editore, 1992.

DE LA RUA, Jorge — "Los Delitos Económicos", in *Doctrina Penal Teoría y Práctica en Las Ciencias Penales,* Ano 3, n.º 9, Enero-Marzo, 1980.

DEL ROSAL, Juan — *Cosas de Derecho Penal,* Madrid, 1973.

DELESTRAINT, P. Dupont — *Droit Pénal des Affaires,* Dalloz, Paris, 1974.

DIAS, Jorge de Figueiredo — "Sobre a Reparação de Perdas e Danos Arbitrada em Processo Penal, in *Separata do Volume XVI do Suplemento ao B.F.D.U.C., — Estudos «IN MEMORIAM» do Prof. Beleza dos Santos,* Coimbra, 1963.

— "A Reforma do Direito Penal Português. Princípios e Orientações Fundamentais, in B.F.D.U.C., vol. XLVIII, Coimbra, 1972.

— "Lei Criminal e Controlo da Criminalidade. O Processo Legal-Social de Criminalização e de Descriminalização", in R.O.A., Ano 36, 1976.

— "Sobre o Papel do Direito Penal na Protecção do Ambiente", in R.D.E., Ano IV, n.º 1, Janeiro-Junho, 1978.

— "Para Uma Dogmática do Direito Penal Secundário", in R.L.J., n.ºs 3714 a 3720, Ano 1981.

— "Os Novos Rumos da Política Criminal e o Direito Penal Português do Futuro", in R.O.A., ano 43, 1983.

— "Breves Considerações Sobre o Fundamento, o Sentido e a Aplicação das Penas em Direito Penal Económico" in *Ciclo de Estudos de Direito Penal Económico,* Centro de Estudos Judiciários, 1ª ed., Coimbra, 1985.

— *O Problema da Consciência e da Ilicitude em Direito Penal,* 3ª ed., Coimbra Editora, 1987.

— *Direito Penal 2. Parte Geral. As Consequências Jurídicas do Crime.* Lições ao 5ª Ano da Faculdade de Direito, Secção de Textos da F.D.U.C., Coimbra, 1988.

— "O Código Penal Português de 1982 Posto à Prova", relatório em folhas policopiadas, apresentado nas Jornadas Hispano-Portuguesas Sobre *La Reforma del Código Penal,* Madrid, 1993.

— "O Movimento da Descriminalização e o Ilícito de Mera Ordenação Social", in *Jornadas de Direito Criminal,* Centro de Estudos Judiciários, s/d.

DIAS, Jorge de Figueiredo e ANDRADE, Manuel da Costa — "Problemática Geral das Infracções Anti-Económicas", in B.M.J., n.º 262, Janeiro, 1977.

— *Criminologia. O Homem Delinquente e a Sociedade Criminógena,* Coimbra Editora, Coimbra, 1984.

DINITZ, Simon — "Economic Crime" in *Criminology in Perspective. Essays in Honor of Israel Drapkin*. Lexington Books, 1977.

DIVIER, Pierre-François, com a colaboração de Andrei Dominique — *50 Cas de Publicité Mensogère*, Ed., Libraires Techniques, Paris, 1978.

EIRO, Pedro — *Do Negócio Usurário*, Almedina, Coimbra, 1990.

ENRIQUE AFTALION, *Derecho Penal Administrativo*, Buenos Aires, 1955.

FARIA, Jorge Ribeiro de — *Indemnização Por Perdas e Danos Arbitrada em Processo Penal — O Chamado Processo de Adesão*, Colecção Teses, Almedina, Coimbra, 1978.

— "Da Reparação do Prejuízo Causado ao Ofendido. Reflexões à Luz do Novo Código Penal", in *Para Uma Nova Justiça Penal*, Ciclo de Conferências no Conselho Distrital do Porto da Ordem dos Advogados, Almedina, Coimbra, 1983.

— *Direito das Obrigações*, vol. I, Almedina, Coimbra, 1990.

FARJAT, Gérard — *Droit Économique*, PUF, 2ª ed., 1982.

FERNANDEZ ALBOR, A. e MARTINEZ PÉREZ, C. — *Delincuencia y Economía*, Santiago de Compostela, 1983.

FERNANDES, António Joaquim — "Contratos de Adesão e Defesa do Consumidor", in *Estudos*, Instituto Nacional de Defesa do Consumidor, Lisboa, 1987.

FERREIRA, Manuel Cavaleiro de — *Direito Penal Português. Parte Geral I*, Verbo, 2ª ed., Lisboa, 1982.

— *Lições de Direito Penal. Parte Geral I. A Lei Penal e a Teoria do Crime no Código Penal de 1982*, Verbo, Lisboa, 1992.

FIANDACA, Giovanni e MUSCO, Enzo — *Diritto Penale. Parte Generale*, Zanichelli, Bologna, 1990.

FORSTHOFF, Ernst — *Traité de Droit Administratif Allemand*, Bruxelles, 1969.

FORTUNA, Ennio — *Manuale di Diritto Penale dell'Economia*, Padova, 1988.

FOURGOUX, J. C. e OUTROS — *Principes et Pratique du Droit de la Consommation*, Collection Francaise, 1ª ed., s/d.

FREIRE, MELLO — *Instituições de Direito Criminal Português*, in B.M.J., n.º 155, Abril, 1966.

FRENK, Niels e HONDIUS, E. — "L'Action D'Intérêt Collectif en Droit de La Consommation. Vers une Reforme du Droit aux Pays-Bas", in R.E.D.C., n.º 1, 1991.

FUNDAÇÃO EUROPEIA PARA A MELHORIA DAS CONDIÇÕES DE VIDA E DE TRABALHO, *Serviços Públicos: Ao Serviço do Consumidor*, Luxemburgo, S.O.P.C.E., 1991.

GALASSO, Francesco — "Interessi Diffusi e Interessi Collettivi Nel Nuovo Processo Penale", in *Nuova Rassegna Di Legislazione, Dottrina e Giurisprudenza*, n.º 6, Anno LXVI, 1992.

Garcia-Cruces Gonzalez, José Antonio — "La Protección de los Consumidores en la CEE", in, E.S.C., n.° 17, Abril, 1990.

Garcia-Pablos de Molina, Antonio — *Manual de Criminologia Introducción y Teorías de la Criminalidad,* Espasa Calpe, 1988.

Garrido Fernandez, Julio — "Actuaciones Publicitarias Problemáticas: Un Estudio de su Presencia en los Medios de Communicación de Masas", in E.S.C., n.° 11, Septiembre, 1987.

Gatti, Serafino — "Pubblicitá. II.- Pubblicitá Commerciale" in *Enciclopedia del Diritto,* XXXVII, Giuffré Editore, 1988.

Gauthier, Pierre e Lauret, Bianca, *Droit Pénal des Affaires,* Economica, 2ª ed., 1989/90.

Goldstein, Raul — *Diccionario de Derecho Penal,* Buenos Aires, 1962.

Gomes, Orlando e Varela, Antunes — *Direito Econômico,* Ed. Saraiva, 1977.

Gonçalves, M. Maia — *Código Penal Português. Anotado e Comentado e Legislação Complementar,* 6ª ed., revista e actualizada, Coimbra, 1992.

Gonzalez Rus, Juan José — *Los Intereses Economicos de Los Consumidores. Proteccion Penal,* Instituto Nacional del Consumo, Ministério de Sanidad y Consumo, Madrid, 1986.

— "Seminario Sobre Bien Jurídico y Reforma de La Parte Especial", in *Cronicas Extranjeras,* Annuario, Tomo XXXV, Fasc. III, Septiembre--Diciembre, 1982.

— *Manual de Derecho Penal (Parte Especial) II. Delitos Contra la Pro priedad.* Editoriales de Derecho Reunidas, Madrid, 1992.

Göppinger, Hans — *Criminologia,* Reus, S.A., 1975.

Greffe, Pierre e Greffe, François — *La Publicité et la Loi,* 6ª ed..s/d.

Grossen, Jacques-Michel, "Rapport Général — La vente à Tempérament", Journée de Neuchatel, in *Travaux de l'Association Henri Capitant,* T. X, 1956.

Guinchard, Serge — *La Publicité Mensogère en Droit Français et en Droit Fédéral Suisse (Étude Comparative de L'Autonomie au Civil et au Pénal d'un Délit Économique).* Bibliothèque de Sciences Criminelles, Tome XIII, Paris, 1971.

Gunther, Gérald — *Individual Rights in Constitutional Law,* 4ª ed., Foundation Press, New York, 1986.

Hassemer, Winfried e Muñoz Conde, Francisco — *Introducción a la Criminología y al Derecho Penal,* Valencia, 1989.

Hernandez Sayans, Francisco — "Perspectivas de la Tutela Judicial en los Derechos del Consumidor", in E.S.C., n.° 13, Abril, 1988.

Herrero Herrero, Cesar — *Los Delitos Economicos. Perspectiva Juridica y Criminologica,* Madrid, 1992.

324   *Da protecção penal do consumidor*

Hippel, Eike Von — "Defesa do Consumidor", in B.M.J., n.º 273, Fevereiro, 1978.

— *Verbraucherschutz,* 3ª ed., Tübingen, 1986.

Hoffmann, Dieter — "Publicidad Engañosa — Derecho Comunitario y Reglamentación Nacional". in E.S.C., n.º 19, Dezembro, 1990.

— "Publicité et Protection des Consommateurs en Droit Communautaire", in *Droit des Consommateurs: Sécurité , Concurrence, Publicité, Droit Français et Droit de la Consommation,* J.-P. Pizzio, ed., s/d.

Howells, Geraint et Bently, Lionel — "Crédit à la Consommation — Réglementation des Coûts pour les Consommateurs Économiquemente Faibles", in R.E.D.C., n.º 2, 1989.

Hulsman, Louk — "Défense Sociale Nouvelle et Critères de Décriminalisation", in *Aspects Nouveaux de la Pensée Juridique. Recueil d'études en Hommage à Marc Ancel. II Etudes de Science Pénale et de Politique Criminelle,* Paris, 1975.

Hulsman, Louk e Celis, J. Bernart de — *Peines Perdues. Le Systéme Pénal en Question.* Pub. le Centurion, 1982.

Hünerfeld, Peter — "A Pequena Criminalidade e o Processo Penal", in R.D.E., Ano IV, n.º 1, Janeiro-Junho, 1978.

Instituto Nacional de Defesa do Consumidor — *Livro Branco da Defesa do Consumidor,* Secretaria de Estado do Ambiente e Defesa do Consumidor, pré-publicação, Lisboa, 1991.

Isasca, Frederico — *Responsabilidade Civil e Criminal das Pessoas Colectivas (Conteúdo da Ilicitude),* Associação Académica da Faculdade de Direito de Lisboa, 1988.

Israel, Danièle Crémieux — *Crédit et Protection du Consommateur,* Economica, Paris, 1978.

Jacquemin, A. e Schrans, G. — *Direito Económico,* Vega Universidade, s/d.

Jescheck, Hans-Heinrich — "Das Deutsch Wirtschaftsstrafrecht", in JZ, 1959.

— *Tratado de Derecho Penal,* vol. I, Barcelona, 1981.

Jesus, Damásio E. de — "Dolo e Culpa no Código de Defesa do Consumidor", in *Direito do Consumidor 1.*

José, Pedro Q.G.S. e Cruz, António Côrte-Real — *Colectânea de Direito da Publicidade Anotada e Comentada,* Rei dos Livros, Lisboa, 1991.

Kaiser, Günther — *Criminologia. Una Introduzione ai suoi Principi,* Giuffré Editore, Milano, 1985.

Kellens, G. — "Aspects Sociologiques et Psychologiques de la Délinquance d'Affaires" in *Aspects Criminologiques de la Délinquance d'Affaires,*

Douzième Conférence de Directeurs d'Instituts de Recherches Criminologiques, 1976, Strasbourg, 1978.

LAMARCA PEREZ, Carmen — "Sobre la Posible Supresión de la Agravante Genérica de Publicidad", in ANNUARIO, Tomo XXXV, Fasc. II, Mayo--Agosto, 1982.

LAMPREIA, J. Martins — *A Publicidade Moderna*, Editorial Presença, 3ª ed., Lisboa, 1992.

LANGUI, André — *Histoire du Droit Pénal*, in Que Sais-Je?, 1ª ed., PUF, 1985.

LANZI, Alessio — *La Tutela Penale del Credito*, Padova, 1979.

LARGUIER, J. — *Droit Pénal des Affaires*, 7ª ed., 1986.

LARGUIER, J. e LARGUIER, Anne Marie — *Droit Pénal Spécial*, 4ª ed., Dalloz, 1983.

LAUBADÉRE, André — *Direito Público Económico*, Almedina, Coimbra, 1985.

LAWLOR, EAMONN — *Direito de Opção e Impulso Económico — O Objectivo da Política dos Consumidores no Mercado Único*. Comissão das Comunidades Europeias, 2ª ed., 1990.

LÉAUTÉ, Jacques — "Rapport Général sur les Infractions Économiqes", in *Travaux de l'Association Henri Capitant*, T. XIII, 1959-1960, Paris, 1963.

LEJINS, Peter — "Theory, History and Current Policy. Issues Segunding Economic Crime", in *The Sanctions in Field of Economic Criminal law, Proceeding of the Meeting of Kirtinjand, Norway, 1983*, International Penal Penitentiary Foundation, 1984.

LENDREVIE, J. e OUTROS — *Mercator. Teoria e Prática do Marketing*, Publicações Dom Quixote, Lisboa, 1992.

LEVASSEUR, Georges — "La Responsabilidad Objectiva en El Derecho Penal Francés", in *Doctrina Penal Teoría y Prática en Las Ciencias Penales*, Año 6, n.º 22, Abril-Junio, 1983.

LISZT, Von — *Tratado de Derecho Penal*, Tomo 2.º, 3ª ed., (20ª ed. alemã), Madrid s/d.

LOPES, Maria Elizabete Vilaça — "O Consumidor e a Publicidade", in *Direito do Consumidor*, 1, s/d.

LOPEZ SANCHEZ, Manuel-Angel — "Publicidad Comercial, Contratación Estandardizada y Protección del Consumidor", in E.S.C., n.º 16, 1989.

LOUREIRO, João M. — *Direito do Marketing e da Publicidade*, Semanário, Lisboa, 1985.

MACHADO, Baptista — "Do Princípio da Liberdade Contratual. Anotação", in *Obra Dispersa*, vol. I, Scientia Ivridica, Braga, 1991.

MACI, Wazir Abdrlajim, — "Rapport National", ACTES, in R.I.D.P., 4ème année, Nouvelle Série, 1." e 2." Trimestres, 1983.

326 *Da protecção penal do consumidor*

Magistrados do Ministério Publico do Distrito Judicial do Porto — *Código Penal — Notas de Trabalho,* Porto.

Maggini, Attilio — *La Truffa,* in Giusrisprudenza Penale, 2, Padova, 1988.

Mayer, Danièle — *Droit Pénal de la Publicité,* Masson, Paris, 1979.

Mancuso, Rodolfo de Camargo — "Defesa do Consumidor: Reflexões Acerca da Eventual Concomitância de Ações Coletivas e Individuais", in *Direito do Consumidor — 2.*

Mannheim, Hermann — *Criminologia Comparada,* vol. II, Fundação Calouste Gulbenkian, 1985.

Mantovani, Fernando — "Responsabilidad Objetiva y Responsabilidad Sujetiva", in *Doctrina Penal. Teoría y Práctica en las Ciencias Penales,* Año 6, n.° 22, Abril-Junio, 1983.

Marques, M. M. L. — "Actualités du Droit Économique — La Constitution Économique Portugaise Après 1989", in R.I.D.E., n.° 2, 1990.

Martin Mateo, R. e Sosa Wagner, F. — *Derecho Administrativo Económico,* 2ª ed., revisada e puesta al día, Ediciones Pirâmide, Madrid, 1977.

Martin-Retortillo, L. — "Las Sanciones Administrativas en la Ley General para la Defensa de los Consumidores", in E.S.C., número extraordinário, Novembro, 1987.

Martins, M. B.; Bicho, M. J.; Bangy, A. R. — *O Direito da Concorrência em Portugal,* Lisboa, 1986.

Marty, Mireille Delmas — "Rapport général", *Actes,* in R.I.D.P., 4ème année, Nouvelle Série, 1.º e 2.º Trimestres, 1983.
— *Droit Pénal des Affaires,* Tome 2, Thémis Droit, PUF, 3ª ed., Paris, 1990.

Martos Nuñez, Juan Antonio — "El principio de Intervención Penal Mínima", in Annuario, Tomo XL, Fasc. I., Enero-Abril, 1987.
— *Derecho Penal Económico,* Madrid, 1987.
— *El Perjuicio Patrimonial en el Delito de Estafa,* Civitas, 1990.

Mattes, Heins — *Problemas de Derecho Penal Administrativo. História y Derecho Comparado,* Madrid, Editoriales de Derecho Reunidas, 1974.

Mauricio, Artur e outros, — *Contencioso Adiministrativo,* Rei dos Livros, 1988.

Meirim, José Manuel — "A Constituição da República e os consumidores", in R.M.P., ano 11.°, n.° 44.

Melo, A. Barbosa de — *Direito Administrativo II (A Protecção Jurisdicional dos Cidadãos Perante a Administração Pública),* Coimbra, 1987.

Mendelson, B. — "Victimology and Contemporany Society's Trends", *Victim,* 1976.

Menéndez Menéndez, A. — "Princípio de Legalidad y Sanciones en Materia de Consumo (Análisis de Algunas Sentencias Recientes), in E.S.C., n.° 15, 1989.

Merle, Roger e Vitu, André — *Traité de Droit Criminel. Problèmes Généraux de La Science Criminelle. Droit Pénal Général.* Ed., Cujas, 6ª ed., 1984.

— *Traité de Droit Criminel. Droit Pénal Spécial* par André Vitu. Ed.Cujas, Paris, 1992.

Mezger, Edmundo — *Tratado de Derecho Penal,* Tomo II, Série C, vol. XIII, Editorial Revista de Derecho Privado, Madrid. s/d.

Mitchell, Jeremy — "Le Consommateur Face aux Services Financiers dans la Communauté Européenne",in R.E.D.C., n.º 4, 1989.

Mir Puig, Santiago — *Derecho Penal. Parte General (Fundamentos y Teoría del Delito),* 3ª ed., corregida e puesta al día, Barcelona, 1990.

Miranda, Jorge — *Manual de Direito Constitucional. Direitos Fundamentais,* Tomo IV, Coimbra Editora, Coimbra, 1988.

Moncada, Luis Cabral de — *Direito Económico,* 2ª ed., revista e actualizada, Coimbra Editora, Coimbra, 1989.

Moniz, Helena — *O Crime de Falsificação de Documentos. Da Falsificação Intelectual e da Falsificação em Documento,* Almedina, Coimbra, 1993.

Morrilas Cueva, L. e Ruiz Anton, L. F. — *Manual de Derecho Penal, (Parte General) I. Introduccion y Ley Penal,* Editoriales de Derecho Reunidas, 1992.

Morin, Anne — "L'Action D'Intérêt Collectif Exercée par les Organisations de Consommateurs Avant et Aprés la Loi du 5 Janvier 1988", in R.E.D.C., n.º 1, 1991.

— "Les Modes de Règlement des Litiges de Consommation en France", in *Arbitragem de Conflitos de Consumo. Que Futuro?* DECO, 1ª ed., 1992.

Mortelmans, Kamiel — "Harmonisation Minimale et Droit de la Consommation", in R.E.D.C., n.º 3, 1988.

Moschetto, Bruno e Plagnol, André — *Le Crédit à la Consommation,* in Que sais-je? , n.º 1516, Paris, 1973.

Moura, J. Ilharco Álvares de — *Delitos Anti-Económicos,* Coimbra Editora, Coimbra, 1947.

Müller, Rudolf e Wadnitz, Heinz-Bernd — *Wirtschaftskriminalität,* C. H. Beck'Sche Verlagsbuchandlung, München, 1986.

Muñoz Conde, Francisco — *Intrroduccion al Derecho Penal,* Editorial Boch; S.A., Barcelona, 1975.

— *Derecho Penal. Parte Especial,* 8ª ed., Revisada e Puesta al Día, Valencia, 1990.

Navarro, Angel Bonet — "Protección Eficaz y Acceso a la Justicia de los Consumidores", in E.S.C., n.º 16, 1989.

328 *Da protecção penal do consumidor*

Neto, Abílio — *Código de Processo Civil Anotado*, 9ª ed., reimpressão com apêndice de actualização, 1989.

Neto, Abílio e Martins, Herlander — *Código Civil, Anotado*, 6ª ed., actualizada, Livraria Petrony, Lisboa, 1987.

Nguyen-Thanh, D. — *Techniques Juridiques de Protection des Consommateurs*, Institut National de la Consommation, Collection des Études Juridiques et Économiques de L'I.N.C., Supplément au n.° 23, s/d.

Nogare, Dalle — "La Nouvelle Approche, l'Harmonisation Techique et la Protection des Consomateurs", in R.I.D.E., n.° 1, 1990.

Noronha, Mario de e Cangemi, Joseph — *Marketing e Venda .Prática com Teoria e Base Científica*, Clássica Editora, 1992.

Nunes, Avelãs — *Apontamentos de Economia Política*, S.S.U.C. — Serviços de textos, Coimbra, 1984.

Oliva Santos, Andrés de la — "Sobre La Protección Jurisdicional a Los Consumidores y Usuarios", in E.S.C., n.° 16, 1989.

Ortells Ramos, Manuel — "Una Tutela Jurisdiccional Adecuada Para los Casos de Daños a Consumidores", in E.S.C., n.° 16, 1989.

Palazzo, Francesco — "I Criteri di Riparto tra Sanzioni penali e Sanzoni Amministrative (Dalle Leggi di Depenalizzazione Alla Circolare de la Presidenza del Consiglio) " in *Convegni Giuridici e Richerche — Atti e Documenti. L'Illecito Penale Amministrativo. Verifica di un Sistema.* Cedam, Padova, 1987.

Parlamento Europeu -*Fichas Técnicas Sobre o Parlamento Europeu e as Actividades da Comunidade Europeia*, Direcção-Geral de Estudos, Serviço das Publicações Oficiais das Comunidades Europeias, Luxemburgo, 1991.

Pasquan Liaño, Miguel — "Propuestas para una Protección Jurídica de los Consumidores en Materia de Créditos de Consumo: Medidas de Prevención y de Solución de los Problemas Derivados del Sobreendeudamiento", in E.S.C., n.° 18, Agosto, 1990.

Palou Castiñera, Maria Teresa — *Ventas a Plazos y Apropiación Indebida*, Barcelona, 1983.

Paterniti, Carlo — *Diritto Penale Dell'Economia*, Torino, 1988.

Pedrazzi, Cesare — "Rapport Général — La Responsabilité Pénale des Administrations des Sociétés", in *Travaux de L'Association Henri Capitant*, T. XV, 1963.

Pegoraro Taiana, Juan — "Señores y Delincuentes de Cuello Blanco (Hacia un Enfoque Alternativo de Sociología Criminal)", in *Doctrina Penal, Teoría y Prática en Las Ciencias Penales*, Año 8, n.° 29, Enero-Marzo, 1985.

PEREIRA, António Beça — *Regime Geral das Contra-Ordenações e Coimas. Decreto-Lei 433/82 (Actualizado e Anotado)*, Almedina, Coimbra, 1992.

PEREIRA, Neves — *Introdução ao Direito e às Obrigações*, Almedina, Coimbra, 1992.

PÉREZ ALVAREZ, Fernando — *Protección Penal del Consumidor. Salud Pública y Alimentación*, Praxis, 1991.

PINHO, Ruy Rebello — "A Pena de «Degredo para o Brasil»", in *Scientia Ivridica*, Tomo XL, n.º 229/234, Janeiro-Dezembro, 1991.

PINTO, Mota — Teoria Geral do Direito Civil, 3ª ed., actualizada, 6ª reimpressão, Coimbra Editora, 1992.

PISAPIA — "Les Infractions Économiques en Droit Pénal Italien", in *Travaux de l'Association Henri Capitant*, t. XIII, 1959-1960, Paris, 1963.

PRADEL, Jean — *Droit Pénal Économique*, Dalloz, Paris, 1982.

— "Rapport National", ACTES, in R.I.D.P., 4ème année — Nouvelle Série, 1.º e 2.º Trimestres, 1983.

— *Droit Pénal Général*, 8ª ed., Cujas, 1992.

PRATA, Ana — *A Tutela Constitucional da Autonomia Privada*, Almedina, Coimbra, 1982.

RAMON CAPELLA, Juan — *Sobre a Extinção do Direito e a Supressão dos Juristas*, Perspectiva Jurídica, Centelha, Coimbra, 1977.

REICH, Norbert — Com a colaboração de Deirdre Leahy — *Internal Market And Diffuse Interests. An Introduction to EC Trade Law* in Collection Droit et Consommation, XXV, Story Scientia, 1990.

REICH, N. e MICKLITZ, H.- W. — *Verbraucherschutzrecht in Den E.G. -Staaten. Eine Vergleichende Analyse*. München, 1981.

RENAUDIERE, Philippe — "La Directive 84/450/CEE Sur la Publicité Trompeuse: la Situation au Grand Duché de Luxembourg, en Belgique, en France, au Royaume-Uni, en Irlande et Aux Pays-Bas" in R.E.D.C., n.º 1, 1989.

RIBEIRO, Neves — "Dificuldades de Acesso dos Consumidores aos Tribunais (Análise de Duas Causas Principais Propostas para Reflexão)", relatório em folhas policopiadas, apresentado no I.º Congresso Internacional Sobre Cláusulas Gerais Contratuais, Coimbra, 1989.

RICHTER, Hans — *Wirtschaftsstrafrecht, Eine Gesamtdarstellung des Deutschen Wirtschaftsstraf-und-Ordnungswidrigkeitenrechts*, Aschendorff Münst, 1987.

RIGHI, Esteban — *Derecho penal Economico Comparado*, Editorial Revista de Derecho Privado, Editoriales de Derecho Reunidas, Buenos Aires, 1991.

RIMANN, B.R. — *Wirtschtafskriminalität. Die Untersuchung bei Wirtschaftsdelikten*, Zürich, 1973.

330   *Da protecção penal do consumidor*

Robert, J.-M. — *Éléments du Droit Pénal des Affaires*, Sirey, 1983.

Rocha, Manuel A. Lopes — "A Responsabilidade Penal das Pessoas Colectivas — Novas Perspectivas" in *Ciclo de Estudos de Direito Penal Económico*, Centro de Estudos Judiciários, 1ª ed., Coimbra, 1985.

Rocha, M. Lopes; Dias, M. Gomes; Ferreira, M. Ataíde — *Contra--Ordenações. Notas e Comentários ao Decreto-Lei n.° 433/82, de 27 de Outubro*, 1ª ed., 1985.

Rodrigues, Cunha — "Os Crimes Patrimoniais e Económicos no Código Penal Português", relatório apresentado em folhas policopiadas nas Jornadas Hispano-Portuguesas Sobre *Revición del Codigo Penal*, Madrid, 1993.

Rodriguez-Cano, Alberto Bercovitz — "Le Cadre Institutionnel et Législatif du Droit de la Consommation en Espagne", in R.E.D.C., n.° 2, 1988.

Rodriguez-Cano, Alberto Bercovitz e Rodriguez-Cano, Rodrigo Bercovitz — *Estudios Jurídicos Sobre Protección de los Consumidores*, Tecnos, Madrid, 1987.

Rodriguez Devesa, J.M. e Serrano Gomes, Alfonso — *Derecho Penal Español. Parte Especial*, 15ª edição.

Roman, Kenneth e Maas, Jane — *Como Fazer Publicidade*, Biblioteca de Gestão Moderna, 1ª ed., Lisboa, 1991.

Romero Barranquero, Gladys — "Teorías de la Criminalización. Derecho Penal y Política Criminal", in Annuario, Tomo XL, Fasc.I, Enero-Abril, 1987.

Rotman, Edgardo — "La Question de la Fonction Préventive du Droit Pénal dans la Création et l'Application des Normes Pénales Économiques" in *The Sanctions in the Field of Economic Criminal Law, Proceedings of The Meeting of Kristiansmd*, Norway, 1983, International Penal and Penitentiary Foundation, 1984.

Rossen, G. Jacques-Michel — "Rapport Général — La Vente à Tempérament", Journée de Neuchatel in Travaux de l'Association Henri Capitant, T. X, 1956.

Roxin, Claus — *Teoría del Tipo Penal. Tipos Abiertos y Elementos del Deber Jurídico*, Ed. Depalma, Buenos Aires, 1979.

— "Acerca da Problemática do Direito Penal da Culpa", in *Separata do vol. LIX (1983), do B.F.D.U.C.*, Coimbra, 1984.

— *Problemas Fundamentais de Direito Penal*, Vega, s/d.

Roxin, Claus; Arzt, Gunther e Tiedemann, Klaus. — *Introdución al Derecho Penal y al Derecho Penal Procesal*, Ariel Derecho, Barcelona, 1989.

Rudrusch — *Filosofia do Direito* [3,] *II*, s/d.

Saad, Eduardo Gabriel — *Comentários ao Código de Defesa do Consumidor*, Editora LTR, São Paulo, 1991.

Santos, A. e outros — *Direito Económico*, Almedina, Coimbra, 1991.

Santos, Beleza dos — "Ilícito Penal Administrativo e Ilícito Criminal", in R.O.A., Ano 5, n.ºs 1 e 2, 1.º e 2.º Trimestres, 1945.

Sainz Cantero, José A. — *Lecciones de Derecho Penal, Parte General, I. Introducción*, Barcelona, 1982.

Sampaio, Carlos de Almeida — "Os Direitos dos Consumidores: Perspectiva Constitucional e Perspectiva Comunitária", in *Acesso à Justiça*, DECO, 1991.

Sammarco, Giorgio — *La Truffa Contrattuale*, 2ª ed., Giuffrè Editore, Milano, 1988.

Samuelson, Paul e Nordhaus, William — *Economia*, 12ª ed., Mc Graw-Hill, Brasil, 1982.

Sapienza, Rosario — "Publicità Commerciale e Libertà d'Espressione Nella Convenzione Europea dei Diritti Dell'Uomo: Il Caso Barthold", in R.T.D.P., n.º 3, 1987.

Shmidt, E. B. — *Das Neue Westdeutsche Wirtschaftsstrarecht*, Tübingen, Mohr, 1950.

Shneider, Hans Joachim — "La Posicion Jurídica de la Victima del Delito en el Derecho y en al Proceso Penal. Nuevos Desarollos en la Política Criminal de los Estados Unidos, de la Republica Federal de Alemania, del Consejo de Europa y de Naciones Unidas", in *Criminologia y Derecho Penal al Servicio de la Persona*, San Sebastian, 1989.

Schünemann, Bernd — "La Política Criminal y el Sistema de Derecho Penal", in annuario, tomo XLIV, Fasc. III, Sept.-Dec. 1991.

Screvens, Raymond — "Sanctions Pénales et Protection de La Société", in *Estudos em Homenagem ao Prof. Doutor Eduardo Correia, III, número especial do B.F.D.U.C.*, Coimbra, 1984.

Silva, João Calvão da — *Responsabilidade Civil do Produtor*, Almedina, Coimbra, 1990.

Soares, Rogério — *Direito Público e Sociedade Técnica*, Atlântida Editora, Coimbra, 1969.

Soyer, Jean-Claude — *Droit Pénal et Procédure Pénale*, 9ª ed., Paris, 1992.

Sousa, António Francisco de — *Código do Procedimento Administrativo. Anotado*, Lisboa, 1993.

Sousa, João Castro e — *As Pessoas Colectivas em Face do Direito Criminal e do Chamado «Direito de Mera Ordenação Social"*, Coimbra Editora, 1985.

Stefani, Gaston ; Levasseur, Gorges e Bouloc, Bernard — *Droit Pénal Général*, Dalloz, 13ª ed., 1987.

Stiglitz, Gabriel A. — *Protección Juridica del Consumidor*, 2ª ed., actualizado, Depalma, 1990.

STRAEHLI, Gilles — "Observations sur L'Expérience de Règlement Judiciaire des Litiges de la Consommation et du logement Près le Tribunal d'Instance de Dijon", in R.E.D.C., n.° 3, 1988.

STRATENWERTH, Günter — *Derecho Penal. Parte General, I. El Hecho Punible,* Edersa, Madrid, 1982.

SUTHERLAND, Edwin H. — *White Collar Crime,* N. York, 1961.

TARDITTI AIDA , — "Proyecto de Creación de un Centro de Asistencia a la Víctima del Delito", in *Doctrina Penal, Teoria y Prática en Las Ciencias Penales,* Año 8, n.° 32, Octubro-Diciembre, 1985.

TAVARES, José de Athayde — "O Acesso dos Consumidores à Justiça nos Países da Comunidade: Via Judicial e Via Administrativa", in *Acesso à Justiça,* DECO, 1991.

THEMAAT, P. Verloren Van — "L'Économie à Travers le Prisme du Juriste", in R.I.D.E., n.° 2, 1989.

TENREIRO, Mário — "Apontamentos Sobre o Objecto do Processo Penal", (folhas policopiadas), Coimbra, 1986.

TIEDEMANN, Klaus — "Entwicklung und Begriff des Wirtschaftsstrafrechts", in G.A., 1969.

— "Wirtschaftsstrafrecht im Ausland — Skizzen zur Entwicklung und Reform", in G.A., 1969.

— "Le Systéme des Sanctions en Matière de Délinquance Économique dans les Divers Ordres Juridiques, en Particulier l'Application de la Peine Privative de Liberté Ainsi que les Mesures de Sûreté", in *The Sanctions in the Field of Economic Criminal Law, Proceeding of the Meeting of Kristiansand, Norway, 1983,* International Penal Penitentiary Foundation, 1984.

— *Poder Económico y Delito,* Ariel, 1985.

— "Sistema Economico y Derecho Penal Economico en Alemania", in *Debate Penal,* 7-8-9-, Ano III, 1989.

THOMAS, Charles, W. e BISHOP, M. Donna — *Criminal Law. Understanding Basic Principles,* vol. 8, Law and Criminal Justice Series, Sage Publications, London, 1987.

VALLE MUÑIZ, J. Manuel — "Tipicidad y Atipicidad de las Conductas Omissivas en el Delito de Estafa", in ANNUARIO, Tomo XXXIX, Fasciculo III, Sept.-Diciembre, 1986.

VANDEVELD, Terrence — *Les Moyens D'Action des Consommateurs Face Aux Pratiques Commerciales Abusives. Étude de Droit Comparé,* Genève, 1979.

VANNINI, Alessandra Rossi — *Illecito Depenalizzato-Amministrativo. Ambito di Applicazione,* Milano, Giuffrè Editore, 1990.

Vᴀʀᴇʟᴀ, Antunes e Oᴜᴛʀᴏs — *Manual de Processo Civil,* 2ª ed., revista e actualizada, Coimbra Editora, Coimbra, s/d.

Vᴀᴢ, Afonso — *Direito Económico. A Ordem Económica Portuguesa,* 2ª ed., Coimbra Editora, 1990.

Vᴇɢᴀ Rᴜɪᴢ, José Augusto — "La Protección del Consumidor y la Administración de Justicia: Procedimientos Judiciales", in E.S.C., n.º 13, Abril, 1988.

— "Proteccion Penal del Consumidor", in E.S.C., n.º 15, 1989.

Vᴇʀᴏɴ, Michel — *Droit Pénal Spécial,* Collection Droit-Sciences Économiques, Masson, 1976.

Vɪʀɢᴏʟɪɴɪ, Julio E. S. — "Delito de Cuello Blanco. Punto de Inflexión en la Teoría Criminológica", in *Doctrina Penal, Teoria y Prática en Las Ciencias Penales,* Año 12, n.º 46/47, Abril-Setembro, 1989.

Vɪᴠᴏᴅᴀ, Marjan, "Délits Économiques in Droit Pénal Yougoslave", in *Travaux de l'Association Henri Capitant,* T.XIII, 1959-1969, Paris, 1963.

Vᴏᴜɪɴ, Robert — *Droit Pénal Spécial,* par Michéle Laure Rassat, Dalloz, 1988.

Wᴇʟᴢᴇʟ, Hans — *Derecho Penal en Alemánia, Parte General,* 1, 1ª ed., 1970.

Wʜɪɴᴄᴜᴘ, Michael — "La Protection du Consommateur au Royaume-Uni. Développements Récents", in R.E.D.C., n.º 1, 1990.

Wɪʟʜᴇʟssᴏɴ, Thomas — "Le Droit de La Consommation Finlandais et le Modèle Nordique de Protection du Consommateur", in R.E.D.C., n.º 4, 1989.

Wᴏɴɴᴀᴄᴏᴛᴛ, Paul e Wᴏɴɴᴀᴄᴏᴛᴛ, Ronald e coordenadores da ed. em português Crusius, Yeda e Crusius, Carlos Augusto — *Economia,* Macgraw-Hill, Brasil, 1982.

Zɪʀᴘɪɴs, W e Tᴇʀsᴛᴇɢᴇɴ, O — *Witschaftskriminalität,* Ercheinungsfomen und ihere Bekämpfung, 1963.

ÍNDICES

ÍNDICE DE ASSUNTOS

Acção civil pública, 218
Acção colectiva, 226
Acção (criminal), 234
Acção penal, 229
— típica, ilícita e culposa —, 234
Acção popular, 223
Acto de consumo, 35, 47
Ambiguidade, 111,119
Arbitragem, 297
Associação de consumidores, 221
Astúcia, 137
Autodisciplina, 71
Autoregulamentação, 71

Bem de consumo, 14
Bem jurídico, 24, 31, 124, 139, 269, 277
— individual, 261
— na burla, 139
— na usura, 154
— resenha histórica do conceito de —, 271
— supra-individual, 40, 261
Boa-fé, 115
Burla, 134,186
— nas vendas agressivas, 170
— no crédito, 152
— publicitária, 141

Class action, 223
Código de Defesa do Consumidor Brasileiro, 105
Coima, 53, 249
Conciliação, 180
Concurso de crimes, 103

Confiança, 125
Consumerismo, 78
Consumir, 13, 33
Consumidor, 20, 159, 172, 185, 195
— acepção jurídica de —, 186
— acepção sócio-económica de —, 186
— lato sensu, 189
— noção abstracta de—, 188
— noção concreta de—, 189
— sricto sensu, 189
"Consumidor-cliente", 188
"Consumidor final", 188
Consumismo, 78
Consumo final, 187
Consumo intermédio, 187
Contravenção, 56
Crédito, 89
— ao consumo, 89, 143
— em geral, 143
Criminalização, 22, 23, 124, 177, 251
Crime,   v.d. Burla; Publicidade enganosa,
— de "abuso de fraqueza" ("délit d'abus de faiblesse"), 170
— de dano, 124, 129, 173
— de desobediência, 133
— de mera actividade, 126
— de perigo, 105, 124, 130, 140, 173
— de perigo abstracto, 32, 130, 304
— de perigo concreto, 32, 130, 304
— de perigo comum, 130
— de resultado, 126
—formal, 126

338 — Da protecção penal do consumidor

— *material, 126*
— *sem vítima, 201*
Culpa, 116, 235

Descriminalização, 22, 23, 177, 251, 283
— *de iure, 251*
— *de facto, 251*
"Desvalor de cuidado-de-perigo", 304
Deviance, 199, 255
Dignidade penal ("Strafwürdigkeit"), 291
Direito de mera ordenação social, 48, 52, 235
Direito de opção, 168
Direito de reflexão ou de rescisão, 168
Direito do consumidor, 34
Direito do consumo, 34
Direito económico, 35
Direito penal, 23
— *como ultima ratio, 180, 184*
— *função do —, 23, 269*
— *intervenção do —, 24*
— *legitimação do —, 24*
— *natureza do —, 24*
Direito penal administrativo, 44, 59
Direito penal do consumo, 57
Direito penal económico, 38, 39, 263
Direito penal económico administra-tivo, 45, 59
Direito penal secundário, 46, 59
Direitos do consumidor, 63, 146, 205
Diversão (desjudiciarização), 180, 255, 283
Dolo, 116, 121
Due process, 254

Engano, 137, 171
Erro, 118, 137, 171
— *indução em —, 108, 119*

Falsidade, 111, 119
Forbugeroubudsman, 219

Ilícito de mera ordenão social, 21, 268, 291
Incitamento ao consumo, 18

— *Processos de , 29, 89*
Infracção, 20
Instâncias de controlo social, 255
Interesse geral da comunidade ou inte-resse público, 208
Interesses, 30, 205
— *colectivos, 31, 179, 201, 206, 210, 225*
— *difusos, 31, 179, 201, 206, 210, 225*
— *individuais, 31, 208*
— *lesão de —, 228*
— *no consumo, 30*
— *perigo de lesão de —, 228*
— *supra-individuais, 31, 184, 201, 206, 210*
— *tutela dos —, 214*

Justiça privada, 71

Má-fé, 115
Mediação, 283
Ministério público, 216
— *defesa dos interesses do consumi-dor pelo —, 216*

Não-intervenção (criminal), 254
— *moderada ou judiciosa, 254*
Negligência, 116, 121
Neocriminalização, 255
— *primária, 255*
— *secundária, 255*

Ombundsman, 80, 219
Ordem económica, 35, 125
Ordem sócio-económica, 38

Pena, 53
Perigo, 303
— *de lesão do bem jurídico, 20*
— *em direito penal, 303*
Pessoas colectivas, 234
Princípios do direito penal:
— *da culpabilidade, 120*
— *da individualidade da responsa-*

Índices

bilidade criminal, 234
— da intransmissibilidade da pena e
da culpa; 234
— da necessidade da intervenção ou
da intervenção penal mínima, 279
— da protecção de bens jurídicos,
269
Princípios da publicidade:
— da identificabilidade, 96
— da inofensividade, (ou da preservação da saúde e segurança do
consumidor), 102
— da inversão do ónus da prova, 97
— da lealdade, 98
— da liberdade, 96
— da licitude, 100
— da transparência da fundamentação, 97
— da veracidade, 107
— da vinculação, 97
Princípio "Societas delinquere non
potest", 54, 179, 182, 232, 233, 234,
240, 243
Publicidade, v. d. Princípios da publicidade,
— figuras afins da —, 91
— noção, 89
Publicidade enganosa, 108, 215
— crime de —, 121
— elementos da —, 108
— noção, 108
Relação de consumo, 15, 30, 43, 128,
299
Responsabilidade civil, 116
Responsabilidade criminal, 232

— das pessoas colectivas, 232
Sanções,
— contra as pessoas colectivas, 236,
246
Teoria da associação diferencial, 242
Tipo legal de crime, 128

Usura, 152
— crime de —, 153
—noção de —, 152
— objectiva, 153
— subjectiva, 153

Vendas, 160
— agressivas, 162
— à distância, 162
— ao domicílio, 30
— clássica, 30
— com saldos, 166
— em cadeia, 165
— em pirâmide, 165
— forçadas, 165
— não convencionais, 89
— tipo bola de neve, 165
Verdade, 107
Vingança privada, 71
Vítima, 184
— consumidor enquanto —, 184, 199
— criminal, 184
Vítimas difusas, 201
Vitimidade, 199
Vitimologia, 199

White collar criminality, 182, 241, 242,
244

ÍNDICE GERAL

Prefácio 9
O *Thema Decidendum* 13

Iª PARTE

ENQUADRAMENTO DO PROBLEMA

Capítulo I

**Enquadramento Jurídico-dogmático da Protecção (Penal)
do Consumidor**

1. *Opção pela delimitação às infracções cometidas nos processos de incitamento ao consumo: Razões materiais e de sistematização* 29
2. *O Enquadramento no direito penal económico lato sensu : a constatação de
infracções económicas violadoras de bens jurídicos de natureza supra-indi-
vidual* 34
3. *A Insuficiência do enquadramento no direito penal económico lato sensu e a
necessidade do apelo ao direito penal administrativo: a vantagem, afinal, do
chamado direito penal administrativo económico.* 43
4. *A utilização de normas sancionatórias exorbitantes do direito penal (administrativo e económico): a recorrência ao direito de mera-ordenação social.* 48
5. *"Autonomização" de um direito penal do consumo como direito penal
secundário: aferição de tal possibilidade, principalmente por referência axio-
lógico-constitucional.* 56
5.1. O problema no direito português. 63

Capítulo II

Enquadramento histórico-jurídico do problema

1. *A "Protecção dos consumidores" desde o direito medieval até ao final da
idade moderna: o domínio das normas repressivas* 70

342 *Da protecção penal do consumidor*

2. *O liberalismo: recuo na protecção do consumidor ou homenagem ao princípio da liberdade do comércio.* 74

3. *O renascimento da consciência da protecção do consumidor através do direito do consumo como corolário do séc. XX.* 76

4. *Reflexão conclusiva* 85

IIª PARTE

ANÁLISE DO PROBLEMA E CONTRIBUTOS PARA A SUA RESOLUÇÃO

Capítulo I

As infracções nos processos de incitamento ao consumo

Introdução 89

1. *A Publicidade* 91

    1.1. A Noção e distinção com figuras afins 91

    1.2. Princípios da publicidade: sua enunciação, sua violação e consequentes infracções 95

        1.2.1. O princípio da licitude 100

        1.2.2. O princípio da inofensividade (ou da preservação da saúde e segurança do consumidor) 102

        1.2.3. O princípio da veracidade 107

            1.2.3.1. A publicidade enganosa 108

                1.2.3.1.1. Classificação do crime de publicidade enganosa e sua distinção do crime de burla: concurso de crimes? 124

                    a) O crime de publicidade enganosa como crime de perigo ou, *rectius*, crime de "desobediência" 124

                    b) O crime de publicidade enganosa e o crime de burla: analogias, diferenças e respectivo critério de utilização 134

2. *O crédito ao consumo.* 143

    2.1. Definição e delimitação da figura do crédito ao consumo: o interesse da sua distinção relativamente ao crédito em geral 143

    2.2. Os problemas advindos do crédito ao consumo: análise de algumas infracções 146

3. *As vendas "agressivas" não convencionais ou métodos promocionais de vendas (vendas fora do estabelecimento, vendas à distância, vendas forçadas e em cadeia).* 160

    3.1. Noção e delimitação. 160

    3.2. Análise sumária das vendas não convencionais: vendas à distância, vendas fora do estabelecimento, vendas forçadas e em cadeia. 162

    3.3. Análise geral das infracções mais relevantes no âmbito das vendas não convencionais. 167

Índices

Capítulo II

A (Des)Criminalização no (Incitamento ao) Consumo: Questões prévias

1. *Posicionamento do problema* 177
    1.1. Argumentos em favor da descriminalização no consumo. 178
    1.2. Argumentos contra a descriminalização no consumo. 180

2. *O consumidor enquanto vítima* 184
    2.1. Noção de consumidor (justificação) 185
        2.1.1. Duas acepções de consumidor: sócio-económica e jurídica 186
            2.1.1.1. Noção abstracta e noção concreta de consumidor 188
            2.1.1.2. O "consumidor-cliente" e o "consumidor-final". 188
            2.1.1.3. Consumidor *stricto sensu* e consumidor *lato sensu*. 189

    2.2. Apreciação crítica das várias acepções de consumidor 190
    2.3. Tentativa de definição de consumidor. 195
    2.4. O consumidor enquanto vítima criminal. 199
    2.5. Reflexão conclusiva. 204

3. *Os interesses dos consumidores para efeitos de tutela* 205
    3.1. A importância da consideração dos interesses em vez de direitos — razão explicativa. 205
        3.1.1. Os interesses e direitos ditos individuais. 208
        3.1.2. Interesse geral da comunidade ou interesse púbico. 208
        3.1.3. Interesses difusos e colectivos. 210

    3.2. As diversas formas de tutela dos interesses dos consumidores nos processos de incitamento ao consumo. 214
        3.2.1. A defesa dos interesses dos consumidores pelo Ministério Público. 216
        3.2.2. A defesa dos interesses dos consumidores por organismos especializados. 219
        3.2.3. A defesa dos interesses dos consumidores pelas Associações de defesa do consumidor. . 221
        3.2.4. A defesa dos interesses dos consumidores pelos próprios consumidores 223
            a) A *Class action* e a "Acção popular" 223
            b) A acção colectiva (plena) 226

    3.3. Apreciação crítica sobre as diversas formas de tutela e posição adoptada. 227

4. *Responsabilidade e punição das pessoas colectivas: assomo em prol de uma protecção adequada dos consumidores.* 232
    4.1. A questão da responsabilidade criminal das pessoas colectivas em geral. . 233
    4.2. A questão da responsabilidade criminal das pessoas colectivas na protecção dos consumidores. 239
    4.3. A concreta punição das pessoas colectivas pelas infracções no (incitamento ao) consumo: a possibilidade de aplicação de sanções adequadas... 246

344　　　*Da protecção penal do consumidor*

Capítulo III

**A (des)criminalização das infracções no (incitamento ao) consumo:
questões essenciais**

1. *Conceitos básicos e preliminares para uma tentativa de solução político--criminal* 251
2. *A relação descriminalização/neocriminalização sopesada na actualidade.* 256
    2.1. O problema da (des)criminalização das infracções no consumo na actualidade portuguesa, a perspectiva do recente Projecto de Revisão do Código Penal de 1982 e consequente aprovação do actual Código Penal. . 263
    2.2. A actual tendência para a descriminalização de *iure condito* no direito português, nos processos de incitamento ao consumo. 265

3. *A(in)validade da função do direito penal na protecção do consumidor: protecção de bens jurídicos (?)* 269
    3.1. O princípio da necessidade da protecção de bens jurídicos como corolário do direito penal 269
        3.1.1. Resenha histórica sobre o entendimento de bem jurídico e sua protecção penal. 271
        3.1.2. O entendimento actual do conceito de bem jurídico: perspectivas político-criminais 274
        3.1.3. Posição adoptada 276
    3.2. A indubitável dignidade penal dos bens jurídicos ligados ao consumidor nos processos de incitamento ao consumo. 277
    3.3. O princípio da necessidade da intervenção ou da intervenção penal mínima. 279
    3.4. Alternativas ao direito penal na protecção ao consumidor, considerando aquele como a *ultima ratio* do sistema. 282
        3.4.1. Os meios tradicionais na protecção do consumidor 283
        3.4.2. Os meios propostos para superação dos meios tradicionais judiciais-formais. 292

4. *Reflexão final: tentativa de solução* 297

Propostas conclusivas. 309

Adenda 313

Bibliografia 315

Índices 335